全球视野下的达尔富尔问题研究

DARFUR ISSUE UNDER THE GLOBAL PERSPECTIVE

主编：刘鸿武 李新烽

世界知识出版社

图书在版编目(CIP)数据

全球视野下的达尔富尔问题研究/刘鸿武,李新烽主编.—北京：
世界知识出版社,2008.10
(非洲研究文库.非洲政治与国际关系系列)
ISBN 978-7-5012-3418-9

Ⅰ.全… Ⅱ.①刘…　②李… Ⅲ.①政治—研究—苏丹 ②民族矛盾—研究—苏丹 Ⅵ.D741.2
中国版本图书馆CIP数据核字(2008)第146869号

书　　名	全球视野下的达尔富尔问题研究
	Quanqiu Shiye xia de Daerfuer Wenti Yanjiu
主　　编	刘鸿武　李新烽
责任编辑	柏　英
责任出版	刘　喆
封面设计	信宏博
出版发行	世界知识出版社
地址邮编	北京市东城区干面胡同51号(100010)
投稿信箱	guojiwenti@yahoo.com.cn
照排印刷	北京景山教育印刷厂
经　　销	新华书店
开本印张	720×1020毫米　1/16　20 3/4印张　4插页
字　　数	373千字
版次印次	2008年10月第一版　2008年10月第一次印刷
标准书号	ISBN 978-7-5012-3418-9
定　　价	36.00元

版权所有　侵权必究

达尔富尔集市

达尔富尔旱季的荒原(摄影:程刚)

鸟瞰尼亚拉(摄影：程刚)

鸟瞰南达尔富尔(摄影：程刚)

法希尔难民营中的少女
(摄影：程刚)

流离失所者定居点
学校教室中的学生
(摄影：程刚)

流离失所者营地和
定居点中有很多妇女
和孩子(摄影：程刚)

2005年12月5日南苏丹总统马亚迪尔特在南苏丹《临时宪法》颁布庆祝集会上签字(摄影：姚辉)

苏丹人民解放运动（SPLM）第二次全国代表大会会场(摄影：姚辉)

负责维和行动的联合国副秘书长让·马里·格诺先生参观中国工兵分队正在建设的维和营地(摄影:程刚)

中国政府特别代表刘贵今考察达尔富尔(摄影:程刚)

子弹穿不透的网箱墙(摄影：程刚)

联合国孟加拉驻朱巴维和部队
（摄影：姚辉，2008年8月）

非洲国家维和士兵(摄影：程刚)

中国维和工兵分队的步战车外出执行任务
（摄影：程刚）

序

今年5月,西亚非洲研究所李新烽来家看我,谈起他打算同人合作,赶写一本关于达尔富尔问题的书。李新烽曾获社会科学院研究生院博士学位。我在南非当大使时,他正好是人民日报驻南非的首席记者,相互本已熟识。这两年,李新烽又相继撰写了《非洲踏访郑和路》和在非洲当记者的亲历《非凡洲游》等专著,受到好评。我很为他对非洲的这份热情所感动,当即表示支持,并给他找了些有关达尔富尔问题的外文参考资料。

没想到两个多月后,这本《全球视野下的达尔富尔问题研究》的书稿就传至我的电子邮箱。一看简介便知,本书八位作者主要是研究非洲问题的学者、专家和记者,我同其中不少人都有过接触。就在最近两次有关非洲问题的研讨会上,我和浙江师范大学非洲研究院执行院长刘鸿武教授同场发言,并在会外有过切磋。刘教授对非洲研究十分热心并胸有宏图,日前将其同姜恒昆共同编著的《列国志·苏丹》赠我。姜恒昆也是本书作者之一,是年轻的非洲文化史博士。上月见面时,他向我谈过对苏丹和达尔富尔问题的研究成果和心得,给我留下深刻印象。本书另一位作者、《环球时报》记者程刚,曾在我今年2月访问苏丹、深入达尔富尔时,全程跟踪采访,并对我进行过专访。作者希我为本书写篇序言,盛情难却,我欣然应允。

我自1981年被派往驻肯尼亚使馆工作,就同非洲结下不解之缘,27年来从未间断地往返于北京和非洲各国首都,以不同的身份从事对非工作,密切关注着这个大陆所发生的一切。

非洲是片生机勃勃、充满希望和发展潜力的热土,但同时也是动荡不安、冲突频发和大国博弈的多事之区。然而,在诸多热点中,从来没有哪一个像苏丹的达尔富尔问题这样,在迄今长达五年的时间内,被传媒反复竞相炒作,被别有用心的势力高度政治化,并企图归咎于中国,甚至同2008年北京奥运会挂钩,且热度不退,势头未减。

在达尔富尔问题上指责中国的人,有条似是而非、充满偏见和带有双重标准的逻辑,即断言由于中国帮助苏丹开采石油,使苏丹政府有了石油美元,从而可以从中国或其他国家购买武器,用于在达尔富尔地区滥杀平民,因而要求中国政府对苏丹政府施压,以尽早结束那里的"大屠杀"。

我自去年5月担任中国政府达尔富尔问题特别代表以来,多次访问苏丹和到达尔富尔考察,频繁飞赴美国、主要欧洲国家和有关非洲国家的首都,数次出席达尔富尔问题国际会议,利用各种机会做苏丹政府的工作,同安理会常任理事国、非洲联盟、阿盟进行沟通,会见有关欧、美国家政要、议员和非政府组织代表,应邀发表演讲,举行记者招待会,接受媒体专访或采访,尽我所能以公开、坦诚和灵活的方式同各方交流,使外界在达尔富尔问题的解决进程中,更多地看到中国的身影,听到中国的声音,了解中国的立场、作用和贡献。

同绝大多数非洲国家一样,苏丹和中国长期以来保持着友好关系。苏丹是中国在非洲的第三大贸易伙伴,中国公司在苏丹能源、水利、交通等诸多领域有着良好的合作。毋庸讳言,中国在苏丹是有重要利益的,但这一利益并无任何邪恶之处,也不应受到外来责难。中苏经贸关系是平等互利的,已经并将继续造福于中苏两国人民。中国坚持不干涉内政政策,反对将正常经贸关系政治化和以经贸为杠杆向别国施压。

但是西方一些国家和势力视苏丹为"问题国家",千方百计在苏丹推行他们的理念和目标,动辄制裁和施压,并且坚持要求中国更多地负起责任。这不能不说对我们传统的外交思维构成难题和挑战。然而,中国并未退缩或回避,而是以积极的建设性的姿态,实质参与达尔富尔问题的解决,妥善处理国际责任和双边关系,既坚持原则,又显示灵活,并在一些具体做法上进行了有益的探索和尝试。

中国主张,在达尔富尔问题上,首先必须尊重苏丹的主权和领土完整;坚持通过政治途径即和平谈判化解分歧;积极支持政治进程及"混合维和行动"双轨战略;充分发挥联合国、非洲联盟和苏丹政府三方磋商机制的主渠道作用;努力倡导对达尔富尔地区的人道和发展援助,以综合手段寻求达尔富尔问题的妥善和长远解决。中国为此耐心做苏丹方面的工作和同西方国家沟通,促成"混合维和"并率先派出工兵分队,向达尔富尔提供人道主义物资和发展援助。中国的立场和作为,受到广大发展中国家、部分西方国家政府和不持偏见人士的高度赞许或肯定。

但在当今世界秩序中,毕竟是西方掌控着话语权。对达尔富尔局势有实际控制能力的,也主要是西方大国、苏丹政府和反叛武装。苏丹南方在经过21年内战后签订的《全面和平协议》迄今未得到认真执行,2011年统独公决前景不明。达尔富尔地区的反叛武装不停地进行分裂活动,主要派别拒绝同政府谈判。在此背景下,日前国际刑事法院对苏丹总统巴希尔提出起诉,更引起关心达尔富尔问题的组织、国家和人士严重关切和忧虑,他们普遍担心本已错综复杂的达尔富尔问题会变得更加复杂和棘手。香港一位关注达尔富尔问题的传媒业女性,形象地把它比喻成一台"滚筒洗衣机",各种观点和信息像五颜六色的织品被不停地搅拌和扭动,令人难辨是非曲直。

希望我们面前的这本书,能有助于读者较客观地了解和理解达尔富尔问题。考虑到这是几位作者在短时间内的急就之篇,难免出现个别错误或疏漏,但是瑕不掩瑜,这是我所读到的中国大陆学者第一部关于达尔富尔问题的长篇专著。作者的背景和阅历,使他们能够从历史到现实,从经济到政治,从表象到实质,从局部到全面,全景式地展现达尔富尔问题的根源、演变、进展和症结。从这本新作中,我们可以感知中国学者对达尔富尔问题的独特视角,解读大国在非洲热点问题上的关切和考量,了解全球化进程中这大千世界上的是是非非,从而有所感悟和启迪。

刘贵今
(中国前驻南非大使、中国政府达尔富尔问题特别代表)
2008年7月

目 录

序　　　（刘贵今）………………………………………………………（1）

导　论　当代非洲国家成长进程与达尔富尔问题………………（1）
　第一节　当代非洲、苏丹与达尔富尔：外部世界知多少 ………（1）
　第二节　当代非洲国家形成的独特背景与模式 …………………（4）
　第三节　当代非洲国家成长的复杂内容与成效 …………………（10）
　第四节　苏丹国家成长的历史进程与特征 ………………………（14）
　第五节　达尔富尔问题与苏丹国家成长的困境 …………………（17）
　第六节　中国在达尔富尔问题上的主张与作为 …………………（20）
　第七节　本书的体系结构与主要观点 ……………………………（22）

第一章　达尔富尔的环境与历史 ……………………………………（27）
　第一节　达尔富尔的地理生态环境 ………………………………（27）
　第二节　源远流长的民族演化进程 ………………………………（30）
　第三节　兴衰起落的古代富尔王国 ………………………………（37）
　第四节　近代史上的殖民遭遇 ……………………………………（38）

第二章　达尔富尔问题的由来与性质 ………………………………（41）
　第一节　不断恶化的天灾人祸 ……………………………………（41）
　第二节　农耕与游牧文化的差异与冲突 …………………………（45）
　第三节　种族认同方面的差异与冲突 ……………………………（48）
　第四节　由分歧矛盾到全面冲突 …………………………………（54）

第三章　达尔富尔与苏丹的北方和南方 ……………………………（61）
　第一节　苏丹国家成长中的区域矛盾 ……………………………（61）
　第二节　南方自治政府与中央联邦政府 …………………………（68）
　第三节　达尔富尔与中央联邦政府 ………………………………（77）

第四节　达尔富尔与南方自治政府 ················· (80)

第四章　达尔富尔冲突的石油因素 ················· (83)
第一节　苏丹石油开采的曲折经历 ················· (83)
第二节　苏丹石油经济的崛起 ····················· (87)
第三节　石油开发对苏丹经济的贡献 ··············· (94)
第四节　石油开发对苏丹内政外交的影响 ··········· (97)
第五节　达尔富尔冲突的石油因素 ················· (105)

第五章　达尔富尔与非洲地缘政治 ················· (113)
第一节　苏丹在非洲的地位与影响 ················· (113)
第二节　周边邻国与达尔富尔问题 ················· (118)
第三节　达尔富尔问题对非洲国际关系的影响 ······· (122)
第四节　非洲国家对达尔富尔问题的看法 ··········· (124)

第六章　达尔富尔与西方和联合国 ················· (131)
第一节　苏丹与西方国家关系的演变 ··············· (131)
第二节　西方国家为何突然关注达尔富尔 ··········· (139)
第三节　西方国家制裁苏丹用意何在 ··············· (144)
第四节　联合国与达尔富尔问题 ··················· (150)
第五节　国际刑事法院与达尔富尔问题 ············· (157)

第七章　达尔富尔的现状与维和行动 ··············· (165)
第一节　达尔富尔的民众生活 ····················· (165)
第二节　达尔富尔的难民营现状 ··················· (170)
第三节　中国在达尔富尔的维和与援助 ············· (173)

第八章　达尔富尔与中国 ························· (183)
第一节　中国与苏丹关系的沿革 ··················· (183)
第二节　中国与苏丹的共同发展 ··················· (188)
第三节　中国视野中的达尔富尔 ··················· (195)

第四节　中国的外交努力及意义 ······················ (201)

第九章　达尔富尔与北京奥运会 ······················ (211)
　　第一节　北京奥运会与达尔富尔问题毫不相干 ··············· (211)
　　第二节　西方为何将北京奥运会与达尔富尔挂钩 ·············· (216)
　　第三节　西方该如何认识真实的中国 ··················· (226)
　　第四节　让奥运精神回归体育 ····················· (231)

结　语　非洲发展进程与中非关系前景 ················· (237)
　　第一节　曲折推进的非洲现代发展进程 ·················· (237)
　　第二节　非洲发展命题与世界的普世要求 ················· (239)
　　第三节　非洲发展进程背景下的当代中非关系 ··············· (243)
　　第四节　中非关系与欧非关系调整 ··················· (248)
　　第五节　基于中非关系发展实践的理论创新 ················ (250)

附　录 ·································· (253)
　　附录一：达尔富尔冲突大事记 ····················· (253)
　　附录二：中国与苏丹关系大事记 ···················· (260)
　　附录三：联合国关于苏丹问题的重要决议 ················· (266)
　　附录四："达尔富尔需要和平与发展"
　　　　　——访苏丹驻华大使米尔加尼·穆罕默德·萨利赫 ·········· (281)

索　引 ································ (285)
参考文献 ······························· (299)
后　记 ································ (313)

Contents

Prefare: (Liu Guijin, Special representative of the People's Republic of China for Darfur) .... (1)

Introduction: The Growth of Contemporary African States and the Darfur Issue ... (1)

1. Contemporary Africa, Sudan and Darfur: How much does the outside world know .... (1)
2. The founding of contemporary African states .... (4)
3. Aspects of the growth of African states .... (10)
4. The history and characteristics of the Sudanese state .... (14)
5. The Darfur issue and the predicament of the growth of the Sudanese state .... (17)
6. Chinese perspectives and actions on the Darfur issue .... (20)
7. Structure, contents and characteristics of the book .... (22)

Chapter I : The Environment and History of Darfur .... (27)

1. The geography and ecology of Darfur .... (27)
2. The evolution of ethnic groups through historical times .... (30)
3. The rise and fall of ancient Fur kingdoms .... (37)
4. Colonial experiences in modern times .... (38)

Chapter II : The Causes and Nature of the Darfur Issue .... (41)

1. Worsened natural and human .... (41)
2. Differences and conflicts between agriculture and pastoralism .... (45)
3. Differences and conflicts in ethnic identification .... (48)
4. From differences to full-blown conflicts .... (54)

Chapter III : Darfur and Sudan's North and South .... (61)

1. Regional conflicts in the growth of the Sudanese state .... (61)
2. The southern autonomous government and the central federal government .... (68)
3. Darfur and the central federal government .... (77)

 4. Darfur and the southern autonomous government ······ (80)

Chapter Ⅳ: The Oil Factor in the Darfur Issue ······ (83)
 1. The history of oil exploration in Sudan ······ (83)
 2. The rise of Sudan's oil economy ······ (87)
 3. The contribution of oil exploration to the Sudanese economy ······ (94)
 4. The impact of oil exploration on Sudan's domestic and foreign policies ······ (97)
 5. The oil factor in Darfur conflicts ······ (105)

Chapter Ⅴ: Darfur and Africa's Regional Politics ······ (113)
 1. The position of Sudan in Africa and its influence ······ (113)
 2. Neighboring countries and the Darfur isssue ······ (118)
 3. The impact of the Darfur issue on African international relations ······ (122)
 4. Perspectives of African countries on the Darfur issue ······ (124)

Chapter Ⅵ: Darfur's relations with the West and the UN ······ (131)
 1. The evolution of Sudan-West relations ······ (131)
 2. Why do western countries begin to care about Darfur? ······ (139)
 3. Why do western countries want to impose sanctions on Sudan? ······ (144)
 4. The UN and the Darfur issue ······ (150)
 5. The International Criminal Court and the Darfur issue ······ (157)

Chapter Ⅶ: Contemporary Darfur and Peace-keeping ······ (165)
 1. The life of Darfuris ······ (165)
 2. Refugee camps in Darfur ······ (170)
 3. China's peace-keeping and aid in Darfur ······ (173)

Chapter Ⅷ: Darfur and China ······ (183)
 1. The evolution of Sino-Sudanese relations ······ (183)
 2. Common development of China and Sudan ······ (188)
 3. Darfur in China's perspective ······ (195)
 4. China's diplomatic efforts and its significance ······ (201)

Chapter Ⅸ: Darfur and the Beijing Olympics ················ (211)
  1. No relations between the Beijing Olympics and
     the Darfur issue ··· (211)
  2. Why do the West link the Beijing Olympics to Darfur ········ (216)
  3. How should westerners undanstand a true China? ············ (226)
  4. Let the Olympic spirit return to sports ······················ (231)

Conclusion: The Revival of Asia and Africa and the Prospect of
     Sino-African Relations ·· (237)
  1. Africa's modernization process ································ (237)
  2. The development of Africa and the Universal Requirements
     of the world ··· (239)
  3. Contemporary Sino-African relations against the background
     of reviving Asia and Africa ···································· (243)
  4. The adjustment of Sino-African and European-African
     relations ··· (248)
  5. Theories and knowledge innovation based on the
     development of Asia and Africa ································ (250)

Appendix ··· (253)
  1. Events in Darfur conflicts ···································· (253)
  2. Events in Sino-Sudanese relations ···························· (260)
  3. Important UN resolutions on Darfur ························· (266)
  4. "Darfur Needs Peace and Development"
     ——An interview to Mr. Mirghani Ahmed Salih,
     Sudanese Ambassador to P. R. China. ··················· (281)

Index ··· (285)
References ··· (299)
Last words ··· (313)

«البحث في قضية دارفور بمنظور عالمي»

رئيس التحرير   ليو هونغ وو   لي شين فإنغ

دار نشر علوم العالم   نشر بكين 2008 م

موجز

هذا الكتاب الذي كتبه علماء الصينية ، ووضع نظام شامل عن مشكلة دارفور مع المهنيين. المؤلف من منظور عالمي ، في تحليل متعمق لقضية دارفور على واقع التاريخ والدين والثقافة والموارد والبيئة ، والصراعات وحفظ السلام والصراع داخل وخارج البلاد ، والمصارعه ، فان العلاقات بين الصين والسودان. المعاصرة المؤلفين من النمو في البلدان الافريقيه على خلفية طبيعه المشكلة في دارفور وآفاق المستقبل ، والبعض حاول ان نحلل دورة الالعاب الاولمبيه ببكين وربط مشكلة دارفور الى الاسباب والآثار ، وبشأن مشكلة دارفور لنمو الصين دبلوماسية ذات اهمية خاصة أن تفعل في العمق في التفكير. المؤلف تعمل منذ وقت طويل في الدراسات الافريقيه ، العاملة في افريقيا لسنوات عديدة وكان في دراسة متعمقه في منطقة دارفور. الكامل المالية والاكاديميه والعملية ، في قراءة واحدة ، هذا الكتاب على عمق دارفور من منظور بانورامي الاشغال.

تعريف برئيس التحرير

ليو هونغ وو   استاذ توظيف الخاص بمقاطعة تشجيانغ ، جامعة تشجيانغ

التربية ، رئيس التنفيذ للمعهد الافريقي ؛ مرشد الدكتورفي مركز بحوث الافريقيه بجامعة يوننان ، و نائب مدير المجلس الاكاديمي بالمجلس للعلاقات الدولية ؛ و نائب الرئيس بدراسات الصين وافريقيا ، عضو لجنة الصين وآسيا وافريقيا وعضو لجنة الصين و الشرق الاوسط. في نيجيريا (1990) ، تنزانيا (2003) ، جنوب افريقيا (2007) والكمرون (2007) لدراسة وزيارات دراسيه. نشرت «دراسات ثقافة الافارقه السود» و «تاريخ • السودان» و «تاريخ موجز للتنمية الوطنية النيجيريه» ، و « افريقي الازرق---- دراسات الثقافة السواحليه في شرق افريقي » وغيرها من الاعمال من الدراسات الافريقيه ، وانجاز عدد من الصندوق الوطنى للعلوم الاجتماعية موضوع التدريس وطنية عديدة في تحقيق جوائز البحث العلمي.

لي شين فإنغ بحّاث معهد غرب وافريقيا من الاكاديميه الصينية للعلوم الاجتماعية و دكتوراه في القانون بالاكاديميه الصينية للعلوم الاجتماعية ، والكاتب والصحافي . وكان أوّل المراسل «صحيفة الشعب اليوميه» في جنوب افريقيا ، و مراسل خاصّ «صحيفة زمن العالم » ، عامل فى جنوب افريقيا لمدة ثماني سنوات ، ونشر عددا كبيرا من البلدان الافريقيه والعلاقات الصينية الافريقيه مقالات وتقارير. ،و ابلغ مقابلة مع رئيس الوزراء الصيني وان جيا باو بزياره سبعة بلدان افريقي يونية 2006 م وكيب «بحث طريق سانغ ها في الافريقيه » ، و «سياحة الافريقية » ، ويعمل فاز عدة جوائز وطنية.

المحتوى الفهرس

مقدمة (السفير ليو قوي جين المبعوث الصيني الخاص لقضية دارفور)

فاتحة الكتاب نمو البلدان الافريقية المعاصرة و قضية دارفور

اولا – افريقيا ، السودان ، دارفور : كم علم العالم الخارجي

ثانيا – ان البلدان الافريقيه المعاصرة لاقامة نموذج فريد

ثالثا – نمو البلدان الافريقيه المعاصرة والمعقده المحتوى

رابعا – نمو السودان الوطني و التاريخية والخصائص

خامسا – مشكلة دارفور ومحنة الوطنية السودانية النمو

سادسا – والصين بشأن في دارفور اقتراحها و انجازها

سابعا – الكتاب هيكل والمضمون والملامح

الفصل الأول بيئة دارفور والتاريخ

الجزء الاول بيئة دارفورو الجغرافي

الجزء الثاني تطور الأمة و تعود الى العصور القديمة

الجزء الثالث ارتفاع وانخفاض و الصعود والهبوط في مملكة دارفور القديمة

الجزء الرابع التجربه الاستعماريه من التاريخ الحديث

الفصل الثاني مشكلة دارفور من اصل وطبيعة

الجزء الأول تدهور الطبيعيه والكوارث التي من صنع الانسان

الجزء الثاني من الفلاحه والتنقل الاختلافات الثقافيه والصراعات

الجزء الثالث الاختلافات العرقيه ونتفق على ان الصراع

الجزء الرابعة من صراع واسع النطاق الكامل لصراع الخلافات

الفصل الثالث	دارفور في السودان ، والشمال والجنوب
الجزء الأول	السودان دولة فى النمو من الصراعات الاقليمية
الجزء الثاني	الحكم الذاتي من الجنوب والحكومة المركزية
الجزء الثالث	دارفور والحكومة المركزية
الجزء الرابع	دارفور والجنوب الحكم الذاتي
الفصل الرابع	الصراع في دارفور لسبب النفط
الجزء الأول	انتاج النفط السوداني من ذوي الخبرة لتتحول اللفات
القسم الثاني	انتاج النفط السوداني نهضة الاقتصاد
الجزء الثالث	التنمية البترول في السودان من المساهمة في الاقتصاد
الجزء الرابع	تطوير النفط في السودان من أثر المحلية والخارجية
الجزء الخامس	الصراع في دارفور سبب النفط
الفصل الخامس	دارفور الجغرافية السياسية مع الدول الافريقيه
الجزء الأول	السودان في افريقي من المكان و التأثير
الحزء الثاني	دول الجوار ومشكلة دارفور
الجزء الثالث	من مشكلة دارفور اثر على العلاقات الدولية في افريقيا
الجزء الرابع	البلدان الافريقيه الى دارفور موقف
الفصل السادس	دارفور والغرب والأمم المتحدة
الجزء الأول	السودان تطور العلاقات بين البلدان الغربية
الجزء الثاني	لماذا تعتني البلدان الغربية بدارفور
الجزء الثالث	من البلدان الغربية ما هو القصد من الجزاءات السودان
الجزء الرابع	الامم المتحدة وقضية دارفور

الجزء الخامس   والمحكمه الجنائيه الدولية لمشكلة دارفور

الفصل السابع   حالة دارفور وعمليات حفظ السلام

الجزء الأول   معيشة السكان في دارفور

الجزء الثاني   أحوال اللاجئين في دارفور

الجزء الثالث   الصين في دارفور لحفظ السلام والمساعدة

الفصل الثامن   دارفور مع الصين

الجزء الأول   العلاقات بين الصين والسودان و التاريخ

الجزء الثاني   الصين والتنمية المشتركة مع السودان

الجزء الثالث   منظور فى الصين من دارفور

الجزء الرابع   من الجهود الدبلوماسية للصين واهميته

الفصل التاسع   دارفور مع دورة الالعاب الاولمبيه ببكين

الجزء الأول   دورة الالعاب الاولمبيه ببكين مع مشكلة دارفور لا علاقة لها

الجزء الثاني   لماذ الغرب يتم الربط الالعاب الاولمبيه ببكين مع دارفور

الجزء الثالث   من الغربيين في كيفية فهم حقيقة الصين

الجزء الرابع   العودة الى روح الرياضة الاولمبيه

ملاحظات ختامية   التنمية فى افريقيا و العلاقات الصينية و الافريقيه

الجزء الأول   تنتقل التنمية في الافريقي الحديث

الجزء الثاني   اقتراح التنمية الافريقي والعالم "الطلب العالمي"

الجزء الثالث   التنمية الافريقيه في سياق المعاصرة للعلاقات بين الصين وافريقيا

الجزء الرابع   العلاقات الصينية الافريقيه واصلحت الصين والاوروبى الافريقيه

الجزء الخامس   إبتداع النظريه على اساس تنمية العلاقات الصينية الافريقيه

التذييل

1- الاحداث الهامّة التي وقعت في صراع دارفور

2- الأحداث الهامّة للعلاقات بين الصين والسودان

3- الامم المتحدة بشأن دارفور وثائق وقرارات

4- دارفور في حاجة الى السلام والتنمية

------ زيارة السفير السودان ميرغني محمد صالح لدي جمهورية الصين الشعبية

فهرس

مراجعة الوثائق

الملحق

导 论 当代非洲国家成长进程与达尔富尔问题

苏丹是一个位于非洲东北部、面积约 250 万平方公里、人口约 4000 万的国家。与当代非洲大陆许多年轻国家一样，苏丹自 1956 年独立建国以来，虽然取得了许多的发展成就，但由于经济落后、地区发展不平衡，各种各样的民族、种族矛盾一直困扰着国家发展进程。持续了 20 多年的第二次南北内战直到 2005 年才告结束，国家进入了一个较好的发展时期，但从 2003 年起，另一场冲突又在这个国家西部的达尔富尔地区爆发，再次给这个国家的发展前景蒙上了阴影。

从根本上说，达尔富尔问题是苏丹这样的非洲国家在当代国家成长过程中面临的地区矛盾、民族矛盾趋于恶化而演变成危机的结果，有其复杂的历史文化根源与政治经济背景，其解决并非易事。要准确把握达尔富尔问题的性质、内容与演进趋势，我们首先需要对当代非洲大陆国家成长的总体过程与特点，对当代非洲大陆政治经济面临的基本问题，有一个大致的了解与把握。

第一节 当代非洲、苏丹与达尔富尔：外部世界知多少

2005 年，苏丹终于结束了长达 20 多年的南北内战，国家开始获得难得的发展机遇，随着石油经济及相关产业的发展，苏丹成为近年非洲社会经济发展最有希望的国家之一。然而，从 2003 年起，在其西部达尔富尔地区却又狼烟四起，另一场背景更为复杂的地区冲突又将这个饱经战乱的国家带入动荡之中，国家发展前景再度蒙上阴影。

与当代许多非洲国家一样，苏丹这个国家的历史文化背景、民族宗教结构都是十分复杂的，它们在当代的国家政治进程与经济发展问题上，也各有外部世界不易理解的特殊之性质与艰难之命题。对于当代非洲大陆的种种事件，外部世界的人们应持谨慎小心之态度，只有在做出一番深入研究与探析后，方可获得某种客观公正之判断与认知。但是，国际上许多谈论达尔富尔的人，其实对于达尔富尔、对于苏丹和非洲，并没有太多的了解。

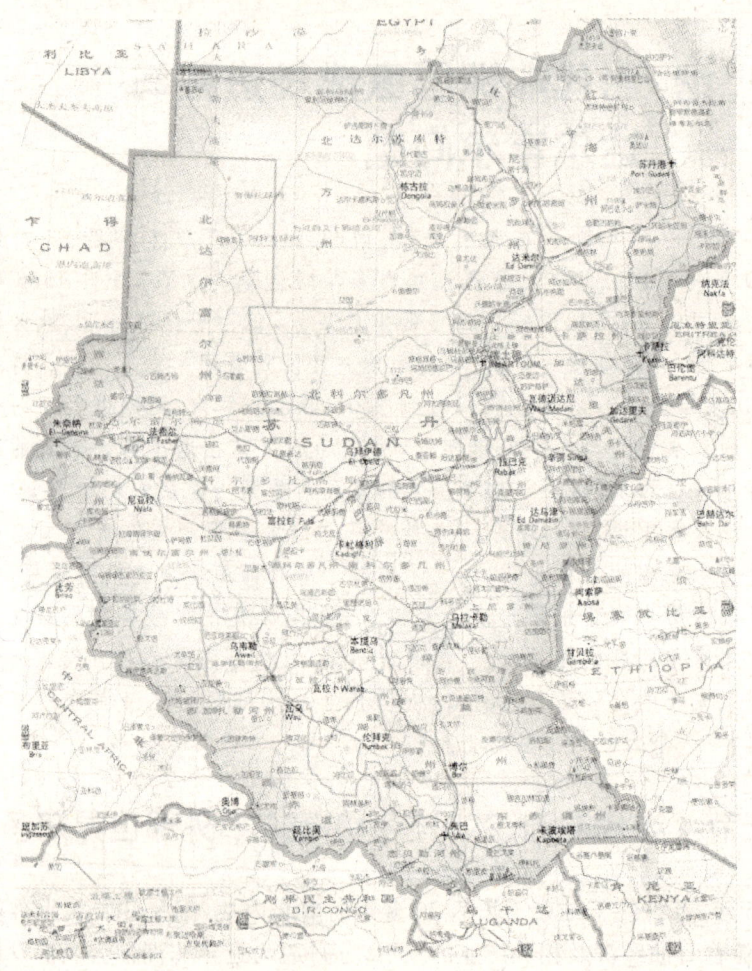

地图1：非洲地图

资料来源：游库网，http://image.baidu.com/i? ct=503316480&z=0&tn=baiduimagedetail&word=%CB%D5%B5%A4%B5%D8%CD%BC&in=23894&cl=2&cm=1&sc=0&lm=-1&pn=4&rn=1&di=1942733648&ln=65/。

  苏丹幅员辽阔，是历史上多元文明交汇往来的"努比亚走廊"①（Nubian Corridor）。在漫长久远的文明交汇过程中，这里形成了错综复杂的民族结构与历史文化图景。来自撒哈拉以南广大世界的黑人居民很早就已居住于此，北方

---

① ［埃及］G. 莫赫塔尔主编：《非洲通史》（第二卷），中国对外翻译出版公司1984年版，第177页。

埃及和地中海沿岸的闪含民族也曾将其影响推及尼罗河上游的这一广大地区。① 此外,红海对面的阿拉伯半岛、波斯湾沿岸的居民,也在不同历史时期渡海而来,在此经商贸易、通婚定居。因此,千百年来,这里一直发生着复杂的人种迁移、宗教传播、文化交往,其间充溢着各种族各民族为开发和占有当地的土地、水草、牲畜及其他生存资源而发生的争夺,以及伴随这些争夺而发生的民族融合与文化交流。② 唯其如此,对于苏丹这块广袤土地上所发生的种种历史与现实重大事件,要三言两语说清楚,并不是一件容易的事。③

近代以前的非洲大陆,主权国家的发展程度是比较低的。一些古代王国、部落酋长国的控制疆域往往十分模糊而伸缩不定,并无严格意义上的现代主权国家概念。④ 历史上的苏丹情况也大致如此。北方努比亚地区的文明发育较早,有过复杂的古代国家消长历史。在遥远的南方和西部内陆,黑人各族群的政治结构发展水平各异。在达尔富尔地区,13、14世纪后出现了相对稳定的地方王国。目前所知,文献记载的达尔富尔国家政治历史始于14世纪通朱尔(Tunjur)素丹国的建立。17世纪凯拉王朝(Keira dynasty)建立后,独立形态的达尔富尔王国进入鼎盛时期。到1875年凯拉王朝被土耳其—埃及殖民者武力推翻并归属于土—埃统治之下。⑤ 1896年镇压了马赫迪起义之后,苏丹成为英国的殖民地。最初,英国殖民当局允许达尔富尔素丹国实行自治,第一次世界大战爆发后,因达尔富尔素丹支持德国,英国于1916年用武力废除了素丹,将达尔富尔正式并入英国统治下的苏丹殖民地。1956年1月1日苏丹独立时,达尔富尔成为新生的苏丹国家的一部分。

达尔富尔地区深处撒哈拉沙漠边缘地区,历史上一直都处于不发达状态。这里的各部族世世代代都为有限的水草、土地、牛羊而争夺,各部族武装间的冲突时有发生。目前这场危机实际上从20世纪80年代持续的大干旱引发大饥荒时就开始了,只是到2003年以后随着冲突的升级才引起外部世界的关注。

---

① See Dale M. Brown(ed.), African's Glorious Legacy, Time Life Books, New York, 2002, p. 8.
② 参见①,第178页。
③ 关于苏丹国家基本情况的介绍,可参见刘鸿武、姜恒昆编著:《列国志·苏丹》,社会科学文献出版社2008年版。
④ 参见刘鸿武、肖玉华:《一块大陆的觉醒与复兴过程:20世纪非洲国际关系理论研究论纲》,载《世界经济与政治》2007年第1期,第16页。
⑤ 16世纪后埃及成为奥斯曼—土耳其帝国统治下的一个省,埃及在阿里统治的18世纪逐渐强大并向南方扩张控制了苏丹,而奥斯曼帝国则逐渐衰落成西方瓜分的对象,后来埃及本身又成为英国的殖民地。因而历史上苏丹曾先后被土耳其—埃及、埃及—英国共同控制过。可以说,是土耳其人、埃及人、英国人制造出来了苏丹这个现代国家,也制造了苏丹这个国家内部的南方问题、达尔富尔问题。

事实上,苏丹达尔富尔冲突的原因是错综复杂的,既有起因久远、背景复杂的历史文化因素,有因当下生存压力与环境恶化而造成的该地区民族关系紧张与资源分配冲突,也有苏丹政府政策失当与地方当局治理不善方面问题,还有外界各种力量简单粗暴的介入干预而引发的矛盾。在苏丹这个国家中占主导地位的是流经首都喀土穆的尼罗河流域的阿拉伯化民族,达尔富尔地区的阿拉伯人与黑人关系不和,黑人与中央政府长期处于离心离德的状态。这一冲突由来已久。总体上说,要根治达尔富尔这类错综复杂的非洲问题,最终还是取决于非洲大陆各国社会经济的发展与国计民生的改善,但这绝非一日之功。

苏丹是一个与中国相距遥遥的非洲国家。但两国人民的交往源远流长,自1956年两国建立外交关系以来,两国关系不断发展。在与当代非洲国家发展友好关系的数十年间,中国一直奉行平等、尊重、不干涉内政的原则,并在此基础上以自己的方式去帮助非洲人民,以符合现代国际关系准则的方式对非洲的冲突表达适当的关切,并在联合国决议的基础上积极参与非洲的和平与发展事务。虽然苏丹达尔富尔冲突与中国并无直接关系,某些西方人对中国的指责也无根无据,但鉴于这一问题近年来确实已经将中国卷入其中,中国作为一个负责任的大国,在全球化的时代也需要相应地关切世界上某些重大问题。中国自然不会跟着西方舆论节奏起舞,而是应以自己的方式做出自己的努力。对此,我们需要更深入地了解苏丹这个国家,了解达尔富尔问题的由来与背景,它的复杂内容和可能的走向。

第二节 当代非洲国家形成的独特背景与模式

要真正理解苏丹达尔富尔问题的由来与性质,我们首先需要对当代非洲国家成长的一些特殊背景、复杂性质及独特内容有相应的认知与了解。

1956年1月1日,在经过了多年的各民族、教派及政党集团间的权力博弈后,曾被奥斯曼帝国统治几个世纪、后又成为英国殖民地并同时受着埃及管辖的非洲尼罗河上游一块广袤土地上的人民,宣布从英、埃统治下独立出来,建立了一个叫做"苏丹共和国"的新国家。这个国家以尼罗河边上的喀土穆为首都,面积达250万平方公里,是一个包括众多民族、种族、宗教集团且南北差异、东西区别明显的年轻国家,在随后的50多年时间里,历经战乱、灾难、饥荒,付出了种种艰难的努力,始终未曾分裂瓦解,顽强地生存了下来。

20世纪世界格局的重大变革之一,是在非洲大陆涌现了50多个苏丹这样的年轻的民族国家。这一大批新兴非洲独立国家的出现,从根本上改变了近代几百年来非洲大陆受压迫、受奴役的历史,使非洲大陆变成了一块充满生机与希望的新大陆,也从宏观上改革了世界政治与国际关系的基本格局。应该说,这一重大变革是20世纪人类历史进程中的一个影响深远的进步。但是,这数十个年轻非洲国家的迅速涌现及它们随后面临的民族国家构建与发展问题,对人类之政治演进与社会发展来说,却又提出了一系列全新的命题。① 因为当代非洲国家都是从一个很低的历史起点上开始它们的现代国家发展进程的,从总体上说,这些非洲国家要由传统部族社会转变发展为现代国家,要实现现代经济增长而发展成一个富裕国家,较之当年的西方国家,其障碍更为巨大,路途更为漫长、更为艰辛。它们摆脱殖民统治而独立建国固然不易,而立国强国则更为艰难。这些非洲国家立国之初,支撑和维系国家的纽带是何其脆弱!国家赖以维系和立根的历史文化基础与传统合法性,中央政府的有效权威与行动能力,举国一致的国家情感与认同意识,所有这一切都严重缺失,离现代国家的目标任重道远。

当代非洲国家的建设发展有许多共同的历史命题和任务需要解决。以苏丹为例,虽然这一地区从外来的西方殖民者统治下宣布独立是一件迟早要发生的事情,但因为这一范围广袤的地区在历史上并不曾作为一个统一国家存在过,它究竟会以什么样的方式独立?独立后组成的国家的边境范围在哪里?会有哪些民族、哪些地区划进来?这些问题在最初的时候其实都是不确定的。这个广袤地区的北方与南方之间、东部与西部之间,阿拉伯人与黑人之间,一直就存在巨大的差异,即便是在黑人内部、阿拉伯人内部,也存在众多部族和宗教教派。当时,北方就有人主张自己组成一个国家,或是与埃及合并,也有一些南方人和西部的达尔富尔人主张单独建国。

事实上,在20世纪40、50和60年代,当非洲大陆民族独立运动风起云涌的时候,谁也不清楚这块大陆到底会分立为多少个新国家。原来西方各国随意建立的殖民地本身就组合不定,基础脆弱,而当时决定未来独立国家版图之大小、国界之划分、民族之构成的因素,似乎也多是由一些外在力量和偶然因素在无规则状态下促成的,以至于当这些年轻国家最终独立后,它如何在全体国民成员中培养国家认同感,如何形成富于凝聚力和向心力的国民文化体系,克服各国国内各部族、各地区间的相互隔膜、封闭,由原来的沙聚之邦转变为内聚向心之国,从而实现以国家政治版图为基础的"一个国家、一个民族、一种文化"的发展目标,

---

① 参见刘鸿武:《论非洲文化的现代复兴与民族国家文化重构》,载《历史教学》1993年第10期,第26页。

就成了非洲大陆几乎所有新独立国家面临的艰巨问题。①

从近代以来民族国家成长和国际关系演进的角度看,这些问题所包含的复杂内容与特殊性质都是前人不曾完全经历的。② 当非洲大陆20世纪60年代以后一次次地发生种种政治动荡、民族冲突、军事政变之后,许多学者开始提出,当代非洲大陆的发展问题不仅仅是经济与科技方面的,它更是国家、社会、民族和文化方面的,非洲大陆如何由"传统部族社会转变成长为一个现代国家,无论如何是一个有待研究的课题"③。

总体上看,在前殖民地时代,非洲大多数地区的政治发展进程及成熟水平,还未达到现代民族国家的发展阶段。在当时非洲的大多数地区,往往只存在一些部族社会范畴的政治共同体,在少数地区形成过一些规模较小、结构松散且体制功能发育程度较低的古代王国。作为一个现代国家的形成和稳定存在所必须要经历的政治发展阶段和一些必备的前提条件,诸如制度化了的国家体制结构的初步发展,统一的国民经济体系或经济生活纽带的初步形成与建立,各个民族或部族虽然差异很大但已有聚合在某个统一的政治实体内长期共处而积淀下来的共同生活经历与习惯,一份富于凝聚力和整合力、经由以往漫长世纪而积淀下来的国民文化遗产,如对国家的认同和忠诚、对政府及统治合法性的认可拥戴,等等。所有这一切,在前殖民地时代的非洲大陆的大部分地区,都还没有获得充分的发展。④

而到了近代时期,西方殖民者对非洲的殖民分割及其统治后果,又加剧了独立后非洲国家构建现代民族国家、实现民族一体化和追求统一国民文化的复杂性与艰巨性。当代非洲大陆的年轻国家,基本上都是以原殖民地的疆界为框架建立的。但是,西方人留下的殖民地遗产,本身却问题众多,远不足以作为独立后新国家稳固生存的基础。这主要是因为,当年西方人在建立各殖民地时,并非将其作为未来的国家来考虑。他们划分殖民地,并不顾及当地原有的政治经济共同体基础和民族文化格局,而是凭一己私利或实力大小任意分割。于是,许多在历史上曾建立过自己区域政权组织的部族集团,如马宁凯人、索宁凯人、桑海人、斯瓦希里人、豪萨人、约鲁巴人、阿散蒂人、富尔人等,都被分割肢解成了许多

---

① 参见刘鸿武等:《从部族社会到民族国家——当代尼日利亚国家发展史纲》,云南大学出版社2000年版,第291页。

② See S. N. Eisenstadt(ed.), Building States and Nations: Models, Analyses and Data across Three World, Beverly Hills, 1973, p. 28.

③ J. O. Olatunji, Integration and Nation-Building in Africa, Lagos, 1989, p. 82.

④ 参见刘鸿武:《黑非洲文化研究》,华东师范大学出版社1997年版,第25页。

部分,并分布到了英、法、德、葡等国统治下的各殖民地中,造成非洲原有的民族聚合与一体化进程的中断或畸形。而另一方面,一些原来没有太多经济文化联系或共同性的民族或部族,却又被外来的西方殖民者人为地捏合在一个殖民地内。实际上,对于非洲原有的政治经济与民族文化发展进程来说,这些殖民地的建立完全是外加的、偶然的,在许多方面它反而中断或扭曲了非洲大陆原有的民族文化聚合过程,并肢解了非洲历史上已经形成的一些民族文化共同体,导致了非洲历史上一些古代王国的瓦解与消亡。

为了便于西方殖民者对殖民地人民的统治与压迫,西方殖民者大多实行所谓"分而治之"的政策,以一个部族压制另一个部族,甚至故意在各土著部族间制造一种"普遍的隔膜、矛盾和不信任感"[①]。殖民地内部那众多的部族集团,远未把殖民地认同为一个大家共有的政治机体,一个大家可以共有的政治机构。只是因为有一个外加的殖民当局,才把那些互不统属甚至互不关联的土著部族撮合在一个准政治实体——殖民地内。到了殖民地统治的后期,宗主国为自己的殖民统治匆匆安排后事时,这种做法显得更加露骨,尤为险恶。这些西方殖民者人为制造的土著居民间的矛盾与隔膜,往往给当地留下许多导致今后发生冲突对抗的隐患。当西方人撤出、原有的殖民地变成了独立国家之后,其境内大大小小数十个甚至数百个各有着自己的语言、宗教、历史、文化传统的部族集团,相互间文化上的差异,利益上的冲突,尤其是当年殖民者埋下的各种冲突隐患,就可能由潜伏状态迅速地暴露出来,造成新生国家统一生存的巨大困难。如何克服这些矛盾与冲突,消除这些可能导致新生国家瓦解的隐患,自然成为独立后非洲国家面临的一个关乎国家生存发展的重大问题。

总体上说,当代非洲国家创立的基本特点是,国家的产生先于民族的形成,先是人为地构建起一个国家,再来为这个国家的生存寻求必要的经济、文化、民族基础。比如,历史上的非洲,并不存在"尼日利亚"这样的民族,也不存在"尼日利亚"这样的国家,是因为西方人的入侵和统治。在过去曾经是分别是约鲁巴人、伊格博人、豪萨人等二百多个土著部族生存的西非几内亚湾到内陆乍得湖盆地的这个数十万平方公里的土地上,由外来的西方人的入侵而人为建立起来了几块殖民地,后来这些殖民地因为都是由英国人统治的,在英国人的支配下经过若干次的重组合并过程,形成了"尼日利亚"这样一个新的国家。不过,当这个国家形成的时候,在其境内生存着的几千万分别属于二百多个部族的土著居民,却

[①] See M. O. Alabi, The Colonial Origin of the Underdevelopment of African Nations, Lagos, 1989, p. 186.

并没有聚合成"尼日利亚民族"这样一个新的民族共同体,也缺乏对这个新国家心理上、文化上、情感上的认同感与共拥感。相反,这二百多个土著部族相互间的矛盾与文化差异,却构成这个新国家统一存在和稳定发展的严重障碍。① 这种情况,在独立后的苏丹也同样存在。比如富尔人(Fur),长期居住在今天苏丹的达尔富尔高原地区和西面的乍得国家境内。18世纪,他们曾建立了以法希尔(Al Fashir)为首都的富尔素丹国,被称为素丹的富尔国王的统治一直维持到1916年。后来,富尔人被分割到了法国人控制的乍得殖民地和英国人统治的苏丹殖民地,造成以后苏丹与乍得复杂的边界冲突。

在西方,现代国家的产生是社会经济、历史、文化与民族一体化发展所导致的结果。比如近代产生的英国、法国、西班牙、葡萄牙、荷兰、比利时等国家,它们都是在各自社会内部民族文化融合、社会经济联系纽带形成、统一王权兴起等力量的推动下,形成了同质一体化程度较高的、基本上是单一民族的国家。这些国家的产生,是其民族一体化发展的结果,是其社会经济整合与联系发展的产物,因此这些国家创立时,已大体上具备了使自己生存巩固下来的经济、文化、民族基础。比如说,法国这个现代国家的形成,是法兰西这个近代民族产生的结果,或者说,法国这个国家的形成,是与法兰西这个近代民族的形成互为因果同步推进的。西方近代史上形成的国家,基本上是单一民族的国家,民族与国家具有同构性与兼容性。

在东方国家,情况当然与西方那种单一民族国家有所不同。东方国家大多数是多民族的国家,国家与民族并不完全等同。尽管许多东方国家比如中国、印度、伊朗、土耳其等,都不是单一民族的国家而是多民族的国家,其内部往往都有较为复杂的民族结构和宗教文化背景,各民族也多有自己的语言、宗教、文化传统,经济生活上的差异也是长期存在的,但是,这些有着多民族背景的国家,却已经有久远的生存历史了。在这些国家内的各个民族,已有在同一个古代国家机体内、在一个王权统治下长期共处生存的历史经历与交往过程,相互间已形成程度不同的或紧或松或强或弱的经济上的、文化上的、社会生活上的联系与依存关系,并且因为这种联系与依存关系的长期存在,逐渐在那些众多的民族间逐渐形成了某种共同的国家观念意识与情感,一种对某个中央集权的统一政治实体的认同感与共拥感。这种漫长历史上的共同经历与交往,使这些东方国家,在国家的民族文化关系结构上不同程度地形成了一种特殊的、不同于近代西方单一民

---

① See Clande Ake, The Political Economy of Crisis and Underdevelopment of Africa, Lagos, Nigeria, 1989, p. 52.

族国家的结构,即一种在民族关系、文化结构方面虽然多元却又一体的特殊格局。而且,这些国家在多民族关系结构方面,往往还有一个占主导地位或支配地位的核心民族,比如在中国这个多民族国家中,汉族便一直是一个占主导地位的主体民族,汉文化由此也就在与其他民族的文化发生交往、融合的过程中,成为维系中国这个多民族国家长期统一存在和连续性发展的核心文化,从而形成中国古代历史上特殊的汉文化凝聚力和各少数民族文化的向心力。

这些古老的东方国家,与那些在 20 世纪 60 年代才产生的非洲年轻国家是有巨大的差异的。到了近代,这些东方古老国家与非洲大陆一样在西方殖民入侵下,可能失去了独立地位而亡了国,成为了西方的殖民地或半殖民地,遭受过像非洲那样的西方统治命运。但是,这些东方古老国家在前殖民地时代便已经形成的那种较为成熟规范的古代国家历史文化与政治实体,使它们在非殖民地化后的结果大都表现为国家主权和独立地位的"恢复",一种失而复得的"再生",它是古老国家的"重建"与"复国"。虽然重建起来的这个新国家,与前殖民地时代的古代国家相比,其疆域之大小、民族之构成、人口之多寡以及政治制度与社会经济形态等,都会与前殖民地时代有重大甚至根本的改变,但尽管如此,这些古老东方国家各自在历史上积淀下来的那份共同的文化遗产与古代国家的精神纽带,使这些重获新生的东方多民族国家,在维护国家统一、保持国家稳定方面已有一个可资依托、开发和利用的基础。对这些国家来说,国家的观念、国家的权威、国家的利益,并不完全是一个陌生的概念或虚幻的地理空间的人为组合,它是一个真实的历史文化实体。应该说,东方的中国、伊朗、伊拉克、土耳其、朝鲜、越南、印度、埃及等,大体上属于这种类型的国家。至于在较为落后的阿拉伯半岛与海湾地区,其现代国家的创立模式,是利用原有的家族血缘纽带,通过家族君主制扩展为国家君主制来创立现代国家的。比如,沙特阿拉伯王国是以沙特家族来充任国家统一政治的核心,形成一个具有传统权威合法性的、得到全体国民认可拥戴的家族君主制国家,并且借助于统一的语言——阿拉伯语、统一的宗教——伊斯兰教,来维系新生国家的统一与稳固。

然而,对于大多数非洲国家来说,其现代国家的建立模式基本上是先宣布组成国家、建立政府,然后依靠政府人为的力量,借助于国家和政府机构的有组织的政治权力来推进民族一体化进程,来为这个新国家的生存、稳定与发展寻求必要的文化纽带、国民意识和社会经济基础。当代非洲国家的创立也不同于东方许多古代国家那样,是经过非殖民地化的完成而"重建"自己往昔的国家。非洲在非殖民地化之后建立的那一系列年轻国家,包括苏丹在内,基本上不是"重建",而是"新建",基本上不是"恢复再生",而是"新立创建"。因为这些国家在历史上并不曾存在过,它们并不是以历史上原有的政治共同体为基础,通过古代政治的自然发展过程,比如说在古代那些文化共同体、古王国、部落酋长国的基础上扩展而成的。古代非洲那些本可能扩展成现代国家的政治共同体,比如在苏丹这块土地上曾经有过的那些古代政治与宗教文化共同体,那些古代王国与城邦国家,如古代努比亚文明或库施国家、芬吉王国、富尔王国等,在西方人到来之前早已衰落瓦解。独立后非洲大陆新创立的国家,基本上都是按外部西方殖民者的利益所强加的、任意"肢解与分割"而成的殖民地框架建立的,它与当地原有的历史文化共同体与政治经济联系并无兼容性和同构性。

可以看出,无论是与西方近代国家相比,还是与东方国家相比,当代非洲国家更多的是"缺乏作为统一国家而存在的一种历史经历、国民意识、国家观念,缺乏使国家持久团结和稳定存在的国内各民族共享的文化联系、精神纽带和历史遗产"[①]。脆弱的国家结构和松散的国民纽带,使这些国家也很容易受外部因素的影响而引发国内动荡。因此,如何由传统部族社会发展成现代国家,如何将分割破碎的部族文化整合成富有凝聚力的国民文化,是非洲各国建立后面临的一个严峻而紧迫的历史性挑战。

第三节 当代非洲国家成长的复杂内容与成效

从这样一个意义上我们可以看出,在第二次世界大战结束后形成的那个庞大的第三世界或发展中国家群体中,非洲各新生国家所面临的统一和发展任务,要比世界其他地区的发展中国家更加艰巨困难,面临的统一和发展命题也更加广泛复杂。

我们必须充分意识到这样一个客观而重要的事实,即当代非洲大陆实际上是从一个极不发达的历史起点上来启动它的现代化进程和当代社会变革的。尤其是它那由传统部族社会直接而急速地过渡到现代国家的新生国家创建模式,从所谓"现代化"或"现代发展进程"的角度上看,无疑有着更为复杂的历史含义。这些全新的非洲年轻国家,这些民族一体化程度或国民文化的同质性发展程度较低因而时常被称为"部族"的非洲不发达民族,不仅面临着艰巨的经济发展任务,更面临着同样艰巨而且更为复杂的制度发展、社会发展、文化发展、民族发展的任务。许多东西方国家在历史上已经取得的发展成就,比如社会之整合与民族一体化,国家政治制度之初步形成,统一而集权的官僚机构的建立及其功能、

---

① See A. A. Nwankwo, National Consciousness for Nigeria, Enugu, Nigeria, 1985, p. 28.

职能的分化与专门化,相对统一的国家文化共识体系及语言文字、宗教信仰、价值观念等方面的某种同质结构的出现与广泛交往关系的建立等,对于一个民族或国家能否进入现代经济起飞阶段,能否进行广泛的社会动员并使广大民众认可参与到国家的经济发展事业中来而共同走向现代社会,都是不可或缺的历史前提与发展的基础条件。而这一切,对于第二次世界大战后产生的非洲各个年轻国家来说,都还相当不发达,都还处在一个相对较低的历史起点上,因而都构成了这些国家在当代的发展进程中绕不过、躲不开的历史发展任务,成为这些国家必须付出时间、勇气,要经历种种奋斗与挫折才能走过的艰难发展阶段。

如果把1956年诞生的苏丹与当时的新中国放在一起来比较,我们可以说,从现代经济增长的指标来看,两国都同样可以称为"发展中国家"或"不发达国家"。但当我们说到这两个国家在当代的发展与现代化问题时,不能不考虑到这样一些重要的客观事实:中国作为一个相对统一的政治文化实体而存在已经有几千年的漫长发展历史了,而作为一个有统一中央集权和行政管理体制的国家,中国从秦汉王朝开始也已走过了两千多年的发展进程,在这漫长的统一国家实体发展进程中,中国已经形成了"作为一个国家而存在"的制度、文化、民族乃至心理方面深厚而坚实的基础。而苏丹作为一个真正意义上的国家实体,是到1956年独立的时候才开始的。在此之前的漫长岁月里,这里只有过一些大大小小的古代王国或松散的部落式联盟,他们相互间的联系十分有限,特别是北方的阿拉伯民族与南方的黑人民族,差异与隔阂就更大,而在达尔富尔地区内部的各黑人族群之间,达尔富尔地区的各黑人族群与苏丹其他地区的黑人族群之间,同样也相互封闭隔阂,差异很大,他们都不曾在一起作为一个国家内的不同民族而存在过,甚至也不曾在语言上、宗教上、文化上作为一个相对统一一致的共同体存在过,虽然它们相互间也有着程度不一的相互交往联系的经历。

因此,可以这样说,20世纪50、60年代建立的众多非洲年轻国家,与1949年成立的中华人民共和国,在各自存在的历史文化基础方面是很不一样的。1949年成立起来的中华人民共和国,政权是新的,国家却已经十分古老了,这个新中国其实是以往中国几千年历史的一种新的延伸,一种新的发展,一个以漫长历史文化和民族共同体为基础重建的新国家,这个新国家生存、延续、发展的基础都是以它曾有过的几千年历史为根基或背景的。而非洲大陆的新生国家却大都不是以原来的老国家为基础。虽然从现代国际法的角度上看,它与中国并没有什么不同,同样都是作为现代世界国际大家庭中的一员,在国际上享有同样的政治主权地位,然而,就各自的历史文化基础与国家生存基础来说,情况却很不一样。从这个意义上说,中国和苏丹这两个同时都可以称为第三世界的发展中国家,从现代经济发展和现代化进程所需要的更广泛的社会历史条件上看,各自已经具有的发展基础,各自已经具备的支持现代经济发展和现代化所需的历史前提,可以说是相当不一样的。最近30年来中国获得了很高的经济增长速度,现代化的进程总体上已经明显快于非洲大陆许多国家,这里面当然有政策方面和制度方面的原因,但是中国今日的这种发展进程,从一个更广义的历史背景上来说,它实际上是以中国五千年的文明史所积淀的全部发展成就为基础的。中国作为一个已有两千多年统一历史进程的国家,它在民族一体化、统一的国家行动能力、民众对政府和国家的认可方面,所可以释放出来的支持现代经济发展的潜在力量,正是苏丹这样的非洲新生国家的"短缺资源",而这种"短缺",乃是当代非洲国家面临着的一种特殊的国情,是制约当代非洲国家现代化与经济增长进程的重要因素。

从一种极不发达的、很低的历史起点上启动的国家现代化进程,其要完成的发展任务便十分艰巨而复杂,这是我们对20世纪非洲历史发展进程的一个基本的认识。① 而这,或许正是当代非洲国家现代化进程与经济发展一波三折、充满艰辛的重要原因吧。认识到这一点,对于我们更深入全面地理解苏丹这样的当代非洲国家的发展进程,理解诸如达尔富尔这样的地区冲突的复杂背景与性质,都是十分重要的。

在一个极低的历史起点上开始的当代非洲国家现代发展进程,在过去半个多世纪里,在多数非洲国家依然取得了重大的历史性的发展成就。

这种发展成就表现何在呢?应该说,20世纪非洲的现代经济发展成就是难以令人作乐观的评价的。但我们说,现代化进程作为传统农业文明形态向现代工业文明形态的过渡转型,固然以经济的发展为其中心内容,但其涉及的社会变迁内容却要广泛复杂得多。而现代经济的发展进程之得以真正展开,也必须以非经济领域的许多发展成就为其前提条件或生长根基。我们认为,当代非洲现代化进程的成就,主要不表现在经济增长或经济起飞方面,而是集中体现在它的"国家构建与发展"、"民族构建与发展"方面,表现在它的新型的"统一国民文化体系"的初步形成方面。

我们可以看到,20世纪60年代以来,非洲大陆各个年轻国家,在实现由传统分散的部族社会向统一的、中央集权的现代国家过渡的不懈努力方面,在实现由传统封闭分割的部族文化向同质一体化的现代国民文化过渡转型的艰难追求

---

① 参见刘鸿武:《对20世纪非洲国家现代化进程问题的两点认识》,载中国社会科学院西亚非洲研究所:《西亚非洲》1998年第1期。

方面,尽管历经曲折反复,但还是取得了明显的进步和成效。事实上,在今日非洲大陆的许多国家中,一种超越部族、地区、宗教的国家观念和国民意识,正在形成并被逐渐地认可。随着这统一国家文化力量的成长,随着这种富有凝聚力的统一国民文化环境的形成,一些非洲国家已经逐渐有能力克服各自国家内部的分离内乱与冲突,政府的合法性和权威性也开始得到全国民众的认同。尽管这一成就在非洲各个国家所达到的水平和巩固的程度并不完全一致。特别由于缺乏相应的经济发展成就作支持,这一国家政治发展与民族发展的成就不仅受到了很大的抑制,而且已经取得的发展成就也是很不稳固的。

因此,当代非洲各国现代发展进程的主要成就,实际上集中体现为"作为一个国家而存在的地位"①的获得。这又可具体分为互为因果的两个方面。

首先,从政治上或制度上作为一个国家而存在的地位(state-hood)的获得,即每一个新创立的非洲国家政治主权的集中化过程及其相应的现代性的获得:整个国家的政治权力从地方集中到中央,从部族首领、宗教首领、地方首领集中到一个中央集权的、统一的、有一定权威和合法性从而得到全国共识拥戴的政府手中。通过这一发展过程,使这一新兴国家有能力追求国家的发展目标,使国家的政策、法令得以有效地付诸实施。

其次,从文化上作为一个国家而存在的地位(nation-hood)的获得,即每一个新创立的非洲国家在文化上的融合与一体化过程:将整个国家的民众从文化上、情感上、观念上联系起来,沟通起来,实现国民文化融合或整合。它是在现有国家政治疆界内的所有部族或民族之间,建立和发展起一种共有的新的文化联系、文化纽带,一种对新兴国家的认同感和归属感,在全体国民间产生一种有凝聚力的新的国家观念、国家情感、国民意识。

当代非洲新兴国家的这一政治主权集中化过程(centralization)和国民文化一体化融合进程(homogeneity)②的逐渐推进,正是 20 世纪非洲历史与现代化进程的最主要也最具意义的成就,这可以说是我们对 20 世纪非洲历史及其现代化进程问题一个应有的基本认识与判断。

关于如何全面而历史性地来理解和评价 20 世纪后半期非洲大陆现代发展进程之成效及得失的问题,笔者十余年前就有一些专门的论述。在笔者看来,若从历史发展的大时段视野上看,20 世纪是非洲大陆取得巨大进步与发展之时

---

① Ali A. Mazrui and Micheal Tidy, Nationalism and New States in Africa, Landon, 1984, p. 373.
② See I. Wallerstein, "Ethnicity and National Integration in West Africa", in Gregory Maddox (ed.), African Nationalism and Revolution, New York, 1993, p. 23.

期,且经历了发展进程之三步曲:30—50年代是由殖民地到主权独立国家的民族解放运动时期,发展之成就是获得了民族独立、自由、平等之地位,这是一切现代发展的前提;60—90年代是非洲由传统部族社会到构建现代民族国家的民族国家构建与国民文化构建时期,其发展成就表现为统一的国家政治共同体的巩固与国民文化认同体系的成长。而21世纪的头20年,非洲大陆将在上述两个发展成就的基础上,逐渐进入以经济发展和社会现代化为主题的新发展时期。笔者认为,非洲半个多世纪发展进程之三大步的推移,是一个合乎人类文明与国家形态成长的自然历史过程,我们若要透过错综复杂的历史迷雾而真正理解和把握非洲之现状与未来,不得不有这样的视野与知识。① 当然,这一过程在非洲数十个国家之间的发展水平与成就是不平衡的,有的较为成功,有的历经曲折,而且这将是一个长期的过程,在发展的道路上还会有反复有动荡,但这一过程总体上一直在向前推进着。②

第四节　苏丹国家成长的历史进程与特征

正是在上述分析的基础上,我们可以更好地来理解苏丹的达尔富尔问题。从根本上说,达尔富尔问题正是苏丹这个年轻国家在其国家成长和民族一体过程中面临的一个艰巨而复杂问题。自1956年苏丹独立建国后,这一问题就一直存在着,只不过在近年因为种种因素的推动而以一种破坏性的方式爆发出来,并引起了世人的关注。但是,这一问题的产生有着复杂的历史文化背景与民族宗教原因,有着短期内难以跨越的国家成长中面临的一系列结构性的障碍。因为在苏丹民族国家构建与成长的过程中,它不仅有达尔富尔问题,还有表现形式不同的中央政府与地方各州省的矛盾、东部与西部的矛盾,南北战争更曾长达数十

---

① 相关论述请参阅刘鸿武下述论著:《论当代非洲国家现代化进程中的文化发展主题》,载《西亚非洲》1996年第1期;《关于非洲传统文化现代化研究中的若干问题》,载《西亚非洲》1996年第3期;《对20世纪非洲现代化进程的两点认识》,载《西亚非洲》1997年第1期;《论当代非洲国家的部族文化整合与国民文化重构》,载《西亚非洲》1997年第3期;《民族国家统一构建与21世纪的非洲》,载《西亚非洲》2002年第2期;《发展研究与文化人类学——关于非洲发展问题研究的一种新综合》,载《思想战线》1998年第1期;《从部族社会到民族国家——尼日利亚国家发展史纲》,云南大学出版社2000年版,第一章。

② 像坦桑尼亚这样的国家,因为有斯瓦希里文化作为一份共同的历史文化遗产、语言交流纽带来维系国家,加之独立后作为国家奠基者的杰出政治家朱利叶斯·尼雷尔及执政党,对于国家统一构建的重大意义也有着较为清晰的认知,并采取了许多富有特色的努力,因而其民族国家的构建进程就较为顺利而有成效,目前国家总体上也比较稳定。参见刘鸿武:《蔚蓝色的非洲——东非斯瓦希里文化研究》,云南大学出版社2008年版。

年,直到几年前才获得和解。长期以来,对于苏丹南北内战和达尔富尔冲突,国际社会的了解其实大多不充分,人们往往脱离开苏丹国家成长的复杂背景与独特环境随意地评判苏丹的事务,因而往往不能对事情的复杂原委与性质做出全面的理解。

这里我们需要对苏丹这个国家成长的一些特殊情况略作说明。

苏丹是一个既古老又年轻的国家。说古老,是因为这里早在两千年前就有了文明的发展,有过一些古代王国的兴衰起落。说年轻,是因为"苏丹"这个国家在历史上并不曾存在过,它是在1956年由英国的殖民地转变而来的。

不过,要理解和把握苏丹这个国家并不是一件容易的事。首先,在非洲与阿拉伯世界,"苏丹"(Sudan)这个词就有着复杂的含义与演变过程。总体上说,就如同"利比亚"、"埃塞俄比亚"等词一样,"苏丹"这一词也曾是古代希腊人、罗马人、埃及人对非洲大陆和居民的一种泛称,都含有"黑人家园"或"深褐色皮肤的人"的意思。[1] 因而"苏丹"作为非洲的一个历史文化名词,其所指的范围包括今日苏丹共和国所辖范围在内的一个更广大的地区。[2] 事实上,在今日苏丹国土所辖之地,历史上还有两个流行更广泛的概念,一个叫"努比亚"(Nubia),另一个叫"库施"(Kush,或译"库什")。

苏丹在古时称"努比亚"[3](Nubia)。古代的努比亚人曾建立过自己的国家,这些国家被北方的埃及人称为"库施"(Kush),因而努比亚、库施都可以用来指称古代的苏丹。努比亚文明和库施国家持续的时期很长,其存在时期约从公元前3000年开始,一直持续到公元8世纪伊斯兰教传入为止。[4]

作为尼罗河上游的非洲国家,苏丹在早期历史阶段曾长期笼罩于文明起步更快的北方埃及的巨大阴影之下。公元前4000年,努比亚同埃及就有了接触。从公元前3200年起的2000年间,埃及各王朝的法老们一次又一次地派遣远征

---

[1] See Helen Chapin Metz(ed.), Sudan: a country study, Federal Research Division, Library of Congress, 1991, p. 8.

[2] See A. J. Arkell, A Histiry of the Sudan from the Earliest Times to 1821, Greenwood Press, 1973, p. 1.

[3] 努比亚的范围,可以有广义和狭义两种界定。狭义的努比亚,主要是指尼罗河第一瀑布至第六瀑布的尼罗河岸地区。广义的努比亚,则把喀土穆以南的青、白尼罗河流域、埃塞俄比亚西部、红海沿岸的广大地区都包括在内。由此,历史学家将努比亚分为上努比亚(埃及努比亚)和下努比亚(苏丹努比亚)两部分。上努比亚指第一瀑布到第三瀑布之间的地区,相当于今日埃及南部和苏丹北部。下努比亚指第三瀑布到青、白尼罗河之间的地区,相当于今日苏丹的中部与南部。

[4] 库施国家于公元4世纪被来自南方的阿克苏姆王国所灭,公元8世纪伊斯兰教传入及大批阿拉伯人移入后,努比亚文化也逐渐失去了自己的独立传统而日益与阿拉伯—伊斯兰文化融合在一起了。

军入侵劫掠尼罗河第一瀑布以南的努比亚,埃及的文明得以传播影响到今日苏丹境内的整个北方地区。但与此同时,具有更多非洲黑人土著文明特征的努比亚文明,也以它自己的方式和内容,影响着北方的入侵者埃及。这种来自南方的影响,在埃及帝国趋于衰落之时尤为明显。

到公元5、6世纪前后,来自亚洲西部的基督教文明,或从北方埃及沿尼罗河逆流而上,或自东南方的红海沿岸登陆而来,逐渐传入了苏丹。随后便在此出现了繁荣达八九百年的"基督教化努比亚文明"。那时,在遥远的尼罗河上游深处,耸立起来了许多高大坚实的基督教堂、修道院。直到今日,那些裸露于热带大陆灸热阳光下的断碣残碑,那些残存下来依稀可辨的宗教圣像画,还在向世人讲述着遥远往昔这里的人们追求精神生命的往事。

公元9、10世纪后,苏丹北部地区再次出现文明与历史的重大转型,即所谓"努比亚文明的阿拉伯—伊斯兰化",这一持续上千年的交汇过程,逐渐地将整个北部和中部的苏丹居民转变成了阿拉伯人。久而久之,一种具有非洲地域特征的阿拉伯—伊斯兰宗教文化,便日益成为苏丹历史的支配性力量。12世纪后,由于西亚的阿拉伯人持续迁入和伊斯兰教的渗透,这个地区的阿拉伯—伊斯兰化日益明显。而自1821年奥斯曼帝国的埃及总督阿里入侵后统治苏丹的数十年间,这一进程得到了重大推进,并最终将苏丹变成了整个阿拉伯世界的一部分。因而,随着历史的推移,苏丹事实上既不是纯粹的非洲黑人国家,也不是一个纯粹的阿拉伯伊斯兰国家,而是一个将非洲黑人传统与北非埃及传统、西亚阿拉伯—伊斯兰传统融合在一起的国家。于是,中世纪以后的苏丹,也就逐渐分化为伊斯兰—阿拉伯世界的北部(包括信奉伊斯兰教的阿拉伯人和黑人各民族)与非伊斯兰教的南部(包括信奉基督教和各种土著宗教的黑人各民族)两大部分,在南方广大地区,依然长期保留着自己的非洲传统或黑人传统。随着南北两部分历史的差异性发展,南北之间的关系,无论是融合交流还是冲突对抗,都对苏丹历史的进程和内在特性有了持久而根本的影响。[①]

19世纪中期,随着欧洲人的到来与数十年的英国殖民统治,又使得苏丹的现代社会历史进程,与西方世界联结起来了。近代西方殖民时期,英国人在苏丹南北两个地区建立不同的行政管理机构,强化了苏丹南北分裂的事实。独立后苏丹的不少领导人也往往把南方的非洲黑人看作外化之地的少数民族,遂使这一裂痕呈扩大之势。南方的黑人民族因其社会形态的相对落后及封闭,往往难

---

① See Dustan Wai, The African—Arab Conflict in the Sudan, New York: Africana Publishing Company, 1983, p. 28.

以主动参与国家的政治经济生活。

苏丹这个国家的历史文化与民族宗教个性之所以复杂,还与苏丹这一地区的自然地理结构有关。苏丹是一个国土广袤、南北东西间差异很大的国家,也是一个内陆与海洋二元并存的国家,它东临红海,850多公里海岸线风光旖旎,气候温和。而在这个国家西部与西南部的内陆地区,在开阔的萨赫勒(Sahel)稀树大草原深处,人们长期与外界隔绝,骠悍尚勇的丁卡部族的土著文化,直到今天还保存完整。

另一个影响苏丹历史文化与民族结构的因素是纵贯这个国家的尼罗河。苏丹与埃及都是尼罗河流域的国家。尼罗河在埃及境内长1500多公里,而在苏丹境内却长达3300公里。在埃及境内,尼罗河自南向北直泻千里,1500多公里几乎是在没有任何青山阻挡和支流汇入的情况下直流而下。它似一条水上大动脉,把上下埃及联结起来,故而尼罗河很早就促成了埃及的统一,对于埃及形成相对单一的民族与宗教结构产生了重要影响。但在苏丹境内,尼罗河大弯大拐,瀑布成群,起伏跌宕,更有众多支流汇入,造成了苏丹南北地域之多样性分割,以及这个国家的历史、文化、民族的多样性形态。①

独立后的当代苏丹,既是一个有非洲黑人文明传统国家,又是一个归属于中东阿拉伯世界的国家,同时,它还是一个留有许多西方殖民统治遗产的国家。这多重的属性及它们的互动角力,作为一种历史力量,影响或规定了当代苏丹政治、经济、内政与外交等许多内容。

第五节 达尔富尔问题与苏丹国家成长的困境

达尔富尔位于苏丹西部,面积约51万平方公里,人口约700万。2003年以来,这里的阿拉伯各族群与黑人各族群为争夺水源、牧场和土地而发生了大规模的冲突,许多人在冲突中伤亡,数十万人成为流离失所的难民,造成严重的人道主义灾难。包括中国在内的国际社会,几年来为冲突的解决做了各种努力,由非洲联盟和联合国组成的混合维和部队于2007年底开始部署到冲突地区,使局势大体受到控制。

独立后的苏丹,地区冲突一直深深困扰着国家发展进程。南北内战、达尔富尔冲突及其他地区的动荡,构成了苏丹民族国家构建(Nation-Builting & State-Builting)的巨大障碍,严重滞缓了苏丹社会经济的发展。中央政府和地方反政

---

① See Emil Ludwig, The Nile: A Life-story of a River, London, 1936, p. ii.

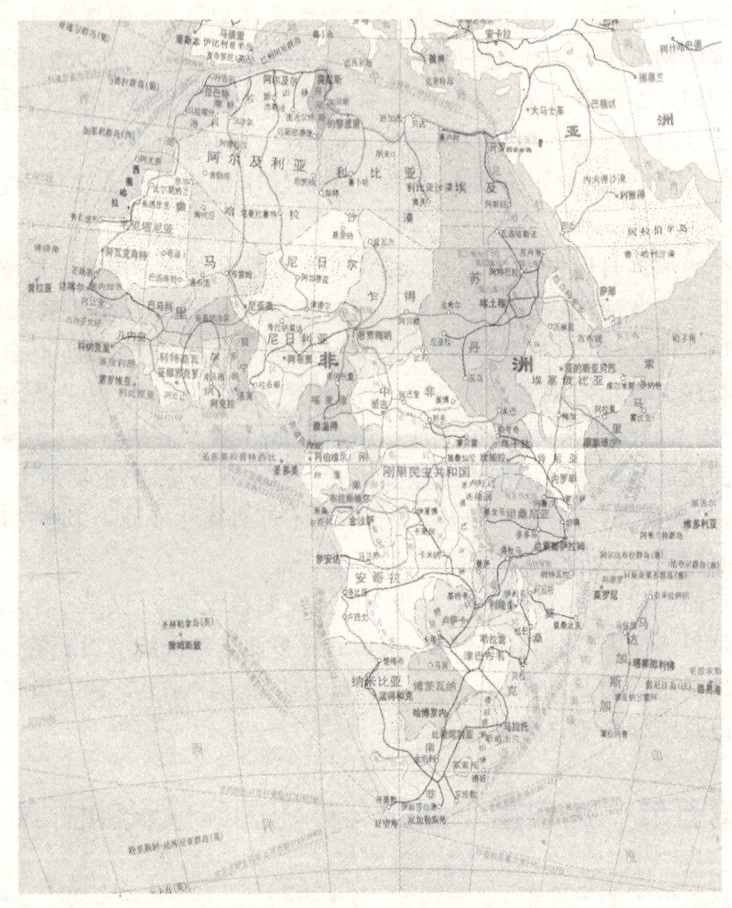

地图2：苏丹地图

资料来源：非洲国家网，http://www.all-africa.net/Get/ditu/230123271.htm/。

府武装之间的持久冲突,不仅使这个国家长期处于一种半分裂状态,也给苏丹人民带来深重灾难,对国家政治生活也造成持久的影响。在某种意义上,当代苏丹的国家发展与政治进程,都是围绕着这些国内冲突而展开和演变的。

达尔富尔问题本质上是一个当代非洲国家发展陷于困境而突显出来的问题。这些冲突的背景与原因都颇为复杂,但贫穷与落后是冲突持续发生的普遍性根源。资源的匮乏与生存的艰辛,在当代非洲大陆各国往往造成形式各异的冲突与战争,贫困落后与冲突战争往往如影随形,挥之不去。而在苏丹,则有一些更为具体的因素直接或间接地导致了冲突与内战的发生,诸如南方地区和达尔富尔地区的黑人民族,与北方的阿拉伯民族在文化、民族、宗教方面的差异与隔阂,及这种差异隔阂造成的人们对统一国家的认同差异。长期以来,苏丹各民族对土地、水源、草场、牲畜的争夺始终不曾中断,而这些冲突往往会以种族、民族或教派冲突的形式表现出来。

达尔富尔地区位于苏丹西部,自北至南依次与利比亚、乍得、中非等国毗邻。这里的居民包括阿拉伯人、富尔人和黑人等80多个部族,在历史上相互间有过混血与杂居的漫长历史,在宗教方面他们与北方的阿拉伯人一样是都是穆斯林,都信奉伊斯兰教。

苏丹今天的国家边界是19世纪欧洲列强瓜分非洲和实行殖民统治时人为划定的。当时,达尔富尔地区一些部族被划到了不同的国家,因而该地区的部族与周围邻国有着千丝万缕的联系。达尔富尔地处苏丹内陆深处,交通闭塞,经济落后,独立后苏丹中央政府长期疲于应付南部反政府武装的军事进攻,也无力对达尔富尔州进行有效的行政管理和经济开发,因此该地区成了苏丹最不发达的边远地区。自苏丹独立以来,由于经济落后和生存资源匮乏,这一地区的民族和部落矛盾严重,冲突频发。近年来,随着达尔富尔地区石油等矿产资源不断被开发,部族之间争夺资源的斗争日趋激烈,一些邻国也以各种形式卷入其中。事实上,达尔富尔地区曾经雨水丰沛、土地肥沃。但20世纪60、70年代,苏丹南部与西部长期遭受严重旱灾,加之人口膨胀、放牧过度,这里的荒漠化现象不断加剧,惯于逐水而居的阿拉伯牧民因难以维持生计而被迫南迁,与南部的黑人居民争抢有限的水草资源,与当地黑人部落发生冲突,局势日趋恶化。①

总体上来说,达尔富尔地区的冲突和矛盾是与经济和生存问题联系在一起的,不同的部族与民族为了生存一直在争夺,只不过在这种冲突发展的过程中,冲突各方面为了聚集力量、号召支持者,常常将冲突与宗教、民族、种族或文化识别等问题联系起来,以强化集团内的凝聚力,并使基于生存资源争夺的一般性冲突人为地带上了宗教与种族的神圣色彩或情感的动员优势。在过去20多年里,达尔富尔地区部族间的武装冲突不断,该地区的许多地方事实上一直处于无政府的混乱状态。

独立后的苏丹,除阿拉伯民族与黑人民族的矛盾外,中央与地方的矛盾也一直难以化解。总体上说,北方的阿拉伯民族控制着中央政府,南部、西部的黑人民族认为中央政府偏袒北方阿拉伯人,他们因此质疑中央政府的合法性与权威,

---

① 参见姜恒昆、刘鸿武:《种族认同还是资源争夺——苏丹达尔富尔地区冲突根源探析》,载《西亚非洲》2005年第5期。

并往往表现出寻求自治甚至分裂的倾向。另外,南方和达尔富尔地区的反政府组织内部又时常发生内乱,各派力量分化不定,相互倾轧,局势错综复杂,和平的到来往往变得遥遥无期。此外,邻国的参与和国际社会的介入,也给苏丹南北内战和达尔富尔冲突的解决增添了许多困难与不确定因素。

第六节　中国在达尔富尔问题上的主张与作为

自1959年2月4日中国与苏丹建交后,两国一直保持着良好的关系。近年来,中苏两国在政治、经济、外交等领域富有成效的广泛合作,使得中苏关系已经成为中国与非洲国家友好关系的一个典范。目前,苏丹已成为中国在非洲的重要政治经济伙伴,在两国政府和人民的共同努力下,苏丹石油经济开始起飞,相关产业也有快速发展,使得苏丹成为近年来非洲大陆经济发展最富成效的国家之一。

近年来,一些西方国家的组织与媒体利用达尔富尔问题肆意炒作,将达尔富尔危机归罪于中国,称中国因与苏丹有紧密的石油合作关系便应该对达尔富尔问题承担责任。他们首先轻易地将这场起因复杂的冲突归结为苏丹政府(或政府支持下的阿拉伯人)对达尔富尔黑人实施的"种族屠杀",然后说因为有了中国的经济援助,苏丹经济得以快速发展起来从而有了镇压南方黑人的石油资本,因而在非洲开采石油的中国就是苏丹政府实施种族屠杀的帮凶,中国政府有责任制止苏丹的种族屠杀,等等。近年来,西方一些媒体和政客对于中国的指责似乎越演越烈,他们随意指责中国在非洲实施新殖民主义,掠夺非洲的资源,支持非洲专制政府的独裁统治,等等。种种无端指责让人迷惑:究竟是这些西方政客对非洲事务确实无知,还是有意混淆视听,另有图谋?

事实上,中国与苏丹的经济贸易关系是正常的国家间经贸往来,它只是中国与数十个非洲国家经济贸易关系中的一部分,正如世界上众多的国家也与包括苏丹在内的非洲国家有经济贸易关系一样,不应该将本不相干的事情硬扯在一起。那些以达尔富尔人民利益为代言人自居、随意指责中国与非洲国家关系、指责中国与苏丹关系的人,往往有着强烈的道德优越感和自以为是的武断与傲慢,其真实的用意并非是为了达尔富尔人民,而只是将达尔富尔问题作为丑化中国国际形象的工具。但这种做法反而损害了达尔富尔人民的利益,也对问题的解决毫无益处。

今天,中国的国家利益日益具有全球化时代的特征,达尔富尔问题虽然并非起因于中国,但它确实已经关联到中国与非洲及其他外部世界的关系结构,对这个问题的理解与处理,考验着中国作为一个世界性大国在其成长过程中处理复杂国际事务的能力。事实上,中国在遥远非洲的达尔富尔问题上发挥某种独特的建设性作用,正如同中国在朝核问题、中东问题、伊朗核问题上所发挥的建设性作用一样,对于中国外交日益获得成熟理性的大国形象,有着特殊的意义。

刘贵今特别代表在北达尔富尔首府法希尔访问(摄影:姚辉)

作为苏丹的友好国家,在达尔富尔问题上,中国始终主张应充分尊重苏丹的主权和领土完整,通过平等对话和协商,谋求问题的妥善解决,反对动辄施压和干涉内政的做法。中国也一直以自己与苏丹的友好关系,以朋友的身份和平等的方式,从有利于苏丹的长期稳定和发展的角度出发,向苏方提出一些建设性的意见和忠告,帮助苏丹加强与有关各方的沟通和协调。事实上,中国在达尔富尔问题上的做法是与发展对非关系时的不干涉非洲国家内政、以平等方式积极帮助非洲国家实现和平与发展的传统政策一脉相承的。

为加强与达尔富尔问题有关各方的沟通与协调,推动该问题早日得到妥善解决,中国政府于2007年5月设立了达尔富尔问题特别代表。中国政府代表多次访问苏丹,深入达尔富尔区考察,同时出访欧、美、非洲等国及联合国、非洲联盟、阿盟和欧盟,并通过会晤、电话、信函等方式,与各方保持着密切联系与沟通,在不同场合广泛做各方工作,缩小立场分歧,增信释疑。2007年7月,中方在任安理会轮值主席期间,积极推动安理会一致通过1769号决议,促成了联合国、非洲联盟与苏丹政府就在达尔富尔地区部署非洲联盟—联合国"混合行动"达成一致,使国际社会为推动达尔富尔问题解决所做的努力取得了阶段性成果。应联合国请求,中国承诺向达尔富尔地区派遣 315 人的多功能工兵连,其中 140 人的先遣分队已抵达达尔富尔地区,并开始执行任务,其余部队也将按联合国安排陆续部署到位。

中方支持联合国、非洲联盟达尔富尔问题两特使推动政治进程的努力,中国政府达尔富尔问题特别代表刘贵今大使出席了 2007 年 10 月在利比亚锡尔特举行的苏丹政府与达尔富尔反对派和谈会,并与反对派进行了接触。中方积极推动苏丹政府和反对派尽早恢复谈判,通过对话和协商,达成一个全面的达尔富尔和平协议。中方高度重视帮助达尔富尔地区改善人道主义状况,并积极参与当地的重建和发展,向达尔富尔地区提供人道主义救援物资,帮助达尔富尔地区人民解决实际困难。在苏丹开展业务的中国企业也为达尔富尔地区提供了援助,在当地承建了多个民生项目,包括援助大型供水工程,向达尔富尔地区多所学校捐赠大量设备,捐资建设多个专业人才培训中心,等等。

从长远来看,达尔富尔问题的解决最终取决于苏丹社会经济的发展与国内各民族平等友好关系的重建,国际社会应该为这一目标的实现做切实有益的努力。

第七节　本书的体系结构与主要观点

本书试图对达尔富尔问题做一种全景式的深度透视与综合分析。[①] 我们努力从一个相对开阔的视野上,对涉及当代非洲大陆国家发展和当代中非关系的若干重大问题做出更深入全面的阐释与分析。我们希望这样一种角度多样、视野开阔的分析,可以让我们更好地理解苏丹达尔富尔问题的由来、性质与走向,及中国在这些问题上可能的作为与努力方式。

除导论和结语外,本书正文部分由九章组成。各章既相对独立又有内在的逻辑关联与适当呼应。

第一章《达尔富尔的环境与历史》与第二章《达尔富尔问题的由来与性质》是全书立论与分析的背景。我们试图在这两章中为读者提供全面而历史地理解达尔富尔问题之环境、背景、起因、性质及过程的知识平台与观察基础。在某种意义上,我们可以把达尔富尔危机称之为人类面临的一场生态灾难与环境危机,而这种生态灾难与环境危机,却是人类在非洲大陆面临的持久而普遍的挑战。只

---

① 关于苏丹国家各方面的具体情况参见刘鸿武、姜恒昆编著:《列国志·苏丹》,社会科学文献出版社 2008 年版。

不过，天灾加上了人祸，这场危机才会越演越烈甚至失去控制。在这两章的论述与分析中我们可以看到，日趋紧张的人地关系和渐趋恶化的生态环境如何造成了持久的人类生存冲突，而当这种冲突日趋激化且所有人都感觉安全失去保障时，民族、种族、宗教、肤色、语言、风俗、习惯等所有这些因素就被动员起来，成为生存的庇护所和争斗的武器。失去理性的种族仇恨与教派冲突会蔓延开来，直至爆发为大规模的血腥的种族冲突仇杀。就此来说，达尔富尔问题的根本出路，只能是建立在当地生存环境改善与经济增长的基础上，脱贫减贫、寻求发展才是治本之策，舍此别无他路。

第三章《达尔富尔与苏丹的北方和南方》分析了苏丹国家发展中的区域矛盾问题。从总体上说，达尔富尔问题是当代苏丹国家成长进程中面临的地区矛盾与民族矛盾逐渐恶化而走向危机的表现，也是苏丹这个幅员巨大的国家因长期的地区发展不平衡、中央政府与地方各民族集团间对立不断加剧的结果。与大多数非洲国家一样，作为一个年轻的多民族的国家，苏丹建国后就一直面临着民族国家统一构建与国民文化塑造的问题。如何将沙聚之邦整合成内聚向心之国，在全体人民心中培植富有凝聚力和感召力的国家情感，一直是苏丹历届政府面临的巨大挑战。40多年来，苏丹人民为此而不懈努力，艰难地推进着国家的现代发展进程。然而，此起彼伏的内战、达尔富尔冲突，却使国家成长进程一波三折，迄今，苏丹这个国家的发展前景依然充满了不确定的因素。

第四章《达尔富尔冲突的石油因素》讨论了一个有争议但却较为关键的问题，即石油资源的争夺与开采是不是导致达尔富尔冲突的直接原因。从20世纪90年代后期起，石油经济的快速发展使苏丹国家经济状况和国民生活都得到了很大改善。2003年4月，世界银行宣布苏丹是近年来非洲经济发展最为成功的国家之一。然而，在世界上许多地方出现的所谓"石油魔咒"这一幽灵，似乎也随之现身在苏丹国家政治生活与对外关系中。迅速增长的石油财富引发了苏丹国内各利益集团间关系的变化与新的矛盾。某些长期忽视苏丹的西方大国开始关注这个国家各方面的事务，对这个国家内部的人权、民生、宗教问题有了特别的兴趣。帮助苏丹政府快速发展起石油经济的中国，也是在此背景下无端地被某些国家和组织扯进了达尔富尔问题中。

第五章《达尔富尔与非洲地缘政治》分析了达尔富尔在非洲地缘政治中的地位，及这场冲突对非洲国际关系可能的影响。苏丹达尔富尔与众多国家相邻或接壤，有许多民族跨境而居，因而这一地区局势的重大变化往往会外溢到周边国家，而周边国际格局的改变也会在不同的层面上影响牵扯到达尔富尔局势。目前，苏丹国家发展走向不明，南方将在2011年进行统独公投，达尔富尔的冲突也一度处于失控的危险境地。从非洲地区政治的角度上看,如果达尔富尔问题得不到合理、妥当、平衡的解决且冲突升级而最终导致苏丹这个地区大国分裂,那将会给整个非洲东北部地区局势造成十分严重的后果。

第六章《达尔富尔与西方和联合国》是对达尔富尔危机外部因素的分析。与大部分非洲国家一样,苏丹这个国家也是由西方殖民地演变而来的。1916年英国统治苏丹时,废黜了达尔富尔王国,将其并入苏丹殖民地内,但同时又给了达尔富尔在殖民地内的自治地位,因此达尔富尔问题的起因其实与西方国家有着复杂的历史关系。达尔富尔危机爆发以来,联合国开始介入。目前,联合国正在达尔富尔地区开展一场有史以来规模最大的维和行动,其成效如何,不仅关乎达尔富尔数百万民众的生死安危,对联合国在国际冲突中的行动能力也是一大考验,然而国际海牙刑事法庭以种族灭绝罪起诉苏丹总统巴希尔,却使联合国在苏丹的维和面临着极复杂的处境,达尔富尔问题的国际化程度日益提升且更为复杂了。

第七章《达尔富尔的现状与维和行动》是由深入当地考察采访的作者以亲身见闻写成的。作者为我们提供了来自现场的关于达尔富尔地区民众生活的报道,包括当地难民营、流离失所者定居点的真实情况。作者特别提供了作为联合国首批进入达尔富尔地区执行维和行动的中国维和部队的工作与生活情况。对于国际援助组织在达尔富尔的人道主义援助活动,书中也有真实的报道。

第八章《达尔富尔与中国》可能是读者最为关心的内容。事实上,达尔富尔深处苏丹内陆西部,很少有中国人去过那个地方,对于普通中国人来说,那似乎是一个遥远的、与中国毫无关联的地方。但近年来,中国老百姓却时常听到了达尔富尔这个名字。将达尔富尔问题与中国牵扯在一起的是西方国家一些政治组织、人物和媒体。他们以中国与苏丹近年经贸关系紧密为由,硬将达尔富尔冲突归罪于中国,实际上是另有所图。不过,作为国际上一个负责任的联合国安理会成员国,作为苏丹的友好国家,中国近年来还是按照国际关系交往的基本准则,按照中国与非洲国家友好关系的传统,为达尔富尔问题的解决做着自己的努力。

第九章《达尔富尔与北京奥运会》是本书中可能让人感到突兀却不能不写的一章,因为西方一些人已经拼命地要把两者牵扯在一起,并且还在国际上造成了一定的声势与影响。北京奥运会与达尔富尔问题本是风马牛不相干的两件事,然而西方一些人却别出心裁地找出一些所谓的"联系",以此来攻击中国,不惜给北京奥运会蒙上政治阴影。为此,我们不得不在本书中对此做一番剖析。书中通过分析西方对中国认知的误区,指出西方国家需要重新认识中国,形成正确的中国观。在现代奥运会史上,尽管多次出现过"政治情结",但均未能阻止奥运会的正常举行和奥林匹克运动的前进。

　　本书结语部分,我们以《非洲发展进程与中非关系前景》立题,探讨了在新世纪里中国与非洲国家关系发展的前景,提出,虽然非洲还面临着诸如达尔富尔这样的冲突,未来的发展前景依然艰难,但总体上看,亚非世界的复兴过程正在有力地向前推进,世界的格局也在发生重大的改变,而当代中非关系的快速发展,中国与非洲国家战略合作关系的拓展与加强,正是当代亚非国家复兴进程不断扩大的一个窗口。伴随着当代亚非国家的复兴进程,我们需要有新的眼光与知识,中国的国际关系理论需要立足于亚非国家发展的实践,立足于中非关系发展的现实需要,做出知识的更新与理论的创新。

　　附录提供了一些关于达尔富尔问题的背景知识,包括《达尔富尔冲突大事记》、《中国与苏丹关系大事记》、《联合国关于苏丹问题的重要决议》以及苏丹驻华大使萨利赫的访谈录《"达尔富尔需要和平与发展"》。

　　为便于读者阅读此书,我们提供了本书涉及概念、术语的索引。书末提供的参考文献可供感兴趣的读者进一步研读所用。

　　今天,中国这艘巨船正驶入外部世界的惊涛骇浪之中,变革与发展已是必然的趋势。在中国走向外部世界、成为一个世界性大国的过程中,必然会面对越来越多的类似达尔富尔问题这样的挑战。要应对这些挑战,我们需要更多地了解这个复杂的世界,需要新的理论、智慧与知识,其中当然包含西方已有理论中正确的原理与经验,但更需要有基于我们自己的经验与需要的新的理论与智慧,包括新的发展理论、国际关系理论与全球史基础理论。不论在实践上还是在理论上,或许这才是当代中国对自身、对世界应该担当的责任。

第一章 达尔富尔的环境与历史

达尔富尔是非洲国家苏丹西北部三个州的统称。这一地区介于北纬8.15°—20°和东经22°—27.3°之间,面积为510888平方公里,约占全国总面积的1/5。这个地区是远离首都和海洋的内陆,干旱少雨,沙漠约占整个达尔富尔面积的28%,其他地区也多是半干旱的草地、灌木丛林和荒芜之地,只在南部植被较多,适于农耕的土地不到全区面积的1/10。

达尔富尔周边与三国接壤,其北部与利比亚接壤,西与乍得为邻,西南面是中非共和国。历史上,这个地区并无严格意义上的国家界线,许多民族都在不断的迁徙中,流动性大。20世纪60年代非洲大陆独立后,这个地区形成的各个国家的边界基本上是由西方殖民地边界演变而来的,这些边界分割了当地的民族,造成许多民族跨国境而居,致使这一地区的国际环境一直比较复杂。

第一节 达尔富尔的地理生态环境

达尔富尔各地区的气候差别很大,北部是炎热的干旱和半干旱荒漠气候,而南部则是相对湿润的亚热带。年降雨量的差别更大,北部干旱地区时常终年无雨,到了南方,年降雨量逐渐增加到800毫米,而在杰贝勒马腊高地降雨可高达1000毫米。植被覆盖面积也是向南逐渐增大。[①]

由于降雨、气温、土壤及地形等自然条件的不同,达尔富尔地区出现了四个不同的生态带,每个生态带的农牧业及生活方式也各有特点。第一个生态带是南部肥沃的"萨凡纳"地带,雨季长达4—5个月,年均降雨量为400—800毫米,这里因水草丰美有较发达的农牧业。第二个是中部贫瘠的"萨凡纳"地带,一年

---

① See Abdalla Ahmed Abdalla, "Environmental Degradation and Conflict in Darfur: Experiences and Development Options", in Environment Degradation as A Cause of Conflict in Darfur, Conference Proceedings (Khartoum, December 2004), Africa Progress of University for Peace, Addis Ababa, 2006, pp. 86—87.

雨季有3—4个月,年均降雨量为200—600毫米,农牧业条件比较差。第三个是位于中北部的干旱带,降雨量较少且波动很大,年均降雨量为100—300毫米,主要以牧业为主。第四个气候带是沙漠地带,其特点是降雨稀少和夏季温度极高,基本上不适于生存。①

就地形而言,达尔富尔总体上是高原地形,西部的平均海拔在800米以上,地势波浪起伏,其他地区平均海拔多在600米左右。达尔富尔地区总体上十分缺水,但在一些高原的火山岩间会涌出一些泉水,成为当地居民珍贵的水源。在东部和北部半沙漠地区,人畜用水主要依靠时断时续的干河及冬季通常干枯的水井。

北达尔富尔的村庄(摄影:姚辉)

达尔富尔西北部一直延伸到乍得境内的是一个被当地人叫做"吉祖"(Jizzu)的地区,每年冬季的1—2月,来自地中海的零星降雨使这一地区形成较好的牧草。达尔富尔的南部主要是沙丘地带,但雨季有着茂密的绿草和比北部丰富得多的水资源。

除了降雨,达尔富尔的水资源还包括季节性干河和地下水。达尔富尔已知的干河有12条,其中3条在北部,9条在南部,总流量为9.938亿立方米。② 杰

---

① See Abduljabbar Abdalla Fadul, "Natural Resources Management for Sustainable Peace in Darfur" in Environment Degradation as A Cause of Conflict in Darfur (Conference Proceedings), Africa Progress of University for Peace, Addis Ababa, 2006, pp. 33—34.

② Ibid.

贝勒马腊高地是该地区的分水岭,大多数季节性河流以及巴雷(Wadi Barei)、阿祖姆(Wadi Azoo)等干河由此流入该地区的西部和西南部,阿尔库(Wadi Al Ku)、塔维拉(Wadi Taweela)、库图姆(Wadi Kuttum)、阿尔喀吉(Wadi AlKaj)等干河由此流向东部和东南部,而卡斯(Wadi Kas)、布尔布尔(Wadi Bulbul)等干河则由此流向南达尔富尔州的南部和东南部。一些干河在某些河段一直有水,这有助于人们利用浅井水种植蔬菜和园艺作物。巴嘎拉(Baggara)、萨戈阿纳姆(Sag Anaam)和乌姆巴亚达(Umbayada)等盆地的深水层是该地区东北部和西南部人畜用水的潜在水源。

就地貌而言,达尔富尔广布"考孜"(qoz),即沙土地。其北部65%和南部10%—20%的地表都是沙土地。山地和丘陵主要分布在中部,最具代表性的便是中部的杰贝勒马腊高地(JebelMarra plateau)和北部的迈多卜丘陵(Meidob Hills)。此外,南部和西南部还零星分布着一些粘土地和由岩石分化而成的"嘎杜德"(gardud)即砂砾土。

达尔富尔地区可耕地资源短缺,加之技术落后和战乱,目前的利用率尚不足50%。例如,南达尔富尔有可耕种土地约2400万费丹[①],其中用于农田的只有720万费丹,而园艺业用地则仅有6.7万费丹。北达尔富尔约有7000万费丹适于耕作的沙土地,但用作农田的还不到一半。北达尔富尔约有200万费丹粘土地,但是得到利用的仅占10%—15%。[②]

南达尔富尔乡村(摄影:程刚)

南达尔富尔孩子(摄影:程刚)

---

① 费丹(Feddan),面积单位,1费丹约合0.420公顷。
② See Abdalla Ahmed Abdalla, "Environmental Degradation and Conflict in Darfur: Experiences and Development Options", in Environment Degradation as A Cause of Conflict in Darfur (Conference Proceedings), Africa Progress of University for Peace, Addis Ababa, pp. 87—88.

第二节 源远流长的民族演化进程

有关达尔富尔历史的资料非常稀少。除了少量地契文书外,缺乏19世纪之前达尔富尔的文字记载。即便到了20世纪,对达尔富尔历史的了解也基本以少数阿拉伯和欧洲旅行者的描述为基础,如阿拉伯人突尼希(Al Tunisi)和纳赫迪加勒(Nachtigal)对富尔素丹国口传历史的记载。18世纪90年代到过达尔富尔的英国人 W. G. 布朗的游记最有价值。① 这些游记和当地各族群的一些口头传说,成了历史学家们用以理解和解释达尔富尔民族来源和古代历史的基础。由于口传往往因时而变,后人会基于不同目的添加或删减,于是关于达尔富尔地区的居民及其历史往往会有许多彼此矛盾的说法。

一、达朱人、通朱尔人、富尔人

达尔富尔地区历史上是许多民族迁延往来之地,因而当地的居民结构十分复杂且一直处于变化之中,但达朱人(Daju)、通朱尔人(Tunjur)、富尔人(Fur)几个族群始终扮演着重要的角色。

根据口传,达尔富尔地区最早的统治者是达朱人,据说他们来自苏丹东部,他们将当时生活在达尔富尔的费罗戈人(Feroge)赶往阿拉伯河以南,占据了这个地区。目前,达朱人居住在南达尔富尔的中心地区,即迈拉山(Jebel Marra)以东、尼亚拉(Nyala)以北地区。达朱人还有一个分支生活在达尔富尔与中非接壤的达尔苏拉(Dar Sula)边界地区。与达朱人在同一地区生活的还有巴伊戈人

富尔妇女(摄影:程刚)

富尔男子(摄影:程刚)

---

① 此类游记主要有:W. G. Browne, Travels In Egypt, Syria And Africa, London, 1799; Al Tunisi, Voyage Au Darfur, Voyage Au Ouaday, Paris, 1845/1851; G. Nachtigal, A History Of The Arabs In The Sudan, Cambridge, UK, 1922.

(Baygo)和贝尔基德人(Bergid),这三个族群的语言很接近。根据口传,巴伊戈人的祖先是南方富尔素丹国的奴隶,因为一位富尔国素丹的母亲是巴伊戈人,这位素丹给了巴伊戈人自由。

上述三个达朱人族群都宣称他们与阿拉伯人有关系,称他们很早就信奉了伊斯兰教,并且是声名显赫的阿拉伯世家的后裔。但他们的口传存在着彼此矛盾的地方。一些口传称他们起源于突尼斯,有些说他们源自巴尼—希拉勒人(Bani Hillal)。巴尼—希拉勒人是历史上著名的阿拉伯部落[1],流传至今的故事记载着他们在11、12世纪横扫北非的业绩。从另一些口传来看,三个族群中只有主要的家族有阿拉伯血统。

在达朱人之后统治达尔富尔部落的是通朱尔人,他们自称与古老的努比亚人(Nubian)有着亲缘关系。通朱尔人居住在达尔富尔的中心地区库图姆(Kuttum)西北的费拉(Fera)。不过,他们不断向西迁移,一直到乍得西部的加奈姆(Kanem)。虽然库图姆周围仍有通朱尔人的居住区,但是大多数通朱尔人目前生活在加奈姆地区。通朱尔人的身份及其帝国的情况至今仍是一个迷。不过,通朱尔人同样也有关于其起源于突尼斯及与巴尼—希拉勒人有关的各种传说。

通朱尔人之后,统治达尔富尔地区的似乎就是所谓的富尔人了。但富尔人的起源与历史也一直有不同说法。一些人认为他们的名称与生活在达尔富尔的南苏丹人的总称佛尔提特(Fertit)有关联。但是,从语言学的角度来看,富尔人的语言属于尼罗—撒哈拉语系,而

南苏丹的女人们(摄影:姚辉,2008年8月)

佛尔提特人的语言属刚果—科尔多凡语。此外,没有可以确定富尔人真正起源的任何证据。富尔人,或者更确切地说是富尔人中的凯拉(Keira)家族接管了通朱尔帝国。早期的口传史表明,凯拉王国最初只是通朱尔帝国的一个附属国。通朱尔帝国瓦解后,凯拉人便接替了通朱尔人在达尔富尔的统治地位。[2]

---

[1] "部落"(tribe)一词的使用存在着很大争议。但是在涉及达尔富尔的阿拉伯人分支时,"部落"不仅被普遍使用,而且也很有作用,因为那些阿拉伯人分支在种族上是难以辨别的,可在政治上却有着明显的不同。因此,本书对"部落"一词的使用只涉及种族单位的行政或管理,并不具有任何种族意义。

[2] See R. S. O'Fahey, State and Society in Dar Fur, London, Hurst, 1980.

富尔—凯拉人的故土大概是在迈拉山北侧的图拉地区(Turra),那里发现了与早期的通朱尔素丹达利(Dali)及有与据可考的苏莱曼·索龙有关的石头遗迹。苏莱曼·索龙(Sulayman Solong 或 Suleiman Solong),通常被富尔人尊称为"索龙",意为"阿拉伯人"或"红肤色人"。他允许非洲王国的王室成员与有文化的阿拉伯人通婚并皈依伊斯兰教,这也是富尔素丹国兴起的一个重要标志。

二、其他原住民

达尔富尔地区的民族结构其实非常复杂,除上述三个族群外,达尔富区地区还有许多世居的非阿拉伯族群,他们大体上可以归为三大类型:一是乍得和达尔富尔边界地区的一些部落,二是迈多卜人和操撒哈拉语言的部落,三是扎加瓦人(Zaghawa)和贝尔提人(Berti)。

在达尔富尔的大部分历史中,其西北边疆一直被一些小王国或素丹国占据着,它们在达尔富尔和瓦代(Wadai)两大王国的夹缝中生存。这样的小国有三个:最大的是达尔马萨里特(Dar Masalit),较小的两个是达尔塔玛(Dar Tama)和达尔基姆尔(Dar Gimr)。基姆尔人和额伦加人(Elenga)与马萨里特人关系密切。这些西部部落构成了达尔富尔人口中的第三大部分,占苏丹独立时总人口的1/10强。

上述非阿拉伯部落的历史鲜为人知。与许多当地居民一样,他们在自认为是所在地区的原住民的同时,也宣称自己有着阿拉伯血统。在末代富尔素丹阿里·迪纳尔(Ali Dinar)统治时期,占领瓦代的法国同以阿里·迪纳尔的保护者自居的英国,曾就这三个小素丹国的地位问题进行过漫长的谈判。正如曾作为瓦代和达尔富尔两大素丹国长期竞争的受害者一样,它们也成了英法两强的牺牲品。英法在阿里·迪纳尔溃败后达成最终协定,将达尔基姆尔及达尔马萨里特2/3的领土分给苏丹,而把达尔马萨里特的剩余领土和达尔塔玛划归乍得。因此,达尔富尔的西部地区只包括达尔马萨里特的苏丹部分和达尔基姆尔。①

马萨里特人和基姆尔人都有生活在南达尔富尔的分支部落,这些分支部落是独立的,有着各自的部落首领。基姆尔人的分支以西南地区的卡提拉(Katila)为中心,而马萨里特人的分支则以南部的库莱达(Qureida)为中心。据说,后者是200多年前由达尔马萨里特迁居现处的。

迈多卜人居住在同名高地,据说他们与阿斯旺以南尼罗河谷的巴拉布拉人

---

① 有关英、法就达尔马萨里特、达尔基姆尔和达尔塔玛三国归属问题谈判的详细情况,参见 A. B. Theobald, Ali Dinar: Last Sultan Of Darfur, 1898—1916, London: Longmans, 1965.

(Barabra)或努比亚人(Nubian)有关联。从位置上看,位于达尔富尔东北部的迈多卜山(Jebel Meidob)的确是整个达尔富尔最靠近尼罗河谷的柏柏尔(Berber)和栋古拉(Donogla)地区。麦克迈克尔已证明二者在语言上的亲缘关系,同时还发现迈多卜人与达朱人有着某种程度的语言亲缘关系。不过,没有证据表明努比亚人与南科尔多凡的努巴人(Nuba)具有种族上的亲缘关系,尽管二者的名称十分相似。此外,努巴语属刚果—科尔多凡语系,与努比亚语和迈多卜语所属的尼罗—撒哈拉语系完全不同。

扎加瓦人和贝尔提人共同构成了非阿拉伯达尔富尔人中的第三大部分。扎加瓦人的故土位于与乍得交界的达尔富尔西北部,他们在乍得也有为数不少的同胞。扎加瓦人同贝德亚特人(Bedayat)和库兰人(Qura'an)关系密切,后两者主要分布在乍得,仅有少部分生活在达尔富尔。扎加瓦人的领地在达尔富尔北部,而贝尔提人的故土则在靠近贝尔提山区的迈利特(Mellit)周围,也就是达尔富尔的东北部,他们后来向南和向东迁移到了东部的乌姆凯达代(Umm Kedada)和塔维沙(Taweisha)。

三、阿拉伯人

苏丹的北方和首都喀土穆一带的居民都是阿拉伯化了的苏丹人,他们或是从北方埃及迁徙而来的阿拉伯移民,或是当地居民与阿拉伯人长期通婚而形成的有阿拉伯血统的居民。而在达尔富尔地区,也有这样的阿拉伯居民。

虽然早在641年阿拉伯人就进入了苏丹中部,但是他们直到652年才与栋古拉的努比亚王国签署了《巴克特条约》(Baqt Treaty),这个条约存在了600多年。① 这说明,尽管埃及的阿拉伯统治者一直都和努比亚人有接触,阿拉伯个体或群体也开始定居苏丹,但是直到1316年努比亚才有了首个穆斯林国王。即便

---

① 《巴克特条约》规定:阿拉伯人承认并尊重努比亚人继续信奉基督教的权力,阿拉伯人不得进攻努比亚;两国臣民有权在对方领土内自由旅行和从事贸易,政府当局应对进入本国的另一国公民的安全负责。条约还包括有关一国从另一国引渡逃亡者的条款。条约还规定,作为基督徒的努比亚人应该在其首都栋古拉修建清真寺,以款待来访的穆斯林,并使穆斯林的利益得到保护。此外,条约还对两国间的平等贸易往来与商业活动有具体规定,阿拉伯人获得了一些在努比亚地区从事经贸活动的特惠待遇。例如,允许阿拉伯人从边界以南努斯旺的努比亚人手中购买土地;阿拉伯商人可以在努比亚的城镇建立市场以方便粮食和奴隶的交换;阿拉伯技师监管尼罗河以东的采矿业,他们在那里用奴隶来提取黄金和翡翠;穆斯林朝觐者可从阿伊达卜(Aydhab)和萨瓦金(Sawakin)乘船渡过红海前往麦加,这些港口还要接纳从印度前往埃及的货船。作为回报,阿拉伯人需要向努比亚人支付购买奴隶的小麦、酒、亚麻布等。有关《巴克特条约》的详细情况参见 M·埃尔·法西主编:《非洲通史》(第三卷),中国对外翻译出版公司1993年版,第155页;刘鸿武、姜恒昆编著:《列国志·苏丹》,社会科学文献出版社2008年版,第98—99页。

如此，其统治也是通过政变而非入侵实现的。由此看来，阿拉伯人与努比亚社会的结合程度是很高的，穆斯林国王的出现标志着阿拉伯人大规模涌入苏丹的开始。阿拉伯游牧部落，主要是朱海纳人(Guhayna)，不断涌入苏丹，并且向东和向西远至阿比西亚和达尔富尔。

族谱是阿拉伯文化的重要组成部分，大多数苏丹阿拉伯部落都保存着其传统族谱，这些族谱将其出身追溯到阿拉伯半岛的显赫部落，甚至到传说中的两个阿拉伯人分支即卡坦人(Kahtan)和阿德南人(Adnan)。当然，阿拉伯部落的划分并非一成不变，一些较小的氏族会因环境的变化而从一个部落转到另一个部落。此类转变使那些族谱也就十分混乱。例如，阿拉伯半岛的费扎拉人(Fezara)属于阿德南家族，而苏丹的费扎拉人却声称自己出自卡坦家族的朱海纳部落。

广义而言，苏丹的阿拉伯部落可以分为两类：贾阿林人(Ja'aliyin)和朱海纳人，二者各有一个同名的部落。贾阿林部落生活在阿特巴拉(Atbara)附近，朱海纳部落则在森纳尔(Sennar)附近。不过，苏丹的其他阿拉伯部落也大多认为自己是贾阿林人或朱海纳人的后代。

达尔富尔历史中只有过两个贾阿林人部落。15世纪初，一群贾阿林人由尼罗河来到希拉山(Jebel el Hilla)，即今达尔富尔的东北部。后来，他们又迁入科尔多凡，这部分是因为科尔多凡出现了新的沙土地耕作制，部分是因为受到阿里·迪纳尔的驱赶。加瓦马人(Jawama'a)则是达尔富尔北部的另一个重要的贾阿林部落，1874年迁往科尔多凡。据说瓦代素丹的王宫就是他们建造的。加瓦马人在历史上与富尔人的分支穆萨巴特人(Musabba'at)关系密切，后者同样移居科尔多凡。

达尔富尔的大多数阿拉伯部落都认为自己是朱海纳部落的后代。苏丹西部的朱海纳人分为两部分：一部分是巴卡拉人，也就是牧牛的阿拉伯人；另一部分叫费扎拉人，不过这个称呼现在已被"阿巴拉人"(Abbala)所取代。费扎拉人包括了科尔多凡和达尔富尔的绝大多数养骆驼的阿拉伯部落。当然，这种按"牧牛"或"养骆驼"的分类并不像字面意思那样泾渭分明：一些巴卡拉部落也有"养骆驼"的分支，而巴卡拉人和费扎拉人中都有一些被当作定居农民的部落。

达尔富尔有两个费扎拉部落：扎亚迪亚(Zayadiya)和马阿里亚(Ma'aliya)。前者是北部迈利特(Mellit)周围的骆驼牧民和农民，他们早在马赫迪革命期间就失去了重要性。阿里·迪纳尔随后又将许多扎亚迪亚人赶到了科尔多凡。马阿里亚是达尔富尔东南部的一个重要部落，他们同样受到阿里·迪纳尔的驱赶，但是随后又返回了达尔富尔。目前，达尔富尔的谷子和花生种植者中有很大一部分是马阿里亚人。

苏丹47%的巴卡拉人生活在达尔富尔。乍得、非洲中部到西部也有一些巴卡拉部落。达尔富尔的四个主要巴卡拉部落及其中心地区如下:雷扎盖特人在南达尔富尔东部;哈巴尼亚人在南达尔富尔南部;巴尼—哈勒巴人在南达尔富尔西南部;塔艾沙人在南达尔富尔西南部。此外,达尔富尔还有梅斯里亚(Messiriya)、塔阿里巴(Ta'aliba)、豪提亚(Hotia)、萨阿达(Sa'ada)、特加姆(Tergam)、巴尼—侯赛因(Bani Husayn)、巴西尔(Bashir)巴尼—库扎姆(Bani Khuzam)和萨拉马特(Salamat)等较小的阿拉伯部落。

尽管巴卡拉部落有自己的族谱,并且是较晚时期(14—17世纪)才来到达尔富尔的,但是在历史记载方面,他们与当地的非阿拉伯部落没有什么两样。也就是说,同样流传着一些相互矛盾的口传。一些口传称他们由东经尼罗河谷而来,另一些则称他们是入侵北非的阿拉伯人中的一部分,是晚近时期由西而来的。同样,巴卡拉人普遍认为自己是巴尼—希拉勒部落的后代,或者更宽泛地说,他们把突尼斯看作自己的发源地。

与富尔素丹国之间的矛盾是巴卡拉人不断迁移的主要原因。巴尼—哈勒巴为躲避富尔人而数次向西迁入瓦代便是一个例证。最为著名的一个例子的是,塔艾沙人为追随同族的阿卜杜哈里发(即马赫迪的继承者)而向苏丹中部的迁移。当然,口传中的有关描述或许只是各部落迁移史中的一小部分,更多的迁移是为了避免政治冲突而进行的。

巴卡拉部落一般都有生活在北部的养骆驼的部落分支。达尔富尔的五大放牧骆驼的部落中有三个与雷扎盖特人有关,他们是:努维巴部落(Nuwaiba)、马赫里亚部落(Mahria)及马哈米德部落(Mahamid),其他两个是阿泰法特部落(Atayfat)和伊莱卡特部落(Irayqat)。巴尼—哈勒巴人放牧骆驼的分支生活在乍得。这些牧养骆驼的阿拉伯部落散布在乍得、达尔富尔南部以及北部地区。虽然养牛与其养骆驼的部落分支之间的关系一向比较微妙,但是他们常常会相互关照。例如,1984—1985年大旱期间,南部的巴尼—哈勒巴人曾收留过其乍得同胞。

四、非阿拉伯移民

除阿拉伯人外,达尔富尔还有三个重要的移民群体:来自法属赤道地区的族体、南方人(也就是南苏丹人)及尼日利亚人。达尔富尔的法属赤道各族主要是来自乍得的贝德亚特人和库兰人,他们都与扎加瓦人关系密切。达尔马萨里特生活着大量南方人,这有点令人惊奇,因为同南苏丹接壤的是南部,而不是达尔马萨里特所在的西部。即使他们被认为是"西部的南方人",而且他们大多为苏丹南方的丁卡人,但是事实上,这些南方人很可能来自中非地区而非与南部接壤的加扎勒河地区。尼日利亚移民大多生活在达尔富尔南部,他们分为三个独立的族群:博尔努人、富尔贝人(富拉尼人)和豪萨人。同样令人惊奇的是,达尔富尔北部也有类似的尼日利亚移民聚集区。不过,外界对北部聚集区的了解甚少。据说,大部分费拉塔人(Fellata)①都是17世纪末期来到达尔富尔的。

西非人向苏丹的迁移已持续了很长一段时间,一些费拉塔人甚至已失去除阿拉伯语之外的其他任何语言。苏丹在马赫迪革命之后的一段时期里人口剧增,其主要原因就是西非移民的涌入。那次移民得到了英国殖民政策的鼓励。英国殖民当局的决定可能有点极端,但那次西非移民无疑对苏丹的特别是达尔富尔的历史有着重要的影响。1955年人口普查表明,8.8%的苏丹人是来自法属赤道、尼日利亚或西非的各种移民的后裔,而这一比率在达尔富尔更是高达11.2%。②

西非穆斯林的朝觐活动对苏丹移民有着极为重要的影响。早期的朝觐者是经由连接利比亚和埃及的北方道路去朝觐的,但是在最近的两个世纪里,他们主要经由苏丹前往麦加。导致朝觐道路改变的一个重要原因是苏丹农业的迅速发展,因为朝觐者可以通过在苏丹务农得到朝觐的盘缠。通常情况下,他们只要花三四年的时间就可以赚够去沙特阿拉伯的费用。

总体而言,近代之前的达尔富尔历史可以说是富尔素丹国与各族群之间的冲突史,前者不断将后者纳入自己的势力范围,使其俯首称臣并交税纳贡。那时候的富尔人非常强大,达尔富尔之外的一些地区也在其控制之下。据说,极盛时期的富尔人的统治范围甚至远至阿特巴拉地区。不过,他们也常常无法让达尔富尔的那些较大的部落俯首帖耳。例如,雷扎盖特人就能以沼泽为屏障,退守在达尔富尔的东南地区。同样,贝德亚特人也可以逃入撒哈拉沙漠。因此,尽管贝德亚特人通常被认为隶属于富尔国,但他们从未向富尔素丹进贡。相反,巴尼—哈勒巴、马阿里亚等其他部落却因不能轻易逃脱而遭受了富尔素丹国的更多蹂躏。即便如此,他们至少也能摆脱富尔国的控制。

---

① 多年以来,苏丹一直都在吸收各类移民,其中最主要的是来自西非的移民,主要包括豪萨人、富拉尼人和博尔诺人,这些西非移民被统称为"费拉塔人"。20世纪70年代中期,苏丹境内的西非人估计占其总人口的10%左右。

② See James Morton, A Darfur Compendium, HTSPE Limited, HemelHempstead, UK, 1985 (Re-issued 2005), p. 28.

第三节 兴衰起落的古代富尔王国

达尔富尔地区古代居民没有文字,他们的历史只能以口头传说来推测。14、15世纪伊斯兰教传入这个地区并出现通朱尔人建立的富尔王国后,这个地区的历史开始有了较明确的记载。根据口头传说,通朱尔人是在14世纪前后从西南部的博尔努(Bornu)和瓦代地区迁徙而来的,他们建立了稳定的通朱尔人王国,伊斯兰教随后传入达尔富尔。据说,首位通朱尔国王叫艾赫默德·马库尔(Ahmed el-Makur),他娶了末代达朱国王的公主。艾赫默德使许多酋长臣服于通朱尔王朝,并领导国家走向繁荣。

艾赫默德的曾孙达利素丹是达尔富尔历史上的著名人物,他选择了母亲所属的富尔人,这使通朱尔王朝同富尔人的关系良好。达利将国家划分为若干个省,制定了名为《达利书》(Kitab Dali)的刑法典,这部保存至今的法典在许多方面都不同于伊斯兰法律。大约在1596—1637年期间,达尔富尔由达利的孙子苏莱曼统治。苏莱曼是一个杰出的勇士和虔诚的穆斯林,他被认为是凯拉王朝的缔造者。

苏莱曼的孙子艾赫默德·布克尔(Ahmed Bukr,约1682—1722)使伊斯兰教成为国教,并通过奖励博尔努和巴吉尔米(Bagirmi)移民的方式促进了国家的繁荣。他的统治范围扩展到了尼罗河以东远至阿特巴拉(Atbara)河岸的广大地区。布克尔的驾崩引发了漫长的王位继承战,因为他在临终前宣布国家要由他的众多儿子轮流统治。一旦登上王位,布克尔的每个王子都想把王位传给自己的儿子,由此导致的间歇性内战一直持续到1785—1786年(伊斯兰教历1200年)。由于这些内部纷争,达尔富尔的重要性不断下降,并且开始同森纳尔(Sennar)、瓦代等国交战。

艾赫默德·布克尔之子穆罕默德·台拉卜(Mohammed Terab)是这一时期最有能力的素丹之一,他指挥了许多成功战役。1785—1786年台拉卜率军进攻芬吉王国(Funj),并一直打到了恩图曼(Omdurman)。他被那里的尼罗河挡住了进攻的步伐,并且找不到把军队送过河的办法。由于不愿放弃自己的远征计划,台拉卜在恩图曼逗留了数月之久,军队开始逐渐不满。根据一些传说,在心怀不满的首领们的教唆下,台拉卜的妻子给他下了毒,于是军队返回了达尔富尔。尽管台拉卜试图让他的儿子继承他,但是得到王位却是他弟弟阿布德·拉赫曼(Abd al-Rahman)。

拉赫曼统治时期恰逢拿破仑·波拿巴在埃及作战。1799年拉赫曼写信给这位法国统帅,祝贺其取得了对马木路克的胜利。拿破仑回信请求这位素丹送给他2000名16岁以上的健壮黑奴。拉赫曼还在王室所在地法希尔(Al Fashir)建造新首都,并于1791—1792年将其正式定位国都。此前,富尔王国的首都一直设在科布(Kobb)。

在很长一段时间里,拉赫曼的儿子穆罕默德·法德尔(Mohammed—el—Fadhl)都受制于一个强有力的宦官穆罕默德·库拉(Mohammed Kurra),但是他最终独揽大权,直到1838年死于麻风病。法德尔本人热衷于征服生活在乡村的半独立的阿拉伯部落,特别是雷扎盖特人(Rizeigat),他曾杀死过数千名雷扎盖特人。1821年他失去了科尔多凡省,穆罕默德·阿里(Mohammed Ali)派遣的征服苏丹的埃及军队于同年占领了该省。凯拉王朝虽派出过一支军队,但1821年8月19日在巴拉(Bara)附近被埃及军队击败。埃及人原想占领达尔富尔全境,可巩固已占尼罗河地区的困难使他们不得不放弃这一计划。

法德尔死于1838年,他的40个儿子中的第三子穆罕默德·哈桑(Mohammed Hassan)继承了王位。哈桑被认为是一个虔诚但却贪婪的人。1856年他双目失明,在余下的在位时间里,他的姐姐扎姆扎姆(Zamzam)是事实上的国家统治者。

早在1856年,喀土穆商人祖贝尔·拉赫曼(al—Zubayr Rahman)便开始在达尔富尔以南地区活动。他建立了由武装部队保护的商栈网,随后拥有了一个不断扩大的王国。被称为加扎勒河(Bahr el Ghazal)的地区长期都是达尔富尔输往埃及和北非的货物来源地,特别是奴隶和象牙。土著加扎勒河人要给达尔富尔纳贡,而那些贡品就是达尔富尔人卖给艾斯尤特(Asyut)商路(即著名的"四十日之路")上的埃及商人的主要商品。但是,祖贝尔把这一货物流向改往了喀土穆和尼罗河。

哈桑死于1873年,他的小儿子易卜拉欣(Ibrahim)继承了王位。易卜拉欣很快便同祖贝尔发生了冲突。在结束与埃及人的冲突后,祖贝尔成了埃及人的同盟,并答应与其协作占领达尔富尔。战争以富尔王国的失败而告终,易卜拉欣本人战死于1874年秋天。他的叔叔哈桑·阿拉(Hassan Alla)曾尝试捍卫王国独立,1875年被埃及总督的军队俘获,并与家人一起被押往开罗,富尔王国成为奥斯曼土耳其与埃及共同统治的附属国。

第四节　近代史上的殖民遭遇

达尔富尔人自然不会服从自身也沦为被殖民者的埃及人的统治,土耳其一埃及的短暂统治始终伴随着富尔人和南部桀骜不驯的巴卡拉人的抵抗，凯拉家族成员更是一心想要恢复其古老统治。在这些反抗中，最大和最得民心的起义要数埃米尔·哈伦（Amir Harun）领导的 1877 年起义。哈伦坚持抗击入侵者达三年之久，若不是在 1880 年被杀害，他很可能使土—埃入侵者的统治提前结束。①

尽管各类起义均被镇压，但时任苏丹总督戈登仍在 1879 年建议恢复原有王室统治。戈登的建议未被采纳，1881 年奥地利人鲁道夫·斯拉丁（Rudolf von Slatin）被任命为达尔富尔省督。虽然挡住了由雷扎盖特谢赫马迪博（Madibbo）率领的马赫迪军队的进攻，但是四面楚歌的斯拉丁不得不在 1883 年 12 月向马赫迪投降，达尔富尔遂被纳入马赫迪的版图。

不过，马赫迪的统治并未给达尔富尔人带来幸福与安宁。马赫迪的继承者阿卜杜拉·伊本·穆罕默德（Abdallahi ibn Muhammad）出身于达尔富尔的牧牛部落塔艾沙（Ta'isha），但是他并未赢得达尔富尔所有塔艾沙人的拥护，当然也没有得到富尔人和其他族群的支持。1885—1888 年，达尔富尔曾爆发过一系列反对马赫迪统治的运动。最初的反抗者是雷扎盖特及卡巴比什（Kababish）游牧民，接下来则是富尔人。西部边境的达尔塔玛也出现过对马赫迪运动的反抗。②

1898 年阿卜杜拉在恩图曼的统治被推翻，随后英—埃共管政府承认法德尔的孙子阿里·迪纳尔为达尔富尔素丹，条件是后者每年向前者缴纳 500 英镑的贡税。阿里·迪纳尔平定了自被祖贝尔征服以来一直持续的巴卡拉部落的骚动和叛乱，确立了对南部阿拉伯人的统治地位。③ 随后，达尔富尔度过了一段相对和平与独立的时期。

虽说第一次世界大战主要是欧洲列强之间的一次争斗，但非洲也直接或间接地卷入了这场战争，就连名义上臣服于英—埃苏丹而实际上保持独立的达尔富尔也不例外。阿里·迪纳尔素丹以响应土耳其的圣战号召为名，袭击法属乍得（即瓦代），进逼英属博尔努（尼日利亚北部），并且鼓动科尔多凡发动叛乱。英国于 1914 年宣布其为埃及的保护国，随后派遣少部分军队同阿里·第纳尔作战。在拥有现代化武器的英国军队的强大攻击下，这位末代素丹于 1916 年初战

---

① 参见 J. F. 阿德·阿贾伊主编，《非洲通史》（第六卷），中国对外翻译出版公司·联合国教科文组织出版办公室 1998 年版，第 266 页。

② See Prunier, Gérard, Darfur: The Ambiguous Genocide, Cornell University Press, 2005, pp. 8—24.

③ 参见迈基·希贝卡:《独立的苏丹》,上海人民出版社 1973 年版,第 790—792 页；Theobald, A. B. (1956) Ali Dinar: Last Sultan of Darfur 1898—1916. London: Longmans.

败并被流弹击中身亡,达尔富尔被全盘并入了英—埃苏丹。①

虽然共管当局摧毁了富尔素丹国,但是却以"本地管理制"的形式保留了富尔素丹国的许多管理制度。对富尔人来说,本地管理制使他们的地位降低为仅仅是一个族群或部落,他们原有的经济和管理特权被取消了;但是对其他族体而言,本地管理却提高了他们的权利和地位。本地管理制给达尔富尔提供了一套地方治理办法,借此对当地自然资源的分配与利用进行管理,并使各族人民过上了相对和平与稳定的生活。

英—埃苏丹的大部分资源都被用于喀土穆和青尼罗省,这使得其他地区相对落后。尼罗河边各省的居民以其对国家的主要作用为豪,并以"国家之子"自居,他们称西部人为"西部之子",暗含贬义,而"非洲人"则被贬称为"黑人"。②共管阶段总投入的56%被用在喀土穆、卡萨拉和北部省,而投入科尔多凡和达尔富尔两省的只有17%。由于科尔多凡拿走了西部投资的绝大部分,因此达尔富尔仅得到了其中的5%—6%。这一投资比例完全忽视了苏丹当时的人口分布情况:尼罗河流域各省只有230万人口,而西部两省却多达300万人口。③ 同尼罗河流域之外的其他地区一样,直到1956年苏丹获得独立时,达尔富尔地区仍停滞于不发达状态。

---

① 迈基·希贝卡:《独立的苏丹》,上海人民出版社1973年版,第792—796页。
② Prunier, Gérard, Darfur: The Ambiguous Genocide, Cornell University Press, 2005, pp. xiii, xix.
③ See Prunier, op. cit., p. 33.

第二章 达尔富尔问题的由来与性质

达尔富尔的历史，自古以来就与环境因素深深地交织在一起。千百年来，人类在这个地区发展起来了与环境相适应的生存方式与政治结构，和平之时，各族群集团共同生存在这块土地上，相互往来，通婚贸易。但一旦天灾人祸降临，暴力就会如影随形。实际上，在达尔富尔这样的非洲内陆干旱地区，各族群为争夺有限的水资源、草场、农耕土地，矛盾与冲突时起时落，早已成为当地生活的一种常态。只不过，当天灾人祸重叠在一起并因种种因素而不断恶化时，灾难就会失去控制地升级蔓延。"饥民乱世"本是该地区古老的法则，为了在激烈的生存冲突中保持优势，种族因素往往被动员起来作为争夺的工具与手段，于是，资源争夺演变成了种族政治对抗，甚至出现大规模的族群间的仇杀。达尔富尔地区当前这场冲突大体上也是这样发展起来的。

第一节 不断恶化的天灾人祸

因降雨、气温、土壤及地形等自然条件的不同，达尔富尔地区由南向北存在着大致平行的四个生态经济带：南部亚热带沙丘地区的游牧经济区、中部山地和丘陵地区的农耕区、西北部高原和中北部荒漠地区的游牧经济区、北部沙漠地带的荒无人烟区。总体上看，水资源和土地是达尔富尔各族赖以为生的农牧业活动的基础，中部山地和丘陵地区的农耕经济区是达尔富尔地区最富裕之地，也是周边的游牧民常常前来争夺的地区。近20多年来，持续的干旱，不断增长的人口与牲畜数量，使这个地区人与环境关系急剧恶化。

一、干旱与荒漠化

达尔富尔的环境恶化与资源短缺问题是个古老的问题，近年来最为严重的是干旱与荒漠化，当地人口的快速增长及所谓的"达尔"（Dar，即"领地"）问题。达尔富尔地区的生态系统较为脆弱，每当干旱持续发生或人畜数量增长过快，原有的脆弱平衡很容易被打破，从而引发冲突。

总体上说,持续而严重的干旱是达尔富尔问题的根本原因之一。① 20世纪70年代初侵袭非洲"萨赫勒"国家的特大干旱严重影响了该地区数百万人民的生活,达尔富尔地区是当时干旱最重的地区。据统计,在1972年后的30年里,达尔富尔共出现过16个干旱年份。② 北部的旱情更为严重,年均降雨量下降了1/2,庄稼严重欠收,牧场承载力日益下降,土地退化与沙漠化明显。当然,当地居民的一些人为因素,诸如不加节制的砍伐树木、过度耕种与放牧等,也加重了生存环境的恶化。③

牧场是全苏丹畜牧生产的基石,达尔富尔地区尤其如此。植物饲料和牧草的生长都依赖降雨,但近30年来的干旱使天然牧场的生产力不断下降。例如,北达尔富尔州东部的沙土地区牧场,70年代的承载能力为每平方公里40—50个牲畜单位(1牲畜单位约含300—400头牲畜),但到2002年,已经下降到每平方公里只能承载9个牲畜单位的水平。④ 畜牧条件的恶化还表现在树木果壳和树叶生产能力的下降,而果壳和树叶通常可为牧区增添1/3以上的承载能力。减产的原因既有因干旱导致的树木大量死亡,也有为获取木柴和烧制木炭而进行的持续砍伐,而后者又是达尔富尔地区大多数定居者和游牧民的主要经济活动之一,也是其主要的收入来源。

牲畜数量急剧增多导致的牧场相对减少是畜牧条件恶化的另一个重要原因。由于苏丹向阿拉伯海湾国家(特别是沙特阿拉伯)出口大量的畜肉和活畜,以赚取外汇,促使人们将更多资金投向了家畜饲养,这导致了牲畜(尤其是绵羊,因为出口市场偏爱绵羊)数量的猛增。

短途运输者用这种运输方式将附近山里烧的木炭运到朱巴,木炭为当地居民主要的生活用燃料(摄影:姚辉,2008年8月)

定居农民也在畜类出口的诱惑下扩大了家畜饲养,并形成了与游牧民的竞争关系。

---

① 联合国秘书长潘基文也是持此观点者之一,他在2007年6月16日的《华盛顿邮报》上撰文指出,达尔富尔地区的暴力冲突就在旱灾之中爆发,解决冲突必须从气候变化这一造成冲突的根本原因着手;如果对气候变暖听之任之,类似达尔富尔的问题还将在世界各地出现。

② See De Waal, A. "Famine Mortality: A Case Study of Darfur, Sudan 1984—5", in Population Studies, Vol. 43, No. 1, March, 1989, pp. 5—24.

③ See Musa Adam Abdul—Jalil, The Dynamics of Customary Land Tenure and Natural Resource Management in Darfur (Report of FAO Project OSRO/SUD/507/CAN), 2004, p. 12.

④ See Abduljabbar Abdalla Fadul, op. cit., p. 38.

一些定居农民甚至变成了季节性游牧民,因为仅靠耕作业已难以满足其生活的需要。①

二、人口增长

达尔富尔地区的人口在过去的半个世纪里持续增长。与1973年相比,2003年达尔富尔的人口增长了5倍,即由约1 350 000人增至约6 480 000人,人口密度也由1973年的每平方公里4人增长到2003年的18人。②除自然增长外,移民也是导致人口相对或绝对增长的重要原因。达尔富尔经历了国内和国外两种移民潮:数十年的极端干旱引发了北部牧民的南向迁移,他们在中部和南部的一些湿润地区寻求避难,使这些地区的人口很快达到了饱和状态;来自乍得等西非国家的移民不断进入达尔富尔寻找永久居住地,而扎加瓦等跨境民族的存在又使苏丹政府难以对这些外来同胞进行有效监控。

卖水小摊(摄影:程刚)

人口的增长扩大了对生存所需自然资源(特别是土地)的迫切需要,从而导致了对这些资源的榨取(如过度垦荒)和滥用(如放弃休耕制)。生态条件的变化反过来又改变了气候条件,导致了降雨量的持续减少、干旱及沙漠化等恶果。人口的增长意味着对粮食和水草需求的不断扩大,而农作物产量和牧场承载能力却因降雨量的减少而不断下降。为了弥补产量的下降,扩大或争夺耕地和牧场就成了农牧民的必然选择。目前,在整个达尔富尔地区特别是沙土地区,谷物种植一片挨着一片,根本没有给家畜在耕作季节吃草留下任何通道,就连游牧民必需的一些游牧线路和休整场地也变成了耕地。

三、达尔问题

引发土地矛盾的另一个重要原因是历史上形成的当地部落世袭领地"达尔"的重新分配问题。传统上,达尔富尔地区的土地都归属各部落拥有,但需得到富

---

① See Musa Adam Abdul-Jalil, The Dynamics of Customary Land Tenure and Natural Resource Management in Darfur (Report of FAO Project OSRO/SUD/507/CAN), 2004, pp. 12—13.

② See A. A. Fadul, "Natural Resources Management for Sustainable Peace in Darfur", in Environmental Degradation as a Cause of Conflict in Darfur (Conference Proceedings), Khartoum, December 2004, p. 35.

尔王国素丹的认可。富尔王国时期,富尔王国素丹给中部和南部的部落授予了地产,称之为"哈库拉"(Hakura)①,但并没有给北部的阿拉伯游牧部落封赐领地。阿拉伯游牧民为此一直十分不满。英—埃共管时期,英国人采用了一种新的土地管理制度,即以英国人的间接统治和原有的"哈库拉"制度为基础的部落管理制,同时将达尔富尔地区的土地划分给包括北部阿拉伯游牧部落在内的各地方部落自主管理,这些部落领地都被称为"达尔"。苏丹独立以后,中央政府基本上默认了这一传统的土地制度。尽管历史上达尔富尔曾人烟稀少,土地充裕,可是在生态退化和扩大生产导致的土地资源日渐紧缺的今天,能否拥有或夺得属于自己的"达尔"却成了关乎生存的重大问题。

苏丹政府在1994年重新划分行政区域时,一些部落的"达尔"也被重新划分,当地一些部落认为政府的这种做法破坏了传统的土地制度,十分不满。苏丹独立后,达尔富尔一直分为南北两个州。1994年,苏丹政府重划了达尔富尔的行政区域,增加一个西达尔富尔州,达尔富尔成了三个州。结果是富尔人及其位于中部迈拉山区的传统领地被划到了三个州中,富尔人认为这是对他们权利的侵犯。各州内部新的行政单位的划分与设立也损害了非阿拉伯人的利益,富尔人、马萨里特人对政府更加不满,还导致了1996—1998年马萨里特人(Masalit)同阿拉伯人的严重冲突。②

除导致阿拉伯人和非阿拉伯人的分裂之外,苏丹政府的行政区划政策甚至还具有使达尔富尔各种族间都产生严重紧张关系的危险。南达尔富尔州的行政辖区细分是这方面的典型例子。1995年州政府将辖区分为一些小的地区,使该州的每个阿拉伯部落都拥有自己的专属区,并拥有由本部落成员担任的专员。由东到西来看,阿迪拉区(Adila)属于马阿里亚部落,达艾因区(al—Daien)属于阿拉伯雷扎盖特部落,布拉姆区(Buram)属于哈巴尼亚部落,雷德—比尔迪区(Rheid al—Birdi)属于塔艾沙部落,突卢斯区(Tulus)属于费拉塔人,伊德富尔

---

① 意为"土地特许权或地产",是指历史上的富尔国素丹为吸引移民、笼络人心或强化王权而将土地赐给某些贵族、宗教人士、商人及部落首领的一种封建土地制度。

② 1995年3月13日,西达尔富尔州政府做出决定,将马萨里特人的领地划分为13个"阿玛拉特"(Amalat,封邑),其中的5个被分给了阿拉伯部落。这一削弱马萨里特素丹权力的决定引起了马萨里特人的强烈不满,被普遍认为是马萨里特人与阿拉伯雷扎盖特部落冲突的导火索。1995—1998年,该地区一直处于普遍动荡和严重的种族冲突之中,冲突双方各有数百人丧生,数千村民和阿拉伯牧民失去了原本不多的牲畜和财产,并使至少10万难民涌入乍得。西达尔富尔州在冲突期间一直被苏丹政府宣布为"紧急状态"地区,达尔马萨里特的基层管理更是处于"真空状态"。但是,这场冲突并未引起国际社会的关注。See Abusin Takana, A socio—economic study of Geniena, Kulbus and Habila of Western Darfur State, Khartoum: Oxfam GB, 2001.

散区(Id-al Fursan)属于贝尼—哈勒巴部落。也就是说,除图卢斯区属于非阿拉伯的费拉塔人外,该州的其他五个地区都属于阿拉伯人。这一做法使许多阿拉伯人认为他们的专属区就是部落王国,而专员就是国王。当地部落与行政单位的交叉重叠显然具有引发更多争夺领地和资源的危险。

第二节 农耕与游牧文化的差异与冲突

达尔富尔是一个多民族聚居地区。富尔人是最主要的族群,他们和马萨里特人等族群都是定居的农民,其余族群为游牧或半游牧的阿拉伯部落及扎加瓦、迈多卜等非阿拉伯族群。由于历史上土著的非阿拉伯人和外来的阿拉伯人长期杂居通婚,因此该地区的种族划分并不十分清晰。现在,那些"阿拉伯人"主要通过语言文化属性而非种族属性来区分自己。虽然90%以上的达尔富尔居民是穆斯林,但40%以上的人都不是阿拉伯人。①

一、种族及其分布

目前,达尔富尔共有80多个族体,人口约700万,约占全国总人口的20%,其中约有60%是以种地为生的农民。富尔人是最主要的族体,因此该地区以达尔富尔为名,②其余族体则大多是游牧或半游牧的牧民。由于历史上土著的非阿拉伯人和阿拉伯人长期杂居通婚,因此该地区的种族划分本身并不十分清晰。现在,那些阿拉伯人主要是靠其文化语言属性而不是种族属性来界定自己的。

富尔人大多是定居农民,他们占据着达尔富尔地区的中央地带,包括土壤最肥沃、水源最稳定的迈拉山区。此外,这一地带还生活着马萨里特、贝尔提和贝尔吉德等较大族群,以及巴尔古(Bargu)、塔玛和通朱尔等较小的族群,他们也都是定居农民。

达尔富尔北部的扎加瓦地区是利比亚沙漠的一部分,居住着放牧骆驼的游牧民,主要是非阿拉伯血统的扎加瓦人和贝德亚特人(后成为扎加瓦的一个分支),以及阿拉伯血统的马阿里亚人、伊莱卡特人、玛哈米德人(Mahamid)和巴尼—侯赛因人等。该地区是达尔富尔三州中生态最脆弱的地区,也是受干旱影响最严重的地区。由于对水草的争夺不断加剧,当地的游牧民常常陷于无休止的

---

① 有关达尔富尔的族群及分布情况参见姜恒昆、刘鸿武:《种族认同还是资源争夺:苏丹达尔富尔地区冲突原因探析》,载《西亚非洲》2005年第5期,第9—10页。

② Dar是阿拉伯语,意为"领地、家园",达尔富尔(Darfur),意为"富尔人的家园"。

武装冲突之中,他们要么同定居农民争斗,要么互相厮杀。

达尔富尔东南地区的阿拉伯游牧民有雷扎盖特人、哈巴尼亚人(Habbaniya)、巴尼—哈勒巴人、塔艾沙人和马阿里亚人等,他们放养的主要是牛而不是骆驼。虽然这一地区受降雨量的影响要比中央地区大,且其生态稳定性也没有中央地区强,但该地区受干旱的影响却远没有北部地区那么严重。

二、农、牧文化的差异

许多年来,北部和南部的游牧民形成了与中部的定居农民截然不同的文化和种族特点。就土地使用权而言,源自朱海纳部落的阿拉伯游牧部落有着与定居农民完全不同的观念。他们认为,所有土地都属于真主,生活在土地上的任何人都有使用土地的权利。他们将达尔富尔看作是一个有着不同格子的棋盘,一些格子属于农民,另一些则属于牧民,而这两类人之间存在着互惠互利的关系。他们还认为,农民和牧民都有移动的自由,特别是向东部移动的自由(东向移动的说法与非洲穆斯林的朝觐有关,苏丹的一些西非移民就是一个例子)。达尔富尔的一些阿拉伯游牧部落身上的这种朱海纳遗风更加鲜明。例如,卷入包括争抢土地在内的军事活动的大多数阿拉伯部落都是阿拉伯部落遗留在北部的分支,他们在历史上不仅没有固定的领地,而且还有着向东南迁移的传统。①

就活动范围和生存方式而言,达尔富尔主要有三个不同的区域:以放牧骆驼为主的北部干旱生态区、以放牧牛为主的南部半干旱生态区以及以定居农耕为主的中部生态区。游牧的生产方式在达尔富尔北部的干旱地区和南部的草原地区是适宜的,而定居的农耕生产方式在中部肥沃的迈拉山区也是可行的。当定居的非阿拉伯农民同阿拉伯游牧民合作时,他们之间的生态和种族分界并不明显,而当他们发生冲突时,生态界线就成了种族界线。通常而言,一个生态环境恶化了的区域的人畜向另一个已为其他种群所占据的生态区的迁移是引发紧张和敌对的直接原因。如果分享土地的要求是临时性的,有条件的协议还有可能达成,但如果这一分享要求是长期的甚至是永久性的,那么种族之间的关系必然会非常紧张。② 达尔富尔地区的冲突正是如此——受干旱影响的北部生态区的

---

① See Alex de Waal, "Who are the Darfurians? Arab and African identities, violence and external engagement", in African Affairs, Vol. 104, No. 415, 2005, p. 190.

② 长期以来,牧民和农民一直都是通过首领之间的协商会议来解决彼此之间的争端。这一传统机制非常有效,会议的裁决也总能够得到各方的尊重。偶尔有政府的人到场,但他们只是会议的推动者而非强制者。参见:Ali B. Ali – Dinar, "Between Naivasha & Abeche: The Systematic Destruction of Darfur", at http://www.darfurinfo.org/abechnava.html/.

牧民和牲畜向定居农民占据的中部生态区的迁移,是引发达尔富尔冲突的最直接和最根本原因。

对不同生态习惯的适应情况还会在诸如思想文化、社会组织以及衣着和语言等主要的种族认同标准方面产生相应的差异。一旦在共享资源的分配上出现争执,这些种族差异就会变得异常危险,其结果是那些生态边缘地带常常就成了引爆相邻种族之间更大的结构性冲突的火花。冲突爆发后,由于每个竞争者都要寻求最大限度的支持,种族划分和种族认同就成了号召团结对敌的最佳手段。事实证明,在非洲大陆的战争中所使用的所有意识形态武器(包括民族主义、社会主义、宗教差异和种族认同等)中,种族认同是出色的政治团结和动员的手段。①

过去,不同种族的人们在交换物品及共同利用可更新资源等问题上的主要倾向是在缓冲地带进行合作。这种情况下,种族—生态界线是合作的界线而不是对抗的界线。但是,由于环境、社会和经济的压力,人们对水和土地等自然资源的竞争加剧了。战争与和平的天平已经逐渐地有时甚至是剧烈地由相对稳定偏向了对抗,达尔富尔北部的游牧民就是最为典型的例证。② 20世纪80年代中期,饱受长期干旱之苦的扎加瓦人和马哈里亚等阿拉伯游牧民开始进入杰贝勒马腊山地,而且不打算在干旱结束前离开那里。在受干旱威胁的牧民试图通过侵占肥沃的中央地带来维持生计的同时,定居的农民也为守护他们"自己的"土地而进行了坚决的还击。于是,暴力冲突便不可避免地发生了。

三、农、牧民冲突

由于受长期干旱及随之而来的饥荒、人畜数量的增长、规模空前的人口迁移以及生态恶化后的干旱和半干旱地区居民的极端贫困等因素的影响,达尔富尔相对平稳的局面在20世纪80年代被连续不断的冲突取代了。根据约瑟夫·塔卡纳(Yousef Takana)的研究,1968—1998年的30年里,当地的阿拉伯人和非阿拉伯人内部以及彼此之间发生了29次比较严重的争夺自然资源的传统型冲突,而且呈逐渐增多之势,其中1968—1976年3次,1976—1980年5次,1980—

---

① See Muhamed Suliman, "Ethnicity from Perception to Cause of Violent Conflicts: the Case of the Fur and Nuba Conflicts in Western Sudan", at http://www.ifaanet.org/theinversionofethnicity.htm/.

② 在非洲,类似的例子还有努巴山区的巴卡拉人同努巴人之间的冲突、尼日尔和马里的柏柏尔人冲突、塞内加尔的卡萨曼斯(Casamance)冲突以及埃塞俄比亚南部博兰地区(Boran)的骚乱等。

1998年多达21次。①

其实,达尔富尔地区的部落或族群之间的资源冲突并不是新近才有的,只不过早期的冲突主要是游牧民之间为争夺水草或偷盗牲畜而发生的争斗。但是自80年代中期开始,冲突的一个更加系统的驱动力便是游牧民对中部杰贝勒马腊地区的土地的占领;冲突的规模也近似于内战了,许多村庄被摧毁,伤亡数字也不断攀升。

乍得内战导致的小型现代武器的流入及萨迪克和巴希尔政府对阿拉伯部落民兵的武装动员使冲突模式发生了重大变化:由20世纪50年代至70年代的低烈度、间歇性和小规模的零星冲突演变为80年代以后的高烈度、持久性和大规模的武装冲突,并最终引发了目前危机的出现。大多数冲突都发生在阿拉伯游牧部落之间,发生在非阿拉伯族群之间及阿拉伯游牧民和定居农民之间的冲突虽然相对较少,但却异常激烈。② 比较严重的农、牧民冲突主要有:马萨里特人与塔艾沙人的冲突(1980年)、扎加瓦人和马哈里亚人与富尔人的冲突(1983—1987年)、富尔人与阿拉伯人的冲突(1987—1989年)、扎加瓦人与吉穆尔人的冲突(1989年)以及马萨里特人与雷扎盖特人的冲突(1996—1998年)等。

第三节 种族认同方面的差异与冲突

达尔富尔在历史上出现过四类种族认同,分别是富尔王国认同,伊斯兰认同,苏丹国家认同,新近分化的、与内部暴力冲突有关的阿拉伯认同和非洲认同。整体来看,曾在达尔富尔存在过或仍然存在着的前三个认同都具有很大的向心力、融合倾向及多元性,但是新近出现的阿拉伯认同和非洲认同却是二元对立的。总体上看,对立的认同极易引发冲突,苏丹的南北内战如此,达尔富尔地区目前的冲突亦是如此。

一、1987—1989年冲突

80年代以来,受持续干旱、人口增长及土地沙漠化的影响,难以维持生计的达尔富尔北方游牧部落开始南下寻找牧场和水源,与中部农民的摩擦冲突日益

---

① Yousef Takana, "Effects of tribal strife in Darfur", in Adam Al-Zein Mohamed and Al-Tayeb Ibrahim Weddai (eds.), Perspectives on tribal conflicts in Sudan, Institute of Afro-Asian Studies, University of Khartoum, 1998, pp. 195—225.

② See David Hoile, Darfur in Perspective, London: European-Sudanese Pubulic Affairs Council, 2005, p. 7.

增加。但80年代中期以前的冲突只限于资源争夺,并不具有种族政治色彩。然而,在生态环境日益恶化的情况下,政府不仅未积极帮助当地民众缓解生存压力,而且还出台了一些有损当地管理及种族团结的变革与举措,如废弃用以解决冲突的部落会议、动员并武装阿拉伯部落民兵、重划当地行政区域等。达尔富尔原有的传统管理制度被破坏了,可并没有新的行之有效的现代管理制度。20世纪80年代后期以来,该地区一直处于冲突与混乱状态,这强化了当地民众的种族依赖感,失去政府保护的他们只能在种族认同中寻求物质安全与精神慰籍。达尔富尔冲突的性质也随之发生了令人担忧的变化:种族认同成了冲突的主要动员力量与支持基础。

最早受到种族利益驱动的冲突是阿拉伯部落联盟同富尔人争夺牧场和水资源使用权的冲突。冲突始于1987年,最初只是北达尔富尔的一些放牧骆驼的阿拉伯部落同迈拉山北部的富尔人之间的规模有限的冲突,但是很快便因双方带有政治目的的城市精英的介入而恶化。舆论宣传特别是政府媒体的渲染助长了这一冲突,并最终将所有阿拉伯部落拉向一方,将所有非阿拉伯族群推向另一方。

人们把阿拉伯部落民兵称为"坚杰维德"(Janjaweed)①,这些民兵因对富尔人和其他较小的非阿拉伯部落的袭击而闻名。很快,富尔人也组成了自己的部落民兵,他们作为自卫军部署在一些村庄。② 这次冲突使双方付出了前所未有的人员和财产代价:至1989年和平会议召开时,约有5000富尔人和400阿拉伯人丧生,40000座房屋被毁,数万人无家可归。③ 1989年和1990年,在苏丹政府主持下召开了有冲突各方部落首领参加的和平会议,并达成了和平协议。但和平协议并没有得到各方的认真执行,冲突继续发生。

值得注意的是,在先后由萨迪克政府和巴希尔政府主持的部落和平会议上,冲突双方均发表了具有种族主义色彩的言论。阿拉伯部落联盟代表指责富尔人

---

① "坚杰维德"一词的原意为"骑马带枪的人",自然不仅仅指阿拉伯人。目前被称为"坚杰维德"的民兵组织主要由达尔富尔的阿拉伯人和来自邻近国家的武装分子组成。"坚杰维德"这个称谓之所以让人误解,是因为达尔富尔的不同部落和不同政见者对该词有着不同的理解。大众传媒甚至国际社会的一些领域(特别是救援工作人员)对该词有着错误和危险的理解,认为"坚杰维德"必然是阿拉伯人,也必然是践踏人权者。确切而言,"坚杰维德"仅指那些因残暴和违反人权而声名狼藉的武装盗贼,可现在却被用来泛称被政府动员起来镇压叛乱的所有达尔富尔武装民兵。

② See Mohamed Suliman, Salah Al Bander, pp. 214—217.

③ See Sharif Harir, "'The Arab Belt' versus 'The African Belt': ethnic and political strife in Darfur and its cultural and regional factors", in Sudan: Short Cut to Decay, Nordiska Africainstitutet, Uppsala, Sweden, 1997, p. 262.

通过驱逐阿拉伯人和拒绝让他们使用水源和牧场,蓄意扩大迈拉山周围的"非洲人地带",富尔人代表则认为阿拉伯人对他们的战争是受到种族主义推动的种族屠杀,其目的是摧毁富尔人的经济基础并占据他们的土地。①

二、"阿拉伯人集会"

1987—1989年冲突还显露了此前鲜为人知的"阿拉伯人集会"(Arab Gathering)领导的27个阿拉伯部落组成的联盟,这些部落按照协调一致的政治和军事方式行动。作为富尔人与阿拉伯人关系重大转折点的"阿拉伯人集会"是1986年出现的,来自27个阿拉伯部落的精英们在集会上宣称,阿拉伯人是达尔富尔的多数民族,但是他们却被边缘化了。在1987年10月底给时任总理萨迪克·马赫迪的一份信中,23个达尔富尔阿拉伯知识分子、部落首领和高级官员公开代表"阿拉伯人集会",呼吁中央政府解决阿拉伯人的边缘化问题。

写信者们将达尔富尔地区在管理、宗教和语言等方面的文明成就归功于阿拉伯民族。他们还抱怨地方、地区和国家政府中的阿拉伯人代表太少,要求在三级政府中分别给阿拉伯人50%的代表名额以承认其地位、对创造地区财富和文化做出的贡献以及作为文明承载者的历史作用。他们在信的结尾部分明确地发出了威胁信号:"我们担心,如果继续忽视阿拉伯人的政治参与,地区事务将会脱离智慧者的控制并落入愚昧者之手,从而导致严重后果的出现。"②

"阿拉伯人集会"的出现引起了非阿拉伯人的极大恐慌,他们普遍担心阿拉伯部落制定了一个用武力将他们赶出达尔富尔的详细计划。这封信在苏丹引起了很大的争议,受到了一些政党领袖和政治家的谴责。他们要求坚决打击这种新兴的种族分裂主义,以免给达尔富尔地区脆弱的社会结构带来无法挽回的损害。③ 尽管信件几乎未提及非阿拉伯民族,但是却有着阿拉伯至上主义的味道,因为它只将阿拉伯人当作达尔富尔地区宗教、文化和文明的承载者,并且宣称地区财富中的最大份额是由阿拉伯人创造的。写信者忽视了伊斯兰的团结因素,置数代人的异族通婚及和平共处于不顾,利用种族差异人为制造了达尔富尔地区的分裂。

虽然"阿拉伯人集会"在某种意义上只是一种政治上而非军事上的联合,其

---

① See Adam Al-Zein Mohamed and Al-Tayeb Ibrahim Weddai (eds.), Perspectives on tribal conflicts in Sudan, Institute of Afro-Asian Studies, University of Khartoum, 1998, pp. 264—267.

② Hussein Adam al-Haj, "The Arab Gathering and the attempt to cancel the other in Darfur", at http://www.sudanile.com/sudanile13.html/,31 December 2003.

③ Ibid.

目的可能是保护苏丹西部的弱势阿拉伯群体的利益,但是在事实上它却成了新的种族主义工具。与此同时,富尔人、扎加瓦人和马萨里特人认为,阿拉伯人结盟的最终目标是制造种族分裂并破坏他们在当地的生活。① 无疑,在对"阿拉伯人集会"的象征性战略意图的恐惧下,非阿拉伯民族必然也会开始其集体动员与结盟,而这些基于种族对抗的结盟具有毁灭达尔富尔各族人民长期共处的潜在危险。

三、"阿拉伯认同"与"非洲认同"的冲突

达尔富尔认同构成过程的多样性原本可为其提供创建新的民族认同的丰富素材,可不同族群对资源的争夺却使这一多样化认同被迅速而破坏性地简单化了,并形成了"阿拉伯认同"与"非洲认同"两极对峙的局面。这种二元分裂的认同是前所未有的,彼此间的对立也异常激烈。与两极化认同的意识形态相伴而生的是达尔富尔的军事化:首先是轻型武器的蔓延,接着是军事组织的产生,最后是全面战争的爆发。恐惧与暴力的结合显然是一种造就简单化和两极化认同的有效结合,并且这种结合效应很可能会随战争的持续而持续下去。暴力行为被美国政府认定为种族清洗,"阿拉伯人"、"非洲人"等表示类属的词语被新闻媒体、援助机构和外交官们广泛使用则进一步加剧了达尔富尔的认同两极化。一些部落首领或许在十年前尚不熟悉"非洲人"这个词,可现在他们却欣然地将自己看作是非洲人。②

就内部而言,认同的两极分化首先是由一些达尔富尔的阿拉伯人引起的。由于受到苏丹政府的伊斯兰—阿拉伯主义倾向、潜藏于其朱海纳身世中的阿拉伯血统意识及20世纪70—80年代卡扎菲的阿拉伯主义事业的影响,一些达尔富尔阿拉伯人逐渐形成了一种"阿拉伯至上主义"思想。卡扎菲建立一个横跨撒哈拉和萨赫勒地区的"阿拉伯祖国"的梦想,以及80年代对达尔富尔地区政府中一些职位的竞争似乎更加助长了这种阿拉伯至上主义思想。此后,建立一个达尔富尔阿拉伯国家的野心就同其他更加宏伟巨大的阿拉伯目标分不开了。这或许可以解释为什么1987年的首次激烈冲突会出现在富尔人的心脏地带迈拉山区。1987、2002和2004年的多次进攻可以表明,对这一地区的进攻不仅是对富

---

① See de Waal A., "Counter—insurgency on the cheap", in London Review of Book, Vol. 26, No. 15, August 2004, p. 5.

② See Hussein Adam al-Haj, "The Arab Gathering and the attempt to cancel the other in Darfur" at http://www.sudanile.com/sudanile13.html/,31 December 2003.

尔人据点的战术攻击,而且是对富尔人的种族认同的打击。①

虽说的确具有某些阿拉伯至上主义思想,但是阿拉伯认同的重要性也不能被过分地夸大。目前参与冲突的基本上全是达尔富尔北部牧养骆驼的阿拉伯阿巴拉人,此外还有少数巴卡拉人,特别值得一提的是贝尼—哈勒巴人,他们中多是苏丹政府为抵御"苏丹人民解放军"对达尔富尔的入侵而在1991年武装和动员起来的。也就是说,达尔富尔最大和最有影响的阿拉伯部落并未卷入冲突,其中包括南雷扎盖特人、哈巴尼亚人、马阿里亚人及绝大多数塔艾沙人。但是,这种情况很可能会随着冲突的持续而发生变化。

"非洲主义"的出现显然要晚于"阿拉伯至上主义",而且应主要归因于"苏丹人民解放军"。为了对抗苏丹政府的"苏丹因其人口的多数为穆斯林而应该是一个伊斯兰国家"的主张,"苏丹人民解放军"领袖约翰·加朗便不断提及苏丹的"非洲多数民族"概念。加朗的"非洲多数民族"包括了努巴人和青尼罗省南部的民族,这些民族的确应该拥有非洲认同,因为他们具有明显的非洲特征。例如,20世纪70—80年代初期努巴人的秘密政治和文化组织"科摩罗"(Komolo)就声称努巴人应拥有保持其文化传统的权利,而他们也将努巴文化看作是一种独特的非洲文化。②

为了摆脱由尼罗河流域生活经历衍生的一些认同标记,一些受过教育的达尔富尔非阿拉伯人曾将"非洲人"选作政治结盟的最佳旗帜。达尔富尔的老一辈政治家艾赫默德·易卜拉欣·迪赖吉在20世纪60年代试图用这一方法同努巴人和南方人结盟,不过后来他却转而尝试将达尔富尔的非阿拉伯人带进乌玛党,希望借此扩大乌玛党的政治基础并使其世俗化。曾是伊斯兰主义学生运动著名领袖的富尔人达沃德·伯拉德则由一个政治极端走向了另一个政治极端,他背弃"全国伊斯兰阵线"后加入了"苏丹人民解放军",并于1991年领导了"苏丹人民解放军"对达尔富尔的一次疏于计划的惨败远征。③ "苏丹联邦民主同盟"副

---

① See De Waal A., "Who are the Darfurians?", in African Affairs, Vol. 104, Number 415, 2005, p. 116.

② See M. A. Mohamed Salih, "Generation and migration: Identity crisis and political change among the Moro of the Nuba mountains", in GeoJournal, Vol. 25, No. 1, Semp. 1991, pp. 51—57.

③ 在1991年富尔人达沃德·波拉德(Daud Bolad)率领一支苏丹人民解放军部队攻入南达尔富尔后,苏丹政府既未动员军队也未动员作为苏丹公民的其他达尔富尔人,而是动员主要由贝尼—哈勒巴部落成员组成的"富尔桑"(Fursan)民兵进行抵抗。虽然挡住了"苏丹人民解放军"的侵入,但是政府却因对当地阿拉伯部落的武装利用而播下了种族冲突扩大化的种子。See UNDP, Share the land or part the nation: Roots of conflict over natural resources in Sudan, Khartoum: United Nations Development Programme, 2003.

主席沙里夫·哈里尔（Sharif Harir）一直蔑视那些出自尼罗河流域生活经历的认同标志，他是最早看出由新的阿拉伯人联盟带来威胁的达尔富尔知识分子之一，并且结束了达尔富尔人不大情愿打"非洲人"招牌的做法。①

"苏丹人民解放军"对达尔富尔反叛运动的影响是不容置疑的。在"苏丹人民解放军"的协助下，最初只是农民暴动的达尔富尔反叛运动被赋予了政治抱负。事实上，"达尔富尔解放阵线"就是在"苏丹人民解放军"的影响下才改名为"苏丹解放军"的，它采用了约翰·加朗的"新苏丹"②思想，而且在某种意义上或许比其导师更为激进。

施与公众的暴力极易促成新认同的出现，这在民族史上是常有的事。在面对恐惧和不安全时，任何人都会看重那些用以区分交战各方的约定俗成的信任与互惠范围及认同标记。暴力普遍存在的地方也就是种族和血统标志突出的地方。一旦有关暴行的传闻多起来后，面临冲突影响的所有人都会觉得暴行很可能会在此时此刻发生，因而会齐聚于某个认同之下。可以想像，"非洲人"是达尔富尔非阿拉伯人用以区分自己同政府及其阿拉伯民兵的标记，也是一种期盼与外界（其他非洲人）团结的表示。或许更为重要的是，"非洲人"还是那些受到被迫迁移甚至被剥夺故土威胁的达尔富尔非阿拉伯人对其尊严和生存权的一种要求。无论出于何种动机，过去并不明显的认同标记如今却已极为突出，而造成这一局面的最根本原因就是加于广大民众的暴力。③

在"苏丹解放军"（the Sudanese Liberation Movement/Army）④领导及达尔富尔的一些非阿拉伯人传统首领看来，"非洲人"这个词可以很好地为他们服务。毫不夸张地说，对"阿拉伯人"杀害"非洲人"的描述可以唤起其他地区的非洲人（包括撒哈拉以南的许多民族）心中的记忆：一群浅肤色的阿拉伯人正在劫掠一些爱好和平的、宗教信仰不明的、黑肤色的村民。在西方和撒哈拉以南非洲的众

---

① See De Waal A., "Who are the Darfurians?" in African Affairs, Vol. 104, No. 415, 2005, p. 119.

② "新苏丹"（New Sudan）是由已故"苏丹人民解放运动"主席约翰·加朗提出的一系列政治主张的统称，其核心观点是在苏丹建立一个统一、民主和世俗化的国家，全体苏丹人民不论文化、种族和信仰一律平等。

③ See R. S. O'Fahey, "Conflict In Darfur Historical and Contemporary Perspectives", in Environment Degradation as A Cause of Conflict in Darfur, Conference Proceedings, Khartoum, December 2004, Africa Progress of University for Peace, Addis Ababa, 2006, p. 27.

④ "苏丹解放军"最初是以"达尔富尔解放阵线"为名发起反叛运动的，2003年3月中旬改名为"苏丹解放军"。关于达尔富尔反叛运动的早期情况参见：Crisis Group Africa Briefing N°14, Sudan's Other Wars, 23 June 2003; Crisis Group Africa Report N°73, Towards an Incomplete Peace, 11 December 2003; Crisis Group Africa Report N°76, Darfur Rising: Sudan's New Crisis, 25 March 2004.

多媒体看来,目前冲突中的"阿拉伯人"就是恐怖主义的发动者,而达尔富尔的非阿拉伯人则被看作是恐怖主义的受害者。而在苏丹政府看来,冲突中的两个认同也许会带来战略上的好处。在强调达尔富尔冲突只是当地的部落冲突的同时,苏丹政府还充分利用了"阿拉伯人"具有的道义优势,不断告诉其阿盟伙伴:达尔富尔是西方特别是美国丑化阿拉伯世界的又一次企图。这反过来又为地区结盟提供了机会,而达尔富尔则充当了伊拉克和巴勒斯坦的代理者。从超出达尔富尔的更广范围看,"阿拉伯人"似乎含有"全球受害者"的意思。

第四节 由分歧矛盾到全面冲突

与南方及东部地区一样,政治经济边缘化既是达尔富尔地区贫穷、落后与发展停滞的根本原因,也是其冲突产生的根源。地区层面的政治诉求及国家层面的权力之争(表现为苏丹当代伊斯兰主义运动的分裂)至少赋予达尔富尔反叛运动明确的政治要求,而南北内战及其和平进程则以不同方式直接或间接助长了达尔富尔的动荡局势。

一、达尔富尔在国家经济政治生活中的边缘化

达尔富尔的经济边缘化始于英—埃共管时期。与殖民统治下的其他国家一样,苏丹的经济发展也服务于英国殖民经济的需要。棉花生产是英国在苏丹的主要利益,其目的是给英国尤其是曼彻斯特繁荣的纺织业提供原料,同时还可扩大尼罗河流域的苏丹和埃及之间的原有贸易往来。

满足英国市场需要的目标主要集中于确立并扩大由殖民当局管理的大工程或大地产的棉花种植。这样的政策根本不能改善棉花种植工程以外的数百万小农的生存条件,而且还意味着共管当局的发展努力仅集中于被称为"3K"的三角区,即库斯提(Kusti)、卡萨拉(Kassala)和喀土穆(Khartoum),而达尔富尔等外围省份的发展则完全被共管当局忽视了。例如,截至1955年,苏丹的大约1170个农业工程中没有一个是设在达尔富尔的;直到1947年,达尔富尔既没有司法和教育官员,也没有农业专家。[①]

极为有限的发展是达尔富尔在经济上被忽视的例证。自1956年苏丹独立

---

① See Tim Niblock, Class and Power in Sudan: The Dynamics of Sudanese Politics 1898—1985, Albany, New York: State of University of New York Press, 1987; Ibrahim S. S., Peripheral Urbanism and the Sudan, Ph. D. thesis: University of Hull, UK, 1983.

至今，达尔富尔只有两个被国际组织资助的发展项目，即"西萨凡纳发展项目"和"杰贝勒马腊农村发展项目"，可是当项目管理权被移交给州政府而不是中央政府时，这两个项目的执行就被彻底地停止了。① 在苏丹的所有地区中，达尔富尔是最贫穷的地区，其收入标准差由 1967—1968 年的 44.5 上升为 1982—1983 年的 57。② 此外，在 1958—2003 年国际社会投向苏丹的总额为 134.14 亿美元的发展项目资金中，达尔富尔被资助的项目只有 10 个，所占资金份额仅为 2%。③

达尔富尔地区政治边缘化的根源同样在于英国人的殖民统治。英国人在共管时期采用了一个别有用心的政策，那就是通过优先分配生产资料（主要是土地）、商业合同及银行贷款的方式，扩大尼罗河河谷地区某些家族的商业利益和政治影响，目的是把苏丹人对殖民政权的对抗危险降低到最小程度。④ 苏丹独立后，国家权力及政治影响力自然被这些人所掌控，这进一步拉大了南北之间及北方不同地区之间原有的发展差距。

在独立运动期间及独立初期，苏丹北方尼罗河流域的宗教领袖、部落首领和商人一直都对苏丹北部乃至全国的政治生活有着重大的影响力，他们控制了苏丹的立法机构和中央政府。因此，各政党的主要成员是那些由核心精英构成的社会集团而不是普通民众，尽管民众在名义上拥有选举权。在苏丹首届国会的 11 个达尔富尔人席位中，8 个是部落首领，1 个是商人，另外 2 个是政府官员。⑤

达尔富尔由中央政府委派的若干地区专员管辖，他们漠视达尔富尔人民的基本需要，关心的只是如何实现中央政府的利益。因而，不管是在英国人的统治下还是在苏丹政府的管理下，达尔富尔不仅经历了经济上的被忽视和停滞阶段，而且也经受了政治上的边缘化。"议员输出"就是一个比较严重的问题。国会中

---

① See Ateem ESM, Tribal conflicts in Darfur: causes and solutions. Seminar on: the political problems of the Sudan, 9 – 11 July 1999: AKE-Bildungswerk Institute of Development Aid and Policy, Vlotho/NRW, Germany, 1999.

② See Mohammed AE. "Change in societies and its implications on tribal conflicts in Sudan", in Adam Elzein, Eltayeb Ibrahim Ahmed Wadi (eds.), Tribal Conflicts In Sudan, Khartoum University Press, 1998.

③ See Ombada S. Development and Social Services in Darfur. A Paper presented to a Workshop on Darfur organized by The Sudanese Religious Council, Zubair Charity Foundation, University of Khartoum and University of El Fashir and the Khartoum Center for Human Right, 2004.

④ See Ali Abdel Gadir Ali, Ibrahim A. Elbadawi. Explaining Sudan's Economic Growth Performance: AERC Collaborative Research Project on Explaining Africa's Growth Performance, P. O. Box 5834: May 2002, at http://www.gdnet.org/pdf/draft_country_studies/Sudan-Ali_FR.pdf/.

⑤ See Brown, R., Public Debt and Private Wealth: Debt, Capital Flight and the IMF in Sudan: Macmillan, London, 1992, p. 97.

的所谓达尔富尔代表大多是来自喀土穆的议员,他们很少或根本不关心自己所代表的地区。① 1965年"达尔富尔复兴阵线"的出现就是一些受过高等教育的达尔富尔人为改变本地区政治代表性不足及经济发展不平衡局面的尝试。

二、达尔富尔地区政治运动的崛起

传统政党即乌玛党(Umma Party)和民主联合党(Democratic Unionist Party)的治理无能及中心地区(北方尼罗河流域)与贫困和不发达的外围地区之间的发展不平衡,导致了各地区政治运动的涌现,"达尔富尔复兴阵线"就是其中之一。"达尔富尔复兴阵线"成立于1965年,其主要目的是解决达尔富尔地区的政治代表性缺乏及经济发展滞后等问题。复兴阵线的主席是达尔富尔著名政治家、富尔人艾赫迈德·易卜拉辛·迪赖吉,他曾在萨迪克政府时期担任过北达尔富尔省省长。阵线的其他代表还有阿里·哈吉博士(Ali El Haj)、阿卜杜勒·拉赫曼·多萨教授(Abdul Rahman Dosa)和穆罕默德·亚当·肖瓦博士(Mohammed Adam Showa),他们都是著名的达尔富尔政治家和学者,而且除阿里·哈吉外均为乌玛党成员。

尼迈里发动政变上台后取缔了所有政党,中止了国家宪法,建立了由苏丹社会主义联盟一党专制的国家政权,并一直持续到1985年被人民起义终结。"达尔富尔复兴阵线"也和别的政党一样曾被取缔,直到尼迈里下台后才重新开始其政治活动。"达尔富尔复兴阵线"积极参加了1986年的全国大选,但是却没有取得任何胜利。②

20世纪90年代初建立的"苏丹联邦民主同盟"(Sudan Federal Democratic Alliance)是继"达尔富尔复兴阵线"之后的另一达尔富尔地区政治运动,也是目前除两大反叛乱组织外达尔富尔地区的第三个反政府组织。"苏丹联邦民主同盟"还是苏丹最大的反对派联盟"全国民主同盟"中的两个达尔富尔地区成员组织之一(另一个是"苏丹解放军")。同盟的主席就是原"达尔富尔复兴阵线"主席、北达尔富尔省长艾赫迈德·易卜拉辛·迪赖吉。

虽然"达尔富尔复兴阵线"没有取得实质性的成就,但是它却开创了达尔富尔争取本地区政治经济平等权的道路,对达尔富尔后来出现的各种政治运动都

---

① See Ibrahim F. Ideas on the Background of the Present Conflict in Darfur. Germany: University of Beyreuth, May 2004. http://www.afrikafreundeskreis.de/docs/darfur_prof_ibrahim_5_04.pdf/.

② 有关该次选举的详细情况参见 J. L. Chiriyankandath, "1986 Elections in the Sudan: Tradition, Ideology Ethnicity — And Class?" in Review of African Political Economy, Vol. 14 No. 3, Spring 1987, pp. 96−102.

具有重大影响。在某种意义上,目前的反叛运动是始于 20 世纪 60 年代的达尔富尔地区政治运动的延续,至少二者的政治口号具有共同之处:获得政治代表权和经济发展权(实质上就是分享权力与财富),只不过二者的斗争方式不同罢了。

三、在国家层面的权力斗争

国家层面的两大类权力斗争对达尔富尔冲突有着不可忽视的影响:首先是苏丹当代政治伊斯兰运动的分裂,其次是南北内战及其和平进程。政治伊斯兰运动的分裂给达尔富尔造成了严重动荡的后果。2000 年,在同巴希尔发生激烈的权力争夺后,时任议长的图拉比脱离执政的全国大会党,与其忠实支持者(其中许多是来自达尔富尔的政治家)另行组建了"全国人民大会党"(Popular National Congress,后更名为"人民大会党"(Popular Congress)。为了扩大群众基础,人民大会党的激进主义分子将触角伸向了占苏丹多数人口但却被边缘化了的非洲黑人民族。人民大会党甚至在 2001 年 2 月还同"苏丹人民解放军"签署了一个用和平方式共同推翻巴希尔政府的协定。政府则迅速做出反应,禁止人民大会党的活动,并拘留了包括年迈的图拉比在内的许多人民大会党领导。①

为了吸引非洲黑人民族选民的支持,人民大会党在广为流传的小册子《黑皮书》中指出,执政的伊斯兰主义集团阻挠来自达尔富尔和其他外围地区的人出任高官,而来自北方尼罗河河边部落的人却得到了偏爱,因为他们中的许多人都来自这些部落。为了证明自己的观点,人民大会党在《黑皮书》中列出了苏丹政府中的所有高官,并按照级别、民族和籍贯做了详细的分类。② 的确,由于统治精英的腐败、渎职及对国民经济的管理不善,达尔富尔在过去的数十年遭受了和其他外围地区一样甚至更多的痛苦。

《黑皮书》的观点和方法在当前的达尔富尔冲突中被再次运用。达尔富尔的反叛领导也列出了一个明细表,对 1989—2003 年苏丹省部级领导(即 1994 年之前的省长、之后的州长及中央政府的部长)中的达尔富尔人的姓名和部落出身做了详细说明,然后又以"阿拉伯人"和"非阿拉伯人"为依据将这些官员分作两类。表中所列 63 人中的 41 人都是阿拉伯人。③

"正义与平等运动"(Justice and Equality Movement)创始人卡利勒·伊卜

---

① 参见姜恒昆:《苏丹内战中的宗教因素》,载《西亚非洲》2004 年第 4 期,第 36 页。
② See The Black Book: Imbalance of Power and Wealth in Sudan (english translation), 2004, available at http://www.sudanjem.com/english/english.html/.
③ See Crisis Group Africa Report N°76, Darfur Rising: Sudan's New Crisis, 25 March 2004, p. 8.

拉欣的经历同样反映出了政治伊斯兰运动执政派与分裂派之间的斗争关系。他曾是一个坚定的伊斯兰主义分子,并出任过部长,2002年因站在伊斯兰主义运动分裂派人民大会党一边而被迫流亡荷兰。苏丹政府由此认为,反叛组织之所以在谈判中持强硬态度并提出明确的政治要求是因为有人民大会党的支持。人民大会党也承认其一些骨干成员在被政府释放后加入了达尔富尔反叛组织。①

虽然宣称不赞成反叛组织使用武力,但是人民大会党并不认为在政治上同反叛组织结盟有什么不好。图拉比在2004年2月底的新闻发布会上称,达尔富尔反叛运动有着正义的理由,需要用政治手段而不是政府的大规模军事行动来解决。图拉比断言政府号召的全国协商会议只是在"演戏",各政治反对派应该联合抵制。他认为政府应对达尔富尔的暴力冲突负责,因为正是政府煽动了阿拉伯部落并武装了"坚杰维德"。他还指责政府在全国范围内特别是在达尔富尔非法关押了与冲突有关的200多名人民大会党成员。②

南北内战以不同方式直接或间接地助长了达尔富尔目前的动荡局势,其中包括招募达尔富尔民兵到南方参战、政府用类似策略处理达尔富尔冲突导致的达尔富尔军事化、达尔富尔发展资源的消耗及边缘化程度的进一步加深等。由于南达尔富尔同南方的加扎勒河地区接壤,南北内战在一定程度上外溢到了达尔富尔地区。长期以来,苏丹政府一直动员和招募达尔富尔不同部落的民兵前往南方作战,这导致了达尔富尔地区军事化的扩大。这样的例子包括1986年南雷扎盖特人在南达尔富尔达艾因地区对丁卡人难民的大屠杀、1991年"苏丹人民解放军"支持下的达沃德·波拉德入侵以及政府为此做出的动员阿拉伯部落"富尔桑"民兵的反应等。

旷日持久的南北和平进程本身对达尔富尔冲突产生了直接和间接影响。南北和平进程在事实上是排他的,而《全面和平协定》也被许多人认为只是南北精英之间的协定。所谓的"全面"和平协定将苏丹的冲突过分地简单化为南北之间的冲突,并未考虑东部、西部和喀土穆以外北部地区的要求。显然,通过武装斗争夺取权力与财富是南北和平进程发出的最清晰的信号,这无疑对达尔富尔的反叛者起到了鼓舞和示范作用。

2003年2月,主要由富尔人、马萨里特人和扎加瓦人组成的"苏丹解放运动

---

① See "Turabi denies his party's implication in Darfur events", in Agence France-Presse, 31 December 2003.

② See "Turabi: the government accuses Chad of covert involvement in Darfur's events", in al-Bayan, 25 February 2004.

（军）和稍后出现的主要由扎加瓦人组成的"正义与平等运动"以苏丹政府忽视该地区的发展及未能保护他们免遭阿拉伯民兵的袭击为由，公开向当地城镇的军事和政府设施及官员发动袭击，要求实行地区自治并分享财富。自此，以"苏丹解放军"和"正义与平等运动"为一方，以苏丹政府军和苏丹政府支持的统称为"坚杰维德"的民兵组织为另一方的大规模武装冲突正式拉开了序幕。

第三章 达尔富尔与苏丹的北方和南方

从总体上说,达尔富尔问题是当代苏丹国家成长进程中面临的地区矛盾与民族矛盾逐渐恶化而走向危机的表现,也是苏丹这个幅员广大的国家长期的地区发展不平衡、中央政府与地方各民族集团间对立不断加剧的结果。这一危机也对目前执政苏丹的巴希尔政府的合法性及其治国理政能力提出了严重挑战。

事实上,与大多数非洲国家一样,作为一个年轻的多民族国家,苏丹建国后一直面临着民族国家统一构建与国民文化塑造的问题。如何将这样一个沙聚之邦整合成内聚向心之国,在全体人民心中培植起基于国家现代版图的富有凝聚力和感召力的国家情感,一直是苏丹历届政府面临的巨大挑战。[1] 40多年来,苏丹各族人民也曾为此而努力,艰难地推进着国家的现代发展进程,然而,此起彼伏的南方内战、达尔富尔冲突,却使国家成长进程一波三折。今天,苏丹的发展前景依然扑朔迷离。

第一节 苏丹国家成长中的区域矛盾

一、"南北对峙"与"三分天下"

苏丹是非洲大陆面积最大的国家。在250多万平方公里的国土上,生活着众多使用不同语言、信奉不同宗教、具有不同历史文化背景的人种与族群集团,他们在这个国家中的地位、对于国家的期待与要求一直就很不一样。

大体说来,这个国家可以分成阿拉伯人为主的北方与黑人为主的南方两大部分。在行政管理方面,苏丹政府也将全国的26个州分为16个北部州和10个南部州。但实际上,在属于北部州的西部地区,即达尔富尔地区,并不是纯粹的阿拉伯人地区,这里是黑人与阿拉伯人混居的地区。苏丹独立以来,南北矛盾明

---

[1] 参见刘鸿武:《撒哈拉以南非洲民族国家统一构建进程》,载中国社会科学院西亚非洲研究所:《西亚非洲》2002年第2期,第25页。

显,两次大规模的南北内战累计时间达 30 多年。因而可以说,这个国家长期以来处于南北对峙。然而 2003 年爆发的西部达尔富尔冲突,却再次将这个国家拖入对抗的灾难之中。目前,达尔富尔已经成为与北方、南方并列的另一特殊地区,随着事态的发展,这个国家似乎要形成三分天下的动荡格局。

总体上说,北方是苏丹传统的政治中心,经济相对发达,首都喀土穆也位于北方。苏丹独立以来,中央政府基本上由北方阿拉伯人控制,他们主导着国家的政治经济生活。南方虽然地域广阔,气候相对湿润,但较为封闭,众多黑人部族各自划地为界,力量分散,很难与北方阿拉伯人相抗衡。苏丹独立后,由于南北矛盾激化,南北内战连绵不断。2005 年南北达成和平协议,建立了全民团结的政府,南方人担任了国家的副总统,并且在南方的朱巴建立了自治政府,有自己的总统、议会。按照和平协议,南方将在 2011 年举行全民统独公投,以最终决定与北方中央政府的关系,结果如何现在尚未可知。西部的达尔富尔地区没有自治权,地位最不确定,但现在分裂的倾向日益严重。北方、南方、达尔富尔这三大地区在国家政治生活中的地位的变化,它们的矛盾与冲突,构成了独立以来苏丹国家政治生活演变的一条主线。①

然而,在达尔富尔内部,也一样存在严重的地区差异与民族矛盾。达尔富尔面积约 51 万平方公里,约占全国面积的 1/5,传统上分为北达尔富尔州与南达尔富尔州两部分。1994 年,苏丹政府对全国做行政区划调整时,将达尔富尔最西部靠近乍得的约 8 万平方公里划出来,设立西达尔富尔州。目前这三个州基本情况是:南达尔富尔州面积 12.7 万平方公里,人口 300 万,首府尼亚拉;北达尔富尔州面积 29.6 万平方公里,人口 170 万,首府法希尔;西达尔富尔州面积 7.9 万平方公里,人口 108 万,首府朱奈拉。

苏丹地跨北部非洲与南部非洲,种族与文化复杂,古代曾有过较发达的努比亚文明,建立过强大的库施帝国,但其势力范围和影响主要限于今天苏丹的北方地区。在南方,黑人传统部落与部族社会形成的古代政治共同体一直较为封闭与分散。公元 8、9 世纪以后,阿拉伯文化与伊斯兰教传入北部苏丹,大量的阿拉伯人移居苏丹,与当地民族通婚,北部苏丹逐渐成为阿拉伯世界的一部分,其居民也阿拉伯化了。公元 15、16 世纪以后,伊斯兰教进一步向苏丹的南部、西部传播,相继建立了伊斯兰教的芬吉王国和达尔富尔王国。从宗教的角度上说,到 17、18 世纪以后,不仅北方地区、喀土穆周边地区和尼罗河流域的居民都已经成

---

① See Dustan Wai, The African-Arab Conflict in the Sudan, New York: Africana Publishing Company, 1983, p. 5.

为穆斯林,南方尼罗河上游地区、西部的达尔富尔地区、西南部的科尔多瓦高原地区,基本上也都伊斯兰教化了。

因此,苏丹在整体上可以说是一个伊斯兰教的国家。但是民族方面的情况却差异较大,虽然多是穆斯林,但北方穆斯林是阿拉伯化人,南部和西部的穆斯林是黑人,而这些黑人穆斯林时常被北方阿拉伯人认为是异教徒,认为其伊斯兰教不纯洁。因此苏丹这个国家的地区差异和民族差异情况较为复杂。此外,历史上在苏丹的南方地区曾有基督教传入,有一些古代居民信奉基督教。近代以来,西方殖民者在苏丹的南部和西部传播基督教,因此在南方和西部达尔富尔地区有一些基督教徒。而在苏丹南部热带雨林深处和西部达尔富尔内陆封闭地区,传统的部族政治与部落酋长制及传统土著宗教,也一直保存着。

1956年独立以来的半个多世纪中,苏丹发生过多次军事政变与政权更替,先后经历了三届文官政府统治时期(分别为1956—1958年、1964—1969年、1985—1989年)和三届军人政府统治时期(分别为1958—1964年、1969—1985年、1989—迄今)的交替过程。两次南北内战持续了30多年,达尔富尔地区的矛盾与冲突也一直存在着。总体上说,频繁的政权更替与动荡的政局,与这个国家复杂的民族矛盾与地区矛盾有很大关系。

二、南北问题

独立后的苏丹,影响国家政治生活的一个重大事件就是持续半个多世纪的南北内战,及西部达尔富尔地区冲突。这些在中央政府和地方反政府武装之间持久的冲突,不仅使国家长期处于一种半分裂状态,给苏丹人民带来深重灾难,也给国家政治生活造成广泛而持久的影响。在某种意义上,当代苏丹的国家发展与政治进程,都是围绕着这些国内战争而展开和演变的。

1983年7月13日,南方主要的反政府组织"苏丹人民解放运动"(Sudan People's Liberation Movement,SPLM)成立了自己的武装组织"苏丹人民解放军"(Sudan People's Liberation Army,SPLA),约翰·加朗上校是这两个组织的最高领袖。在正式的外交场合,这个组织喜欢自称为"苏丹人民解放运动",以便让外界把它当作一个政治组织而不是一个军事组织。虽然SPLM中有人主张南方完全独立,但SPLM自称是为民主和联邦的苏丹而战,把在统一国家内实行南方自治作为同政府谈判的原则。2002年10月,SPLM曾与政府达成一个停火协议,但未能落实。2003年初,SPLM已经控制了苏丹南部和西南部的大部分地区,并且作为民族民主联盟统一指挥结构的一个组成部分,同政府军在中部和东南部各省作战。

2005年1月,苏丹政府与SPLM达成和平协定,结束了长达21年的第二次南北内战,SPLM加入苏丹全国民族团结过渡政府,不仅在喀土穆的中央政治机构中发挥作用,而且还作为半自治的权力机构——南方政府,管理南苏丹的政治、经济和军事事务。2005年7月9日,苏丹政府与约翰·加朗领导的SPLM根据达成的和平协定,颁布了《2005年过渡宪法》,这是苏丹独立以来的第五部宪法。按照这部宪法的规定,苏丹是一个实行议会联邦制和总统制的共和制国家,国家最高元首和政府首脑为总统。2005年7月9日,SPLM领导人约翰·加朗出任苏丹全国民族团结政府第一副总统兼南方自治政府主席。但三周后的7月30日,加朗因飞机失事在从乌干达回国途中遇难,随后,南方自治政府主席由SPLM副主席萨尔瓦·科尔·马亚迪尔特(Salva Kiir Mayadrit)继任。南苏丹议会和各州议会的组成、运作及职能将分别由南苏丹临时宪法和各州宪法确定。根据《2005年过渡宪法》第176条的规定,过渡阶段的南苏丹议会由170名议员组成,具体分配情况为:"苏丹人民解放运动"占70%,全国大会党占15%,南方其他政治力量占15%。

三、西部达尔富尔问题

就在南方内战接近结束的时候,西部达尔富尔冲突却逐渐升级并在2003年全面爆发为武装冲突,苏丹国家政治发展进程再次陷入严重危机中。

达尔富尔地区居民的民族与宗教情况错综复杂,虽然大多数都是穆斯林,但大家分属不同的人种与民族集团,南北之间、东西之间、各民族种族集团之间,一直就存在矛盾与冲突,但从根本上说,因为大家都是穆斯林,所以宗教问题并不是导致达尔富尔与中央政府发生冲突的根本原因,它只是会被用来当作冲突的工具或当成冲突的象征。达尔富尔问题的真正根源在于贫穷落后,只有在达尔富尔地区实现持续的经济复兴,及各种族间、民族间的和睦,才有可能使达尔富尔问题从根本上得到公正、合理、妥善的解决。但是这一问题却已经积累了许多的矛盾,持续的时间也已经很久,要解决绝非易事。

在达尔富尔地区生活的阿拉伯牧民和农耕的黑人原本相处融洽。当地农民欢迎牧民在他们的土地上放牧,并与他们共享水源。但在旱灾到来之后,农民担心放牧会破坏土地,便把地圈起来拒绝牧民进入。1984—1985年,由于长时间的干旱,大饥荒席卷达尔富尔地区,导致许多人死亡。当时,周边邻国利比亚与乍得发生军事冲突,一些廉价的自动武器流入达尔富尔地区。苏丹政府由于深陷和南方反政府武装的内战,除了从达尔富尔抽调兵员到南方征战外,也散发部分武器给南达尔富尔阿拉伯部落牧民,使牧民变成了骑兵。政府的不当措施致使纠纷不断升级。那些叫做"坚杰维德"的阿拉伯游牧民，带着传统配刀与短剑，又有了现代武器，以武力袭击黑人村庄与居民点。他们与中央政府的关系十分复杂，有时他们听从政府的命令，有时并不完全听从，而政府有时也利用他们来镇压一些黑人的反叛武装。

笔者本人第一次听到"坚杰维德"这个词是从南苏丹政府地区合作部长博纳巴·马瑞·本杰明（Dr Barnaba Marial Benjamin）的口里说出来的，该部长提到"坚杰维德"时的口气、表情和手势似乎在说一个能量无边的庞然大物。关于这支武装西方媒体有很多的报道，多是指责苏丹政府支持纵容该游牧武装搞种族灭绝。2008年5月19日在"苏丹论坛网"（SUDAN TRIBUNE）上刊登了一篇文章，标题是《苏丹西部的"坚杰维德"民兵组织似乎失去控制》。文章是这样写的：讲阿拉伯语的"坚杰维德"民兵配合政府军作战，在苏丹的西达尔富尔省袭击反叛部队，他们破坏一系列停火协议，越过边境对东乍得的村庄进行恐怖袭击。在另一篇报道中描述了一个在乍得被俘的"坚杰维德"人员的供词："'坚杰维德'根据自己的意愿决定作战，不接受喀土穆的指令"，"没有人派我们来乍得"，"苏丹政府给我们配备了轻型武器，与达尔富尔的反政府武装作战，但我们利用了这个机会到乍得来偷牛，我们非常清楚这不是我们的任务。"从上述描述来看，达尔富尔地区确实存在着这样一支牧民武装，而且不是反政府的牧民武装，他们所做的非法勾当并没有政府的指令和支持。政府武装那些支持政府的牧民系情形所迫，是不得已而采取的办法。

其实，喀土穆政府把拥护政府的牧民武装起来也是不得已的事。当时政府面对的整个苏丹形势是：南方有叛军。自南方反政府武装"苏丹人民解放运动"（SPLM）1983年开始对抗喀土穆中央政府以来，势头越来越大，越战越强，成燎原之势，很难镇压下去。同时，西达尔富尔地区又添动乱，如同后院起火。由部落间的资源争夺演变成武装反抗。2003年2月，在达尔富尔地区出现了由非阿拉伯人组成的"苏丹解放运动"（SLM）和"正义与平等运动"（JEM）两支主要的反政府武装。"苏丹解放运动"和"正义与平等运动"指控政府长期以来压迫非阿拉伯人。其中势力较大的苏丹解放运动主要是由富尔人、马萨里特人以及扎加瓦人组成。而"正义与平等运动"的成员则是扎加瓦人中的库白族人（Kobe）。2002年2月25日，反政府武装成功袭击了马拉哈（Marrah）山上的政府军事要塞。3月25日，反政府武装又夺得苏丹与乍得边境的重镇蒂奈（Tinay），取得了大量补给及武器。尽管总统巴希尔（Omar al-Bashir）威胁将要派政府军进行围剿，然而这时候的政府军还没有做好充分的准备。当时政府军关注的主要对象是南方的反政府武装"苏丹人民解放运动"和"苏丹人民解放军"。经过20年的交战,双方都已元气大伤,形成对峙局面。另一方面,政府还要分出一支部队在东部对付威胁由中部通往苏丹港口输油管线的反政府势力。反政府武装利用越野汽车,在半沙漠地区采用游击战术,使政府军疲于奔命,难以形成对反政府武装的有效打击。政府军的优势是用空中力量打击反政府武装在山里的据点。

2003年4月25日上午5时30分,"苏丹解放运动"和"正义与平等运动"联合行动,派出30几部越野车去攻击位于法希尔(Al-Fashir)和尼亚拉(Nyala)的军事要地。在法希尔,反叛部队突然袭击机场、与正在睡梦中的守军,激战4个多小时,共摧毁4架轰炸机和攻击直升机,缴获了部分车辆和武器装备,另有包括1名空军少将在内的75名士兵、飞行员和技术人员被俘或被杀。反政府武装袭击政府军的驻地,摧毁轰炸机和直升飞机,这在苏丹历史上是史无前例的,即使与政府军作战达20年之久的南方叛军"苏丹人民解放军"也没有取得过如此战绩。5月,在库塔姆附近的一场战斗中,苏丹解放军打死500多名,俘虏300多名政府军;7月,对蒂奈进行了第二次攻击,打死250名政府军;8月1日,苏丹解放军在打死了驻守在库塔姆的政府守军后,占领了该城。①

法希尔附近的达尔富尔人民解放军

这两支反政府武装给政府军很大的打击,政府军在军事上节节失利。地方上有达尔富尔各部落的混战,在南方地区又与打了20几年的"苏丹人民解放军"

---

① See M. W. Daly: Darfur's Sorrow, Cambridge University Press 2007, pp. 281—282.

对峙,面对此种形势,喀土穆政府只能采取"全民皆兵"的办法,支持和武装那些传统上支持阿拉伯伊斯兰政府的部落。政府武装起来的牧民骑兵是"双刃剑",既可杀伤敌人,也会由于使用不当造成了自伤,在国际上造成很坏的影响。苏丹政府否认支持"坚杰维德"民兵,巴希尔总统甚至称他们是"盗贼和恶棍"。

四、政府治理失当及后果

1994年,喀土穆政府把达尔富尔地区一分为三,由北向南依次为北达尔富尔州、西达尔富尔州和南达尔富尔州。在北、西达尔富尔州的人口比例中,非洲黑人占多数,在南达尔富尔州的人口比例中,阿拉伯人占多数。从表面看,这种划分没有什么不当,但被黑人各族群认为是喀土穆中央政权的一种控制办法,因为缩小州级单位的面积和行政权力,使富尔人在每个州都成了少数民族。在三个州长行政机构中,重要的职务也都被阿拉伯人控制着,他们忠于中央政府。中央政府还采用了尼迈里时代的土地登记法,即废除传统的土地继承制,任何人不需要登记就可以占用土地,这使富尔人、马萨里特人传统的土地世袭权力受到了威胁。①

1995年3月,达尔马萨里特人居住的西达尔富尔州的州长颁布法令,将达尔地区划分成13个"酋长部落",5个交马萨里特人管辖,8个交给新来的阿拉伯部落管辖。新的地区行政部门要求"酋长部落"选出本部落的苏丹,传统的马萨里特人的达尔区突然间不存在了。随着这些政治上的改变,出现了愈演愈烈的阿拉伯人偷袭马萨里特人现象。1996年的6月,阿拉伯偷袭者在一天之内烧毁了7个村庄,当时政府没能采取措施禁止。到了当年的年末,所有达尔富尔地区的马萨里特人都动员起来。当时中央政府基本上放弃了中间调节人角色,默认阿拉伯人对马萨利特人的攻击。局势日益严重,大量难民逃到乍得。1997年喀土穆中央政权宣布在达尔富尔实行紧急状态。②

冲突在达尔富尔很多地方发生。更严重的是,在利比亚与乍得发生军事冲突期间,有大量廉价的自动武器流入了达尔富尔地区,这使许多部族武装起来,人们以武力争夺土地、水草。里扎嘎特人与比尔及得人(Birgid),里扎嘎特人与哈巴尼亚人,北部的里扎嘎特人与扎加瓦人,扎加瓦人与米玛人(Mima)和比尔及得人,美斗伯人(Meidob)与卡巴比稀人(Kababish)等,相互间都发生了

---

① See M. W. Daly: Darfur's Sorrow, Cambridge University Press 2007, p. 262.
② Ibid, p. 263.

冲突。①

大规模的冲突开始于2003年7月。冲突爆发以来的死亡人数有许多不同的估算版本。一些国家和组织认为2003—2004年的冲突中,大约有10万人在冲突中死亡。苏丹政府对外宣称只有9000人死亡。而美国国际开发署官员估计,约有32万人在冲突中丧生,约有150万人被迫离开家园,20万人逃到邻国乍得。对于冲突的性质,美国和一些人权组织均以"种族清洗"和"种族灭绝"来形容,但联合国目前并没有明确地给出定义,联合国派到苏丹了解情况的调查组称,尽管出现了某些战争罪行,但没有明确的证据表明发生了有明确意愿的种族灭绝行动。2004年以来,在联合国和其他国际组织强烈要求并威胁制裁的情况下,苏丹政府承诺解除"坚杰维德"的武装,但从目前的情况看,政府执行这一承诺的决心还很有限。而2006年5月签署的《达尔富尔和平协议》,达尔富尔各方执行的情况也并不乐观。地区内的冲突各方各有不同打算,有的拒绝在协议上签字,有的签字后也往往不执行,而外部力量的介入更使局势趋于复杂多变。

第二节 南方自治政府与中央联邦政府

2002年7月,苏丹中央政府与南方反叛武装开始和平谈判,中间打打停停。2005年1月9日,南北双方终于在肯尼亚首都内罗毕签署了具有划时代意义的《全面和平协议》(Comprehensive Peace Agreement, CPA),结束了长达22年的苏丹第二次内战。这场旷日持久的战争对苏丹造成灾难性的影响,不仅大量人员伤亡,国家经济建设严重受阻,还几乎导致国家的分裂。

一、旷日持久的南北内战

苏丹第一次内战始于1955年,止于1972年。1969年5月尼迈里军事政变上台后,对国家权力结构做了较大调整。在国际社会和同盟运动(Trade Union Movement)大力支持下,军政权于1972年2月在埃塞俄比亚首都亚的斯亚贝巴签署了《亚的斯亚贝巴和平协议》,终于结束了17年的第一次南北战争。协议允许南方作为一个区域建立各级政权,在一个统一的苏丹框架内享有区域自治权力。除此以外,同意来自南方的代表在中央政府任职,包括一个副总统的职位。该协议还规定,来自南方的资源的出口收入应该进入地区政府预算等。②

---

① See M. W. Daly: Darfur's Sorrow, Cambridge University Press 2007, p. 264.
② See "The SPLM Manifesto", 2008, p. 15.

和平的日子只持续了 10 年。由于苏丹南北方在民族、宗教、文化、政治等方面存在的差异与矛盾,加之北方中央政府对南方自治政府的政策不当,1983 年内战又起。直到 2005 年 1 月 9 日在内罗毕签署《全面和平协议》,第二次内战打了 22 年。

两次内战均发生在南方和北方之间。南方反政府组织"苏丹人民解放运动"要求多元政治体制,反对在全国推行统一的伊斯兰教和阿拉伯语。它追求的"新苏丹"应该承认所有文化,每种文化都应该受到尊重。① "苏丹人民解放运动"的观点曾受到包括北方在内的许多政治活动家的支持。"苏丹人民解放运动"也曾和 1969 年 5 月上台的尼迈里军政权有过协议,南方只要能享受地区自治、参与中央权力机构,便放弃分裂行为,愿意留在统一的苏丹内。但随着权力结构中伊斯兰至上主义者占统治地位,他们认为这种协议是向南方人投降,不能接受。②"苏丹人民解放运动"1983 年 5 月一经成立便宣布进入丛林,武装反抗北方中央伊斯兰政权,从而开始了长达 22 年的第二次内战。

内战造成苏丹经济和人员的巨大损失,南方人民的生活极度艰难。到 2005 年战争结束时,在南苏丹的首府朱巴没有一栋完整的房子,没有一条平坦的路,没有干净的水喝,没有稳定的电力供应。工业生产为零,这里土地肥沃,吃的粮食和蔬菜却绝大部分是从邻国乌干达进口的。人口形成断代,50 岁左右的人所剩无几,侥幸活下来的,大部分是当初在海外留学的精英或在海外避难的人,一家同时出几个"烈士"是很普遍的现象。笔者本人在朱巴工作调研期间结识了一些政府官员,其中一位政府官员是留学英国的博士,战争期间在英国读书,幸运地活下来了。据他介绍,他的两个弟弟在第二次南北内战中阵亡,留下妻子和孩子,目前这些孤儿寡母的生活非常艰难,她们的生活费用和孩子们的上学费用大部分由这位政府官员提供,这种状况在南苏丹很普遍。他还介绍说,战争期间南方的供给条件非常差,很多战场受伤者因得不到及时的医治而死亡。更有甚者,有人负重伤后得不到医治,没有负伤的人在绝望中向受重伤者开枪,将其打死,也许受伤者是自己的战友,也许是亲人,这样做的目的是让受伤者避免无望的遭罪,或被俘虏。有些资料上说,苏丹第二次内战造成至少 200 多万人死亡,但南苏丹人说至少 250 万人以上,加上间接死亡的,那就更多了。目前还没有一家权威机构能说清楚苏丹第二次内战中确切的人员死亡数字。战争虽然结束了,可是战争留给人们的创伤实在太重,心理创伤尤其重,要医治这些创伤,不知还需

---

① See "The SPLM Manifesto", 2008, p. 16.
② Ibid, pp. 16—17.

要多少年的时间。

二、苏丹全民联合政府的建立

1989年6月30日,巴希尔通过军事政变上台,成立"救国革命指挥委员会"。1993年10月,救国革命指挥委员会解散,巴希尔改任总统,并在随后的几次总统大选中连任至今。在苏丹政府的努力和东非政府间发展组织(Intergovernmental Authority On Development,通常被叫作"伊加特")的斡旋下,苏丹政府先后与南方八个反政府派别签署《和平协定》,并谋求与"苏丹人民解放运动"谈判,和平解决南方问题。2000年底,巴希尔在苏丹总统大选中获得连任后,提出了将生存权作为基本权利、确保宗教自由和在地区国家参与调解的框架内坚持和平解决南方问题的两点倡议。2001年6月,埃及和利比亚继1999年联合提出解决苏丹问题的倡议后,再次联合提出实现苏丹全面和解的九点建议,苏丹政府表示无条件接受。11月,美国总统苏丹和平特使丹福斯首次访问苏丹,提出美国关于实现苏丹和平的四点建议。2002年1月,在美国参与下,苏丹政府与反政府武装在瑞士达成双方在苏努巴山区实现有限停火的协议。7月,在"伊加特"以及联合国秘书长安南、美英等国的斡旋下,苏丹政府与"苏丹人民解放运动"在肯尼亚南部城市马查科斯就结束内战签署和平议定书,双方就通过和平谈判解决分歧,南方实行自治,尊重南方的宗教信仰,在2011年举行全民公决,由南方人决定是独立还是留在一个"新苏丹"的框架内,对维护国家统一等重要问题达成原则一致。2003年9月,苏丹第一副总统塔哈与"苏丹人民解放运动"领导人加朗在肯尼亚奈瓦沙举行内战以来双方首次最高级别特别谈判,并就过渡期内军事与安全安排问题签署框架协议。2003年10月至2004年1月,塔哈与加朗在奈瓦沙举行第二、第三轮特别谈判,就过渡期内资源分配问题达成一致,并签署《过渡期内资源分配协议》。2004年2—5月,塔哈与加朗在奈瓦沙举行第四轮特别谈判,双方就国家权力分配和南方南科尔多凡州努巴山区、西科尔多凡州阿布耶伊和青尼罗河州南部等三地区划分等最后分歧达成一致并签署了三项框架协议。12月,苏丹政府与"苏丹人民解放运动"在奈瓦沙签署了《永久性停火协议》和《全面和平协议的执行步骤协议》。2005年1月9日,苏丹政府与"苏丹人民解放运动"在内罗毕正式签署《全面和平协议》。至此,长达22年之久的苏丹内战宣告结束,组成联合政府,进入战后磨合和重建的和平时期。

南苏丹政府办公区域街道（摄影：姚辉，2008年8月）

《全面和平协议》规定，组成中央联合政府的执政党国大党在中央联合政府中占执行权力的52%，"苏丹人民解放运动"占28%，南方的其他党派占6%，北方党派占16%。新组成的政府通常被叫做苏丹全民联合政府(The Government Of National Unity，简称"GONU")，南方的自治政府被叫做南苏丹政府(The Government Of Southern Sudan，简称"GOSS")。在新组成的全民联合政府中，"苏丹人民解放运动"作为第二大党派，在议会中占据第二多席位，许多具有"苏丹人民解放运动"背景的人在全民联合政府中任职。

三、南北和平前景未卜

南北双方在经过了长达22年的内战，又经过2年多的谈判，终于在2005年1月9日签署了"全面和平协议"。7月10日，"苏丹人民解放运动"和苏丹人民解放军的领导人加朗(John Garang)宣誓就任苏丹第一副总统。然而令人震惊的是加朗却因所乘直升机坠毁而身亡，时间是2005年7月30日。他的死引发了不同版本的猜测，他的副手萨尔瓦·吉尔·马亚迪尔特(Salva Kiir Mayadrit)继任，成为苏丹第一副总统和南苏丹总统。马亚迪尔特和前领导人加朗一样，都来自苏丹第一大族丁卡(Dinka)族。

自《全面和平协议》签署以来，南北双方都做了很多工作，按《全面和平协议》的规定组成了联合政府。南方也按《全面和平协议》的规定成立了自治政府，并颁布了《临时宪法》，南方政府在《临时宪法》的框架内行使管理权。在《临时宪法》颁布一周年之际，南方自治政府在南方的首府朱巴举行了盛大的周年庆祝活动。自南方自治政府主政以来，开始了有限的建设。长达22年的战争使得南方城乡的发展等于零，满目疮痍，没有路，没有水，没有电，没有住房，没有通讯，人们缺吃少穿，缺医少药。

还没有铺上沥青的朱巴街道（摄影：姚辉，2008年8月）

笔者从2006年开始受金巢国际集团有限公司的派遣，赴南苏丹工作和调研，亲眼目睹了那里的惨状。南苏丹政府面对的现实局面非常凄惨，重建工作异常艰巨，用百废待兴也无法表达这里的实际情况。由于缺乏资金，建设的项目很少，建设速度非常缓慢。政府的财政更是常常出现捉襟见肘的情形，经常出现公务员几个月拿不到工资、军队几个月领不到军饷的情况，甚至发生过采用武力要饷事件。

与南苏丹的建设相比，落实2005年1月9日签署的《全面和平协议》显得更加艰巨，南北双方龃龉不断，经常出现剑拔弩张的情形。2007年10月，发生了一起影响南北方合作的大事件，导致边境形势陡然紧张，问题就出现在落实《全面和平协议》上。南方政府认为北方中央政府落实《全面和平协议》不积极，行动迟缓，没有诚意。主要表现在：支付给南方的石油收入不及时，重新在敏感地区布防军队，迟迟不进行南北方有争议地区的边界勘查划界，不从属于南方地区的产油区撤军，以及阿布耶伊（Abyei）问题，等等。

2007年10月4—11日,"苏丹人民解放运动"的政治局开会,讨论决定"苏丹人民解放运动"单方面宣布中止其党员在联合政府中的任职,以抗议北方执政党全国大会党(The National Congress Party, NCP)迟迟不落实2005年1月9日签署的《全面和平协议》。4月16日在南苏丹的首府朱巴,各界人士举行了大型集会,支持"苏丹人民解放运动"政治局的决定,抗议北方中央政府不落实《全面和平协议》,包括自治政府总统在内的党政军主要负责人和各政治团体均参加了集会。代表们在发言中一致谴责北方执政党不落实《全面和平协议》的行为,表示要做好战争准备,必要时不惜重新拿起武器,用鲜血保卫《全面和平协议》的贯彻落实。

在政府组织的集会上唱歌的苏丹南方女兵(摄影:姚辉)

"苏丹人民解放运动"的行动引起外界和有关国际组织的高度关注,当地的形势也随着紧张起来,大有南北决裂、战事重开、战争一触即发之势。生活在朱巴的人们切身感受到了这种紧张的气氛,人们开始囤集食品和油料,原本就很高的油料和食品价格进一步上扬,有些在朱巴的国际机构也开始撤离。

在国际各方的斡旋下,经过双方的努力,12月17日苏丹总统办公会议达成一致,同意"苏丹人民解放运动"派到苏丹联合政府工作的部长们在12月27日宣誓就职,其中有8位部长,6位副部长。一场南北方的政治风波有惊无险地结束了,战争没有像人们担心的那样再次发生。

然而在距南苏丹总统马亚迪尔特谈话支持苏丹武装部队不到一周,又出现了为落实《全面和平协议》而发生冲突的"阿布耶伊"事件。阿布耶伊城坐落在南北边界地区,大约有 11 万人,它的地位问题在《全面和平协议》中没有明确的规定,但根据构成《全面和平协议》的《阿布耶伊议定书》规定:(1)阿布耶伊是南北方的桥梁,把苏丹人民连接起来。(2)阿布耶伊地域范围界定为恩高克—丁卡族(Ngok Dinka)九个酋长部落,并在 1905 年转让给科尔多凡州(Kordafan)地区。(3)米撒尔亚族和其他游牧民族保留传统上在阿布耶伊放牧和通行的权利。①还拟成立一个阿布耶伊边界委员会,勘察界定在 1905 年转让给科尔多凡州、由九个恩高克—丁卡酋长部落所管辖和居住的区域。

据南苏丹地区合作部部长博纳巴·马瑞·本杰明介绍,在 1905 年英国统治时期,阿布耶伊行政上属于南方的巴尔嘎扎(Bahr Al Ghazal)地区,是恩高克—丁卡族九个酋长部落的传统居住地。当时的行政机关距离阿布耶伊很远,特别是到了雨季,每年都有五六个月时间道路无法通行,行政工作完全中断。鉴于实际情况,当时的部落酋长把行政中心移到就近的科尔多凡州,接受科尔多凡州的管辖,阿布耶伊于是成为南科尔多凡州一部分。在南北内战期间,绝大部分居住在该地的丁卡族支持"苏丹人民解放运动"和苏丹人民解放军,并争取回归南方管辖。

冲突发生后,阿布耶伊几乎变成了空城,大部分人逃到南方避难。冲突双方主要是阿拉伯人的米撒尔亚族和黑人恩高克—丁卡族。两个民族在该地区长期共同生存,可以追溯到很久以前。《阿布耶伊议定书》中对各方的石油收入分配也做了明确规定:中央政府 50%,南方政府 42%,巴尔嘎扎地区 2%,西科尔多凡州 2%,当地的恩高克—丁卡族 2%,当地的米撒尔亚人 2%。议定书对其他问题也做了较为详细的规定和说明,并作为《全面和平协议》的一部分被写进了《全面和平协议》。关键的问题是执行落实协议的质量不高。

事件发生后,联合国安理会 15 个成员国的大使们组成了一个代表团,赶赴南苏丹首府朱巴,在与南苏丹总统马亚迪尔特举行会谈并暂短停留后,又赶往喀土穆和苏丹联合政府总统巴希尔举行会谈。联合国代表团的访问透露出的信息是,联合国对阿布耶伊事件非常重视,看到了阿布耶伊危机的危险性,担忧阿布耶伊事件升级,进而威胁《全面和平协议》的贯彻落实。美国对此事的反应也很激烈,6 月 3

---

① See The Protocol Between The Government Of The Sudan And SPLM / SPLA On The Solution Of Abyei Conflict,2004.

日决定中止与苏丹政府的双边关系会谈,原因就是苏丹政府的执政党全国大会党没有执行写入《全面和平协议》中的《阿布耶伊议定书》。南北方政府保持了克制的态度,表示不要战争,会按协议的有关规定解决阿布耶伊问题。

南北双方在 6 月 8 日就解决阿布耶伊争议的路线图达成一致,双方同意最终将阿布耶伊问题交国际仲裁机构裁决。但居住在阿布耶伊地区的阿拉伯部落也有不同的声音。近期针对苏丹人民解放军的部署而成立的阿布耶伊解放阵线(Abyei Liberation Front)领导人穆哈穆德·奥马尔·安萨利声称,根据 1956 年的边界划分,阿布耶伊是北苏丹的一部分,是阿拉伯米撒尔亚部落和非洲恩高克—丁卡族之间共同生存的地区。到 2011 年,当南苏丹人以全民公决来决定统独问题时,阿布耶伊的人们也要公决是保持这种在北方独特的行政地位,还是回到南方、接受南方地区的管辖。

在落实《全面和平协议》的过程中也有令人鼓舞的消息。2008 年 6 月 4 日《喀土穆观察报》(《Kartoum Monitor》)刊登了一条新闻,该报道称,3 月苏丹的石油总收入达到了 4.65 亿美元,南方政府分到了 2.0047 亿美元,北方政府分到了 2.6497 亿美元。当地石油炼油厂的收入为 1.1559 亿美元。3 月份直接转给南方政府的石油款为 2.562 亿美元,外加以前拖欠的 1548 万美元。4 月的石油总收入为 5.0644 亿美元,中央政府分到 2.9448 亿美元,而南方政府分到 2.1196 亿美元。当地石油加工收入为 1631 万美元,其中南方政府分到 513 万美元,中央政府分到 1113 万美元。4 月转给南方政府的款项达到 2.624 亿美元。中央政府财政部副部长宣布,南方政府拿到了上述的全部款项。目前尚欠南方政府 2837 万美元,将会在很短的时间内支付给南方政府。南方政府财政部副部长说上述数字准确,并对共同委员会成员间的协作和透明表示赞赏。

目前,结束南北内战的《全面和平协议》已经签署三年了,中央政府在协议中承诺在南方修建道路、桥梁、医院、学校等,但并没有真正兑现。对于南方的黑人各族群来说,他们现在还在考虑是继续组成自治联合政府,还是寻求独立。苏丹将在 2009 年举行全国总统大选,2011 年将举行只有南方人参加的决定苏丹历史走向的全民公决,究竟是分是合,现在还难以预料。

四、南方自治政府的结构

2005 年内战结束,南方组成自治政府后,南方黑人武装派别"苏丹人民解放运动"在南方议会 170 个席位中占居了 70% 席位,成为南苏丹政府的执政党,并成立了由马亚迪尔特担任总统的南方自治政府。亲北方中央政府的全国大会党在议会席位中占 15%,其他 6 个政治党派占 15%。

2008年5月15—22日,"苏丹人民解放运动"在南苏丹的首都朱巴召开了自建党以来的第二次全国党代表。参加大会的正式代表有1576名,代表着分布在全苏丹的700万党员。大会选举马亚迪尔特继续担任党主席,增补了三位副主席,大会正式通过决议,将"苏丹人民解放运动"转变成一个政党。"苏丹人民解放运动"早期曾想建立一个社会主义国家,后来随着国际局势的变化,奋斗目标做了调整。现在它的目标是建立一个新苏丹。新苏丹的定义是:(1)促进反映苏丹多种族,多文化特点的苏丹认同;(2)在构成苏丹历史、当代多样性、政教分离的基础上建立一个统一的国家;(3)重新调整中央权力,对喀土穆和地区之间的关系重新定位,给地方更多的权力等方式进行分权;(4)鼓励民主管理、平等、自由、男女平等,经济和社会正义,尊重人权不再停留在口号上,而是实实在在的现实;(5)促进经济稳步持续发展。①

该次党代会也提出了一个十分重要的新口号:"不要战争,要新苏丹。"(No To War, Yes For New Sudan)但苏丹人民解放军的军队建设却没有停止。为了保证军队的稳定和正常的军费开支,南苏丹目前60%的收入用于军队建设。大量招募兵员,很大一部分兵员是以招募警察的名义招的,明眼人一看就知道这是和平时期的警察、战时的兵员。用南苏丹地区合作部长的话说:"要保证《全面和平协议》的贯彻落实和南苏丹的自治,必须要有强大的军队做后盾。"②

"苏丹人民解放运动"(SPLM)在第二次全国代会中提出的口号,"不要战争,要新苏丹。"

---

① See The Splm Manifesto, 2008, p. 25.
② 2008年6月21日南苏丹地区合作部长在南苏丹首府朱巴接受笔者采访时的讲话。

苏丹南方自治政府在培训新招募的警察（摄影：姚辉）

"苏丹人民解放运动"对外宣称，其奋斗目标是建立一个新苏丹，而不是寻求独立。笔者本人在南苏丹工作期间，广泛接触了各阶层人士，很多人士对新苏丹的提法表示接受，也憧憬着美好的新苏丹。在目前组成南苏丹政府的八个政党中，只有一个政党旗帜鲜明地提出独立愿望，表示要坚决和北方穆斯林政权分开，走南方独立的道路。和大部分政党的暧昧态度相反，绝大部分的南方基层民众则旗帜鲜明，态度坚决，要求独立，他们急切盼望2011年全民公决的日子早日到来。

第三节 达尔富尔与中央联邦政府

达尔富尔地区位于苏丹内陆西部，与首都喀土穆相距遥远。1820年，奥斯曼—土耳其帝国的埃及总督阿里入侵苏丹的北方地区，在喀土穆建立了统治中心，然后继续向四周扩张。当时达尔富尔地区依然由富尔王国控制着，尽管富尔王国已经衰落。1896年英国镇压了苏丹马赫迪起义后，苏丹成为英国—埃及共管属地，实际上已经成为英国的殖民地，从那时起，达尔富尔落入英国控制之下，但英国人给予达尔富尔王国素丹自治的权利。1916年，英国废黜了达尔富尔素丹，将达尔富尔地区并入英国苏丹殖民地。当时喀土穆是英国苏丹殖民地总督府所在地，那以后，达尔富尔开始成为喀土穆总督府管辖的一部分。苏丹独立后，达尔富尔被划分成南北两个州，成为苏丹这个新国家的一部分。

一、昔日的驯服臣民

总体上说,过去达尔富尔的阿拉伯人与黑人之间虽然有矛盾,但他们对于喀土穆中央政府是顺从的,尽管他们特别是黑人对于中央政府一直不满意。

达尔富尔的族群关系其实十分复杂,数十个族群基本分为黑人和阿拉伯人两部分。达尔富尔处在中东穆斯林世界和撒哈拉以南非洲的十字路口,南北贸易往来已有多个世纪,在长期交往过程中,他们的语言、文化、血脉和传统都逐渐相互影响。达尔富尔处在撒哈拉以南非洲黑人去麦加朝圣所经之地,阿拉伯穆斯林文化在这里逐渐渗透。对外部人来讲,所有达尔富尔人都是黑人,其实他们是有种族之分的,并且绝大部分人信奉伊斯兰教。

在1916年以前,也就是在达尔富尔作为最后的几块非洲领土纳入欧洲帝国管辖之前,达尔富尔是一个自治的伊斯兰教君主领地。当苏丹在1956年获得独立时,达尔富尔经历了英国人40年某种形式的管辖。英国和埃及吞并达尔富尔后,并没有花什么心思去开发这个地区,对它的资源也兴趣不大。当时英国在苏丹的大部分投资多限于首都附近地区,农业集中在南方,城镇建立在通往红海的殖民铁路线周围,达尔富尔一直被忽视。独立时,政权也落入少数统治精英集团手里,他们集中在喀土穆,控制着全国的政治和经济。达尔富尔只不过是选举时的票源地、廉价劳动力及战时兵力的来源地,成了苏丹最不发达的地区。

即便如此,达尔富尔各族群基本上还是对中央政府不怀二心,在南北苏丹内战期间,中央政府兵员很大一部分来自达尔富尔地区,不论是阿拉伯人还是非洲黑人,都积极响应中央政府的号召,踊跃参战,加入到讨伐南方异教徒的圣战中。后来拒绝在《阿布贾协议》上签字的"正义与平等运动"的领导人就是当年对南方开展圣战的积极倡导者和执行者。

二、今日反目成叛军

2003年冲突扩大后,黑人各族群(富尔人、扎加瓦人、马撒里特人)声称,喀土穆中央政府偏袒阿拉伯人,至少是不能有效地保护黑人族群。为了自卫,黑人族群组织了自己的武装"苏丹解放运动"(SLM)和"正义与平等运动"(JEM)。达尔富尔地区的阿拉伯族群和黑人族群相互指称对方是恐怖组织,要求中央政府按照对待恐怖分子的办法解除对方的武装。黑人各族群与中央政府的关系日益紧张,开始公开地反对中央政府。

实际上,达尔富尔与喀土穆中央政府的矛盾是多方面的。在政治方面,苏丹独立后,从首任总理伊斯梅尔·阿扎里(Ismail al-Azhari)到现任总统奥玛尔·

哈桑·艾哈迈德·巴希尔(Omar Hassan Ahmed al-Bashir)都是阿拉伯人。中央政府对达尔富尔地区早已出现的部族冲突听之任之，没有施行有效的管理，使冲突愈演愈烈。此外，在达尔富尔地方政府中，阿拉伯人也占主导地位。如1989—2003年，南达尔富尔州地方政府的61个职位中，41个由阿拉伯人占有，黑人认为他们不论在中央还是在地方都处于无权的地位。

经济方面，苏丹政府一直把投资项目和发展计划集中在青、白尼罗河流域内的中央地区，忽视了国家其他地方的发展。国家财政支出基本上都放在了杰济腊(Gezira)棉花开垦项目上，地区发展极不平衡，边远地区的经济、教育以及基础设施都远远落后于中央地区，处于被边缘化的境地。

文化方面，1983年统治苏丹的尼迈里政权在全国范围内开始推广《伊斯兰教教法》(即《法里亚法》,Sharia's laws)，把伊斯兰教定为国教，采取政教合一的政策，要求所有的居民都要遵从该法，对违反者实行严厉的惩罚。后来上台的巴希尔政府也继续推行大阿拉伯化政策，认为阿拉伯文化是文明的象征，在身份等级中，阿拉伯人也优于非洲黑人。所有这一切都使达尔富尔地区的黑人最终与中央政府离心离德，直到走上叛乱的道路。

三、三足鼎立

2003年初达尔富尔冲突爆发后，各路叛军烽起，最多时候有26股反叛武装，很多村庄也组建了武装。其中最主要的反叛部队有两支："苏丹解放运动"和"正义与平等运动"。2006年5月5日在尼日利亚首都阿布贾举行的苏丹和平会议上，"苏丹解放运动"的领导人明尼·明纳韦(Minni Minnaw)与苏丹政府签署了和平协议。而"正义与平等运动"的领导人哈利利·伊布拉希姆(Khalil Ibrahim)则拒绝在和平协议上签字。

2008年5月10日，"正义与平等运动"调集180辆军车，配备先进的轻重型武器，浩浩荡荡地开赴首都地区，反叛部队曾一度挺进到了距离苏丹军队总部和总统住处数公里之外，后被苏丹政府军队击退。该次事件与其说是袭击，不如说是示威，是大摇大摆炫耀武力的示威。据南苏丹法律事务部的副部长朱丽叶女士介绍，"正义与平等运动"之所以拒绝在和平协议上签字，并能在短短的时间内发展得如此壮大，根本原因是得到美国的支持。美国目前重点扶持达尔富尔的反政府武装，原因是这些反政府武装距离喀土穆比南方反政府武装距离喀土穆更近，对喀土穆有更大的威胁。

在政治主张方面，达尔富尔的反政府武装目前不寻求独立，只要求自治，自己选举领导人。"苏丹解放运动"指责苏丹政府不重视达尔富尔地区的建设与发展,在中央权力机构中排斥富尔部族的官员,他们要求在达尔富尔地区实现更广泛的自治,在新的基础上重建苏丹。而"正义与平等运动"主张政教分离,呼吁建立民主世俗的新苏丹。显然,达尔富尔问题的实质就是权力之争,是为了给达尔富尔地区的黑人谋得更多的地区领导权。

2008年6月17日,在喀土穆召开了达尔富尔和平会议。达尔富尔过渡机构主席的代表巴哈尔苏勒曼说:"除了停止'坚杰维德'对平民和反叛武装的攻击外,政府应该落实解决达尔富尔问题中的主要事项,如对当地人的补偿和对逃离家园人的安置,免除达尔富尔学生的学费。在解除黑人武装行动开始前,应该落实达尔富尔的重建,重建被烧毁村庄,释放在押人员。"

达尔富尔冲突爆发以来,苏丹中央政府已经面对来自内部和外部的多重压力,但目前似乎没有更好的解决问题的办法。从长远来看,喀土穆中央政府需要对统治国家方式与政策进行大规模的改革,纠正过去忽视达尔富尔地区发展与民生的做法,同时还需要有一个让各方都能接受的实现国内和平的方案和政策,否则地区冲突还将持续,国家分裂的危险就依然存在。

第四节 达尔富尔与南方自治政府

1956年苏丹独立建国后,达尔富尔地区与苏丹的南方地区一起共同成为这个国家的一部分。当时,达尔富尔两个州属于北方,与南方各州的关系并不密切。用今日南方政府地区合作部部长的话说,"南方自治政府和达尔富尔可以说是既没关系又有关系",因为两者的关系一直十分微妙。①

一、昔日对手

在南北内战时期,达尔富尔地区积极响应北方中央政府的号令,派出了大量兵员作为政府军队,到南方与南方叛军作战。来自达尔富尔的士兵被告知,南方的叛军不信伊斯兰教,相信异教,必须对他们进行圣战。② 在圣战的号召下,达尔富尔的黑人青年源源不断地加入到讨伐南方叛军的战斗行列里,因而南方各州对达尔富尔是心存敌意的。南北战争期间,中央政府驻扎在南方首府朱巴附近的军队就达10万之众,加上相当一部分兵力分布在南方的其他地区,估计总

---

① 2008年5—6月,笔者在南苏丹的首府朱巴对南苏丹政府地区合作部部长本杰明先生就南北关系、南苏丹政府及对外关系等问题进行了多次采访。

② See M. W. Daly: Darfur's Sorrow, Cambridge University Press 2007, p. 252.

兵力达 25 万人。南北内战多年,中央政府的作战人员有多少来自达尔富尔地区并没有确切的统计,但一般认为,在南方作战的中央部队大部分是从达尔富尔地区招募来的。

二、今日"盟友"

近年来,达尔富尔部落为了自保组建自卫部队,叛军多时达 20 多支,他们各自为政,占地为王。

总体上看,目前无论是南方的自治政府,还是南方最大的政治派别"苏丹人民解放运动",都不支持达尔富尔地区独立,他们认为达尔富尔地区应该留在苏丹联邦框架内。

2007 年 11 月初,达尔富尔地区主要的 12 支武装派别在南方自治政府主要派别"苏丹人民解放运动"的邀请下,集中到南方自治政府首府朱巴商讨停火和与政府谈判等事宜。有人说,当年战场上的仇敌,今日成了座上客,世事变迁,令人始料不及。笔者当时也在朱巴,目睹了这些来自达尔富尔的反叛武装的代表。他们黑皮肤,大胡子,身材魁梧,也算仪表

中国人在南苏丹首府朱巴开设的"北京朱巴宾馆"(摄影:姚辉)

堂堂。虽然朱巴十分贫穷落后,但对于这些来自达尔富尔的黑人武装头目来说,却如同来到了大都市。他们分别住进了南苏丹政府为他们安排的宾馆。有些人被安排住进了中国人在朱巴开的一家酒店"北京朱巴宾馆"(Beijing Juba Hotel)。这家宾馆由彩涂钢板、钢结构搭建而成,有宽敞的大厅和可容纳 200 多人的会议厅和演播厅,有 100 多间客房。这样的宾馆在苏丹南方已经算是五星级的豪华宾馆。这些人进到宾馆的大厅,如同刘姥姥进了大观园,东瞧西看,眼睛不够用了。据后来宾馆的服务人员介绍,有些人在会议结束后还赖着不想走,要多住些日子,说"这里太舒服了"。

在南苏丹政府的努力下,达尔富尔地区 12 个政治和军事派别组合成了 5 个,这样将便于形成统一力量与中央政府对话,也助于稳定达尔富尔地区的局势,减少纷争。南苏丹政府还利用这个机会,向达尔富尔的反叛武装代表做"统战工作",阐述"黑人不打黑人"的道理。据参加会议的南苏丹政府官员介绍,来自达尔富尔的各方派别纷纷表示,在任何情况下,绝不再来南方作战,也绝不再

将枪口对准南方的黑人兄弟。

就目前苏丹复杂的政治局势来看,南苏丹自治政府的这一努力具有两方面的意义。首先,达尔富尔的12支主要反叛部队代表全部来到朱巴,让外界对"苏丹人民解放运动"的能量刮目相看。在这之前,利比亚也曾召集达尔富尔的叛军去利比亚商讨停火和政府谈判事宜,但只去了5支反叛部队,另7支叛军拒绝去利比亚。这次达尔富尔的12支主要叛军应邀齐聚朱巴,彰显"苏丹人民解放运动"的地位举足轻重。其次,达尔富尔12支叛军部队来到朱巴,让南苏丹的"苏丹人民解放运动"有机会和达尔富尔的反叛部队近距离接触,达成某种默契,这让南苏丹政府今后在和北苏丹中央政府的相处中处于不可忽视的地位,让北方政府意识到重新对南方开战需要三思而后行。2011年南苏丹举行统独公投时,南苏丹也希望得到达尔富尔反叛组织的支持,这对未来的苏丹局势将产生何种影响,目前还是个未知数。

第四章 达尔富尔冲突的石油因素

长期以来,苏丹国民经济的基础一直是传统的农牧业,现代经济部门发展缓慢。仰赖于老天赏赐的传统农牧经济极易受气候变化或自然灾害的影响而大起大落。事实上,过去数十年,经济上的贫穷落后与政治上的动荡冲突总是互为因果、相互恶化,构成了苏丹这个国家长期难以逾越的双重发展障碍。

不过,从20世纪90年代后期起,苏丹政局趋于稳定,经济也逐渐有了好转。这一局面的出现,既与整个国家的政局趋于稳定和内外政策较为妥当有关,也与苏丹石油经济的兴起有直接联系。石油经济的快速发展给苏丹带来经济发展的巨大动力,2003年以后,苏丹成为非洲经济增长最显著、最有希望的国家之一,国家经济状况和国民生活都得到了很大改善。2003年4月,世界银行宣布苏丹是近年来非洲经济发展最为成功的国家之一。①

然而,在世界上许多地方出现的所谓"石油魔咒"这一幽灵,似乎也随之现身在苏丹国家政治生活与对外关系中。迅速增长的石油财富引发了苏丹国内各利益集团间关系的变化与新的矛盾。作为一个新兴石油出口国的崛起也使苏丹与外部世界的关系发生了变化,某些长期忽视苏丹的西方大国开始关注这个国家各方面的事务,一些西方非政府组织和媒体也开始对这个国家内部的人权、民生、宗教问题有了特别的兴趣。一时间,达尔富尔问题逐渐成为了一个国际热点与焦点问题。帮助苏丹政府快速发展起石油经济的中国,就是在此背景下无端地被某些国家和组织扯进了达尔富尔问题中的。

第一节 苏丹石油开采的曲折经历

实际上,西方国家早就想开采苏丹的石油,并且做了许多年的努力,只是成效不大。20世纪80、90年代,因为苏丹国内政局动荡且与西方国家关系较为紧

---

① 参见刘鸿武、姜恒昆编著:《列国志·苏丹》,社会科学文献出版社2008年版,第211页。

张,西方公司相继放弃了勘探努力,撤出了苏丹。不久后,在中国石油公司帮助下,苏丹的石油开采与石油经济却开始获得突破,并在十年左右的时间中逐渐形成了较为完整的石油经济体系,成为一个新兴的石油输出国。

一、西方公司的早期勘探

二战后,西方各国为了自身经济发展的需要,大举开发海外能源市场,世界各大石油公司纷纷进入非洲石油市场,北非是当时勘探的重点。

最早到苏丹勘探石油的是意大利阿吉普(AGIP)公司。[①] 这家成立于1926年的石油公司是意大利的石油巨子,其地位相当于意大利的国家石油总公司。1955年,阿吉普公司进入北非市场,购买了埃及国际石油的股份。1959年,阿吉普公司开始到苏丹红海沿岸勘探石油。随着意大利阿吉普公司的进入,欧美国家的石油公司也闻风而来。1959—1974年,在苏丹红海沿岸,先后有大西洋石油公司(Oceanic Oil Company)、法国的道达尔公司、美国的东德克萨斯公司(Texas Easter)、德克萨斯联合公司(Texas Union)和雪佛龙公司(Chevron)前来勘探。除这些公司外,苏丹当地公司第格纳石油公司(DIGNA)也参与了早期的开发。[②] 然而那15年几乎是一无所获。以最早进入的意大利阿吉普公司为例,1959—1967年,平均每年勘探一口深井,虽然似乎闻到了石油的味道,但最终还是都落了空。

二、美国雪佛龙公司的石油开发

1974年,美国雪佛龙公司终于取得了一点进展,在距离苏丹港东南方向120公里的地方,发现了天然气冷凝物,但仍没有石油的踪影。不过让雪佛龙公司感到欣慰的是,1976年,他们在红海上发现了苏阿金(Suakin)天然气田。到了这个时候,其他一无所获的欧洲公司不免有些灰心丧气,于是他们决定放弃红海沿岸的开采。

1975年,苏丹政府又授权雪佛龙公司在南方和西南部勘探石油,授权区域覆盖面积达51.6万平方公里。1976年,雪佛龙公司在穆格莱德(Mugland)和曼勒特(Melut)盆地开始了地质和地球物理探测。1977年,他们打了一口油井,可

[①] See Daniele Pozzi, Techno-Managerial Competences in Enrico Mattei's AGIP: A Prolonged Accumulation Process in an International Network, 1935-1965 Business and Economic History Vol. I, 2003, pp. 24-25.

[②] See Ismail S. H. Ziada,"Oil in Sudan-Facts and Impact on Sudanese Domestic and International Relations",p. 5.

是依然没有石油！

功夫不负有心人。1979年，雪佛龙公司终于从穆格莱德找到了石油，油田从穆格莱德盆地延伸到南部的尼罗河上游西部。这一次，他们探明的储量是800万桶。①

石油在那个年代对于苏丹人来说是个可有可无的东西，不会引起太多人的注意，远没有水来得实惠，反正日常生活里也用不着，实在需要的时候排队买点就是了，因此当1979年美国雪佛龙公司发现石油的消息传出时，当地报纸上登了一张卡通漫画，题目是《石油？好啊，可到哪里找桶装呢？》②

真正的重大发现是在随后几年的勘探中。1980—1982年，雪佛龙公司又发现了两处油田，两地的距离仅70公里，根据后来的测算，两地合计储量接近6亿吨，这就是后来逐渐为世人所熟知的黑格利格（Heglig）及团结（Unity）油田，也被称为1区、2区油田。雪佛龙公司还进一步推测，苏丹值得开采的油田分布在南部区域，以及东部靠近埃塞俄比亚的边境地区。

1980年，苏丹政府将南部11.8万平方公里的石油勘探权授予法国道达尔公司，但是和美国雪佛龙公司不同的是，道达尔公司并没有立即开始勘探。③

三、石油开发与南北内战

由于所发现油田都集中在内陆，远离海港，运输成为开发的首要问题。1983年，苏丹政府和美国雪佛龙公司、荷兰皇家壳牌公司及阿拉伯石油投资公司（Arab Petroleum Investments Corporation）共同组建了白尼罗河石油公司（White Nile Petroleum Company），其目的是共同斥资10亿美元修建一条从南向北的石油输送管道，通往位于红海岸边的苏丹港。④ 但是，这个宏伟计划很快就因苏丹南北战争爆发而搁浅，而战争又与石油的发现有直接联系。

1979年石油的发现虽然还没有引起苏丹普通老百姓的重视，但是南北方各派政治势力却在时刻关注着石油开发的进展。可以说，是黑格利格及团结油田

---

① See Tong Xiaoguang and Dr. Shi Buqing, China National Oil Changing Exploration Focus Paved Way for Success, GEO ExPro May 2006, p. 2.

② Verney, Perter, Raising the stakes: Oil and conflict in Sudan, SudanUpdate, 1999, p. 11. http://www.sudanupdate.org/REPORTS/Oil/06hdv.html/.

③ See IKV Pax Christi, Sudan's Oil Industry: Facts and Analysis, Report for the European Coalition on Oil in Sudan (ECOS) April 2008, p. 18.

④ See Ismail S. H. Ziada, Oil in Sudan, Facts and Impact on Sudanese Domestic and International Relations, p. 11.

的发现直接引发了苏丹的第二次南北战争。1972年苏丹第一次内战结束之前,无论是美国雪佛龙公司还是欧洲的石油公司,都无法在南方开始勘探。第一次内战结束使得南方的开采成为可能,但是南方石油的发现却又使得南北再次燃起战火。

石油发现引起的争端始于1980年。苏丹当时的总统尼迈里宣布对南北交界地带的省份重新划分和规划,在这个新规划中,新发现油田所在地周围将成立一个单独的团结州,划归北方管辖。这一规划立刻遭到南方各派首领的抵制。而政府出台的石油管道计划更是让南方无法接受。南方各派针锋相对提出一个新方案,建议石油输送管道不通北方,而是直接向东南经肯尼亚到印度洋港口,并且要求在南方修建炼油厂。苏丹政府拒绝了南方的要求,并在北方开始兴建炼油厂。围绕石油利益的冲突双方互不相让,于是南北战争于1983年3月爆发。

战争的爆发使得外国公司在苏丹的经营受到重创,南方的苏丹解放军为了阻止政府开发油田,将油田作为袭击对象,1984年绑架并杀害了雪佛龙公司的三名雇员,雪佛龙公司在油田遭到袭击后中止了在苏丹的经营。事实上,在遭袭后的18个小时内,他们便将所有雇员空运撤离。法国达道尔公司在1985年也终止了海上勘察作业,不过并没有放弃他们在苏丹的开采权。[①]

四、西方公司的撤离

从1992年开始,苏丹石油的开发权经过走马灯式的转换。

1992年,美国雪佛龙公司将其在苏丹的石油开采权出售给苏丹康考普(CONCORP)公司。苏丹政府又对原属雪佛龙公司的开采权重新做了更细的切割和划分,一部分转让给了卡塔尔海湾石油公司(Gulf Petroleum Company, GPC)和苏丹的一些小的石油公司。仅仅几个月后,苏丹康考普公司将其拥有的石油开采权转售给加拿大国家石油公司。1996年,卡塔尔海湾石油公司及苏丹的石油公司将雪佛龙公司的油井重新打开。

1994年,加拿大国家石油公司将其从苏丹康考普公司买来的勘探权转售给加拿大最大的独立石油公司阿拉基斯能源公司(Arakis Energy Corporation)。阿拉基斯能源公司接手后在当年就进驻苏丹。

阿拉基斯能源公司所取得的石油开采权是在班提乌城北部的地区,包括黑

---

① See Dow Jones, "Total disburses $1.5 mln annually to maintain Sudan's oil rights", Sudan Tribune, 4 November 2006, http://www.sudantribune.com/spip.php?article18489/.

格利格及团结油田,该公司进入苏丹后在这两个油田开始了投产,但是生产规模很小,每天的产量约为2000桶,全部在苏丹境内炼制和消费。直到1996年,苏丹虽然已知拥有大量原油储量,但每年消费的各类成品油200多万吨仍要全部依赖进口,为此每年耗资上亿美元,成为苏丹政府沉重的经济负担。

但是此时的阿拉基斯公司也面临着重重困难和危机,由于油田距离港口很远,即使开采了石油也难以运出,无法卖到期望的好价格,而建设石油管道则意味着巨额投资。苏丹的内战仍未结束,投资风险巨大,他们又无法筹措到所需要的资金,根本没有能力履行和苏丹政府签订的开发协议。因此阿拉基斯公司也在想法寻求退路。

第二节 苏丹石油经济的崛起

一、中国公司的到来

20世纪90年代,美国和苏丹的关系逐渐恶化,西方国家不愿也不敢得罪美国,加之在苏丹开采石油的回报似乎总是遥遥无期,于是众多西方公司先后撤出,全面停止了在苏丹的石油开发。苏丹自己的石油公司一无资金、二无技术、三无经验,虽然发现了石油,却无法开采出来。但是苏丹经济发展的前景却寄厚望于石油,在这样的背景下,苏丹政府想到了遥远的中国。

苏丹是最早承认中华人民共和国的非洲国家之一,中国与苏丹政府建交后,两国关系一直发展良好。早在20世纪60、70年代,中国就对苏丹的建设伸出援助之手,中国先后援建了友谊厅、哈萨黑萨纺织厂、罕图布大桥、迈—格公路、辛加大桥、恩图曼友谊医院等多个项目。1981年,中苏开始了工程劳务合作,中国公司在苏丹承建了多个港口、房建、水利、电力、道路和桥梁等工程项目。

1995年9月,苏丹总统巴希尔访华与江泽民总书记会见时提出,希望中国公司到苏丹勘探开发石油,帮助苏丹建立自己的石油工业。江泽民总书记当即表示支持,并指示参加会见的中国石油天然气总公司(简称"中石油")领导组织人员研究,参加会见的周永康当时是中国石油天然气总公司副总经理。[1]

苏丹的地质情况和中国的渤海盆地有很多相似之处,中石油又有勘探开发这类油田的技术和成功经验,加上两国政府的支持,中石油在对苏丹的投资环境

---

[1] 关于中国公司在苏丹石油开采的详细过程参见 http://cache.tianya.cn/publicforum/content/worldlook/1/169200.shtml/,2008-02-17.

和石油地质资料进行研究分析论证后很快就向中国外贸部提交了开发苏丹石油的方案。

中石油在苏丹首都喀土穆的总部（摄影：姚辉）

经中国外经贸部批准，中石油使用中国政府援外贴息贷款与苏丹政府签订了6区（穆格莱德）石油开发合同。让苏丹人和中石油公司感到振奋的是，中国公司打的第一口探井就获得高产油流，这充分证实苏丹具有良好的石油勘探前景。在随后的勘探中，中石油公司利用自己的技术和经验保持着100%的勘探成功率，探明了西方公司未能发现的巨大储量，而且开发成本也远比国际平均水平低。

与此同时，掌握着黑格利格、团结和基康油田（1、2、4区）石油开发权的加拿大阿拉基斯公司正因资金不足而考虑退出，中石油的到来无疑也为他们带来了福音。

1996年11月，由中石油牵头组建的国际石油投资集团"大尼罗河石油作业公司"（Greater Nile Petroleum Operating Company，GNPOC）成立。12月，阿拉基斯公司与大尼罗河石油作业公司组成财团，并将所持有股份和开采权转让给财团，在这个财团中，中石油的股份占40%，成为持股最多的公司，马来西亚国家石油公司获得30%股份,苏丹国家石油公司获得5%,剩下的25%起初继续由加拿大阿拉基斯公司持有,但这家公司由于面临资金压力,而且美国开始对苏丹制裁,加上对苏丹投资高风险的担忧,阿拉基斯又将所持股份于1998年10月转让给了加拿大另一家石油公司塔里斯曼(Talisman)公司,塔里斯曼公司因此加盟大尼罗河石油作业公司。

1997年3月,大尼罗河石油作业公司的国际参股者共同与苏丹能源矿业部签订了1、2、4区石油合同,以及从油田至苏丹港原油长途运输管道建设协议,从此掀开了苏丹石油开发史上最重要的一页。

大尼罗河石油作业公司完全按照国际石油公司的模式进行管理,公司总裁由中方担任,按国际标准组织作业,中石油派出100多名骨干和其他参股公司的员工并肩作战,是大尼罗河石油作业公司中的主力军团,很快发挥了巨大作用。

大尼罗河石油作业公司负责的1、2、4区块是目前苏丹最重要的主产油田区,位于苏丹中南部穆格莱德盆地,面积将近5万平方公里。项目启动后不久,就先后发现了8个油田和38个油藏,新增石油地质储量16.67亿桶,可采储量4.49亿桶,使该区累计可采储量达到8.51亿桶。这些储量发现超过了原美国雪弗龙、加拿大公司在该区近20年的勘探成果,把原先探明的地质储量和开采储量提高了数十倍。油田产区建设一期工程仅用了一年时间,就建成了1000万吨大型油田及相关配套设施。到2001年,产油量高达1130万吨,相当于中国第三大油田辽河油田的年产量。①

黑格利格油田至苏丹港管道工程的进展速度也是世界罕见。该工程从1998年5月开始施工,仅用了1年时间,就于1999年7月完成所有管线的施工。这是一条贯穿苏丹南北的原油输送生命线,长达1506公里。从南部的黑格利格油田开始,途经首都喀土穆,最终抵达红海岸边的苏丹港。这条管道的最初设计能力为每天15万吨,此后又扩展为日输油量30万吨,计划还将扩充为每天45万吨。②

1999年8月30日是苏丹石油史上一个非常重要的日子,也是整个苏丹历史上的一个重要日子。这一天,一艘满载60万吨原油的油轮从苏丹港口启程远航,进入国际市场销售,苏丹也从这一天起从原油进口国一跃成为石油输出国。

苏丹政府为此进行了大型庆祝活动,数万群众走上街头,激动地跳起了舞

---

① 参见中国驻苏丹使馆经商处:中国在苏丹的石油项目,2002年5月8日。
② See Ismail S. H. Ziada, Oil in Sudan, Facts and Impact on Sudanese Domestic and International Relations, p. 11.

蹈。苏丹总统巴希尔在竣工欢庆仪式上对中石油给予了高度评价,他说:"是中国人民帮助我们开发了石油,中石油集团在项目建设中的贡献最大,感谢中石油集团,感谢中国政府,感谢中国人民,感谢中国对苏丹的支持和援助。"①苏丹政府还将1999年命名为石油年。

苏丹政府对中国的感谢是发自肺腑的,在苏丹最困难的时候,是中国政府再一次伸出援助之手。正是由于中石油的介入,苏丹才从一个贫油国一举成为非洲的重要产油国,并进一步跃升为石油输出国。中石油设计并负责经营的喀土穆炼油厂无论是配套设施还是技术都是一流水准,年产量可达500万吨。中石油在石油勘探、开采、管道输送、炼油、石油副产品加工、成品油储存销售领域都进行了全面的投资建设,在不到10年的时间里帮助苏丹建立起了一个完整的石油工业体系。正如中石油苏丹地区协调领导小组组长祝俊峰所指出的那样:"在中石油和苏丹人民的共同努力下,苏丹已经建成上下游一体化、技术先进、规模配套的现代石油工业体系。"②

中石油除了为苏丹石油业发展提供资金技术外,还在工程建设过程中创造了大量就业机会,并向当地工人提供培训、传授技术。中石油还对当地的基础设施建设以及公共事业发展提供了赞助或无偿捐助,受益人数超过150万人,捐助的项目包括学校、医院、道路桥梁等。

二、苏丹境内的其他石油公司

正如苏丹总统巴希尔评价的那样,中国公司毫无疑问是苏丹石油业崛起的最大功臣,不过在苏丹投资石油业的并非只有中国。仅以大尼罗河石油作业公司为例,除了中国石油天然气总公司外,还有马来西亚国家石油公司((Petronas—Petroliam Nasional Bhd)和印度石油天然气公司(Oil and Natural Gas Corporation Ltd,ONGC)。此外,苏丹国家石油公司也拥有5%的股份。

中石油除在大尼罗河石油作业公司拥有40%股份外,还拥有波洛纳斯(Perronas)公司41%的股权,该公司负责3区和7区的石油开采,另外还在15区有35%的权益。

马来西亚国家石油公司除了拥有大尼罗河石油作业公司30%的股权外,也在波洛纳斯公司有40%的股权,并且和瑞典公司及印度公司共同开发5A、5B

---

① 中国驻苏丹使馆经商处:中国在苏丹的石油项目,2002年5月8日。http://www.krcsd.com/sudan/news/5.htm/.

② 程刚:《中国帮苏丹建起完整石油体系,为苏带来和平转机》,载《环球时报》2008年3月12日。

区块。截至 2008 年,马来西亚石油公司的投资额约为 15 亿美元,并且计划在苏丹港建设一个日产量为 10 万桶的炼油厂。

印度石油天然气公司介入时间比较晚,是从加拿大塔利斯曼公司手中购买的股权。当初塔里斯曼公司从加拿大阿拉基斯石油公司购买大尼罗河石油作业公司 25% 股权时花了 2.77 亿美元,大尼罗河石油项目启动后,该公司得到了丰厚的效益,但是与此同时也遭受了来自加拿大人权组织和宗教组织的压力,因此最后决定退出,很快便有十多家公司竞相购买,最终在 2003 年 3 月被印度石油天然气公司以 7.7 亿美元的价格收购。同年 8 月,印度石油天然气公司又从奥地利公司收购了 5A、5B 两个石油区块。这些外国公司和苏丹国家石油公司在石油项目中相互参股,共同协作,一起为苏丹石油业的发展奠定了基础。

目前在苏丹拥有石油开采权的外国公司还有瑞典的朗迪石油公司(Lundi),该公司从 2008 年 3 月开始在苏丹石油 5B 区块进行第二口勘探井的钻井作业。

此外,在苏丹勘探开采石油的还有法国的道达尔、瑞士的克莱维登石油公司(Cliveden)、卡塔尔的海湾石油公司、科威特的海外石油公司(Overseas)、尼日利亚的非洲能源公司(Africa Energy)和快递石油公司(Express Petroleum)、也门的阿森威克斯公司(Ansan Wikfs)、南非石油公司(Petro SA)、巴基斯坦的扎佛(Zafir)公司、印度尼西亚的普塔米纳(Pertamina)公司等。日本、荷兰、法国等国的一些石油贸易公司在苏丹也非常活跃。耐人寻味的是,2005 年苏丹《全面和平协议》签订后不久,美国的马拉松石油公司(Marathon)就开始在南部勘探开发,还需要指出的是,这家总部在休斯顿的石油公司正是支持小布什第二次竞选总统的重要财团,这家公司是通过在法国道达尔公司参股的方式拿到石油勘探权的,因此并没有受到美国的制裁。

根据 2008 年 4 月欧盟下属的苏丹石油研究小组出具的报告,苏丹国内的石油公司主要有六家:苏丹石油公司(Sudan Petroleum Company,SUDAPET)、丁德国际石油公司(Dindir Petroleum International)、黑格利格石油服务及投资公司(Higleig Petroleum Services and Investment Company Ltd)、高科技石油集团(Hi－Tech Petroleum Group)、喀土穆国家石油公司(Khartoum State)、尼罗河石油公司(Nilepet)。①

---

① See ONGC Videsh. Operations: Sudan (5A & 5B). http://www.ongcvidesh.com/op_sudan2.asp/.

三、苏丹石油经济现状

苏丹是非洲面积最大的国家,很多地方仍然没有开发,根据地质构造情况,发现石油的潜力巨大。根据 2007 年 6 月英国 BP 发布的世界能源数字统计,苏丹已探明的石油储量为 64 亿桶,地质石油储量为 116 亿桶,目前的勘查和开采主要集中在苏丹的中南地区,而在苏丹东部,西北部和南部仍然蕴藏着大量的潜在石油资源。① 2005 年 4 月,西部的达尔富尔又发现了大油田。

从表 4—1 中可以看出苏丹目前探明储量在非洲和世界所占的地位。

表 4—1 非洲国家石油储量对比

（单位：亿桶）

国　家	1986 年	1996 年	2006 年	在世界上所占比例(%)
阿尔及利亚	88	108	123	1.0
安哥拉	14	37	90	0.7
乍得	-	-	9	0.1
刚果(布)	7	16	19	0.2
埃及	45	38	37	0.3
赤道几内亚	-	6	18	0.1
加蓬	6	28	21	0.2
利比亚	228	295	415	3.4
尼日利亚	161	208	362	3.0
苏丹	3	3	64	0.5
突尼斯	18	3	7	0.1
其他非洲国家	10	7	6	0.1
非洲总计	580	749	1172	9.7

资料来源：BP Statistical Review of World Energy June 2007.

从表 4—1 可以看出,1996 年至 2006 年这十年间,苏丹探明的石油储量上升了 20 多倍,苏丹成为非洲石油储量丰富的国家,继利比亚、尼日利亚、阿尔及利亚、安哥拉之后排名第五,而在 10 年前仅名列第十。

虽然苏丹目前的石油储量在世界范围内所占比例仍然很小,仅为 0.5%,即使和非洲石油大国利比亚及尼日利亚相比规模也不大,但是苏丹的石油开发还在初期阶段,勘探潜力不可限量。2008 年 4 月苏丹石油信息中心(Sudanese Oil Update)推测,苏丹未来将会是世界最大的石油储藏地区之一。

---

① Johcommunicatie and IKV Pax Christi SUDAN'S OIL INDUSTRY Facts and Analysis, April 2008.

表4—2 非洲国家石油产量数据

(单位：千吨/日)

产油国	1997	1998	1999	2000	2001	2002	2003	2004	2005	2006	同比增长率(%)	占世界产量比重(%)
阿尔及利亚	1421	1461	1515	1578	1562	1680	1852	1946	2016	2005	-0.3	2.2
安哥拉	741	731	745	746	742	905	862	976	1233	1409	14.3	1.8
喀麦隆	124	105	95	88	81	75	68	62	58	63	8.6	0.1
乍得	-	-	-	-	-	-	24	168	173	153	-11.7	0.2
刚果(布)	225	264	266	254	234	231	215	216	246	262	6.7	0.3
埃及	873	857	827	781	758	751	749	721	696	678	-2.5	0.8
赤道几内亚	62	85	96	117	173	215	247	343	356	358	0.6	0.5
加蓬	364	337	340	327	301	295	240	235	234	232	-0.9	0.3
利比亚	1491	1480	1425	1475	1427	1375	1485	1624	1751	1835	4.2	2.2
尼日利亚	2316	2167	2066	2155	2274	2103	2263	2502	2580	2460	-4.9	3.0
苏丹	9	12	63	174	211	233	255	325	355	397	11.8	0.5
突尼斯	81	83	84	78	71	75	68	72	74	69	-7.1	0.1
其他	64	63	56	56	53	63	71	75	72	68	-5.3	0.1
总计	7770	7644	7579	7830	7887	8001	8398	9263	9846	9990	1.4	12.1

资料来源：BP《世界石油统计数据》，2007年。

从表4—2可以看出，按照2006年的产量，非洲的产油大国前五名是：尼日利亚、阿尔及利亚、利比亚、安哥拉、埃及，苏丹名列第六。和非洲大部分石油国家产量增长率相比，苏丹的产量在过去十年中保持了强劲的增长势头，从1997年的日产量9000吨提高到2006年的日产量39.7万吨，10年间增长了44倍。另外，如果和1995年的日产量(2000吨)相比，则增长了将近200倍(中石油1996年进入苏丹)。① 2006年和2005年同比增长率为11.8%，在非洲国家中仅次于安哥拉(14.3%)，和非洲石油日产量同比增长率则高出10倍。与乍得、尼日利亚、突尼斯及其他非洲国家产量减少相对比，苏丹的产量逐年递增。

由于苏丹石油业发展迅速，2001年8月，世界石油输出国组织(简称"欧佩克")授予苏丹观察国地位，允许苏丹以观察员身份参加欧佩克会议。另据美国能源信息署(Energy Information Administration, EIA)2008年6月发布的石油产量统计数据，2006年苏丹的石油产量为41.4亿桶，2007年已经达到46.6亿桶，进入非洲产油大国前五名。② 2007年8月，苏丹能源部进一步计划在2008

---

① See Wikipedia, Economy of Sudan, http://en.wikipedia.org/wiki/Sudan#Economy/.

② See Top World Oil Producers, Exporters, Consumers, and Importers, 2006 Top World Oil Producers, Exporters, Consumers, and Importers, 2006 http://www.eia.doe.gov/emeu/cabs/Sudan/Full.html/.

年将日产量提高到 100 万桶。2008 年 6 月,苏丹能源部预计 2009 年的日产量为 60 万吨。①

第三节 石油开发对苏丹经济的贡献

一、苏丹经济基本情况

苏丹和大多数非洲国家一样,传统上是以农业为主。全国 80% 以上的人口从事农业,但是农业的发展水平仍然很低,大多数农民依然靠天吃饭,加上连年内战和自然灾害等,很多人生活在贫困线以下。农业作物主要有高粱、小麦、谷子、水稻和玉米,经济作物有棉花、芝麻、花生等。苏丹的畜牧业在经济中也占有重要地位,主要牲畜有骆驼、羊、牛、马、驴等,其中,骆驼和羊出口到埃及和沙特阿拉伯。农牧产品中,长绒棉产量在非洲仅次于埃及,位居第二。

苏丹的林业资源非常丰富,全国森林覆盖面达 23.3%,占有面积超过 6000 万公顷,盛产各种木材。苏丹的阿拉伯树胶产量占世界第一,在苏丹成为石油出口国之前,一直是最主要的出口创汇产品。阿拉伯树胶还是生产可乐的重要原料。

苏丹的矿产资源也很丰富,已经探明的有铁、铬、铜、铀、锰、金、银、铅、锌、铝、石棉、石膏、石英等。

苏丹的工业基础水平较低,工业结构以轻工业、加工业和修理业为主,包括纺织、制糖、面粉加工、卷烟及一些简单日用品的生产,如肥皂、制革、制鞋、罐头等。

总体来说,苏丹的传统经济基础薄弱,工业落后,地域发展不平衡,很多因素制约了苏丹经济的发展。②

二、石油开发对苏丹经济的贡献

完整石油工业体系的建立,使苏丹国内紧缺的汽油和柴油等得到了充足供应,苏丹从贫油国变为石油出口国,也为苏丹带来了大量的外汇。近几年,石油已经取代阿拉伯树胶的地位,成为苏丹最主要的外汇来源,占外汇收入的

---

① 根据中国驻苏丹使馆经商处网站资料整理。
② 苏丹国民经济的详细情况参见刘鸿武、姜恒昆编著:《列国志·苏丹》,社会科学文献出版社 2008 年版,第 247 页。

70%—95%。从1999年开始,苏丹已无需每年耗费上亿美元进口石油产品,2002年4月《苏丹论坛》(Sudan Forum)公布的统计数字显示,2001年石油产品出口收入达到12.16亿美元,占当年出口总额的78%。根据苏丹中央银行2008年3月公布的2007年进出口情况统计,2007年苏丹进出口总额为176.55亿美元,比2006年增长28.59%。其中进口87.75亿美元,同比增长8.7%;出口88.79亿美元,同比增长57%。贸易顺差为1.04亿美元,一改数十年贸易逆差的局面。①

在出口这一项中,石油和石油制品达到了84.19亿美元,接近出口总额的95%,其中原油达80.52亿元,占出口总额91%。这充分说明,石油已经为苏丹的经济带来巨大效益,并使苏丹经济发生了结构性的变化。

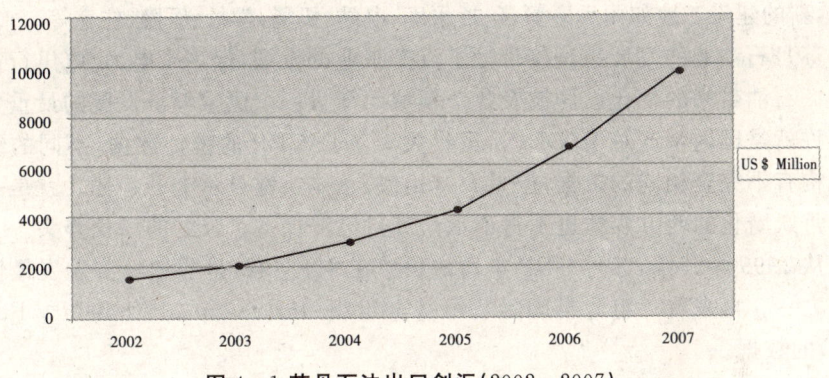

图4—1 苏丹石油出口创汇(2002—2007)

资料来源:苏丹银行(Bank of Sudan)报告,2008年2月15日。

石油收入直接促进了国家经济的发展和人民生活水平的提高。根据苏丹媒体2001年的估计,苏丹石油项目全部投产后,每年可增加苏丹国内生产总值约17亿美元,人均68美元,增长30%以上。石油已经成为国民经济的支柱产业,在国民经济中的比重高达七成以上。根据美国能源信息署的统计,石油在苏丹能源消费比例中占93%。

随着石油工业体系的形成,和石油相关的化工塑料行业也随之发展起来。由苏丹总统巴希尔和中国领导人吴邦国共同商讨确定的喀土穆石油化工厂就是一个明显的例子,该化工厂于2001年2月底开工建设,2002年1月一次投产试车成功。这是苏丹历史上第一个石油化工项目。投资2370万美元,年产1.5万

---

① 根据中国驻苏丹使馆经商处相关数据整理。

吨四种规格的聚丙烯原料,不仅满足了苏丹本国的需求,还可向邻国出口,结束了苏丹进口聚丙烯的历史。[①]

喀土穆石油化工厂利用比邻的喀土穆炼油厂含有丙烯的石油液化气作原料,加工生产聚丙烯树脂。聚丙烯树脂用于生产编织袋、包装薄膜、塑料绳、化纤地毯和塑料家用制品等。喀土穆石油化工厂的投产,不仅使苏丹石油工业体系趋于完整,也带动了苏丹化工塑料工业的发展。与之相配套的基础工业也出现了新的起色。以苏丹首都喀土穆为例,过去停电是经常的现象,喀土穆炼油厂建成投产后,炼油厂附近又建起了电厂,过去一片黑暗的现象也随之大为改善。

苏丹石油工业的发展也吸引了大批前来投资考察的外国人,酒店业也随之繁荣起来,在原有的一家五星酒店基础上,又增加了多家高级酒店,同时带动了餐饮和服务业的发展。与此相应的还有道路、城市建设,从首都喀土穆到南方政治中心朱巴,新的建设工地如雨后春笋,包括水库、电站、机场、学校、医院、住宅等。

苏丹石油业的发展也直接带动了汽车工业的发展,促进了电力、电讯行业的发展。石油带来的变化已经波及各个领域。衡量一个国家经济发展的最重要指标也许就是国内生产总值(GDP),虽然关于苏丹 GDP 的统计数据,不同的组织和机构有不完全相同的数据,但是大体相似,总体上都显示上升趋势。就是一贯将苏丹妖魔化的西方媒体也不得不承认苏丹经济保持了强劲的增长势头。

从 1999 年开始,苏丹 GDP 年均增长率在 8% 左右,是非洲经济发展最快的国家之一。再来看一组源自国际货币基金组织(International Monetary Fund, IMF)的数据。

表 4—3 苏丹经济指数(2001—2007)

(%)

年　度	2001	2002	2003	2004	2005	2006	2007
GDP 总额(亿美元)	133.69	151.09	176.80	216.10	276.99	374.42	467.08
GDP 实际增长率	6.1	6.4	5.6	5.2	8.0	11.8	11.2
人均 GDP(美元)	374	425	486	579	790	970	1182
通货膨胀率	4.9	8.3	7.7	8.4	8.5	7.2	8.0

资源来源:根据国际货币基金组织 2007 年报告数据整理。

从表 4—3 的数据可以看出,近些年来,苏丹经济稳步增长,人均收入得到大幅提高,通货膨胀率得到控制。

以上成就和中国的经济发展相比较来说,也许算不了什么,但是要知道在此

[①] 中国驻苏丹使馆经商处:中国在苏丹的石油项目,http://www.krcsd.com/sudan/news/5.htm/,2002 年 5 月 8 日。

之前,苏丹的经济增长率曾经为负数,以至于一些国际组织在统计20世纪90年代的北非经济增长率时将苏丹排除在外。正是石油工业发展后,苏丹的经济才发生了质的变化,经济增长率高居北非六国之首,并成为世界上经济增长幅度最快的国家之一。根据苏丹银行2008年6月发布的一份报告,苏丹在2007年经济总量已经位居撒哈拉以南国家第三位,2007年该地区经济总量排名前十位的国家分别为:南非、尼日利亚、苏丹、埃塞俄比亚、安哥拉、加纳、肯尼亚、喀麦隆、坦桑尼亚和科特迪瓦。1996年苏丹人均GDP仅为38美元。2007年达到1182美元,仅仅11年就翻了31倍。1991—1996年的通货膨胀率平均为110%,而近几年则控制在8%左右。[①]

苏丹石油经济腾飞也吸引了外国投资者,外国直接投资也大幅增长。根据2008年6月南非《非洲商务及科技评论》(Africa Business and Technology Review)杂志的一份报告,2000年苏丹的外国直接投资为1.28亿美元,2005年上升为78亿。在撒哈拉以南非洲国家中名列前茅,仅次于南非、尼日利亚和安哥拉。2007年,安哥拉、苏丹和埃塞俄比亚的经济增长率分别达到23.1%、11.2%和10.5%,成为对外国投资者最具吸引力的三个国家。

第四节 石油开发对苏丹内政外交的影响

一、石油开发促成了南北和平

如前所述,由于南方对北方政府控制石油资源不满,从而爆发了第二次南北战争。1999年以后,石油的开发极大地促进了苏丹国家经济的发展,为中央财政带来可观收入。中国驻苏丹使馆经商处引述苏丹媒体公布的数据显示,2001—2004年,苏丹的财政收入分别约为14.18亿美元(3663.04亿第纳尔)、18.02亿美元(4749亿第纳尔)、27.395亿美元(7150.29亿第纳尔)、39.85亿美元(10290.31亿第纳尔),财政收入分别增长10%、30%、51%、44%。[②]

石油收收的巨大增长使苏丹国力强盛,中央政府用于营造国内和平的手段与资源也随之增加,这为苏丹南北和平带来了希望。在巨大的石油利益面前,苏丹南方反对派组织决定选择与政府谈判、共享资源的政策。苏丹总统巴希尔曾

---

① See http://www.mafhoum.com/press2/77E11.htm/.
② 根据中国驻苏丹使馆经商处相关数据整理。

说过:"没有中石油,就没有苏丹的石油业,更谈不上南北的和平了。"①

过去,为争夺石油资源,南北双方也曾势不两立。但是长期的战争于南北都不利,南北双方都认识到,在战争环境下争夺尚没有生产的石油是没有意义的。苏丹南部石油资源丰富,北方则掌握着输油管线和产业链条,南北双方只有结束战争,共同携手,才能真正得到利益。石油工业的兴起使南北双方回到谈判桌前,但就在双方准备签署协议之前,达尔富尔出现的危机又将和平推迟了几年。此后,在经过双方的相互妥协让步后,2005年1月,苏丹政府与南方反政府组织"苏丹人民解放运动"签署了《全面和平协议》,结束了长达22年的战争,这个和平协议的最重要基础就是苏丹南北平等分享石油资源。和平协议的主要条款包括,南北双方平等分享石油收入,油田所在地区有权享有利益,石油开发应征求当地社区意见,油田所在区域有权参与开发,开发造成破坏时所在社区有权要求赔偿,等等。为了落实和平协议,2005年10月,苏丹又专门成立了石油委员会,对于土地界限的划分,也有了原则性的一致意见。

根据《全面和平协议》,南北方都从石油开发中获得巨大利益。根据苏丹媒体2008年6月的报道,苏丹4月原油出口总收入达5.0644亿美元,南方政府获得其中的2.1196亿美元,北方中央政府获得2.9448亿美元;4月向产油各州支付的分成总额计1755万美元,其中团结州858万美元,上尼罗河州594万美元,南科尔多凡州303万美元。

不过和平的取得并非一帆风顺,也隐藏着分裂隐患。如果《全面和平协议》中的石油利益分配得不到贯彻落实,冲突仍然会继续。石油导致了战争,石油又带来了和平,而如果把握不好,石油也还有可能葬送和平。回顾苏丹石油发展的历程,就知道和平来之不易:1983年,石油的发现导致了内战的爆发,南方叛军在周边国家的支持下和政府军展开了多年的战争。1991年,苏丹邻国埃塞俄比亚门格斯图(Mengistu)政权被推翻,这使南方的苏丹解放军失去了重要的支持。苏丹解放军因此一蹶不振了好几年,苏丹政府正是借此相对和平的机会开始启动石油勘探项目,也正是这一相对和平的投资环境吸引了外资进驻苏丹,苏丹的石油工业发展起来后,北方政府的收入大为增加,也使中央政府的政治和军事实力更加壮大。只是这种力量对比的改善并没有立即结束内战,南方反政府武装在美国和受到美国纵容的苏丹周边邻国的支持下继续与苏丹政府对抗并伺机袭击油田。直到美国转变策略、支持和平,形势才发生了改观。

那么,为什么美国过去要支持南方反政府武装,现在又转而扮演和平调停者

---

① "Chinese CNPC in Sudan", in China Daily, Friday, 3 November 2006.

的角色呢？这个问题还需要从头说起，让我们先来简单回顾一下美国与苏丹的关系。

二、苏丹石油和美国的关系

美国和苏丹南北方的关系经历了几个阶段的变化，其背后的原因虽然看上去复杂，但是始终有一条主线，这条主线就是石油。

我们可以把美国对苏丹石油的关注分为如下几个时期。

1. 1972—1985

1972年尼迈里当政时，和苏联的关系冷淡下来，转而将美国作为战略盟友，美国由于需要在北非地区对抗苏联的影响而将苏丹视为战略同盟，随着美国公司在苏丹发现石油并对苏丹石油进行开发，美国与苏丹政府的关系也日益密切起来。

1976年美国雪佛龙公司在红海发现苏阿金气田，接着又在1979年发现石油。之后，美国逐渐加大了对苏丹政府的经济和军事援助。截至1980年上半年，苏丹已经成为美国在世界上第六大军事受援国。[1]

正是依仗美国政府的支持，苏丹尼迈里政权才不顾先前与南方签订的《亚的斯亚贝巴和平协定》，单方面重新划分省份，将油田划归北方区域。美国公司也与苏丹政府秘密签订了在南方开发油田的协议，协议规定将与中央政府分享石油利益，但是协议中并没有考虑南方当地的利益。美国公司在石油利益上倾向北方的立场，使南方政府与美国公司的关系日渐恶化。这时候，苏丹已经探明了比较可观的石油资源，美国政府出于保护自己石油利益的考虑，继续扶持尼迈里。但是，也许他们对形势的估计不足，南方势力并没有屈服，南北战争随之爆发。

让美国人没有想到的是，内战迫使美国公司不得不中断他们多年的苦心经营，内战又进一步导致了亲美势力的尼迈里政权垮台。

1985年4月，达哈布将军发动军事政变推翻尼迈里政权。1986年苏丹大选后，马哈迪出任总统。新的政权采取了中性的对外政策，不再倾向美国，因此美国逐渐减少了对苏丹的经济和军事援助，1989年1月更是彻底终止了对苏丹的援助。

虽然美国和苏丹政府的关系逐渐冷淡，但是美国雪佛龙公司仍然希望继续在苏丹开采石油。当时南北双方开始致力于和平谈判，雪佛龙公司也还不愿彻底放弃在苏丹的经营，并与苏丹新政府达成协议，两年内恢复在苏丹的石油开采或者将石油开采权出售给其他公司。但是这种希望随着新的军事政变和美国与

---

[1] See Connell, Dan. "Sudan Recasting U.S. Policy," Foreign Policy in Focus, Vol. 5, No. 40., August 2001. http://www.fpif.org/briefs/vol5/v5n40sudan.htm/.

苏丹交恶而破灭。

2. 1989—2000

1989年后,巴希尔成为苏丹新的领导人,苏丹新政府反对美国的霸权主义,在外交上与利比亚、伊朗和中国加深友好关系,坚决反对美国侵略伊拉克。美国与苏丹政府交恶,并在国际上打压、孤立苏丹,在苏丹内部则制造分裂和动乱。1993年,美国将苏丹列为支持恐怖活动的国家。1997年,美国对苏丹实行全面经济制裁,其中包括禁止美国公民和企业同苏丹政府控制的30家国营或合资公司进行往来等,违反者将会受到监禁或50万美元的罚款处置。1998年,更是以打击恐怖为由,轰炸了喀土穆的一家制药厂,苏丹和美国的关系降至冰点。①

这里还有一个耐人寻味的插曲。美国石油大亨弗莱德姆·俄纳特(Friedhelm Eronat)在一个小岛上注册了公司。几年前,他与苏丹谈好了一项石油钻井合同,但是由于他的美国居民身份,他不敢冒险签署合同。为了防止坐牢或被罚款,他在签合同之前匆忙改换国籍,将自己变成了英国人。对于美国的经济制裁,他一语道破天机:"打击恐怖主义,不过是转移注意力的借口,不过是为了掩盖对石油利益的兴趣。"②

苏丹北方政府既然不愿接受美国的摆布,美国就会设法拉拢南方势力,按照美国的逻辑,美国得不到的利益,其他人也休想染指。虽然南方反政府武装曾经是苏联的盟友,但是现在双方都有一个共同敌人,那就是苏丹政府;双方都一个共同目标,那就是阻止苏丹中央政府开发石油,乃至推翻苏丹政权。根据《华盛顿邮报》1996年11月10日的报道,1996年,美国为了推翻苏丹政权,向苏丹周边国家埃塞俄比亚、厄立特里亚和乌干达提供了将近2000万美元的军火。③

美国还在苏丹的邻国乍得培训苏丹反政府武装苏丹人民解放军,该军事组织的领导人约翰·加朗就曾在美国佐治亚州的特别训练营接受训练。美国政府一方面通过其在北非的盟友向南方叛军提供经济和军事援助,另一方面在国际上进一步孤立和打击苏丹。在这样的背景下,西方石油公司不愿也不敢再到苏丹开发石油。美国雪佛龙公司正是在这样的背景下转让了石油开采权,为此还

---

① See Johcommunicatie and IKV Pax Christi, "SUDAN'S OIL INDUSTRY", in Facts and Analysis, April 2008, p. 11.

② David Morse, "Blood, Ink and Oil: the Case of Darfur", in Common Dreams. org July 21, 2005. http://www.commondreams.org/views05/0721—26.htm/.

③ See Enver Masud, "Sudan, Oil and the Darfur Crisis— Are the U. S. and Britain seeking a pretext for intervention in order to take advantage of Sudan's oil?" at http://www.twf.org/News/Y2004/0807—Darfur.html/.

获得美国政府5.5亿美元的免税赔偿。加拿大阿拉基斯和塔利斯曼公司最终从苏丹先后撤出,也与美国政府所施加的压力不无关系。

以加拿大塔利斯曼公司为例,该公司在进军苏丹后很快便遭受资金压力,其实这和美国的制裁有着直接关联。1997年美国对苏丹的经济制裁,不仅限制了所有的美国公司,也包括所有在美国资本市场融资的公司。而塔利斯曼正是这样的公司,它无法从美国市场筹资,又面临深受美国价值观念影响的加拿大国内人权机构的指责,因而最终很不情愿地撤离了苏丹。

失去西方支持的苏丹转而向亚洲寻求支持和帮助,最终在中国和马来西亚公司的帮助下建立起了自己的石油工业体系。不仅如此,在苏丹还发现了远比西方预测高出许多倍的石油储藏。美国也许到此时才意识到,它对苏丹的敌对政策是搬起石头砸了自己的脚。

3. 2000—2006

在这一阶段,美国对苏丹的政策发生了变化,变化的契机是此前美国战略与国际问题研究中心(Center for Strategic and International Studies,CSIS)提交了一份苏丹研究报告[1],这个报告对近些年来苏丹石油业发展引起的变化做了深入研究,指出美国政府应根据形势调整对苏丹的政策,并建议布什政府帮助南北双方结束战争,以和平方式换取南北分治。代表着美国石油集团利益的布什政府采纳了这一建议,并派参议员约翰·丹佛斯(John Danforth)作为总统和平特使到苏丹。

美国政策立场的转变还是基于苏丹石油利益的考虑,亚洲的大石油公司在苏丹所取得的重大发现以及丰厚的利益回报早已使美国公司坐卧不安,他们不断向美国政府施加压力,要求改变对苏丹的政策以便他们也能早日进入苏丹。中国以及其他亚洲国家与苏丹在石油项目合作上的成功使美国感到自己在苏丹的石油利益受到了巨大威胁。

美国政府当然还有更长远的战略考虑,就是阻止中国及其他国家继续开发石油储藏量丰富的南部。美国采取的策略是尽快谋求苏丹南方独立,将南部苏丹纳入自己的控制范围,进而攫取南方丰富的石油资源。

对于美国来说,苏丹南北《全面和平协议》中最重要的条款是:2011年南方有权通过全民大选要求自治。美国为了这个和平协议下足了功夫。设置这样一个非常短而紧的时间表,后面有着不可告人的目的:一方面为石油资源丰富的南

---

[1] CSIS. US Policy to End Sudan war, Report of the CSIS Task Force on U.S. — Sudan Policy. CSIS, Washington DC, 2001.

部苏丹独立打下基础,而一旦苏丹中央政府不能按照这个时间表同意南北分裂,则又为美国再次制裁或者控制苏丹做好铺垫。

苏丹石油为何对美国有这么大的吸引力呢?

表4—4 2006年世界石油生产、消费及进出口国排名

(单位:百万桶/日)

生产国	产量	出口国	净出口量	消费国	总消费量	进口国	净进口量
沙特阿拉伯	10.72	沙特阿拉伯	8.65	美 国	20.59	美 国	12.22
俄罗斯	9.67	俄罗斯	6.57	中 国	7.27	日 本	5.10
美 国	8.37	挪 威	2.54	日 本	5.22	中 国	3.44
伊 朗	4.12	伊 朗	2.52	俄罗斯	3.10	德 国	2.48
墨西哥	3.71	阿联酋	2.52	德 国	2.63	韩 国	2.15
中 国	3.84	委内瑞拉	2.20	印 度	2.53	法 国	1.89
加拿大	3.23	科威特	2.15	加拿大	2.22	印 度	1.69
阿联酋	2.94	尼日利亚	2.15	巴 西	2.12	意大利	1.56

资料来源:美国能源信息署2007年报告。

从表4—4中可以看到,2006年美国的日产量为837万吨,居世界第三位,但美国是第一消费大国,石油的日消费量每天高达2059万吨,大量缺口需要依靠进口。美国2006年的净进口量为1222万吨/日,高居世界第一大石油净进口国之位,比位居第二的日本高出一倍以上。

传统上,石油丰富的中东地区是美国的主要进口来源,占美国进口量的60%以上,这也是美国频频干涉中东事务的原因。由于美国过去过分依赖中东石油,在经历了两次石油危机后,已经把增加非洲石油输入作为一个重要的目标。早在2002年,美国负责非洲事务的助理国务卿就说过:"非洲的石油已经成为我们的国家战略利益。"[①]根据非洲联盟的统计数据,近些年来,美国从非洲进口石油的比例不断增加,从1997年的16%增加到近年的30%左右。[②] 2006年,非洲33%的石油出口至美国,36%的石油被运到了欧洲,而中国只购买了8.7%。[③] 中国政府非洲事务特别代表刘贵今2008年在海外的演讲中就多次以这一事实批驳西方所说的中国掠夺非洲石油论。

在非洲,美国的主要石油来源国是尼日利亚、安哥拉和阿尔及利亚。但是,美国已经在非洲几内亚湾地区的近十个国家进行石油勘探和开采活动,美国的

---

① African Oil Policy Initiative Group:African Oil:A Priory for U. S National Security and African Development,at http://www.israeleconomy.org/strategic/africawhitepaper.pdf/.

② Ibid.

③ See African Review of Business and Technology , May 2007.

资本正在不断地涌进非洲石油国家。可以说,在非洲几乎所有存在石油的地方都有美国的影子。

从苏丹撤离的美国石油巨头雪佛龙公司就在苏丹邻国乍得有大量投资,乍得境内还有另一家美国石油巨头埃克森—美孚公司。这些企业在 2003 年斥资 37 亿美元建设了一条从乍得通往喀麦隆海岸的输油管道,目的地就是美国在大西洋沿海的炼油厂。[①] 这是美国为控制从苏丹到整个几内亚湾的中部非洲石油资源计划的一部分,石油丰富的苏丹也是美国垄断非洲石油计划中关键的一环,与乍得接壤的达尔富尔地区自然成了战略要地。

虽然 20 世纪 70 年代美国公司在苏丹开发石油收获不是很大,美国政府制裁苏丹又阻止了他们进一步的开发,但是近些年来,美国公司在非洲其他国家成功开发石油的经验,使他们对苏丹丰富的石油资源虎视眈眈,多年石油勘探积累的技术和经验使他们信心十足,时刻准备着卷土重来。这正是美国积极插手苏丹内政的背景。

美国追求的目标是控制苏丹这个拥有丰富石油资源的国家,并且以此为据点辐射它对非洲其他产油国家的影响力和控制力,垄断非洲石油才是美国的终极目的。

三、苏丹的石油合作伙伴国

按照表 4—4 的统计,2006 年中国虽然是世界第六大石油生产国,但却是第二大消费国。从 1993 年起,中国就成为石油净进口国。中国经济的快速发展使得国内对石油的需求日益俱增。近几年,原油进口增幅尤为明显。根据发表在中国新华网上的一份调查报告,2004 年,中国原油进口量达 1.227 亿吨,同比增长 34.8%,首次突破 1 亿吨大关。2006 年,中国原油进口量达 1.452 亿吨,比上一年增长 14.2%。2007 年,中国共进口原油 1.63 亿吨,较上年增长 12.4%。与此同时,中国还在大幅缩减原油的出口量。[②]

中东地区是中国海外石油的传统进口源,但是由于中东局势动荡,中国近年来采取了石油进口多元化的战略。中国的海外石油开发起步较晚,所以只能将重点放在新兴的石油国家。根据中国新华网站发布的统计数据,苏丹向中国出

---

① See Banks And Exxon, Celebrate Chad—Cameroon Pipeline; International Organizations Support Chadian Day Of Mourning, 2003. http://www.edf.org/pressrelease.cfm?contentID=3129/.

② 2007 年中国石油进口量近 2 亿吨,进口步伐呈现超速度增长趋势。http://news.xinhuanet.com/fortune/ 2008—03/02/content_7699408.htm/.

口的石油占到中国石油进口的7%,2007年中国从苏丹进口原油1030.6万吨,同比增长112.6%。① 中国在帮助苏丹建立石油工业的同时,也得到了中国建设所需要的石油资源,而中国对苏丹的援助,则从各个经济领域促进了苏丹的发展。正如中国驻苏丹大使李文成在接受《环球时报》记者采访时所说:"中国不否认在苏丹有利益,但我们是用对苏丹人民的贡献和善意换来的利益。"② 中国政府非洲事务特别代表刘贵今多次在海外答记者问时指出,中国和苏丹的石油合作是透明的、互利的、不排他的。中国同苏丹进行石油合作有利于苏丹发展经济,有利于从根本上解决苏丹的战乱和动乱问题。事实上,也正是石油为苏丹带来了和平。

中国在与苏丹的石油项目合作成功后,还与苏丹拓展了其他多领域的合作,加深了两国之间的贸易往来。中国驻苏丹使馆引述苏丹银行提供的资料显示,近年来中苏贸易额逐年增长,进出口总额由1997年的1.3亿美元增加到2000年的8.9亿美元,2002年中苏贸易额达到14.77亿美元,2005年猛增到了39.08亿美元。③ 另据中国海关2007年底的统计,2007年1—10月双边贸易额为46.8亿美元。继南非和安哥拉之后,苏丹已成为中国在非洲的第三大贸易伙伴。④ 中国对苏丹的经济援助幅度也在增大。根据新华社2007年2月的报道,中国国家主席胡锦涛主席2007年2月访问苏丹时表示,中国决定在已经给予苏丹8000万元人民币援助的基础上,再次向达尔富尔地区提供价值4000万元人民币的物资援助。⑤

中石油为造福当地人民所修建的道路、医院和学校也受到苏丹政府和人民的好评。中国在苏丹首都喀土穆北部建造的发电站为苏丹全国提供了1/3的用电,中国建造的另一个麦洛维水电站还将继续大幅提高苏丹的发电量,不仅解决了苏丹的电力短缺问题,还将为方圆100公里内的土地提供水利灌溉。

从苏丹同样获得较大石油利益的还有马来西亚和印度,这两个国家在苏丹也有很大的投资,两国的石油公司在苏丹所占的份额加起来和中国差不多。马来西

---

① 2007年中国石油进口量近2亿吨,进口步伐呈现超速度增长趋势。http://news.xinhuanet.com/fortune/ 2008-03/02/content_7699408.htm/.

② 程刚:《中国帮苏丹建起完整石油体系,为苏带来和平转机》,载《环球时报》2008年3月12日。

③ 2002年苏丹对外贸易数据解析参见中国驻苏丹使馆经商处:http://sd.mofcom.gov.cn/aarticle/ztdy/200308/20030800117226.html&2501400=622961436/.2003-08-13.

④ 参见《双边贸易造福中非人民》,载Ebay咨询中心 http://info.ebay.cn/envirment/article_8649.html/.

⑤ 参见《中方再向苏丹达尔富尔提供援助》,载 http://www.sina.com.cn/,中国新闻网2007年2月2日。

亚石油公司目前在苏丹所有的石油开发项目中都占有股份,并且正在计划兴建炼油厂。据苏丹媒体报道,印度从苏丹平均每天进口 7.5 万桶石油。另外,印度还计划和苏丹共同投资 5 亿美元建造电厂,并向苏丹提供 4190 万美元的贷款。[①] 马来西亚和印度也都与苏丹保持了良好的关系,和中国一样奉行不干涉苏丹内政的原则。但是西方的媒体在谈到苏丹能源开发时,最多提到的还是中国。

另外一个从苏丹获得石油利益的亚洲大国,在西方媒体的报道中更是几乎没有被提起。根据 2007 年 4 月美国能源信息署公布的统计,2006 年从苏丹进口石油最多的国家,并不是中国,而是世界第三大石油净进口国日本!日本从苏丹进口的日平均量为 12.4 万桶,而中国则是 9.9 万桶。[②] 虽然其他统计机构有不同的数据,但是在近几年从苏丹进口石油的国家中,日本毫无疑问名列前茅。还有一个很少被提及的事实是,日本也是苏丹重要的经济援助国。亚洲的另外一个国家韩国也从苏丹大量进口石油。

苏丹石油业的崛起更进一步促进了苏丹和海湾阿拉伯国家的关系,埃及、沙特阿拉伯、阿拉伯联合酋长国、科威特都是苏丹重要的贸易伙伴,这些国家的石油公司也在苏丹从事开发勘探。据 2006 年 3 月苏丹银行的统计,来自阿拉伯国家的外国直接投资在 2005 年达到了 23 亿美元,比 2001 年提高了 15 倍。[③]

苏丹石油开发的速度和石油产量的提高也引起了石油输出国组织的注意,继 2001 年赋予苏丹观察员身份后,欧佩克又在 2006 年 5 月正式邀请苏丹加入该组织,希望苏丹成为会员国。苏丹正在考虑是否加入。这也说明,苏丹石油产量提高后,苏丹在国际上的地位也在相应提升,外交空间也在不断扩大。

欧盟虽然受美国的影响,仍然对苏丹处于观望之中,但是欧盟成员国如英国、法国也是苏丹的重要贸易伙伴。非洲其他国家也对苏丹石油的开发表现出强烈兴趣,非洲经济强国南非和尼日利亚在苏丹都有石油项目投资。

第五节　达尔富尔冲突的石油因素

一、达尔富尔冲突中的石油问题

20 世纪 70 年代,达尔富尔问题最初出现的时期,正处于美国政府与苏丹政

---

① See "President al-Bashir lauds Sudan—India ties", in Sudan Tribune, February 12, 2006.
② See Energy Information Administration, Sudan Analysis Brief, April 2007.
③ See Oil Export, Bank of Sudan. March 2006.

府关系最好的时期。美国雪佛龙公司还在达尔富尔地区打过几口探井,不过没有发现石油,雪佛龙公司因此将重点集中在苏丹中部和南部。长期以来,无论是美国还是西方其他大国,对于达尔富尔的问题从来没有表现出任何兴趣,为什么近年来,达尔富尔突然变成了世界关注的焦点、西方媒体报道的热点呢?

这个问题的最简单回答是:因为那时候达尔富尔还没有发现石油,就是整个苏丹也没有发现值得开采的油田,而最近几年,苏丹一跃成为非洲储量和产量都不容忽视的石油大国,就连达尔富尔这种过去无人问津的地方也探明了储量可观的石油。

2003年2月爆发的达尔富尔武装冲突以及造成的巨大悲剧后来已经是世人皆知,但是在此之前的一项协议却极少有人提及。2002年,在巨大的石油利益面前,南北双方终于举行了停火谈判,双方就分享出售石油所得利益达成了妥协。7月20日,苏丹政府和南方武装组织"苏丹人民解放运动"签署了一项突破性的框架协议——《马查科斯协议》(Machakos Protocol)。该协议的基本内容是南北政治及经济权益共享,这里的"经济权益"主要就是石油利益,该协议还准予南方在6年过渡期后举行全民公决,决定其是否独立。而美国正是促成这项协议的背后推手,美国最关心的条款则是独立条款。至于南方独立的目的,正如前文所述,石油是其中最重要的因素。

位于苏丹西部的达尔富尔势力对此协议表示出了强烈的不满,他们一向认为,在以前的冲突中苏丹政府偏袒来自北方的阿拉伯移民,从来没有考虑过他们的利益,现在有了巨额的石油收入,他们依然被边缘化。既然南方武装组织解放军靠武装和打内战能与政府谈判并取得丰厚的收获,他们同样也应该能获得石油利益。

达尔富尔地区最重要的反政府组织以"苏丹解放运动"和"正义与平等运动"两大组织为首。他们在2003年2月开始攻击当地的政府机构,随后和政府军以及依靠政府支持的阿拉伯民兵军事武装"坚杰维德"多次发生武装冲突,持续的战乱殃及无数平民,造成数万人死亡,上百万人失去家园。

2003年的达尔富尔危机并没有立即引起国际社会的关注,正如此前十年卢望达大屠杀发生时美国媒体关注的焦点是辛普森涉嫌杀妻案一样,西方世界对非洲这个角落经常发生的冲突并没有表现出太大的兴趣。

但这并不意味着美国和达尔富尔问题没有关系。美国在和苏丹政府交恶后,就在苏丹周边国家投入旨在推翻苏丹政权的大量军事援助,苏丹南部以及达尔富尔地区的反政府组织都得到过美国的直接或间接援助,美国的石油巨头也在苏丹邻国有大量投资,就在2003年,美国两大石油巨头在靠近达尔富尔的乍得中部投资 37 亿美元修建输油管道。

给达尔富尔人乃至所有苏丹人带来灾难的冲突虽然当时还不是媒体报道的焦点,但是对于谋求石油利益的美国来说,他们等待已久或者苦心创造出的机会出现在了面前,美国的战略研究智囊也向美国政府建议抓住良机。

美国和西方大国的媒体立刻开始了舆论造势,他们渲染的种族屠杀论使达尔富尔问题升温,为美国和西方大国的干预找到了合理的借口,并进一步加剧了达尔富尔的危机。在达尔富尔的邻国,美国通过其盟友乍得向反政府武装提供先进武器和培训,苏丹政府则是"坚杰维德"民兵武装的后台,同为黑人兄弟的两派同室操戈,展开了不共戴天的战斗,无数平民百姓遭殃,却被西方主流媒体描述为"阿拉伯人对基督教黑人的种族屠杀"。

2004 年 6 月美国国务卿鲍威尔访问了苏丹,并在回国后不久向联合国提交了要求制裁苏丹的草案,后来形成的联合国 1564 号决议正是以这个草案为基础的。

达尔富尔危机也从这时起一跃成为世界媒体关注的焦点。

2005 年 4 月,苏丹能源部通过苏丹媒体宣布在达尔富尔南部发现油田,储量丰富。路透社随后转发了这条消息。① 苏丹能源部甚至过分乐观地预计当年 8 月就有望日产石油 50 万桶,这意味着苏丹的石油产量将提高一倍!令人意外的是,这个消息并没有立即引起西方媒体的大渲染和公众的普遍关注,达尔富尔的冲突也没有立刻缓和,苏丹能源部也不能立即开发生产。苏丹一家石油公司的经理万分郁闷,他不明白这些达尔富尔人怎么有了石油还不停战,按照和平协议,他们是可以分成的呀。可是也许他不明白的是,这并不是西方大国现在就想要看到的结果,达尔富尔发现石油的消息是被西方主流媒体有意地疏忽了。

而事实上,所有对石油能源有兴趣的大国从此都铆足了劲,一方面加大了干预达尔富尔危机的力度,另一方面,大国的石油公司也纷纷云集苏丹首都,开始了石油合同之争。

达尔富尔发现石油本来是好事,然而发现石油给达尔富尔和苏丹带来的并非全是福音,正如当年苏丹中南部发现石油给苏丹带来战争一样,达尔富尔发现石油的消息无疑又加剧了达尔富尔的危机。正如苏丹南方面临着和北方分裂的危险一样,达尔富尔也许面临着同样的命运。

---

① See Reuters, Sudan Says "Abundant" Oil found in war torn Darfur, at http://sudantribune.com/ article_impr.php3? id_article=9147/, April 19th 2005.

二、关于达尔富尔问题与石油关系的争论

达尔富尔冲突日趋严重以来,国际社会关于石油与这场冲突关系问题的争论就很激烈。

1. 石油已经成为达尔富尔问题的核心

2004年7月29日,美国智慧基金会(Wisdom Fund)创始人兼首席执行官艾温·马苏德(Enver Masud)针对美英欲出兵苏丹达尔富尔地区在《美国之音》发表了一篇题为《苏丹、石油及达尔富尔》的文章,副标题是:"英美是否在寻找一个干涉的借口以便乘机染指苏丹石油?"这篇文章开头就指出,"达尔富尔的局势是悲剧,但并非种族屠杀——石油才可能是军事干预的真正目的。"[①]作者接着指出,达尔富尔问题从20世纪70年代就开始了,当时是争夺土地和水源的冲突,将冲突双方定位为阿拉伯人和非洲人是有意混淆事实,因为冲突双方都是非洲人,达尔富尔讲阿拉伯语的居民也是非洲黑人,是穆斯林,正如非阿拉伯语系的达尔富尔人。作者认为达尔富尔问题的背景复杂,他引述英国科瑞斯特国际公司(Crescent)的网络媒体报道说,达尔富尔反政府武装从境外获得大量武器,以至于联合国的观察员都认为,反政府武装拥有的武器比苏丹政府军的更加先进。作者还进一步分析说,达尔富尔问题由来已久,苏丹政府本来已经向联合国秘书长承诺在三个月内解决达尔富尔问题,但是英美却施加压力要求将时间表缩短到30天。将相当于法国土地面积的达尔富尔在这么短时间平定下来,是苏丹政府无法完成的任务。很明显,这是为美、英出兵干涉寻找借口,目的就是争夺苏丹的石油资源。与此同时,西方大国对乌干达的危机却保持沉默。那里也有数万人被杀,160万人流离失所,数千儿童被迫当兵或沦为性奴隶。

2004年8月9日,澳大利亚学者诺姆·尼克森(Norm Dixon)在《环球研究》上发表了一篇题为《石油利益让西方为达尔富尔流泪》的文章。在这篇文章中,尼克森指出:"18个月以前开始的达尔富尔危机早已造成5万多人死亡,150万人无家可归。""为什么美国政府和欧盟现在才开始对西苏丹人的命运表现关心并要求喀土穆伊斯兰军政权控制'坚杰维德'行动呢?答案是:正如这些富国经常威胁干涉中东和非洲的原因一样,他们想进入苏丹的新兴石油出口业投资

[①] Enver Masud, "Sudan, Oil and the Darfur Crisis— Are the U. S. and Britain seeking a pretext for intervention in order to take advantage of Sudan's oil?" Voice of America, 27 July 2007, as accessed from http://www.twf.org/News/Y2004/0807- Darfur.html/, "Darfur, Sudan: African Muslim vs. African Muslim", The Wisdom Fund, April 3, 2004.

并榨取利润。"尼克森指出,尽管联合国决议中并没有提到军事干预,但是美国、英国、澳大利亚都表示已经做好派军准备。这一切显然是为了石油利益。①

2005年3月,在达尔富尔地区没有对外宣布发现石油之前,挪威独立媒体《挪威观察》(Norwatch)针对达尔富尔危机发表评论说:"截至目前,石油还不是达尔富尔的中心问题,但这只是个时间问题,富足的油田就像一串珍珠从苏丹南部延伸到乍得,而相对来说,其中尚未被染指的就只有达尔富尔。"②

2005年5月,南非媒体刊登了一篇名为《非洲研究评论——达尔富尔》的评论说,由于达尔富尔所处的战略要地,谁控制了达尔富尔,谁就控制了从苏丹南部到乍得的油田。这份评论还认为,达尔富尔问题的背后是华盛顿与北京的石油之战,这场战争的硝烟已在非洲的土地上扬起。

2005年5月,英国伦敦路透基金会警报网(AlertNet)对达尔富尔发现石油的消息发表评论说,这将进一步加深危机,"把追求和平的努力变成争夺资源的战争。"该网还引述了英国一家拯救儿童的非政府组织董事长迈克·艾罗森(Mike Aroson)的评论:"达尔富尔的石油问题和其他地方的石油问题并无不同。"对于达尔富尔人乃至全苏丹人来说,这里发现石油并非完全是好事。"这是巨大的福音,也是巨大的障碍。"美国一家旨在帮助难民的非盈利组织机构总裁坎·贝肯(Ken Bacon)认为,石油是达尔富尔战乱背后最中心的问题。③

2005年下半年,资深记者、苏丹问题研究专家大卫·莫斯(David Morse)在得知达尔富尔发现石油后专程前往苏丹考察调研,之后他写过一系列的文章,对达尔富尔危机后面的石油问题做了阐述。他认为,美国之所以对苏丹政府采取强硬态度,背后的驱动力就是石油。"2005年6月,印度、法国、马来西亚、中国、英国、日本、瑞典的公司聚集在苏丹签订合同。而美国公司则由于1997年的制裁被排除在外。出现这种现象的原因,一方面是在达尔富尔发现了油田,另一方面是等待已久的南北停战和平协议将在7月开始实施。"文章还说:"虽然美国公司不能公开加入争夺苏丹石油的队伍,但是很多公司都在设法绕开制裁,一个方法就是购买少数股份,马拉松公司就是一例。"④他还注意到,有些空壳公司也

---

① See Norm Dixon, "Crisis in Sudan. Oil Profits Behind West's Tears for Darfur", in Counter-Punch, Global Research, August 9, 2004.

② http://www.justmake.no/kunder/norwatch/index/.

③ See Ruth Gidley, Oil discovery adds new twist to Darfur tragedy, at http://www.alertnet.org/thefacts/ reliefresources/111885496661.htm/.

④ David Morse, "Blood, Ink and Oil: the Case of Darfur", in CommonDreams.org, July 21, 2005 http://www.commondreams.org/views05/0721-26.htm/.

在参与石油开发,他分析背后的真正参与者很可能就是美国公司。

2. 美国与非洲国家在达尔富尔问题上的分歧

2006年10月27日,BBC邀请了美国马萨诸塞州大学教授厄瑞克·瑞沃斯博士(Eric Reeves)和埃及最大报纸《金字塔报》(AL-AHRAM)的外文编辑伽玛尔·纳库玛(Gamal Nkurmh)就达尔富尔危机的实质进行了辩论,[①]并对解决达尔富尔问题发表了各自的看法。可以说,他们各自代表了西方大国与非洲国家的基本立场。

辩论一开始,瑞沃斯就义愤填膺地表示国际社会应该向苏丹喀土穆下最后通牒。而纳库玛则不无讥讽地说,瑞沃斯所说的"国际社会"说穿了就是美国和西方政治强权,军事干预是不尊重别国领土和主权完整的行为。纳库玛接着指出,美国总统布什对苏丹关心的动机不是人权而是石油,就像美国关注伊拉克石油一样,美国的目的是苏丹的石油,但正是苏丹的石油为苏丹提高了国际地位。

瑞沃斯则否认美国在苏丹有石油利益,而且坚持认为苏丹达尔富尔并没有发现石油,但是却被纳库玛用已经探明并打出石油的事实予以反驳,他说,连法国公司都很清楚达尔富尔石油储量到底有多丰富。

纳库玛还进一步指出,就像美国在伊拉克的兴趣是石油而不是人民生计一样,美国也不会关心达尔富尔的人民。非洲的问题应该由非洲联盟出面解决,美国应该远离达尔富尔。

但是,看到了石油利益的美国怎么可能会远离达尔富尔呢?2007年2月凯斯·哈蒙斯诺(Keith Harmon Snow)在《环球研究》(Global Research)期刊上发表了一篇长达69页的论文,题目是《达尔富尔有无石油?》作者在批驳了瑞沃斯达尔富尔种族屠杀论和达尔富尔无油论后指出,达尔富尔问题虽然错综复杂,但是最根本的问题还是可以用一句话说清楚:"如果我们把达尔富尔问题用最简单的方式表示,那就是石油,中国人和阿拉伯人有了,我们也要有。""我们"是谁?作者没有指明,但是接下来又分析说,虽然有一些和英、美、以色列强权有关联的公司从苏丹这块蛋糕上尝到了甜头,可是还有一些没有能够得到,怎么办?分而治之,切割,而后食之。[②]

3. 中国和美国对苏丹石油业的影响

2007年1月,西班牙马德里自治大学的伊斯玛·扎伊德在他的博士论文

---

① BBC TV, 27 Oct. 2006.
② See Keith Harmon Snow, "Oil in Darfur? Special Ops in Somalia?"The New Old "Humanitarian" Warfare in Africa at http://www.globalpolicy.org/empire/humanint/2007/0207darfuroil.pdf/.

《苏丹石油：事实以及对内政外交的影响》一文中回顾了苏丹石油业的兴起和发展、石油与苏丹内乱的关系，并分析了美国和中国分别对苏丹石油业的影响。①

作者在论文中指出，没有中国的帮助，苏丹的石油业就无从发展。他在肯定中国帮助苏丹发展石油业并促进苏丹经济发展的同时认为，中国近年来在苏丹南北及达尔富尔问题上和美国有了共同的目标，双方都愿意将苏丹局势稳定下来，从而更好地开发石油。中国倡导和平的目的是为了和各方都搞好关系，从而保护自己的石油利益。

作者指责美国是霸权主义，并指出美国在苏丹南北和达尔富尔问题上，目标始终都是为了石油和其他资源。"石油是美国追求的主要利益之一，在关系良好的时候，美国的目标是掠夺石油财富，在关系恶化的时候，美国的目标是阻止苏丹政府开发石油。美国阻止石油开发政策的失败，中国对资源控制的加强，苏丹国内政权的软弱，加上苏丹人民解放军对美国的依赖，促使美国在2000年后改变了策略，美国想要阻止中国拓展石油资源，不是采取与苏丹政府恢复关系的途径，而是通过谋求分裂苏丹的方针。"文章还说，"与统治精英分裂苏丹将使美国控制石油财富和其他资源的目的更容易实现。"该文还认为，南方势力对美国依赖性极强，从而将成为美国利益的傀儡，"这将加强美国对该地区乃至非洲的支配"。②

1992年，美国总统竞选活动期间，很多人对克林顿能否战胜政绩还不错的老布什表示怀疑，克林顿的竞选幕僚将其三大利器以短口号的形式悬挂在竞选总部大楼，其中一条是"是经济，笨蛋！"这句短语随着克林顿当选总统开始流行，在分析任何美国内政和外交问题时都被拿出来套用，这句短语也接着在国际上流传开来。虽然美国媒体主流在2003年美国入侵伊拉克前，几乎不提石油因素，但其原因还是被很多分析家归结为"是石油，笨蛋！"达尔富尔危机升级后，西方主流媒体为了给英美出兵制造舆论，也多以种族屠杀、政府纵容来渲染，但是反对将达尔富尔问题如此定性的诸多评论则异口同声、一针见血地指出："达尔富尔问题，不是种族屠杀，是石油，笨蛋！"③

---

① See Ismail S. H. Ziada, "Oil in Sudan—Facts and Impact on Sudanese Domestic and International Relations".
② Ibid., p. 21.
③ F. William Engdahl, "Darfur? It's the Oil, Stupid … China and Us in cold war over Africa's oil", May 20, 2007, at http://www.engdahl.oilgeopolitics.net/print/China%20&%20US%20in%20Cold%20War%20over%20Africa's%20Oil.html/.

第五章 达尔富尔与非洲地缘政治

苏丹位于非洲东北部,与众多国家相邻。作为连结非洲南北东西文明的"努比亚走廊",这个地区古代王国疆域伸缩不定,民族迁徙往来频繁。众多跨境而居的民族和复杂的周边国际关系,使得苏丹独立建国以来国内局势的重大变化往往会外溢到周边国家,而周边地区国际关系格局的改变也会在不同的层面上影响苏丹国内的局势。因此要准确理解达尔富尔问题,离不开对苏丹所处的非洲地区局势及其与周边国家关系的把握。

目前苏丹局势走向不明,南方将在 2011 年进行统独公投,达尔富尔的冲突也处于危险境地。从非洲地区政治的角度看,如果达尔富尔和南方问题得不到合理妥当的解决,如果地区民族冲突升级最终导致苏丹国家分裂,将会给整个非洲东北部地区局势造成十分严重的后果。

第一节 苏丹在非洲的地位与影响

苏丹是一个幅员辽阔的国家,其种族、民族、宗教与文化形态都兼具阿拉伯非洲与黑非洲二重属性,因而在非洲的地位一直比较重要,其国际影响力也较独特。但是长期以来,因为经济落后、内乱不已,又制约了苏丹的国际地位和影响力的提升。近年来,随着石油开发,经济获得较快发展,其在非洲大陆的地位开始变得重要起来,但它与周边国家历史上形成的某些问题依然复杂而敏感。

一、非洲的门户与走廊

苏丹的地缘战略地位主要体现在以下两个方面。

首先,作为连接阿拉伯世界和黑非洲的具有过渡地带特征的国家,苏丹不仅有着较大的战略纵深,同时也具备战略桥头堡的作用。从地理位置和面积来看,苏丹位于非洲东北部,东北濒临红海,国土总面积 250.58 万平方公里,是非洲地区国土面积最大的国家。北、西、南、东方向分别同埃及、利比亚、乍得、中非、刚果(金)、乌干达、肯尼亚、埃塞俄比亚、厄立特里亚等九国接壤,并隔红海与阿拉伯半岛相望。广阔的疆域为苏丹提供了较大的战略回旋余地。

苏丹地处连接整个非洲大陆和中东地区的中心地带。东面和北面是中东阿拉伯世界,西面和南面连结着撒哈拉以南非洲。对于任何世界性大国来说,维持同苏丹的友好关系有助于对非洲和中东各国施加政治、经济、军事、文化等影响。正因为如此,基地恐怖组织一度将这里作为根据地。1991—1996年,基地组织首领本·拉登就把大本营设立在苏丹。当时,苏丹就已经成为备受关注的国家。1996年,苏丹政府迫于美国压力,不得不迫使拉登离开苏丹。1998年8月20日,美国命令游弋在红海的作战舰艇,用"战斧"巡航导弹袭击了苏丹的希法阿药厂。据称,该药厂是拉登资助的,可能生产用于恐怖攻击的"神经毒气"。据西方消息称,近年来,基地组织仍在位于"非洲之角"的一些国家如吉布提、埃塞俄比亚、厄立特里亚和索马里等国招募恐怖分子,设立恐怖训练营,并伺机发动对西方国家的恐怖袭击。为此,对美国的全球反恐战略而言,该地区已经成为仅次于巴基斯坦、阿富汗边境的恐怖威胁重点区域。因此,遏制苏丹对美国的全球战略有着多重的重要意义,不仅符合美国的全球反恐战略,同时也可以实现对阿拉伯世界的包围和改造。控制这一地区,还意味着可以对尼罗河流域的国家实施战略影响。正因为如此,美国总统布什2006年2月17日在佛罗里达州的一次演说中呼吁,部署在苏丹达尔富尔地区的维和部队人数应在现有7000多人基础上增加一倍,并且由北约"直接介入"。出于反恐战略的需要,美国除向该地区的索马里、吉布提、埃塞俄比亚等国提供了大量经济和军事援助外,还在吉布提长期驻军。① 可见苏丹在该地区的战略意义,是美国对苏丹问题特殊关注的主要原因。

其次红海沿岸的苏丹港口有着重要的战略意义。苏丹港是苏丹唯一的对外贸易港口,苏丹进出口货物的90%以上要经过该港口运输。随着苏丹石油工业的迅速发展,以及连接喀土穆与苏丹港的石油输送管道的建成,苏丹港在东北非的战略重要性将更加突出。从军事角度来看,苏丹港距北部的苏伊士运河、南部的曼德海峡分别约有1000公里和700公里。这两个海峡均属于美国全球战略部署的重要海上通道。② 曼德海峡和亚丁湾相连,亚丁湾既是红海的南大门,也是连接太平洋、印度洋和大西洋的重要海上通道。位于苏丹港北部的苏伊士运

---

① 《美想往苏丹派维和部队 呼吁增兵还要拉上北约》,载 http://nx.szstv.com/html/wars/20060227083920726.htm/.

② 美国长期控制的16个具有全球战略意义的海上航道包括马六甲海峡、望加锡海峡、巽他海峡、朝鲜海峡、苏伊士运河、曼德海峡、波斯湾、霍尔木兹海峡、直布罗陀海峡、斯卡格拉克海峡、卡特加特海峡、格陵兰—冰岛—英吉利海峡、巴拿马运河、佛罗里达海峡、阿拉斯加湾、非洲南部莫桑比克海峡、好望角和北美航道等。这些海峡是连接五大洲、沟通四大洋的海上要冲。它们不仅是世界海上交通和贸易的纽带,也是军事行动的战略要冲。参见 http://hi.baidu.com/007cn/blog/item/e25c9c8216cf56bf6d81197e.html/.

河是沟通地中海与红海的著名国际航道,是亚洲、非洲、欧洲通往印度洋和北大西洋的海上捷径,具有极为重要的战略意义与经济意义。因此,苏丹港对于任何一个世界大国来说,其特有的战略意义是不言而喻的。

二、阿拉伯与非洲双重属性

影响苏丹国际关系的一个重要因素,是苏丹作为阿拉伯国家和非洲国家的双重属性。对于非洲大陆来说,这里是通往北非和中东地区的"努比亚走廊",而对于阿拉伯世界来说,这里是阿拉伯国家的"非洲门户"和"后院"。长期以来,苏丹在国际关系的格局中,一直自我定义是一个阿拉伯国家,它是阿拉伯联盟的成员国。苏丹的这种国际地位,使它可以同阿拉伯国家(包括北非国家和阿拉伯半岛国家)建立紧密的关系,并从中获得来自阿拉伯国家的援助。苏丹与沙特阿拉伯的关系就十分紧密,双方在许多领域都有合作关系。然而,苏丹却又并不是纯粹的阿拉伯国家,它其实是一个多种族、多民族的国家,在南方占主导地位的是黑人而不是阿拉伯人。苏丹在国际事务上太倾向于阿拉伯世界,有时会造成复杂的国内南北矛盾。事实上,无论是历史上还是当代,苏丹这个地区的阿拉伯人与黑人之间就有复杂的矛盾,这种矛盾在当代的苏丹会产生复杂的国内外联动效应,使得苏丹与周边的非阿拉伯国家的关系变得十分复杂。在苏丹国内的北方阿拉伯人与南方黑人的矛盾,往往会外溢到苏丹的周边国家,引起苏丹与周边一些非阿拉伯国家的矛盾与冲突。

历史上,北方阿拉伯人就将南方黑人视为贫困落后的异教徒,不断对南方征讨掠夺,大量南方黑人沦为北方阿拉伯人的奴隶。英国统治时期,对南北方实行分治,要求南方黑人使用英语,信奉天主教和新教。英国曾想将苏丹南方黑人地区归并到同时作为英国殖民地的肯尼亚、乌干达,虽然没有做成,但英国人统治苏丹南方黑人的方式与统治肯尼亚、乌干达的方式是一样的。因而苏丹南方与肯尼亚、乌干达的关系一直比较紧密。英国统治时期,苏丹南北融合进程十分有限,矛盾却已经形成。二战后,苏丹北方的民族主义精英坚决主张建设一个包括南方在内的统一国家,但要以阿拉伯主义为国家核心思想,这种忽视南方民族、宗教利益的做法引起了南方的不满,成为南北内战的原因之一。还在苏丹走向独立的20世纪50年代初,南方为抵抗北方势力过大,提出独立后的国家应该是联邦制国家,但是没有被英国人采纳。因此独立后不久,苏丹就爆发了南北内战。

独立后苏丹政府长期实施伊斯兰化政策,引发了周边非穆斯林国家的担忧,成为影响苏丹与周边国家关系的一个复杂因素,也为外部势力的介入提供了机会。过去数十年苏丹与一些周边国家关系不和,是因为它们往往相互支持对方国家的政府反对派,相互介入对方的国内事务。比如,埃塞俄比亚曾卷入苏丹南北内战,而苏丹也卷入过埃塞俄比亚的国内冲突。

三、石油与战略资源

苏丹在尼罗河流域国家有着重要的地位和影响。全长约6671公里、流域面积288万平方公里的世界第一长河尼罗流经苏丹所在地区的10个国家:坦桑尼亚、肯尼亚、乌干达、布隆迪、卢旺达、刚果(金)、埃塞俄比亚、厄立特里亚、苏丹和埃及,最后注入地中海。与苏丹相邻的9个国家中,6个国家与苏丹同属于尼罗河流域。

长期以来,尼罗河流域国家对河水的纷争,一直是影响该地区国家关系的重要内容。1929年,在英国的提议下,除埃塞俄比亚以外的9个尼罗河国家就尼罗河水使用达成了一项协议,根据协议,埃及和苏丹对尼罗河水拥有优先使用权。1959年,埃及、苏丹两国签署新的尼罗河水协定,根据协定,阿斯旺水坝建成后,在尼罗河每年可稳定提供的840亿立方米水量中,除100亿立方米自然蒸发、渗漏外,埃及分得550亿立方米,苏丹分得180亿立方米。1929年和1959年的尼罗河水分配协议,对于该流域内的国家本身是不公平的,流域内其他国家对该协议存在着很大的意见。

对尼罗河水资源的利用问题一直影响着该地区的国际关系。埃及在1971年建成阿斯旺大坝后,开始大规模的土地开垦和灌溉,1996年又启动了规模巨大的"新河谷"工程,还通过地下管道向西奈半岛输水。近年来,随着土地开发、人口用水、灌溉用水及水电站的增加,苏丹对尼罗河水的利用程度也提升了。除了已有的森纳尔、卡欣吉尔拉等水坝外,苏丹还在修建非洲最大的麦罗维水电工程。由于发展经济的需要,上游国家坦桑尼亚、肯尼亚、布隆迪、乌干达、埃塞俄比亚也日益重视利用境内水资源。1999年2月,区域内国家成立了"尼罗河流域组织"(NBI),尼罗河流域的9个国家加入了该组织(厄立特里亚为观察员身份),通过了《水资源共享计划书》。但是,在如何有效管理水力资源是尼罗河流域国家面临的难题。由于尼罗河下游地区干旱、降水减少,而上游国家又不断兴建水利设施,导致旱季时尼罗河入海口附近的河道几乎干旱。这严重影响到该地区人民的生活,也成为影响地区安定的隐患。

在苏丹南部地区以及西部达尔富尔地区,干旱缺水是影响当地居民生活的重要内容。达尔富尔问题的爆发,很大程度上是由于对水草资源的争夺。由于沙漠化的影响,南移的牧民为生存不得不侵犯定居的农业部族的利益。传统上游牧部族和农业定居部族所恪守的生态边界被打破,这成为该地区冲突的重要起因。此外,作为苏丹和乍得的边境地区居民,也受此影响较大。水资源的短缺成为部族关系紧张的重要原因。目前,在达尔富尔地区,国际社会援助的重要内容是通过打井解决当地居民的饮水问题。在水资源丰富的情况下,增加水坝的建设,为地区居民提供生活和生产用水,将会是政府未来倍加重视的问题。

丰富的矿产资源特别是石油资源的开发,极大地提升了苏丹在该地区的战略地位和国际影响。苏丹有着丰富的矿产资源,据悉,已初步探明储量的矿产资源有铁约 3 亿吨,铜 900 万吨,铬 70 万吨,银约 9000 吨,石油约 5 亿吨。近年来,随着苏丹石油资源的发现和大量开发,特别是苏丹同中国在石油方面的合作,以美国为首的西方国家开始担心和不满。随着当前国际油价的飙升,拥有丰富石油蕴藏的苏丹,其战略地位空前重要。

近年来,随着中国经济的快速发展,对石油能源的需求不断扩大。2003 年,中国首次超过日本成为仅次于美国的世界第二大石油消费国。为此,中国必须关注进口成本相对较低的地区如中东或非洲。随着 1997 年中国同苏丹的石油开发合作,苏丹已经成为中国的战略石油供应区。2005 年,苏丹日产原油约为 50 万桶。当年中国购买了苏丹一半的出口石油,占中国当年进口石油总量的 5%。[1] 苏丹目前已经是中国海外最大和最成熟的石油投资地,中石油在苏丹的投资总价值已达 30 亿美元,拥有三个区块的开发权,此外还有输油管、炼油、化工、加油站等项目。[2]

近年来,美国在能源方面遏制中国的意图非常明显。挤压中国的战略空间,维护美国的全球利益,这成为美国关注苏丹问题的一个重要原因。由于国际油价的飙升以及俄罗斯能源出口的增加,俄罗斯的大国信心不断得到恢复,在国际问题上也越来越敢于同美国叫板。而中国同苏丹的能源合作,也让美国感到不快。在美国看来,发展太快的中国必将耗费大量的石油资源,而世界石油市场无法同时满足美国和中国的需求,挤压中国的石油进口,符合美国的长期战略利益。

苏丹重要的国际地缘政治地位使它往往成为非洲国际关系的一个焦点,也往往成为国际力量较量的场所,这是造成达尔富尔问题国际化的一个重要原因。

---

[1] See http://bbs.tiexue.net/post_1893135_1.html/.
[2] See http://bbs.gd918.org/topic.php?filename=381/.

第二节　周边邻国与达尔富尔问题

从地理位置来看,与苏丹接壤的九个国家中,直接与达尔富尔地区接壤的国家包括利比亚、乍得和中非共和国。达尔富尔问题发生后,苏丹周边国家积极参与达尔富尔问题的和解。但是,在此过程中,不同国家从各自的利益角度出发,做出的反应并不完全相同。

达尔富尔问题是苏丹同周边地区国家在跨国民族问题上的一个缩影。由于殖民主义统治时期人为划定疆界,以及独立后各地区发展的不平衡,苏丹同周边很多国家存在着跨境民族问题。邻国之间互相指责对方支持国内反对派的行为不断。苏丹和埃塞俄比亚、厄立特里亚、肯尼亚、乌干达、刚果民主共和国、中非共和国、乍得、利比亚等周边都存在这样的边界问题或边界居民问题。

一、地区利益攸关方

从2003年达尔富尔问题发生到现在,在该问题上卷入最深的就是邻国乍得。作为苏丹的邻国,也是与达尔富尔地区接壤的国家,两国曾长期保持友好关系。但苏丹达尔富尔问题出现后,两国关系开始出现波折。随着两国反政府武装活动的不断扩大,两国的关系不断恶化。

乍得1960年独立后,曾多次发生军事政变。现任总统代比(Idriss Deby)是1990年12月政变上台的,后在1996、2001、2006年三次当选连任。代比总统被认为是乍得的强势派人物,在军队有着较强的影响力,并利用"爱国拯救运动"把持政府大权。作为一个落后的农牧业国家,乍得是被联合国确认的世界最不发达国家之一。代比上台以来,国内反政府武装活动不断,并发生多起未遂政变,政局十分不稳。2003年南部多巴油田投产以来,乍得石油生产和出口猛增,国家财政收入有了较大的改善。但同时,这也加剧了反对派对利益的争夺。同年发生的达尔富尔危机,给代比政权带来了新的挑战。2003年2月达尔富尔地区发生武装冲突后,苏丹政府多次指责乍得向达尔富尔反政府武装提供帮助和庇护,要求乍得政府采取措施,但乍得政府对此予以否认。这一时期,双方领导人保持了积极的沟通。2003年4月,苏丹总统巴希尔在北达尔富尔首府埃尔法希尔与乍得总统代比以及当地的部落首领和地方官员进行了会面,并试图就达尔富尔问题的解决寻求有效途径。其间,代比总统向巴希尔总统保证,乍得并没有参与达尔富尔冲突。

代比政权在达尔富尔问题上没有完全打消邻国苏丹的猜疑,2005年,乍得国内局势发生了动乱,总统卫队官兵发动政变。未遂后,这部分武装力量逃到了乍得东部毗邻达尔富尔的地区,成立了反政府武装,要求总统代比下台。苏丹长期面临的南北战争,使政府在达尔富尔地区的军事力量部署不足,达尔富尔冲突爆发后,该地区局势日益混乱,这为两国的反政府武装提供了重要的活动场所,也成为影响两国局势稳定的重要因素。乍得反政府武装在毗邻达尔富尔的东部边界地区开展活动,被认为是得到了苏丹政府的支持。于是,2005年10月,乍得方面公开指责苏丹支持乍得的反政府武装。乍得关闭了驻苏丹领馆,并要求苏丹关闭其在乍得阿贝歇的领馆。同年12月23日,乍得政府宣布与苏丹"处于交战状态"。之后,尽管国际社会对双边关系的恶化进行了积极的调停,但是两国关系并没有根本好转。在联合国等国际场合,乍得对苏丹政府的批评比较犀利,认为苏丹政府没有履行停火协议,破坏地区安全,雇佣武装力量袭击乍得,蓄意破坏乍得的稳定。乍得呼吁安理会对苏丹进行制裁。

2006年4月,乍得反政府武装对当局发起攻势,并一度兵临首都恩贾梅纳。为此,乍得指责苏丹支持乍得反政府武装进行颠覆国家政权的活动,并宣布断绝两国外交关系。苏丹予以否认,并指责乍得政府暗中支持苏丹达尔富尔反政府武装。2007年4月9日,进入苏丹境内的乍得军队与苏丹军队发生冲突,造成苏丹方面17名士兵死亡、40名士兵受伤。但随后,乍得政府向苏丹方面道歉。2008年2月,乍得反政府武装攻入首都恩贾梅纳并围困总统府。乍得政府宣称,一些反政府武装组织成员来自苏丹境内,要求苏丹对其负责。2008年5月10日,达尔富尔反政府组织"公正与平等运动"成员潜入苏丹首都喀土穆西北部恩图曼地区,并与政府军发生冲突。为此,苏丹政府指责乍得政府应为该组织潜入喀土穆并从事破坏活动承担责任,并于11日宣布同乍得断交。

中非共和国也是受达尔富尔问题影响突出的国家。中非共和国位于苏丹的西部,国内因发展不平衡导致族群关系长期紧张,政治动乱和武装冲突不断。2001年5月,前总统科林巴发动未遂政变。之后,帕塔塞对涉嫌的武装部队高层官员大量撤换、逮捕。其间,前任总参谋长、现总统博齐泽逃往乍得,并在中非、乍得边界地区开始了反政府武装活动。2003年3月,博齐泽武装推翻帕塔塞政权后自任过渡政府总统,并于2005年正式当选。博齐泽上台后,新的反政府武装力量重新开始在边界地区活动,威胁着博齐泽的统治。随着达尔富尔问题发生以及乍得反政府武装在西部边界地区的活动,中非共和国再次受到邻国难民的影响,甚至邻国的反政府武装穿越边界进入中非共和国。2006年10—12月,乍得反政府武装"争取团结民主力量联盟"在东北部的苏丹交界地区发起进攻,一度占领包括瓦客贾(Vakaga)、奥安达(Ouanda Djalle)、萨姆(Sam Ouadja)

在内的数座城镇。之后,中非共和国当局在法国和该地区多国维和部队的支持下击退了叛军,重新控制了这些地区。对此,中非共和国当局谴责苏丹政府支持了这些反叛集团。虽然乍得和中非共和国都指责苏丹政府支持了其境内的反叛集团,但是,乍得和中非之间也并非铁板一块,双方也相互指责对方支持了本国的反政府武装。

边界地区的民族宗教问题一直影响着苏丹同厄立特里亚的关系。同为东北非地区大国的埃塞俄比亚和苏丹,出于各自的利益考虑,都不希望看到一个强大的邻国存在。在此背景下,厄立特里亚独立前,苏丹对苏厄边境地区的厄独立运动组织进行了长期的支持。1991年厄反政府武装推翻埃门格斯图政权时,正值苏丹在全国范围内实施国家伊斯兰化运动。1993年厄正式独立后,活跃在苏丹境内的厄反对派开始不断制造边境事端。为此,国内有一半人口信仰伊斯兰教的厄立特里亚指责苏丹支持厄反对派向厄输出伊斯兰原教旨主义。两国关系恶化,并于1994年12月断交。1998年厄立特里亚和埃塞俄比亚爆发战争后,厄苏关系有所缓和。2000年1月双方恢复外交关系。2000年6月,厄、埃签订《停止敌对协议》,12月签订《全面和平协议》。在此基础上,联合国设立边界委员会,于2002年4月对两国边界作出裁决并勘划边界,厄、埃原则上表示了接受。2002年10月,苏丹指责厄支持苏反政府武装沿边界向苏政府军发动大规模进攻,厄苏关系再次出现危机。紧接着,2003年苏丹发生了达尔富尔危机。同年9月,厄埃关系在划界问题上重新陷入僵局苏厄关系再次接近。2005年之后,厄苏关系改善较快,厄积极参与苏丹问题的和解,并主持了苏政府与东部反政府武装组织间的和谈。厄立特里亚同苏丹最大的反对党"苏丹人民解放运动"以及民主联盟一直保持着良好的关系,因而在苏丹南北和平进程中一直扮演着重要的角色。但是,在达尔富尔问题上,厄立特里亚指责苏丹政府犯下了滔天罪行。同时认为,苏丹政府仍在实行伊斯兰原教旨主义政策,在东部和其他地区倒行逆施,犯下残暴罪行;苏丹政府的所作所为是在破坏地区安全和稳定,是一种不负责任的行为。

可以说,在达尔富尔地区的周边国家,长期局势不稳,政局更迭常伴随着武力。而这些国家边界地区混乱复杂的局势又为叛乱者提供了重要的活动基地。特别是达尔富尔问题发生后,该地区成为影响苏丹、乍得、中非、厄立特里亚四国内政的重要因素。从苏丹来看,南部问题的逐步解决以及近年来石油资源的大量开发,为政府解决发展问题、解决地区冲突提供了更大的能力空间。但是,由于美国在该地区的利益卷入,使该地区冲突日益复杂。

二、温和的调停者

在达尔富尔问题上,埃及和利比亚以其在非洲较大的影响力而扮演着温和的调解人的角色。其他一些非洲国家也参与了调解工作。

达尔富尔冲突爆发后,利比亚在苏丹政府与达尔富尔冲突各派别及乍得政府间发挥了重要的调解作用。利比亚是乍得、苏丹的邻国,同两国的关系都较友好紧密,卡扎菲出面调停容易被各方接受。苏丹和利比亚两国关系在20世纪70、80年代曾一度恶化。70年代中期,苏丹因发生两起(1975年、1976年)利比亚背景的未遂政变,导致两国断交。1981年,两国因乍得问题再次断交。之后两国关系平稳发展。利比亚成为石油输出国以后,经济实力空前增强。卡扎菲是非洲统一运动的积极推动者,主张建立"非洲合众国",主张在非洲国家团结合作的基础上成立统一的政府、议会和军队,增加非洲地区国家的综合影响力,在重大国际政治、外交和贸易问题上用一个声音说话,以增强维护非洲国家的权益。因此,卡扎菲十分想利用这样的机会来显示他的影响与作用,他多次出面调解达尔富尔冲突各方面的矛盾,主持了相关方面的政治对话。

同为尼罗河流域国家、阿盟重要成员国,埃及和苏丹关系较为密切。尽管两国存在领土争端,并一度影响到两国的关系,但作为尼罗河下游的国家,埃及在水资源的利用方面需要苏丹的合作,因此非常重视发展同苏丹的友好合作关系。在苏丹的南北问题以及达尔富尔问题上,埃及坚持维护苏丹政府的主权独立和领土完整,希望通过协调各方尽快停止武装冲突,通过谈判政治解决危机。此过程中,强调尊重苏丹政府发挥主导性作用,支持非洲联盟和联合国协调下的国际社会的努力。

此外,刚果(金)、肯尼亚、埃塞俄比亚也积极推动各方的对话与政治和解。刚果(金)国内政局长期动荡,民族和解正在进行,因此,对达尔富尔问题的关注较为冷静,既指出苏丹政府在该问题的处理中存在不足,同时也认为国际社会所做的努力不够。希望各方尽快签署并实施《达尔富尔和平协定》,希望苏丹政府在该问题上加强同国际社会的协商,促进苏丹的和平与民主建设。希望冲突各方消除彼此的不信任和误解,扩大对话。肯尼亚作为苏丹南部重要邻国,长期以来受苏丹南北冲突影响较大。不仅收留了大量的南部苏丹难民,还同埃塞俄比亚、厄立特里亚、乌干达共同组成政府间发展组织调解委员会调解苏丹南北冲突。肯尼亚与苏丹南方政府关系密切,同时也同苏丹政府关系友好。苏丹和埃塞俄比亚也曾存在因相互支持对方反对派而关系恶化的情况。但是,近年来两国关系处于逐步改善阶段。埃塞俄比亚远离达尔富尔地区,难民等问题并不存在。因此,双方关系受此影响不大。

第三节　达尔富尔问题对非洲国际关系的影响

一、备受关注的人道主义危机

达尔富尔问题发生后,备受国际社会的关注。各方关注的领域包括地区局势、人道主义危机、人权状态及社会经济发展问题等方面。总体上说,西方国家特别关注达尔富尔冲突造成的人权与人道主义危机问题。而非洲国家因与苏丹的关系各有不同,关注重点也不太一样。总体上看,大多数非洲国家与苏丹一样社会经济落后,国内民族矛盾与地区矛盾都很普遍,对于达尔富尔这样的冲突,对其原因、性质及解决之困难都有比较深切的体会,因而相对比较理解苏丹政府的处境。但是,由于达尔富尔危机造成的难民危机与地区局势混乱会冲击地区国际关系与相关国家的政局稳定,一些国家又对达尔富尔冲突十分担忧,对苏丹政府的作为颇有微词。

事实上,达尔富尔冲突导致的人道主义危机,已经对东非地区安全造成不利影响。关于达尔富尔人道主义危机情况,目前各方的报道情况存在很大差异。根据美国向联合国提交的一份报告,达尔富尔冲突已经造成了 20 多万人死亡,200 多万人因战乱逃离家园成为难民。[①] 达尔富尔黑人反政府组织"正义与平等运动"称,自战乱以来,苏丹政府武装力量和苏丹政府支持的"坚杰维德"民兵已经屠杀了 7 万多人,焚烧 3200 多座村庄,造成 200 多万人流离失所。联合国苏丹问题副特别代表办公室发布的《第 8 号达尔富尔人道主义概况》显示,截至 2005 年,估计在达尔富尔冲突中受影响的人数为 227 万,流离失所者 165 万,有 62.7 万人得到人道主义机构救济。其中,西达尔富尔受影响的人数最多,达 83.3 万人,有 65.3 万境内流离失所者。南达尔富尔受影响人数为 76.1 万,其中 59.6 万为境内流离失所者。北达尔富尔估计受冲突影响的人数为 68.5 万,境内流离失所者约 40.3 万。《概况》还指出,在整个达尔富尔地区,有 101 个地点收容了境内流离失所者,多数是难民营。这包括北达尔富尔的 22 个地点、南达尔富尔的 42 个地点和西达尔富尔的 37 个地点。有些营地收容的人数多达 7 万,其他的规模较小,仅收容几千境内流离失所者。根据联合国文件,尽管联合国目前对由于武装分子破坏行为造成的达尔富尔地区村庄被毁的具体数字不

---

① 参见联合国安理会第 5527 会议摘要,http://www.un.org/chinese/ha/issue/sudan/usa.shtml/.

详,但据估计达尔富尔三州有700多个村庄被完全或部分摧毁。① 还有消息说,根据苏丹警方的评估,被武装分子毁掉的村庄超过2000座。

事实上,达尔富尔冲突的一个特点,是冲突各方都与当地居民混杂在一起,因而很难严格区分冲突者的身份。地方武装组织之间的冲突也十分严重,叛军各派互相厮杀,扩张各自的实力,以期在未来的政治和解中获得更大的利益。阿拉伯牧民拿起武器就成了民兵,其中的一些人就是专门袭击黑人的"坚杰维德"民兵,而这些"坚杰维德"民兵与苏丹政府的关系十分复杂,他们并不完全听命于政府,且相互之间也存在矛盾。黑人各部族组织起来的武装冲突也十分严重。苏丹政府不能及时公开地公布冲突的情况,也给西方国家指责苏丹政府提供了口实。由于局势混乱,一部分武装劫匪故意身穿政府军制服实施抢劫。许多时候,那些袭击者穿着类似军装的制服,或戴军帽,或缠包头,骑骆驼或骑马,有的是蓄意屠杀平民,有的是趁火打劫。在多数情况下,受害者分不清这些人的真实身份。据报道,当受害人被问及施行暴行的人到底是政府军还是"坚杰维德"民兵时,一位受害者说:"在我们看来,他们全一样。"②

大量难民的出现,使周边国家本已混乱的边境地区更加动荡。据联合国统计,截至2007年1月,达尔富尔危机造成的流离失所者已经超过了200万,有23.3万难民涌入与乍得交界的边境地区,还有一些涌到了与中非共和国交界的边境地区。他们的生存基本依赖外部援助。③ 涌动的难民潮对地区局势的影响是长期的,它增加了所在国的社会和经济压力,本来已经短缺的粮食、医疗、教育、就业机会以及公共设施更加匮乏,社会经济发展与民生改善变得更加遥遥无期。

二、对"非盟"的挑战

达尔富尔问题对于非洲联盟的能力与作用也是一个新的挑战。近年来,非洲联盟十分强调非洲国家间联合自强和自主发展的重要性,并把实现地区稳定作为自己的重要使命。而能否在达尔富尔问题上发挥相应的作用,对非洲联盟来说是一个重要的考验。

冷战结束后,随着全球化的发展,如何维护非洲地区的安全与稳定,在非洲

---

① 参见联合国安理会:"2005年1月31日秘书长给安理会理事会主席的信",S/2005/60。
② 参见联合国安理会:《达尔富尔问题国际调查委员会给秘书长的报告》,载http://www.un.org/chinese/ha/issue/sudan/civil.shtml/.
③ 参见联合国安理会:《秘书长关于苏丹问题的报告》,载http://www.un.org/chinese/ha/issue/sudan/situation.shtml/.

创建有利于经济与社会发展的国际环境,日益成为非洲联盟的时代使命。非洲联盟成立以来,一直重视非洲地区安全机制的建立和完善,强调非洲自主维和的能力建设与实践,并取得了很大的成绩。但是,在处理非洲国家内和国家间冲突问题的过程中,非洲联盟的干预政策行动如何与非洲国家维护主权的要求相协调,非洲联盟倡导的非洲自主维和如何与争取国际社会及联合国的帮助相协调,在这些问题上,非洲联盟仍存在着困惑。传统上,无论是非洲统一组织还是后来成立的非洲联盟,一直奉行不干涉别国内政、和平协商及依靠集体力量解决非洲内部冲突的宗旨与原则。对于地区内国家或国家间的冲突,非洲联盟的作用通常是通过倡导民族和解、政治谈判,将相关方纳入和解的政治进程中来,进而实现地区的稳定和安全。但是,由于资金短缺,非洲联盟在执行过程中常常受到制约,许多行动无果而终,最终不得不依靠西方国家提供援助。但西方国家的卷入又给问题的解决增加了不确定性,使非洲联盟陷于矛盾之中。

此外,从外交层面上看,由于苏丹既是阿拉伯国家联盟成员国,又是非洲联盟成员国,而达尔富尔冲突在相当大的程度上是阿拉伯人与黑人之间的冲突,因而阿盟和非洲联盟在这个问题上的关系变得比较微妙。对非洲联盟来说,这个问题处理不好,将影响非洲联盟内部的团结,特别是北非阿拉伯国家与撒哈拉以南非洲国家的关系。

第四节 非洲国家对达尔富尔问题的看法

达尔富尔危机以来,非洲国家普遍十分关注。围绕着达尔富尔问题的性质、起因、解决方式,非洲国家间形成了许多有争议的看法与政策倾向。

一、达尔富尔问题的性质与根源

首先,是对达尔富尔问题的根源与性质的认知与理解。在这方面,非洲国家的认识并不统一。关于达尔富尔冲突的发生起因于环境恶化和资源短缺的观点有一些争论。有人认为,该地区环境的变化并不是最近发生的,该地区的干旱已经有100多年的历史了,用一个长期的自然现象来解释现在的达尔富尔问题并不合适。每个社会都有它自己的解决环境与资源问题的机制,如果问题得不到解决甚至恶化,应该考虑是社会管理与政府治理出了问题。因此,达尔富尔问题在根本上是一个政治问题或者治理问题。为此,非洲国家应该加强良政建设,通过对国家权力更广泛的分享来化解矛盾与冲突。当前,达尔富尔问题迟迟得不到解决,在于苏丹政府不愿意和更多的反政府组织分享权力。对于如何促进苏丹政府的治理能力,这些"治理论"的观点认为,应该在达尔富尔问题上引入并扩大包括公民社会在内的国际社会对该问题的关注和参与。

其次,西方殖民主义遗留的影响与后果也是一个争论的话题。主要涉及当年西方殖民统治是否造成了今日苏丹国家的民族矛盾,特别是达尔富尔阿拉伯人与黑人的矛盾是否与当年的西方殖民统治有关的问题。达尔富尔曾是一个相对独立的政治实体,建立过自己的富尔王国,第一次世界大战期间英国把达尔富尔地区正式并入它统治下的苏丹,因此有人认为达尔富尔问题是从英国人统治时出现。另外在宗教问题上,有人认为近代以后西方基督教的传入造成了这一地区的宗教矛盾。统计资料表明,约 700 万的达尔富尔地区总人口中,70％的居民信仰伊斯兰教,其余 30％的人信仰基督教和原始拜物教。① 但也有人认为,达尔富尔冲突地区的居民几乎全部是穆斯林逊尼派,因此并不存在宗教问题。

最后,是如何看待达尔富尔问题的实质。争论集中在这样一个问题上,即达尔富尔问题究竟是一个经济社会发展不足的问题,还是一个地区利益分配不公的问题。达尔富尔冲突之所以日趋严重而得不到解决,并不完全是因为地区经济落后,而是因为冲突各方的利益诉求很不一致,各路当地的反政府武装都想分享国家的权力,都想通过分享国家政治权力来获得资源与财富的更大份额。但事实上,这两个问题是一个问题的两个方面,相互并存着,问题的解决只能是综合治理,发展与公正需同时予以重视。

二、达尔富尔问题与苏丹主权

在解决达尔富尔问题上,如何既尊重苏丹的国家主权与领土完整,又要推动苏丹政府采取有效的措施解决达尔富尔问题,非洲国家与国际社会的看法是有所不同的。特别是对于要不要制裁苏丹政府,要不要用特殊的手段迫使苏丹政府减少在达尔富尔地区的行动能力,非洲国家一直比较矛盾。众所周知,在很多国际问题上,发展中国家的立场并不一致,甚至为了各自的利益而不惜反目。但是,在维护国家主权独立和领土完整的问题上,非洲国家却有着一致立场。在处理达尔富尔问题上,苏丹政府曾一度对联合国安理会决议以及派遣维和部队表示担忧。2006 年 6 月 20 日在苏丹喀土穆举行的执政党会议上,苏丹总统巴希尔明确表示拒绝联合国部队取代非洲联盟维和部队进入达尔富尔。他甚至表示,只要他担任苏丹总统,就不会允许联合国部队进入达尔富尔。只有达尔富尔人民才能决定该地区的现在和未来。2006 年 9 月,苏丹外交部发言人易卜拉欣

---

① 参见涂龙德:《达尔富尔危机之透视》,载《阿拉伯世界》2005 年第 4 期(总第 99 期),第 2—3 页。

要求非洲联盟维和部队月底前撤出苏丹。由于中国、非洲联盟有关国家的积极调解,苏丹政府同意接受联合国维和部队进入。2007年7月,联合国安理会通过决议,决定在达尔富尔地区部署联合国非洲联盟混和维和部队。这一决议也得到了苏丹政府的同意。尽管如此,苏丹总统巴希尔仍强调,维和部队的绝大多数成员必须来自非洲国家,因为只有这样苏丹的国家主权才更有保证。目前只有中国维和部队进入了达尔富尔地区,其他国家的联合国维和部队现还在准备之中。对于苏丹政府的担忧,一些非洲国家表示理解,但也有一些非洲国家认为,由于苏丹政府缺乏诚意,一些反对派才迟迟不愿意在和平协议上签字,他们认为非洲联盟和联合国应向苏丹政府施加更大的压力,以迫使苏丹政府做出让步,同反动派别签署和平协议。

目前苏丹周边地区的国际局势依然十分复杂。苏丹政府认为,那些长期同苏丹交恶的国家,更愿意看到一个四分五裂的苏丹,对于不断遭受苏丹刺激的美国等西方大国而言,一个受到削弱的国家,将有助于其更好地在该地施展权威。但更多的国家认为,一旦苏丹国内局势失去控制,国家走向分裂并引发大规模的战乱,必将给这一地区造成严重的冲击,因而国际社会应该促成达尔富尔问题在公平、公正、平衡的原则下政治解决。很显然,对苏丹而言,促进各党派在民族和解问题上的协商、尽早达成并落实和解协议,维护国家的稳定、领土完整和主权独立是最符合苏丹人民长远利益的行为,也是国家的最高利益。

三、非洲联盟的态度与政策

达尔富尔危机爆发以来,非洲联盟的地位与作用日益重要,但是国际社会和非洲国家,对于非洲联盟在达尔富尔问题上应该扮演什么样的角色和发挥什么样的作用,看法与态度却并不完全明确和一致。

非洲联盟和一些非洲国家认为,非洲联盟在解决达尔富尔危机中一直发挥着主导作用。冲突发生后,非洲联盟成为冲突方和平交流的平台,这有助于消除冲突方的彼此不信任,协调各方的利益,促进和谈。随着危机的升级,非洲联盟采取了积极行动并通过了许多决议,许多非洲国家希望各方遵守达成的有关协议,在非洲联盟的协调监督下实现和平。事实上,达尔富尔冲突各方一直在非洲联盟的主导下保持着接触。非洲国家认可非洲联盟在达尔富尔危机发生后所做的积极贡献,包括促使冲突方停战和开展谈判,尽力减少人道主义灾难,推动问题的和平解决。冲突各方之所以同意参加和平谈判、苏丹政府由拒绝外部力量进入到最终接受联合国和非洲联盟的混和维和行动,非洲联盟在其中都发挥了积极作用。因此,非洲国家主张非洲联盟在达尔富尔问题中发挥更加重要的作用。事实上,苏丹政府也一直强调非洲联盟应该发挥更大的作用。对于苏丹而言,尽管非洲联盟仍存在多元利益国的声音,但是,与西方国家长期以来干涉非洲国家内政的做法相比,非洲联盟的干预还是较为安全的。至少苏丹政府在非洲联盟的声音将会受到足够的重视。

但是一些非洲国家也认为,非洲联盟在参与解决达尔富尔问题中暴露出了许多问题。一是非洲联盟可利用的资源严重不足,这影响了非洲联盟的行动能力。2003年8月,苏丹政府与反政府武装在尼日利亚首都阿布贾举行第一轮和谈后,非洲联盟就向达尔富尔地区派出了维和部队监督执行停火任务。作为非洲联盟下属的苏丹战后重建委员会主席国,2004年12月南非总统姆贝基对苏丹进行访问期间曾表示,对非洲联盟解决达尔富尔问题有信心。但事实上,维和部队在财政和后勤保障等方面的困难一直难以克服。为此,非洲联盟不得不寻求联合国的介入,希望联合国可以在行政管理、资金、物资和后勤等方面参与维和行动。2006年1月,非洲联盟宣布,非洲联盟部队在3月底任期结束后将难以继续执行维和任务,建议把维和任务移交联合国。二是非洲联盟缺乏对违反地区安全行为采取有效行动的机制,这是非洲联盟在体制建设和发展能力方面面临的一大问题。达尔富尔问题恶化后,乍得的反政府武装日益得势。2008年2月,乍得反政府武装进攻首都恩贾梅纳。新当选的非洲联盟轮值主席、坦桑尼亚总统基奎特曾表示,如果乍得反政府武装夺取政权,非洲联盟将不予承认,直到该国恢复民主政体。同时,基奎特表示,非洲联盟已决定由刚果(布)总统萨苏和利比亚领导人卡扎菲负责对当前乍得反政府武装与政府军之间的冲突进行斡旋。长期以来,对于非洲国家频发的政变和反政府武装活动,非洲联盟的做法通常是通过斡旋使冲突方回到政治谈判的进程中,然后通过举行全民大选产生新的所谓的民主政体。但这种做法存在着许多问题,因为它可能导致这些国家继续发生新的政变和叛乱。

四、达尔富尔问题中的国际因素

在达尔富尔危机的形成与发展过程中,国际因素究竟影响如何?这涉及如下方面的争论。一是达尔富尔危机国际化的原因。许多非洲国家认为,达尔富尔问题之日益严重并成为一个国际性问题,与西方媒体的恶意炒作有很大关系。事实上,非洲国家对西方媒体种种耸人听闻的报道有过许多质疑。达尔富尔问题由来已久,冲突各方面情况复杂,苏丹政府在其中虽然有治理不当、行动迟缓的责任,也存在着袒护阿拉伯人的问题,但是一些西方媒体却先入为主地断定这是一场苏丹政府与北方阿拉伯人对达尔富尔黑人的"种族大屠杀",这种做法对问题的解决十分不利。此外,非洲国家对西方在苏丹问题上的双重标准表示不满,认为冲突各方面都负有责任。二是从促进苏丹政府实施良政的角度出发,非洲国家希望包括西方国家在内的国际社会能够广泛参与达尔富尔问题的解决。对此非洲国家的心情是有矛盾的,一方面,西方国家的参与有助于促进苏丹政府面对压力进行变革,以从根本上解决达尔富尔问题;另一方面,又对西方国家利用双重标准干涉苏丹内政并谋取私利,进而危害苏丹主权独立和领土完整的做法有很大的担心。此外,非洲国家认为,西方国家为达尔富尔所提供的援助,更多是用于人道主义救济方面,而不是用来解决该地区人民的发展问题。这对于达尔富尔问题的最终解决并不能起到根本作用。三是国际社会所作的努力对于解决达尔富尔问题远远不够。在具体解决方式上,国际社会应该协助苏丹制定一个更为合理的解决方案,对问题的根源排序,以分清主次,从更大的范围上来关注达尔富尔问题,包括难民返回家园、民族、发展、苏丹政府的制度建设等问题,都应该综合考虑。四是应该加强这一地区的武器管制。对此,国际社会应该协调立场,了解武装派别的武器来源,控制武器的流入,防止武器在达尔富尔地区泛滥。

达尔富尔问题上各方的互信问题也备受非洲国家关注。目前达尔富尔问题日益复杂化和国际化,要解决这一复杂的问题,需要在三个层面上建立互信机制:国际层面的,苏丹和周边国家之间的,苏丹政府和反政府武装之间的。为了维护地区安全、消除人道主义灾难,当前最重要的是各方增强互信,彼此消除误解。

五、对苏丹政府治理问题的看法

达尔富尔危机爆发以来,一些非洲国家认为,苏丹政府在达尔富尔地区治理方面的不当和失职是一个不能忽视的问题。非洲国家独立已经半个多世纪,不应该总是把问题归咎于殖民主义,这样做于事无补,其实是政府在推卸责任。在达尔富尔问题上,政府治理的不到位、对资源分配不当、优待阿拉伯人而压制黑人等,都是导致冲突的原因。另外,政府也不重视利用当地部族长老在解决冲突方面的传统作用。事实上,苏丹南北冲突的解决就依靠了当地部族首领。在达尔富尔地区,部族首领对地区矛盾的调解一直发挥着重要的作用。因此,一些非洲国家和民众认为,当传统的生产方式、政治制度受到破坏后,政府应该充分调动和发挥部族首领及传统政治协商机制的积极性。

达尔富尔地区的社会组织主要以部族为单位,武装组织也主要是基于部族为基础组织起来的。各个部族都希望按照自己的方式来维护自己的利益,当政府发生管理危机的时候,部族更成为当地人的重要依托。引发冲突的一个重要原因就是农牧民不同的生活方式。此外,在达尔富尔与周边国家之间,苏丹与其他周边国家如厄立特里亚、埃塞俄比亚之间也存在这样的移民问题。因此,政府要从长远考虑,解决当地不同部族的生产生活资料分配和治理。如果这些问题得不到解决,即使和平协议签署,在当地居民的生存问题得不到解决的情况下,该问题仍不能解决。

目前达尔富尔面临的一个重要难题是,冲突各方如何达成和解协议及执行的落实。危机不断扩大,在于各方并没有积极参与和落实和平协议。这主要是因为达尔富尔和平协议的基础不够广泛,和平协议并没有满足各武装冲突派别的利益,特别是没有真正关注当地居民的利益。《阿布贾协议》更注重分权,但分权并不能够解决当地的发展问题。因此,重视当地居民的发展,使其也广泛地参加到和平协议中来,才是解决问题的方法。如果仅重视反政府武装而忽视了当地居民,问题并不会得到解决。

难民问题的解决也十分重要。达尔富尔危机已经造成严重的人道主义危机,也给地区安全带来了严重隐患,很多武装派别到难民营招兵买马,甚至招收童兵。目前在达尔富尔,温饱问题日益严重,只能依靠有限的国际社会援助。有研究表明,这些难民营正在"政治化"。大量居住在难民营的人口引发了周边国家的担忧。如果政府不对这些难民采取积极的政策,使他们尽快回到自己的家园,该地区的问题将会更加复杂化和长期化。对此,有建议认为,苏丹政府在这方面应该发挥更大的作用,如建设新型农村、增加就业,以消除难民对外援的依赖。

第六章　达尔富尔与西方和联合国

西方国家是现代苏丹的"催产士",现代苏丹国家的疆界是在19世纪英国统治苏丹时大体确定下来的。1916年英国人完全废黜了达尔富尔王国,将其归并于苏丹殖民地内,但同时又给了达尔富尔在殖民地内的自治地位,因此达尔富尔问题的起因其实与西方国家有着复杂的历史关系。

达尔富尔危机爆发以来,联合国开始介入,在达尔富尔的维和行动也将成为联合国有史以来规模最大的维和行动。特别是2008年7月联合国海牙国际刑事法庭法官以"种族灭绝罪"起诉苏丹现任总统巴希尔,更给达尔富尔问题的前景蒙上了阴影,达尔富尔问题的国际化程度日益提升且更为复杂了。

第一节　苏丹与西方国家关系的演变

一、苏丹与英国的关系

在1820年埃及入侵苏丹之前,现代政治意义上的苏丹还不存在。伊斯兰的芬吉王国、达尔富尔王国以及土著的丁卡人、希卢克人、阿努亚克人和努维尔人四个最大的部落,在各自的控制区内一直独立生活并勇敢抗击外来侵略。①埃及总督穆罕默德·阿里的军事征服打破了苏丹各地区的独立状态,至少在表面上结束了各地的分裂割据局面。埃及人和苏丹北方人对南方所进行的奴隶贸易让苏丹南北地区的交往始终弥漫着血雨腥风,种下了南北冲突的最初祸根。1841年后白尼罗河作为商业之路的开通是南苏丹历史的转折点,苏丹从此打开了通向世界之门。从国家构建的视角看,埃及人的统治不仅没有在彼此隔离的苏丹内部各个地区间造就稳定而持久的联系内核,其所激发的政教合一的马赫迪国家模式,反而成为苏丹后来许多伊斯兰主义者孜孜追求的目标。

---

① See Abel Alier, The Southern Sudan, Too Many Agreements Dishonored, Exeter: Ithaca Press, 1990, p. 11.

从 19 世纪 60 年代开始,英国逐步通过埃及把触角伸到了苏丹。英国驻喀土穆的代理领事约翰·彼得雷克,最早以反对贩奴为名率埃及军事考察团深入尼罗河上游,并担任埃及在苏丹两个省的总督。曾在中国镇压过太平天国起义的英国人查尔斯·戈登,1877 年被埃及任命为除本土外所有属地的总督,不仅成为总揽苏丹行政和财政大权的统治者,而且其辖区包括苏丹本部、赤道各省、达尔富尔省、红海及索马里沿海地带。早在 1898 年消灭马赫迪国家和 1899 年签署《英埃共管苏丹协定》之前,英国在苏丹的势力就已经超过埃及,一些担任埃及在苏丹各省总督的英国人,虽然名义上由埃及统治者授以"帕夏"称号,但事实上却听命于英国政府。①

英国人一直把殖民活动同从阿拉伯奴隶贩子手中"拯救"苏丹南方联系起来,先是通过奥斯曼—埃及政府寻求压制奴隶贸易,1898 年摧毁马赫迪王国后更废除了奴隶贸易。英国的占领实际上将北方伊斯兰势力的南下扩张局限在了城市中心。因此,尽管 19 世纪的一些欧洲人也借助埃及人或苏丹北方中间人从事奴隶贸易,但苏丹南方人却仅把后者当成了唯一的罪犯,而认为欧洲人把他们最终从阿拉伯人的奴役中拯救了出来。② 在整个 20 世纪,基督教始终以和平方式进入苏丹传教,而且与苏丹南方人的个人幸福和社会经济发展相联系,这一积极的动机使它赢得了许多新的皈依者。③

20 世纪前期的苏丹名义上是英埃共管,实际上是英国的殖民地,占领者是欧洲的一小撮冒险家。这种特殊的"双胞胎"政治架构给独立后的苏丹和埃及双边关系造成了一些麻烦,例如苏埃在哈拉伊卜地区的领土纠纷,就是英国殖民者埋下的祸根之一。根据 1899 年英国政府同埃及签署的协议,划定北纬 22°为苏丹和埃及的国界,以南归苏丹,以北归埃及。这种一刀切的划分方法,把当地的两个分跨 22°线的白沙利亚和阿巴伊达部落切成两半,英国因此便在该地区实行领土"所有权"与"经营权"分开的做法,哈拉伊卜地区便形成了领土归埃及、管理权归苏丹的既成事实。英国殖民者的这种做法,给以后的苏埃关系蒙上了阴影。20 世纪 50 年代初期,苏埃两国曾就哈拉伊卜的归属问题发生过纠纷,苏丹一度要求联合国安理会对哈拉伊卜地区进行国际仲裁,后在 1971 年撤回提案。这一悬而未决的边界问题,让 20 世纪 90 年代的苏埃关系一度恶化到差点兵戎

---

① 参见南开大学历史系世界史教研组:《苏丹人民的民族解放斗争》,载《历史教学》1959 年第 2 期,第 23 页。

② 参见杨濑城、朱克柔主编:《民族冲突和宗教争端》,人民出版社 1996 年版,第 323—325 页。

③ 参见姜恒昆:《苏丹内战中的宗教因素》,载《西亚非洲》2004 年第 4 期,第 35 页。

相见。

英国在苏丹实行间接统治,苏丹总督掌握一切大权,地方由部落酋长管理,地方长官享有行政和司法权,宗教仅限于个人事务,宗教人士不得干预政治。为避免重蹈埃及的覆辙,笃信均势思想的英国人,从一开始就在苏丹实行南北分而治之的政策。在具体做法上,英国人首先承认并尊重北方人的阿拉伯情感,把喀土穆政府的特征描述为伊斯兰性质的,但同时又把南方人看作是没有宗教信仰的原始人,鼓励基督教传教士进入南苏丹传播基督教,吸引南方人成为上帝的子民,阻止南方的伊斯兰化,使南方成为基督教和伊斯兰教之间的缓冲地带。[①] 英国人分而治之政策的核心,就是在苏丹实行"地区封闭"和"南北隔离",禁止南北双方的互相往来,客观上造成了"南方人对北方阿拉伯人普遍的恐惧"[②]。1918年,英语成为南方的官方语言,星期天取代星期五成为法定休息日。1922年颁布的《封闭区法》人为掐断了南北方之间的联系。1939年英埃共管政府颁布的《南方禁区法令》,从法律上肯定了南北方分治政策。苏丹境内的各个实体被迫在各自的封闭区内自生自灭。从实际效果看,英国的分而治之政策,强化了苏丹北方的阿拉伯伊斯兰文化特色,促成了南方基督教信仰和原始宗教信仰并存的复杂局面,虽然有效维持了英国在苏丹的殖民统治,但彼此间难以逾越的障碍和隔阂妨碍了统一国家意识和行为的形成。

由于二战后亚非拉国家风起云涌的民族解放运动,也由于新崛起大国美国的排挤和苏联的渗透,被战争严重削弱的大英帝国江河日下。在二战结束后苏丹独立运动的蓬勃发展时期,英国人为了获得北方人的支持而不使苏丹倒向埃及,也出于其结束殖民统治前的一贯做法,开始正面回应苏丹北方政治精英们改变南北分治状况的呼声。1946年6月,英国总督未经埃及政府同意就单独宣布在苏丹进行所谓的"宪政改革",并从次年开始采取多项措施消除南北差距,公开表示要给苏丹南方以"自决权",促进南北交流,试图将南北方合并成一个国家统一治理。

1948年10月,英国与埃及曾在伦敦就苏丹问题举行过会谈。由于英国只承认埃及对苏丹具有象征性的、暂时的统治权,而当时的埃及内阁希望对苏丹具有实际的统治权,双方的谈判最终破裂。由于英国和美国的反对,安理会未能对

[①] See Mansour Khalid, War and Peace in the Sudan: A Tale of Two Countries, London: Kegan Paul Limited, 2003, p. 19.

[②] Joseph Oduho and William Deng, The Problem of the Southern Sudan, Oxford: Oxford University Press. 1963, p. 27.

双方的分歧做出任何决定。1953年2月,在新生的埃及共和国承认苏丹人有自决权利的情况下,英国与埃及签订了关于苏丹的协定。协定规定,在苏丹实行为期三年的过渡时期,苏丹将在这个时期内建立议会和民族政府,过渡时期国家的最高立法权和行政权仍旧掌握在英国总督手中。协定还规定成立一个国际性选举委员会,由一名埃及人、一名英国人、一名美国人、一名印度人、三名苏丹人组成,印度人担任主席。选举委员会根据立法会议批准的宪法掌握苏丹议会选举。苏丹的未来发展道路,无论是在某些条件下和埃及联合、参加英联邦还是完全独立,都由苏丹议会在1955年底最后决定,一切外国军队和官员都应在议会做出决定以前撤出苏丹。①

因为担心文化落后的黑人缺乏治理现代国家的能力,英国否定了苏丹南北分治方案,未征求苏丹南方人意愿就单独决定南北方合并。得到英国支持的苏丹北方政治家不惮南方数地发生的兵变,也无视南方人建立联邦国家的要求,如期于1956年1月1日宣布苏丹独立。

英国的殖民统治虽然造就了地理意义上的现代苏丹,但遗留下了很多问题。问题之一就是欧洲列强瓜分非洲时人为划定的苏丹边界,将达尔富尔地区的不少部落划分到了不同的国家,分属不同国家的同一部族间有着千丝万缕的联系,这导致苏丹和邻国之间关系的复杂化。一些邻国以各种形式卷入达尔富尔部族之间日趋激烈的资源争夺,例如乍得的反对派总是利用苏丹领土向乍得政府军发起攻击,乍得的当权派因而支持达尔富尔境内的其他部族与之对抗。②

独立后的苏丹宣称,要"按照苏丹利益同任何国家合作","除遭受侵略需要采取防御措施的情况外,苏丹不参加任何形式的条约",因而也和其他非洲独立国家一样,对外政策上标榜中立和不结盟,反对殖民主义。苏丹曾公开反对法国在阿尔及利亚的侵略战争,支持突尼斯要求法军撤出比塞大港,1961年4月为抗议法国在撒哈拉沙漠进行原子弹爆炸实验而一度召回了驻法大使,1965年因联邦德国和以色列建交而断绝两国外交关系。总体上看,虽然有苏法关系在一段时间内的紧张和苏德断交,但1965年以前的苏丹政府,无论在政治上或经济上都是亲西方的,对涉及英美的国际事务大多采取回避态度,同其他国家例如南斯拉夫、苏联、捷克等的合作,也只是为了避免对西方的过度依赖。甚至在涉及

---

① 参见唐同明:《论苏丹人民争取民族独立的斗争》,载《贵州师范大学学报(社科版)》1981年第2期,第70页。
② 参见姜恒昆、刘鸿武:《种族认同还是资源争夺——苏丹达尔富尔地区冲突根源探析》,载《西亚非洲》2005年第5期,第11—12页。

本国切身利益的问题上,如美英对南苏丹反政府武装的支持等,苏丹政府也只进行一定限度的反抗。①

1956年退出后,英国仍在苏丹有着强大的政治和经济影响。政治方面,凭借长期培植的安萨教派、乌玛党和人数众多的苏丹文官人员,英国一直深度干预着苏丹内部事务。当1958年乌玛党无法维持政权时,英国通过幕后参与策划军事政变保护乌玛党,而当乌玛党在军政府的代理人相继失势,英国又唆使乌玛党和安萨教派同军政权进行斗争。此外,英国还在南苏丹策划和支持反政府武装的分裂活动。虽然整体关系比较密切,但英国的露骨干涉却经常导致与苏丹政府发生一些摩擦。1964年9月,苏丹政府以在南部进行颠覆活动为由,驱逐了200多名英国传教士出境。② 1973年以后,一度因苏丹接近苏联而疏远了的英苏关系又得到了恢复。英国参加了向喀土穆—苏丹港输油管道工程提供资金和其修建工作,向散纳尔糖厂提供技术和设备。1979年英国向苏丹提供了1500万英镑贷款用于支付平衡,1981年又决定免去苏丹所欠债务。③

英国对苏丹1983年后推行的伊斯兰法极为反感,认为伊斯兰法侵害了非穆斯林的权益,指责喀土穆政府在苏丹南方发动的是一场穆斯林打非穆斯林的宗教战争。1989年后停止了对苏丹的一切经济、技术援助,自1990年起,又中断了奖学金项目。1993年国际货币基金冻结苏丹的投票权也与英国有关。1994年初,因为英国大主教私访苏丹南部反政府武装控制区,苏丹政府宣布将英国大使彼得·斯特里姆斯驱逐出境。英国外交部以驱逐苏丹驻伦敦使馆代办给予报复。④

一直参与苏丹南北和谈的英国,虽然因为历史上的原因而觉得有义务为解决达尔富尔问题做些事情,例如2003年达尔富尔危机大规模爆发后率先提出军事干预行动,但由于双方缺乏最低限度的互信而彼此疑惧。刘贵今特使2008年初的访英,不仅向英国公众说明中国在推动达尔富尔问题解决进程的所发挥的作用,而且表示愿意在西方国家和苏丹之间"发挥一点点桥梁和传话人的作用"⑤。

---

① 参见宗实:《非洲列国志·苏丹》,世界知识出版社1965年版,第92—93页。
② 同上,第94页。
③ 参见杨期锭、丁塞编著:《苏丹》,上海辞书出版社1985年版,第151页。
④ 参见王亚东:《苏丹—英国外交危机的背后》,载《瞭望》1994年第4期,第42页。
⑤ 李鹏:《达尔富尔需要最基本的互信》,载《中国新闻周刊》2008年3月10日,第54页。

二、苏丹与美国的关系

作为二战后国际政治舞台的当然主角,美国于 1952 年在喀土穆设立联络处,苏丹独立后升格为大使馆。此后,苏丹同美国的关系随着美国经济势力的大量渗入而逐步加深,发展轨迹曲折反复、跌宕起伏。

1957 年,苏丹拒绝接受美国副总统尼克松推销的艾森豪威尔主义,此后多次拒绝美国在红海沿岸地区建立军事基地和开发南苏丹的要求。1958 年 3 月,苏丹政府和美国政府签订了经济和技术援助协定。1964 年 2 月,苏丹把 50 多名美国传教士驱逐出境,随后的 1967 年因抗议美国支持以色列对阿拉伯国家发动侵略战争而同美断交。1971 年 7 月 19 日发生以马哈古卜为首的苏丹共产党未遂军事政变后,苏丹加强了同西方特别是与美国的合作。1972 年,苏丹成为"六·五"战争后与美国恢复外交关系的第一个阿拉伯国家,美国也成为了苏丹最大的援助国。1973—1984 年,美国至少向苏丹提供了 11.39 亿美元的贷款和救济物资以及 5.83 亿美元的军援。① 美国的雪佛龙公司曾是现代苏丹石油工业的主要作业者。1992 年,苏丹政府从雪佛龙手中收回的开采区块面积达 4200 万英亩。②

冷战结束后,随着苏联的解体,美国与苏联在非洲的对抗不复存在,非洲在美国全球战略中的作用开始下降。在 20 世纪的最后十年,因为认定巴希尔政权是一个奉行伊斯兰原教旨主义的政权,加之苏丹的石油生产和出口较晚,美国便主要关注尼日利亚、安哥拉和阿尔及利亚等非洲产油国,不仅对苏丹不十分重视,反而以违反人权和支持恐怖主义为由对苏丹进行制裁,两国关系因此日趋紧张和恶化。

1993 年,美国政府以苏丹给阿拉伯恐怖主义组织提供庇护为由,将苏丹列入支持恐怖主义国家的黑名单。1996 年发生埃及总统穆巴拉克遇刺事件后,美国推动安理会通过对苏丹的制裁决议。1997 年 11 月,美国决定对苏丹实行新的经济制裁,制裁内容包括冻结苏丹在华盛顿的资产、禁止美方与苏丹进行贸易往来并向其提供贷款。1998 年 8 月,美国称苏丹卷入其驻坦桑尼亚和肯尼亚使馆的爆炸事件,并以生产化学武器为由用导弹炸毁了喀土穆附近的希法制药厂。此外,美国还不断增加对厄立特里亚、埃塞俄比亚和乌干达的军事援助以加强对苏丹的压力,向苏丹人民解放军和其他苏丹政府反对派组织提供大量的军事援

---

① 参见杨期铤、丁塞编著:《苏丹》,上海辞书出版社 1985 年版,第 149—150 页。
② See Martin Meredith, The State of Africa, London: Free Press, 2006, p. 594.

助。在冷战结束后的10年里,美国政府给加朗集团共提供了12亿美元的资助。① 美国的军事援助加剧了苏丹境内近20年的内战,严重恶化了北非的安全形势。

面对美国政府的强大压力,苏丹政府也在探索中调整应对之策。初期,巴希尔政府以促进阿拉伯化和伊斯兰化为对外交往基本宗旨,宣扬泛伊斯兰主义,用来自民间的"泛伊斯兰团结"对抗美国的强权政治。苏丹一度成为世界上公开支持恐怖分子的主要国家之一,给予本·拉登五年的庇护期,接纳了许多阿富汗退役老兵,而"基地"组织正是在这个期间发展壮大起来的。② 20世纪90年代中期以后,巴希尔政权逐渐淡化其宗教色彩,支持和输出原教旨主义的活动明显减少,对恐怖主义的态度逐渐由包容转为限制。1996年,恐怖大亨拉登被送出苏丹。1998年,苏丹签署了《阿拉伯国家反恐怖协定》,以修宪方式调整了1989年以来的宗教激进政策,对美国的导弹空袭虽反应强烈但留有余地,仅只做出了禁止美国官员入境的决定,在反驳美国指责的同时着力表白其反恐立场,明确与拉登划清界限。2000年,美国总统特使两次访问喀土穆,关闭已久的美国驻喀土穆使馆迎来了新代办。③

从地缘政治视角看,美国在非洲的反恐主要集中在非洲之角和撒哈拉中西部地区,苏丹是连结上述两片地区的重要纽带。独特的地理位置让苏丹对美国全球反恐战的地缘政治意义凸显。鉴于本·拉登在20世纪90年代以苏丹为基地策划了多起针对美国目标的恐怖主义袭击,美国政府一直担心苏丹形势失控,担心失控的苏丹可能引发伊斯兰极端恐怖组织在非洲的大规模渗透。于是,2001年上台的布什政府积极改变克林顿政府时期对苏丹的遏制政策,上台数月就使美苏关系由紧张逐步走向缓和。

2001年2月,美国国际战略研究中心举办了一次由国务院、国会、国家安全委员会负责人和部分非洲及苏丹专家和学者参加的研讨会,提出以"一个苏丹,南北两种制度"的模式结束苏丹长达18年的内战。3月,美国驻苏丹使馆临时代办布拉温在会见苏丹外长伊斯梅尔时表示,美国政府正在多层次研究、制定对苏丹的新政策,实现苏丹和平问题是美国新政府优先考虑的问题。苏丹方面表达了同美国实现关系正常化的愿望,希望美国新政府仔细深刻均衡地研究苏丹

---

① See The Center for Strategic and International Studies, US policy to End Sudan's War, Report of the CSIS Task Force on US—Sudan policy, Feb, 2001.
② 参见任毓骏:《美国下步要打谁》,载《环球时报》2001年11月30日。
③ 参见赵宏图:《中东伊斯兰运动的发展及前景》,载《国际资料信息》2001年第4期,第2页。

情况，不要草率从事，以便为美国积极参与苏丹和平进程和建立两国经济关系创造条件。4月，美国国务卿鲍威尔提出了同苏丹改善关系的三个条件，即苏丹政府停止对南部地区的轰炸，为南部地区提供人道主义援助，清除恐怖主义组织。苏丹政府对此表示接受，希望美国向加朗集团施加压力，为结束苏丹内战做出贡献，并在7月取消了美国官员入境禁令。8月，美国国会代表团访问苏丹。"9·11"事件后，苏丹积极配合美国反恐，美国认为苏丹的一家银行与拉登有关，苏丹政府也确认拉登在该银行拥有很大的股份，并与美国合作追查拉登在苏丹的金融渠道。美国则放弃了长期阻挠安理会通过决议解除对苏丹制裁的立场。9月28日，在美国默认下，安理会以14票赞成1票弃权（美国）的表决结果，决定取消对苏丹的制裁并立即生效。

美国与苏丹的关系在20世纪90年代一直紧张，美国以苏丹支持恐怖主义活动为由对苏丹进行制裁，并一直支持苏丹南部的反政府武装加朗集团。但随着双边关系的缓和，美国开始介入苏丹国内的和平进程。2001年11月，美国设立苏丹问题特使，负责在苏丹内战双方间进行斡旋，颁布《苏丹和平法》，为达成和平协议设定时间表，并召集苏丹政府与"苏丹人民解放运动"代表赴美磋商。从2002年开始，在美国、英国和挪威"三驾马车"的调解下，苏丹政府与苏丹南部的反政府武装先后签署了三个和平协议书。2003年6月，美国国务院发表声明，敦促苏丹政府与加朗集团签署最终和平协议，同时要求国会延长《苏丹和平法》的执行期限，给苏丹和谈以足够的时间。2003年10月，美国国务卿鲍威尔赴苏丹南北双方在肯尼亚的谈判现场，表示美国准备动用一切外交和政治手段来推动苏丹和平进程，如果冲突双方达成协议，美国将重新审视其现行的制裁苏丹的政策。① 2005年1月，在美国的直接参与下，苏丹政府与"苏丹人民解放运动"在内罗毕正式签署《全面和平协议》。6月，苏丹外长伊斯梅尔访美，向美提出了一系列旨在改善两国关系的要求和建议。7月，美国国务卿赖斯专门就达尔富尔问题访问了苏丹。11月，苏丹第一副总统基尔访美。美国原副国务卿佐利克在2005年内四次访问苏丹。

2008年5月，苏美双方代表团在罗马就两国关系正常化举行第一轮会谈。6月，苏丹总统顾问纳菲阿和到访的美国总统苏丹问题特使威廉森，在位于苏丹首都喀土穆市中心的外交官俱乐部就两国关系正常化问题举行第二轮封闭式会谈，所有记者都被要求远离会谈周围地区。虽然喀土穆的外交界认为苏美会谈

---

① 参见李广一、王立群：《冷战后美国与苏丹的关系及其前景分析》，载《湖南文理学院学报（社科版）》2005年第6期，第85—86页。

涉及苏丹南北方争议严重的阿比埃问题、在达尔富尔部署联合国和非洲联盟混合部队问题以及两国关系等问题,但苏丹外交部发言人只是说两国的会谈还在进行,且根据两国事先的约定不对会谈发表评论,拒绝回答记者关于会谈的任何提问。美国代表威廉森则呼吁苏丹南北两大政党尽快在有争议的阿比埃问题上达成协议,避免那里的动荡局势进一步升级,以维护苏丹的稳定。舆论认为,美国主动推动与苏丹关系正常化,很大目的是看上了苏丹的石油资源,想在国际油价不断攀升的背景下尽快进入苏丹。①

第二节 西方国家为何突然关注达尔富尔

在阿拉伯语中,"达尔富尔"的意思是"富尔人的家园",但作为达尔富尔最古老、最主要的原住民,富尔部族仅在15世纪前后建立过属于自己的富尔王国。公元9—12世纪,达尔富尔建立过基督教小王国。13世纪中叶起,穆斯林开始征服该地区。1874年和1883年,达尔富尔地区先后被埃及的穆罕默德·阿里帕夏和自称为救世主"马赫迪"的穆罕默德·艾哈迈德领导的穆斯林军征服过。1898年,马赫迪王国覆灭后,达尔富尔被奥斯曼帝国和英国控制。第一次世界大战期间,达尔富尔的统治者阿里·迪纳尔向英国殖民军宣战,1916年遭到镇压,迪纳尔被杀。英殖民者随之把达尔富尔地区正式并入了它统治下的苏丹版图。②

一、西方对达尔富尔危机的解读

达尔富尔地区各民族世世代代一直为争夺水草、土地、牧场而发生矛盾,在这里,民族间的冲突是一个古老的现象,有时激烈,有时平缓。目前这场危机其实是从20世纪80年代就断断续续开始了。但在过去20多年中,冲突并不曾引起西方国家的太多关注。然而自2003年以来,达尔富尔的冲突趋于升级,更重要的是西方国家对它的关注突然加强了。一些西方媒体、人权组织以及政界人士,利用他们手中强人的舆论工具,迅速将发生在达尔富尔的部族冲突上升为新的国际热点问题。随后西方舆论的"一边倒"报道和苏丹政府僵硬单调的应对,使得原本是争夺土地和水资源的生态战争,迅速演变为世界性的政治与外交战争。

---

① 参见人民网:《美国与苏丹举行关系正常化谈判》,载 http://world.people.com.cn/GB/1029/7327638.html/.

② 参见涂龙德:《达尔富尔危机之透视》,载《阿拉伯世界》2005年第4期,第1—2页。

积极介入苏丹达尔富尔危机的相关方的动机和目的各不相同。美国最初唯恐达尔富尔成为伊斯兰极端势力的温床,后来则掺杂了经济利益和战略布局的考虑。英国的关注则更多出自前宗主国的敏感。非洲联盟和阿拉伯国家本着各自利益积极斡旋干预,反对欧美大国的介入。俄罗斯出于"大国战略"考虑而支持苏丹政府,一反苏联军工的官僚主义传统,提前半年向苏丹交付了米格—29战机等先进武器。

在达尔富尔危机的升级过程中,1994年发生在卢旺达的大屠杀是一个值得关注的因素。2004年恰逢卢旺达种族大屠杀十年祭,为避免类似悲剧重演,国际社会开展了一系列的图片展览和报告活动。达尔富尔冲突的部族、种族和宗教背景,似乎容易使人产生又一场"种族屠杀"的联想。苏丹政府也曾言之有据地声称,因为达尔富尔各种族早已进行了大范围融合,已经难以用肤色和外貌区分个人的部族归属,不存在纯粹的阿拉伯部落或者未曾与其他部落通婚的非洲部落,达尔富尔问题是"国际社会和联合国因卢旺达事件的失职而感到良心责备的替罪羊"①。但和多数时候一样,苏丹政府的批评没有对一贯自恃"道德优越"的西方舆论产生作用。

在苏丹这样传统氛围浓厚的地区,沙漠生活的经济社会状况把劫掠这种盗贼行径提升到了民族风俗的地位,好战成为游牧民族一种牢不可破的心理状态,劫掠是少数几种表现男子汉气概的职业之一。伍麦叶王朝早期的一首诗歌清楚地说明了这一点:"我们以劫掠为职业,劫掠我们的敌人和邻居。倘若无人可供我们劫掠,我们就劫掠自己的兄弟。"尽管当地有这种深厚的传统,很多西方媒体在报道达尔富尔危机时却无视这种现实,他们刻意忽略达尔富尔危机始于20世纪70年代的史实,片面把2003年北达尔富尔州首府被反政府武装攻陷看作达尔富尔危机爆发的标志,其用意就是要忽略1983—2005的第二次苏丹南北内战,避免那场非洲持续时间最长的内战削减了人们对达尔富尔危机的关注。西方媒体同时还无视达尔富尔90%以上居民都是逊尼派穆斯林且不存在宗教不睦的现状,刻意强调北方阿拉伯游牧部落的伊斯兰宗教背景,强调传统上由北方阿拉伯人主导的苏丹喀土穆政权的伊斯兰性质。通过对达尔富尔冲突宗教文化背景的故意强调,西方传媒把达尔富尔冲突爆发的原因,笼统归结为信仰伊斯兰教的阿拉伯人和信仰原始宗教或基督教的非洲黑人之间的长期不睦。

上述的两个"故意"导致一些西方媒体带着有色眼镜分析苏丹危机,表现之一就是曲解和利用在达尔富尔和科尔多凡等地的民族和部族间冲突。虽然柏迦

---

① 贺文萍:《苏丹达尔富尔问题与中国》,载《西亚非洲》2007年第11期,第7页。

拉人在荒年有劫掠定居黑人的传统,但西方媒体却有意忽略二者多数时间的和睦相处,习惯性地把柏迦拉人描述成天生的强盗和苏丹内部不睦的根源,以此煽动世人对苏丹北方的仇恨。与此同时,有着"原罪"心结的西方舆论对黑人的描述往往尽善尽美,在欧美那些带有政治倾向的网站上,丁卡人的标准形象总是天真无邪、露着白牙的孩子,丁卡人拿枪反对政府的举动也似乎是天经地义。当然,苏丹国内的各派势力也经常曲解和利用民族和部族间冲突。自马赫迪起义以来,北方穆斯林政治势力经常招募柏迦拉人参加"圣战",客观上纵容了后者落后时代的文化。

丁卡族武士

对立双方长期的"一边倒"舆论宣传,给各自受众产生了即时和长远两方面的影响。从即时角度看,苏丹人普遍认为美国人是世上最坏的,并把1998年被美国四枚导弹炸毁的喀土穆郊区希法制药厂完整保留成纪念馆供人参观。西方民众也普遍认为喀土穆的阿拉伯高级官员都是坏人,中国开发苏丹石油就是用钱资助坏人干坏事。尤其是美国国内的那些右翼基督教组织和反阿拉伯势力的利益集团,认为苏丹的和平是被所谓的"文明的冲突"破坏的,竭力将达尔富尔危机定性为"种族屠杀",以便为日后对苏丹进行大规模军事干预铺平道路。事实上,正是美、法、英、德等国以及联合国、欧盟、非洲联盟、阿盟等机构高官或领导人对苏丹和达尔富尔走马灯似的访问,使得达尔富尔危机迅速成为国际热点。

而从长远看,由于很多人顽固地把苏丹内战和达尔富尔危机看作是"文明冲突",许多穆斯林和基督徒因而也把苏丹仅仅看作是一个通道,看作是各自文明向远端伸出的一个触角,他们有义务在那里传播"真理",进而把那里作为各自文明发展的前哨。受此影响,不要说苏丹国民的国家意识还很淡漠甚至没有,即便是有国家意识的部分苏丹人,他们心中的祖国其实也是不完整的。在这些人看来,完整的苏丹要么是纯洁的穆斯林国家,要么是文明的非洲国度,亘古已存的尼罗河被他们看成是真主和上帝拔河的绳子。

二、达尔富尔危机中的西方因素

2003年2月以来,"苏丹解放运动"和"正义与平等运动"两大组织开始进行反政府的武装活动,随后的冲突造成了大量的难民和人员伤亡。苏丹政府认为,冲突造成约1万人死亡和100万人流离失所,世界卫生组织以及联合国采用7万人死亡这个数字,西方媒体则常常报道20万人死亡、约250万人流离失所。在"拯救达尔富尔"运动中十分活跃的美国史密斯学院教授厄瑞克·瑞夫斯(Eric Reeves),干脆在半年之内将危机中的死亡人数从10万增至40万,造成了达尔富尔危机严重恶化的强烈印象。① 虽然冲突导致的伤亡人数统计不一,但达尔富尔动荡加剧并出现了大规模"人道主义危机"确是事实。

从危机处理的视角看,苏丹政府显然对达尔富尔危机的爆发缺乏心理准备,基本处于被国际舆论牵着鼻子走的被动境地,或过分强调自身解决问题的能力,或竭力淡化问题的严重程度,或以"内政"为由拒绝外国武力干涉和在境外审判战犯,或在接受和执行联合国安理会相关决议时讨价还价等。虽然最终也在国际社会的强大压力下做出了种种让步,但国际社会对苏丹政府解决问题的能力和诚意产生了深刻的疑虑。40万人死亡、250万人流离失所、350万人依靠救济生存等怵目惊心的数字,一再激起很多人谴责苏丹政府的强烈冲动。

达尔富尔危机在2004年引起了西方国家的广泛关注,他们一改此前对苏丹政府的局外批评者角色,强势而高调地介入达尔富尔问题。随着欧洲救援组织和媒体的基调由"人道主义危机"向"种族清洗"滑动,在苏丹南北内战爆发21年并导致200万人丧生、400万人流离失所后的2004年,欧洲各国的基本态度悄悄发生变化,即希望通过干预达尔富尔危机显示欧洲一极的力量和人道主义使命感。因为在1999年首次出兵科索沃后,干预和避免因种族清洗引发的人道主义危机几乎成为德国国内政治正确性的原则,德国率先在2004年4月向联合国秘书长安南表示,愿意派出德国军队作为联合国的维和部队。7月,德国向达尔富尔地区和乍得境内的难民营提供了2000万欧元的紧急援助。原先参与苏丹南北和谈的法国和英国,也转变了不希望破坏和谈成果的态度,表示愿意各派出5000人军队维和,法国甚至称其在乍得的5000驻军可随时听遣越境。②

达尔富尔危机升级的最重要外因是布什政府的高调介入。由于在外交领域

---

① See David Hoile, Darfur in Perspective, The European – Sudanese Public Affairs Council, London, 2005, p. 105.

② 参见吴强:《苏丹危机挑战中国海外石油利益》,载《南风窗》2004年第9期,第24页。

奉行重实力、轻道义的单边主义和先发制人打击政策,布什在谋求总统连任的竞选活动中饱受民主党攻击。外交是内政的延续,为了转移国内媒体和公众对伊拉克乱局的关注及对政府的批评,同时也为了占据道义制高点,并与民主党克林顿政府因应卢旺达人道危机时的无所作为形成对比,争取更多的黑人和基督教徒的选票,兼具宗教、种族冲突背景的达尔富尔危机便成为布什的一个重要竞选砝码。① 宗教团体、非洲裔人权组织等院外活动集团的施压是另一重要"推手"。从这个视角观察,人们就很容易理解美国为什么会对苏丹南北内战和达尔富尔危机采取截然不同的态度,即便200万人丧生的事态远比7万或者40万人丧生要严重得多。

美国始终控制着达尔富尔危机国际化的节奏,包括苏丹政府在内的其他各方则处于相对被动的境地。所谓苏丹政府在达尔富尔搞有计划的种族灭绝的说法,最早就是美国提出的,而且全世界几乎只有美国一家在坚持这种提法,联合国一直都称之为"人道主义危机"。作为政治博弈老手的美国,利用阿拉伯民兵组织"坚杰维德"与苏丹政府间的微妙关系,从一开始就频频对巴希尔政权施加压力,试图使达尔富尔问题成为继南方问题之后又一枚操控喀土穆政府的有力棋子,逼迫苏丹朝着美国所希望的方向演变。

美国对苏丹政府的主要施压方向主要包括以下几个方面:(1)解除"坚杰维德"非法武装,制止武装冲突;(2)清算达尔富尔战犯,审判战犯头目;(3)建立达尔富尔禁飞区,确保平民安全;(4)加紧军事干涉,确保人道救援物资落到难民手中。为确保处理达尔富尔危机的主动权,美国还不时对苏丹政权挥舞制裁大棒,要求其必须与联合国和非洲联盟"完全合作"。而法、德、英等欧盟国家在这场危机中的立场与美国相仿,也是动辄以国际制裁相威胁。②

2004年,达尔富尔危机在美国的操控下逐步升级。4月,美国总统布什发表声明,公开要求苏丹政府制止达尔富尔地区"针对当地原住民的野蛮行径",美国国会随后通过法案,将达尔富尔的部族战争定性为"种族灭绝"。6月,达尔富尔危机先后成为美欧首脑会议、八国集团峰会和非洲联盟首脑会议讨论的议题之一。美国国务卿鲍威尔和联合国秘书长安南先后访问苏丹,对达尔富尔地区的人道主义情况进行实地考察。他们均督促苏丹政府尽快解决该地区的人道主义危机,并警告苏丹政府如果不尽快行动,联合国将考虑对苏丹实施制裁。美、英、德等西方国家将阿拉伯民兵列为达尔富尔危机的罪魁祸首,指责苏丹政府纵容

---

① See David Hoile, Darfur in Perspective, p. 97.
② 参见涂龙德:《达尔富尔危机之透视》,载《阿拉伯世界》2005年第4期,第5页。

阿拉伯民兵对与其不同种族的黑人进行种族清洗,认为达尔富尔可能发生卢旺达式的种族屠杀。苏丹政府声称阿拉伯民兵为非法武装,并否认与之有任何牵连。7月22日,美国向联合国安理会提交了一项有关解决达尔富尔地区人道主义危机的新决议案,决议除要求安理会对阿拉伯民兵实施武器禁运和旅行禁令外,还规定苏丹政府在30天内逮捕阿拉伯民兵领导人,否则将面临联合国的制裁。当天,美国众议院一致通过决议,认定达尔富尔的阿拉伯民兵对当地黑人居民的袭击为"种族灭绝"行为。在美、英、德等西方国家的积极推动下,美国提出的决议案于7月30日在联合国安理会得到通过,成了安理会的第1556号决议。中国和巴基斯坦投了弃权票。苏丹政府虽然称该决议为"不正确的决议",认为决议没有拯救达尔富尔地区难民,忽略了在该地区继续为非作歹并拒绝和谈的其他民兵组织,也忽略了苏丹政府、阿拉伯联盟和非洲联盟为解决达尔富尔问题做出的巨大努力,但表示接受安理会的这一决议。8月5日,苏丹政府宣布从次周起,开始解除达尔富尔地区阿拉伯民兵组织的武装。8月10日,苏丹政府正式公布外长伊斯梅尔和联合国特使普龙克就达尔富尔问题达成的名为《路线图计划》的协议。根据此协议,苏丹将从政治、人道主义、安全、难民自愿返回家园和发挥地方领袖的作用等五个方面解决达尔富尔危机,同时坚持反对在达尔富尔地区部署任何外国维和部队。解决达尔富尔问题的政治进程开始起步。①

第三节　西方国家制裁苏丹用意何在

舆论很多时候是非理性的,但政治家却始终只进行理性抉择,总试图在各种压力和选择中寻求最佳结合点。以美国为首的西方国家以达尔富尔为由制裁苏丹,从内部看有其民意支持基础和党派斗争需求,从外部讲则有石油利益诱因和打压中国崛起的战略意图。

一、西方国家制裁苏丹的内在动因

首先,与人类始祖亚当和夏娃因偷吃禁果而给后世子孙带来与生俱有的罪过一样,西方国家原始积累时期的殖民侵略和奴隶贩卖,也让今天的西方人士在谈论非洲事务时有着深深的原罪心结。在很多欧洲人特别是欧洲"左"派看来,苏丹南北内战实际上是一场宗教战争,而这场战争有着欧洲殖民者的原罪——如果西方人不去黑非洲传播基督教,苏丹不就太平无事了吗?原罪心结让欧洲

---

① 参见余文胜:《苏丹达尔富尔危机的由来》,载《国际资料信息》2004年第9期,第41页。

人觉得他们并不具备谴责苏丹政府的道德立场。① 正因为如此,尽管也造成了 200 万人死亡和 400 万人流离失所的惨重后果,欧洲人对始自 1983 年的苏丹南北内战却并没有特别关心。苏丹在 1996 年遭到联合国制裁的原因并不是什么人道灾难,而是因为苏丹卷入刺杀埃及总统穆巴拉克的恐怖活动。积极要求本国政府向苏丹施加压力或给南方黑人提供援助的,主要是西方国家里的基督教组织,其中美国人更活跃一些。

美国人在苏丹问题上活跃的原因,首先是美国没有在苏丹殖民的原罪,反而在相当长时间里高举民主自由大旗,曾被广泛看作是第三世界反殖民主义的救星,美国人自己也常常以自由民主监护人的恩抚心态处理与第三世界国家关系。"9·11"事件后,布什政府的直接介入已经让苏丹南北内战渐趋平息。2005 年 1 月,苏丹政府同"苏丹人民解放运动"签署《全面和平协议》,结束了长达 22 年的内战。南北双方在民族团结政府内合作基本正常,协议约 90% 的内容得到落实。双方虽对阿比耶伊地区归属、南北划界及石油收入分配等问题仍有分歧,但均表示将通过政治对话解决分歧,绝不重返战争。宏观上看,达尔富尔冲突虽然只是苏丹内战进程中的一个小插曲,但由于它发生在一个可能影响整个苏丹内战进程的关键时刻,美国乃至整个西方世界非常担心达尔富尔危机会成为压垮骆驼背的最后一根稻草,担心达尔富尔问题可能使苏丹已见曙光的南北和平进程前功尽弃,从而影响到他们在整个非洲的战略利益。

其次,苏丹黑人的待遇是美国黑人团体和政治家很关心的外交动向。事实上,自 20 世纪 60 年代美国黑人民权运动以来,解放黑人一直是美国最大的"政治正确",威力所及,甚至连一贯作风强悍的民主党总统候选人希拉里,也对奥巴马仅因肤色就在黑人选票中拥有的优势敢怒而不敢言。由于黑人是民主党的票仓,虔诚的基督徒是共和党的票仓,美国的所有主要政治人物,无论共和党还是民主党,都在以基督徒为主的苏丹南部黑人身上找到了共同点,都必须回应宗教领袖们要求改善苏丹黑人处境的呼吁,都希望苏丹内战能在伸张黑人和基督徒民权的基础上获得和平解决。舆论普遍认为,布什政府在达尔富尔局势已有所缓和的 2007 年 5 月对苏丹实行新的制裁措施,主要是回应来自美国国内的压力。处境困难的布什总统要为自己的党在大选年赢得政治分数,就需要在维护人权、弘扬西方价值观以及充当西方"卫道领袖"等议题上有所表现。

再次,美国政府对苏丹的态度深受人权组织的影响。由 160 多个非政府组织结盟而成的"拯救达尔富尔联盟",其目的就是要提高美国社会对于达尔富

---

① 参见皇甫茹:《欧洲的苏丹"原罪"》,载《南方周末》2004 年 8 月 26 日。

危机的认识程度,敦促美国政府采取更多的干预行动。2006年1月,该联盟发起了"为达尔富尔发出100万个声音"的行动,号召100万个人给布什总统发明信片,要求美国政府采取更积极的行动。该行动的第100万个签名者是希拉里·克林顿。"屠杀干预网络"组织致力于动员群众给本地的国会代表施压,"提高政治家对屠杀保持沉默的成本",给政治家的"达尔富尔表现"建立了一个打分系统,积极支持经济团体从苏丹撤资,批评美国政府对维和行动支持力度不够,发起了"询问候选人"活动,"逼迫"2008年总统候选者们在达尔富尔问题上表态。其他像"学生立即行动"、"大屠杀纪念馆"、"人权观察"、"伊斯兰救援"等组织,也都纷纷采取了类似行动。受此影响,2007年12月的一个民意调查显示,62％美国人认为政府应该把阻止达尔富尔屠杀当作优先政策,其在外交政策上的重要性仅次于伊拉克问题。来自民间的这种压力强化了美国政府对达尔富尔危机的干预态度。从对冲突双方的几次调停到"达尔富尔和平与责任法案"的通过,从公开谴责苏丹政府到对苏丹政府实行经济制裁,布什政府越来越重视对民间压力的呼应。从更深层次看,美国民众这种风起云涌的人道主义关怀,很大程度是活跃的公民团体动员能力的表现。①

最后,崇尚民主选举的西方媒体,普遍质疑通过军事政变上台的巴希尔总统的合法性,给他贴上了好莱坞电影中经常出现的"Bad Guy"标签,巴希尔总统的主权论被看作是试图给人类的恻隐之心划设国界,甚至他本人还被一些民权组织认定是达尔富尔人道主义危机的幕后黑手。在这种先入为主的理念指导下,一些西方媒体往往不分青红皂白,很多时候将在苏丹混合维和行动部署中遇到的困难简单归罪于苏丹政府,对国际社会与苏丹政府积极合作所取得的进展却置若罔闻。

总之,在多重内部因素的推动下,美国政府顺理成章地严防达尔富尔危机扰乱南北和解进程,带头要求安理会对苏丹政府施加压力。而发生在同一宗教信仰的不同种族之间的战争,也使得达尔富尔冲突不再是一场宗教战争,这让欧洲人同情弱势种族的良心终于有了表现的机会。欧洲国家也开始威胁要制裁苏丹政府,安理会1556号决议因之得以通过。

二、西方国家制裁苏丹的利益因素

利益是国家制定对外目标和政策的重要依据和决定因素。十年前不愿发一兵一卒制止卢旺达种族屠杀惨剧的西方国家,现在却对军事干预苏丹达尔富尔

---

① 参见刘瑜:《他人瓦上霜》,载《南方人物周刊》2007年第19期,第78页。

危机态度积极,其中固然有经历卢旺达大屠杀后的良心发现因素,但为何国际社会曾经对持续了数十年的苏丹南北内战不闻不问?难道真的仅仅因为索马里发生了反美武装的虐尸事件,一贯以世界警察为己任的山姆大叔就重拾孤立主义而坐视卢旺达不管?一种有说服力的解释就是,卢旺达无论是昨天还是今天对西方来说都不具备战略意义,但苏丹却因为石油的开发而一举摆脱20世纪90年代初的濒临崩溃状态,在最近的十年间发生了天翻地覆的变化,由世界上最不发达国家变成了石油引擎强劲驱动的经济列车,是非洲增长最快的经济体。1998年和1999年,苏丹连续两年按期还清了国际货币基金组织贷款,后者在2000年恢复了苏丹作为会员国的投票权。进入21世纪以来,苏丹的GDP在七年之内增加了两倍,增长率每年都在8%以上,2007年的人均GDP达到了2100美元。①

1995年以来,在中国、马来西亚和加拿大的帮助下,苏丹仅用十年之间就从一个几乎没有任何现代工业的贫穷国家,成长为当今世界一个重要的新兴石油生产国及石油出口国。尽管石油总储量还没有确定,但仅目前的21个油田就已探明石油地质储量150亿桶,天然气储量300亿立方英尺。而鉴于目前已勘探开发的区域仅占苏丹国土面积的10%,从南苏丹沿尼罗河直到与乍得接壤的达尔富尔地区又蕴藏着丰富的石油资源,有人推断苏丹的最终储量可能达到仅次于沙特的上千亿桶,从而与乍得、尼日利亚等国连成了一条重要的"能源带"。匹夫无罪,怀璧其罪。虽然苏丹的资源优势在石油,发展的出路也在石油,但攫取石油利益的冲动让西方国家再次对苏丹挥舞起制裁大棒。

中东是当今世界的油库,是世界上矛盾最深、秩序最不稳定的地区,同时也是美国在世界上结怨最多的地区。致力于石油进口来源多元化的美国政府,虽然已经为减少对中东石油的依赖做出了不少努力,但仍有批评意见指责美国政府过分依赖中东石油等于"慢性自杀"。而在中东之外,世界石油储量最多的三个地区是欧洲、拉丁美洲以及非洲,这三个地区的石油储量基本接近。从地缘政治角度看,拉美和欧洲是美国传统意义上的后院和盟友,美国因而把石油来源多元化的战略实施重点主要放在了非洲。

非洲一度曾是美国外交政策中备受冷落的角色,小布什总统也在2000年轻描淡写地宣称非洲"不属于美国的战略利益范围"。虽然非洲只占全球已证实石油储量的8%左右,美国在20世纪70年代前还不曾从非洲进口石油,只是从80年代开始每年从非洲进口所需石油的20%,但随着新世纪以来油价的持续高

---

① 参见李主张:《今日苏丹,今日达尔富尔》,载《金融经济》2007年第10期,第50页。

企,美国已经把增加非洲石油输入作为一个"国家安全"问题来对待,决心在非洲大陆上扮演更重要的战略角色,决心用外交手段来笼络非洲石油生产国。因此,进入尼日利亚和安哥拉等国之外的其他非洲产油国,就是摆在美国政府面前的重要课题。达尔富尔危机为其进入苏丹这个新兴的石油出口基地洞开了方便之门。

在美国的石油工业巨头们看来,要重返苏丹最好的办法就是趁机把达尔富尔问题国际化,利用达尔富尔问题驯服苏丹巴希尔政府,通过对苏丹现政权的施压达到对该地区石油资源分配的重新"洗牌"。① 事实上,在美国国务卿鲍威尔于2004年6月对苏丹进行访问之前,西方大国并未给予达尔富尔危机足够的关注。鲍威尔访问苏丹回国后不久就向联合国提交了要求制裁苏丹的草案,并在这一草案的基础上形成了后来的联合国1564号决议。

除实在的经济利益因素外,打压中国崛起的战略需要是西方国家积极推动制裁苏丹的另一考虑因素。中国在1993年成为石油进口国,2002年后成为世界第二大石油消费国和第二大石油进口国。因为进入世界石油市场晚于西方发达国家,中国只能到新兴的产油国和地区去寻找油源。鉴于世界前20家大石油公司垄断了全球已探明优质石油储量的81%,中国要想在西方跨国石油巨头苦心经营了上百年的全球石油格局中分享现有的油气资源,必然会受到诸多因素的干扰和制约。借用刘贵今特使说给西方记者的原话就是:"中国何尝不想在人权制度好、安全的、资源更丰富的国家搞石油,但是好的地方都被你们占了。"②尽管困难重重,中国能源企业的"走出去"战略依然成果丰硕。苏丹石油项目是中石油在海外最大、最成功的合作项目,苏丹因之成为中国最大的一块海外利益区。从这个角度观察,我们就不难发现西方国家不遗余力寻求制裁苏丹背后的醉翁之意,他们眼红中国在苏丹已经颇具规模的巨大战略利益,试图通过争夺非洲事务发言权打压中国的崛起。

中国在帮助苏丹脱离经济困境的互利过程中获得了实实在在的收益,这让曾在苏丹空手而归的西方国家眼红不已。中国影响力因为中苏成功合作而对周边地区产生的辐射效应,更让在该地区积怨颇多的西方国家感到紧张。因为中国与苏丹的石油合作在和平环境下稳定地推动了苏丹南北的和解,意图打压中国的西方国家实际上从政治经济上找不到借口攻击中国,因此只能凭借人道主义危机来搅乱局势,典型者就是斯皮尔伯格(Steven Spielberg)在压力下充当了

---

① 参见贺文萍:《苏丹达尔富尔问题与中国》,载《西亚非洲》2007年第11期,第6—8页。
② 李鹏:《达尔富尔:一道伤口》,载《中国新闻周刊》2008年3月10日,第51页。

一回西方反华的喉舌。

三、西方制裁苏丹的限度

西方国家因达尔富尔问题而对苏丹实施的制裁措施,实际上是对正确问题提供的错误答案。在一些西方媒体和人权组织看来,立刻对苏丹政府进行制裁是解决达尔富尔问题的唯一办法,而中国如果不和他们站在一起制裁苏丹,那就是达尔富尔危机制造者的帮凶。

其实,因为某些事件而对特定地区或国家的全体民众实施集体惩罚的制裁举措,只是一种西方式以压促变的强权逻辑思维,实际效果也一直颇受怀疑。本质上看,达尔富尔冲突并非是"宗教矛盾"或"分裂活动",而是优势群体对弱势群体旨在抢夺生存资源的武力洗劫。有幸一时逃过屠杀的很多人最终还是因为饥馑、疾病、瘟疫而丧生。[①] 达尔富尔多年战乱,按西方媒体的说法是200多万人流离失所。这200万人的家园被毁坏,牲畜被杀死,背井离乡,只能生活在难民营中,饥饿和贫穷时时刻刻威胁着他们的生命。即使冲突结束,数百万难民返回家园面对的也依旧是贫困、饥饿和水资源的匮乏。在整体生存环境恶化的背景下对苏丹实施制裁,究竟是在惩罚直接造成危机和冲突的对立武装集团双方,还是在惩罚已经在冲突中备受折磨的处于弱势的难民?

实施制裁只是降低了冲突相关地区的整体水平,并没有改变爆发冲突内部原本的等级体系。制裁解决的只是问题和症结的表象,有时连短期的表象问题也解决不了,深受制裁之苦的不是当事国的当权者而是一般民众,体系内原本处于强势的人依然可以轻易获取比其他人更多的资源,而原本就处于劣势的人却不得不面临更严酷的现实。萨达姆时期的伊拉克就是最典型的例证。美国在1990年后推动联合国对伊拉克实施了长期的制裁和禁运,希望制裁能够促使萨达姆倒台。但实际上,制裁前锦衣玉食的萨达姆家族及其统治集团成员制裁后依旧是花天酒地,政权也没有丝毫崩溃的迹象,倒是制裁前生活还算小康的伊拉克人民开始面临基本生活物品短缺,儿童死亡率因缺乏基本药品而直线上升。伊拉克民众的生活惨状迫使联合国以"石油换食品"、"聪明制裁"等形式在实际上取消了物资禁运。

虽然历史经验一再证明,制裁只会加剧贫困,而贫困则加深矛盾,但西方的一些人权分子却就是不愿正视这一点。2007年5月29日,在苏丹政府和达尔富尔两大反政府武装经多轮谈判签署和平协议、苏丹已同意联合国向达尔富尔

---

① 参见陶短房:《达尔富尔:苦难远未走到尽头》,载《新青年·权衡》2006年12月31日。

地区派驻维和部队的情况下,布什政府却决意对苏丹采取新的更为严厉的制裁措施,包括禁止美国公民和企业同苏丹政府控制的 30 家国营或合资公司从事生意往来,同时被制裁的还有 3 名个人,分别是被海牙法庭指控犯有战争罪的苏丹前内政部长哈伦、负责军事情报和安全的约瑟夫、拒不签署达尔富尔和平协议的反政府武装派别"正义与平等运动"领导人易布拉欣。分析认为,在达尔富尔形势刚出现好转之际,美国却决定扩大对苏丹的制裁,完全是破坏达尔富尔地区和平的行为,不仅加重了苏丹人民的贫困,也激发了阿拉伯武装集团强烈的反美情绪。为西方国家所钟爱的长期经济制裁措施,事实上加剧了达尔富尔地区的贫困状况,加速了难民的形成、逃离和罹难。

从达尔富尔问题产生的根源和矛盾的症结看,制裁和孤立苏丹现政权不仅无益于问题的解决,反而会造成更严重地对立。几乎可以肯定地断言,和昔日的对伊拉克经济制裁一样,美国对苏丹进行经济制裁同样动摇不了苏丹政府,反而会得罪苏丹民众。在经济全球化的今天,苏丹的国营、合资企业以及官员、商人,完全可以在国际上找到更广阔的市场。美国放弃苏丹这个市场,苏丹必然同其他国家加强交往,而两国的渐行渐远可能更会让美国失去对苏丹的影响力。布什政府其实也很清楚,苏丹实际上是一个工农业并不发达的国家,几乎没有产品去和美国进行贸易交换,美国对苏丹的经济制裁其实起不了什么作用,充其量只是表示不满的政治声明而已。

第四节 联合国与达尔富尔问题

一、联合国对待达尔富尔问题的态度

非洲大陆是联合国维和尤其是冷战后维和的最重要区域,在自 1948 年以来的 63 次维和行动中,在非洲的维和行动有 25 次,其中 24 次是在冷战后进行的;而在目前正在进行的 17 项维和行动中,发生在非洲的有 9 项,占了总数的一半还多。[1]

冷战后初期,西方大国积极介入非洲地区的维和行动,但索马里维和的失败使联合国在非洲的维和行动一度陷入停滞,并很快在卢旺达大屠杀时显现出来。据说当年那场 100 天内 100 万人丧命的罕见大屠杀,其实只需要 5000 名装备精

---

[1] 以上数据统计截至 2008 年 4 月 30 日,参见联合国官方网站 http://www.un.org/chinese/peace/peacekeeping/.

良、授权明确的联合国部队就能够制止。联合国因为救援不力而遭受了来自各方的严厉批评。尽管在达尔富尔危机爆发初期的2003年,国际社会并未对这一片穷乡僻壤的流血冲突给予足够的关注,但2004年是联合国调停卢旺达种族屠杀十周年,联合国能否在阻止达尔富尔地区种族冲突的努力中发挥更大作用的问题变得更加突出。

2004年,安南秘书长就防止种族灭绝提出了五点倡议,称苏丹达尔富尔地区正在发生的种族清洗暴行让他深感不安,国际社会对苏丹局势不应坐视不管。安南随后两赴达尔富尔视察,敦促苏丹政府尽快平息当地的武装冲突,解散阿拉伯民兵组织,恢复并保障人道主义救援工作安全进行。在2006年9月11日安理会关于苏丹问题的公开辩论中,安南"最强烈呼吁"国际社会采取行动,避免另一出卢旺达大屠杀式悲剧的上演。他质问道,在卢旺达人民急需帮助时曾经袖手旁观的国际社会,难道要再次眼睁睁地看着达尔富尔人道局势一再恶化吗?所以在美国高调介入达尔富尔冲突之后,达尔富尔危机演变成各方利益竞争和外交角逐的舞台,联合国开始特别"照顾"达尔富尔。

2004年6月,联合国安理会通过了1547号决议,成立了一个联合国苏丹先遣队作为政治特派团,由一名秘书长特别代表领导,专门负责筹备安全方面的国际监测工作,促进与有关各方联系,并为在签署《全面和平协定》之后启动和平支助行动做好准备。在随后的短短10个月里,联合国安理会先后通过了9项有关苏丹问题和达尔富尔危机的决议,甚至在2005年3月24—31日的一周时间内通过了3个决议,其中就包括第1593号决议。由于几乎每一项联合国决议都是地区大国和利益集团间的博弈产物,所以联合国就一个国家的地区问题短期内如此高频率地通过决议实属罕见。①

尽管美国国会于2004年7月通过决议,认定达尔富尔冲突为"种族清洗",要求政府采取行动迫使联合国对苏丹采取制裁措施,但联合国的报告以及非洲联盟、欧盟等国际组织,均不认可给达尔富尔问题的"种族清洗"定性,联合国对该地区冲突的界定是"大规模人道主义危机"。美国与国际社会产生这种分歧的一个深层原因,就是虽然"种族清洗"这个概念并没有任何国际法依据,但"种族屠杀"却是联合国宪章明文禁止的,且暗示着军事干预的可能性。由于达尔富尔危机带有种族仇杀的背景,国际社会往往把它与1994年发生在卢旺达的种族屠杀事件相提并论。因此,美国的态度就是要用"种族清洗"的定性来引起国际社会对卢旺达种族大屠杀的"内疚记忆",从而为达尔富尔冲突的国际化埋下伏笔,

---

① 参见涂龙德:《达尔富尔危机之透视》,载《阿拉伯世界》2005年第4期,第5页。

为美国对苏丹内政的干预埋下伏笔。美国舆论甚至出现过组建联合国军制止达尔富尔危机的论调。①

2007年5月,联合国秘书长潘基文发表谈话,说明布什总统宣布对苏丹采取新的制裁措施,"只是美国自己的决定,并不代表联合国安理会";他本人将努力争取"在政治对话与维和行动两方面取得进展"。为此,潘基文秘书长于2007年6月撰文指出,因为全球气候变暖导致的印度洋气温升高直接扰乱了能够带来降雨的季风,从而形成了撒哈拉以南非洲地区的干旱,苏丹南部的降雨量也在最近20年内减少了40%。由于降雨减少,苏丹边远地区的生活物质变得匮乏,达尔富尔地区的暴力冲突就是在旱灾之中爆发的。因此,人类活动导致的全球气候变暖是达尔富尔问题背后的"黑手",在达尔富尔地区建设持久和平必须从气候变化这一造成冲突的根本原因着手。国际社会为推动达尔富尔危机解决而做出的努力是"暴力温室里的希望之光",寻找出来的解决办法将是未来解决类似问题的指南针。② 事实上,苏丹政府在2003年达尔富尔危机爆发后专门成立的研究委员会也认定,达尔富尔问题的根源就是过去20年内该地区由于干旱和沙漠化所造成的环境状况恶化,生态环境恶化致使一些部落的人背井离乡,从而引发了对牧场、水资源竞争的加剧,进而发展为地区内各部落团体的武装对立。

总体上看,与国际社会特别是西方大国冷落卢旺达不同,联合国对待达尔富尔危机的态度明确而积极,一直主张派出维和部队,监督停火;坚持和平谈判,政治解决;加强人道主义援助。至于制裁,联合国并没有达成一致意见,尚不能认为是联合国的主张。2007年6月之后,随着苏丹政府原则上同意在达尔富尔地区部署联合国维和部队以实施"安南三阶段方案",持续了三年多的大规模达尔富尔危机进入了解决的新阶段。③

二、联合国解决达尔富尔危机的历程回顾

达尔富尔冲突爆发后,非洲联盟从地区安全的角度出发一直采取主动姿态,积极协调苏丹政府与反政府武装之间的和谈,在苏丹与国际社会间斡旋,使危机在不损害苏丹主权的前提下和平解决。但由于资金匮乏,非洲联盟派出执行维和行动的特派团维和效果不彰,截至2007年底也仅有7000人。一些国家因之

---

① 参见吴强:《苏丹危机挑战中国海外石油利益》,载《南风窗》2004年第9期,第24页。
② See Ban Ki-moon, "A Climate Culprit In Darfur", The Washington Post, June 16, 2007.
③ 参见贺鉴、汪翱:《从冷战后非洲维和看联合国维和机制的发展》,载《当代世界与社会主义》2007年第5期,第61页。

推动联合国接管非洲联盟的维和行动。联合国是大国政治博弈的舞台,相关国家围绕达尔富尔问题外交折冲的结果,就是以联合国名义实施的一系列决议及行动。

2004年7月30日,联合国安理会通过了第1556号决议,要求苏丹政府履行承诺解除达尔富尔地区阿拉伯民兵武装,逮捕和审判该组织的领导人,与反政府武装毫不拖延地举行和谈以寻求达尔富尔安全问题的政治解决,否则联合国将对苏丹采取包括经济制裁在内的进一步行动。9月18日通过的第1564号决议,要求苏丹政府采取措施改善达尔富尔地区的安全局势,否则安理会将考虑对苏丹采取制裁行动。苏丹政府对此表示,达尔富尔问题是其内政,反对外来干涉,而应在政治、安全、人道主义的总体架构内,通过对话和谈判的方式和平解决。苏丹政府认为自己有能力解决这一危机,但需要时间。

2005年3月,因为苏丹和达尔富尔反政府武装的谈判未解决任何实质性问题,联合国安理会连续通过了五个决议,要求苏丹政府和达尔富尔反政府武装在非洲联盟的协调下尽快停止武装冲突,和平解决争端。其中安理会3月31日通过的第1593号决议规定,将涉嫌在苏丹达尔富尔地区犯有"战争罪"和"反人类罪"的苏丹军政官员、亲政府游击队和反政府武装组织成员交由国际刑事法院审判。国际刑事法院在2007年5月正式向两名达尔富尔屠杀平民肇事者发出逮捕令,其中之一就是苏丹原内政部长、现任人道事务部部长艾哈迈德·哈伦。国际刑事法院表示,还将继续收集达尔富尔其他肇事者的犯罪证据。

苏丹政府在4月3日正式宣布"完全拒绝"第1593号决议。苏丹内阁当天发表的一项声明说,安理会第1593号决议直接针对苏丹及其领导机构,缺乏客观公正的基础,侵犯了苏丹主权,忽略了苏丹政府对和平稳定的看法以及为和平稳定所做的努力。苏丹政府随即成立巴希尔总统牵头的危机处理最高委员会,紧急处理联合国近期通过的第1590、第1591和第1593号决议,动员国内一切力量应对国家可能遭遇的任何不测,强调在地区和国际范围内利用一切外交和法律手段使安理会第1593号决议破产。苏丹民众随后也举行了一系列抗议活动。苏丹"保护信仰与祖国人民"组织的代表宣布,如果联合国不改变对苏丹的立场,苏丹人民就"将驱逐联合国派驻苏丹的具有亲以色列和帝国主义国家倾向的工作人员"。

第1593号决议标志着国际刑事法院首次在没有经过所涉国家同意的情况下启动调查程序。在正式调查开始之前,总检察官收集和评估了所有有关信息,并在2005年6月1日做出决定,受理安理会提交的有关达尔富尔情势的案子。2005年6月6日,总检察官宣布调查开始并发表声明,保证公正和独立地进行调查，集中对在达尔富尔地区的严重罪行负有责任的个人进行调查。第1593号决议是安理会根据《罗马规约》第13条规定向国际刑事法院提交的第一个情势，反映了国际社会对防止和终止有罪不罚现象的决心与行动。①

2006年2月3日，鉴于此前非洲联盟表示因经济原因而准备把在苏丹的维和任务移交给联合国，安理会呼吁用国际维和部队取代非洲联盟部队。同时，美国极力逼压苏丹政府同意向达尔富尔派国际维和部队，美国政府还承诺向在苏丹的联合国维和部队提供经济援助，并向苏丹提供5.14亿美元的人道主义援助。苏丹方面因担心北约部队进入会干涉其内政而坚决反对。

2006年3月11日，非洲联盟和平与安全理事会正式宣布，决定原则支持将非洲联盟在苏丹的维和任务移交给联合国，同时决定把非洲联盟在达尔富尔的维和部队的任期延长至当年9月30日。联合国秘书长安南在联合国总部对记者发表谈话说，联合国对非洲联盟延长驻达尔富尔维和部队的任期表示欢迎，联合国将与非洲联盟和苏丹政府共同努力，以使达尔富尔真正能够稳定。苏丹政府也表示欢迎非洲联盟决定延长其驻达尔富尔地区维和部队的任期，但强调非洲联盟只是原则支持把在达尔富尔的维和任务移交给联合国，并未做出最后决定。

2006年8月31日，联合国安理会通过了加快接管进程的第1706号决议，计划向达尔富尔地区派遣2.25万人联合国维和部队，以接替目前部署在当地的约7000名士兵的非洲联盟维和部队。苏丹政府对此表示坚决反对，副总统塔哈多次重申反对在西达尔富尔地区部署隶属联合国的国际维和部队。国际社会围绕接管问题与苏丹展开广泛对话。

2006年11月，安南秘书长亲自到亚的斯亚贝巴主持联合国和非洲联盟紧急会议，苏丹政府、联合国和非洲联盟就"安南三阶段方案"达成原则协议。协议中最重要的内容就是苏丹政府接受由非洲联军组成维和部队进驻达尔富尔，监督停火，谋求和平解决。鉴于苏丹对美国为首的西方国家由来已久的不信任态度，安南能够说服苏丹接受非洲联军组成的维和部队的确是个重要进展。

为国际社会广泛接受的"安南方案"计划分三阶段实施。第一阶段是轻度支持，具体内容是联合国向非洲联盟特派团提供2100万美元的财政、技术和后勤支持。第二阶段是重度支持计划。联合国将向非洲联盟特派团提供更多的实质性援助，包括后勤物资、运输设备和警察等，主要的目的是增强非洲联盟特派团

---

① 参见杨力军：《安理会向国际刑事法院移交达尔富尔情势的法律问题》，载《环球法律评论》2006年第4期，第458—459、468页。

的能力,使支援非洲联盟部队的人员和装备达到一定规模,同时为第三阶段做准备。第三阶段是混合维和行动,在达尔富尔地区部署联合国和非洲联盟混合维和部队,由1.7万名军人和3000名警察组成,采用联合国指挥体系。各方对于"安南方案"第一阶段的部署意见一致,苏丹政府在有关各方的共同协调下同联合国和非洲联盟就第二阶段实施达成了一致。苏丹政府原则接受"安南方案"第三阶段,但对部队规模等细节问题有保留。

2006年11月30日,非洲联盟和平与安全理事会特别首脑议决定将非洲联盟特派团任期延长6个月,并以公报形式确认"安南方案"。12月,安理会发表主席声明,核准认可达尔富尔问题高级别对话会共识和非洲联盟特别峰会公报。"安南方案"第一阶段随之开始部署,首批联合国维和技术人员抵达达尔富尔地区。据此,联合国将在第一阶段和第二阶段向在达尔富尔执行维和任务的非洲联盟部队逐步增加援助,最终达到在达尔富尔地区部署混合维和部队的目的。由于苏丹政府担心西方国家利用联合国维和人员驻扎达尔富尔地区损害苏丹利益,因此对接纳混合部队一直犹豫不决。美国借机指责苏丹政府缺乏解决问题的诚意,并宣布对苏丹采取一系列经济制裁措施。英、法等西方国家也频频向苏丹政府施压。

在包括中国在内的国际社会努力下,苏丹政府先后于2006年12月、2007年4月和6月就"安南方案"的三个阶段计划与联合国和非洲联盟达成一致,同意在达尔富尔部署混合维和部队,国际社会对此予以积极评价。2007年4月29日,苏丹、安理会五个常任理事国、非洲联盟、欧盟、阿盟等方面的代表,在利比亚首都的黎波里举行达尔富尔问题部长级会议,会议发表的公报《关于达尔富尔问题政治进程的黎波里共识》,支持建立由联合国与非洲联盟组成的维和部队进驻,同时呼吁各方遵守停火协议,加强人道援助。

2007年7月15—16日,苏丹达尔富尔问题国际会议在利比亚首都的黎波里举行。会议通过的最后公报支持达尔富尔政治进程,确认非洲联盟、联合国和周边国家是政治解决达尔富尔问题的主渠道,同时宣布相关"路线图"进入谈判准备阶段。7月30日,英国和法国正式向联合国安理会提交了有关苏丹达尔富尔问题决议草案,建议安理会批准向达尔富尔派遣大约2.6万人的联合国和非洲联盟混合维和部队。7月31日,联合国安理会一致通过第1769号决议,决定向苏丹达尔富尔地区派遣大约2.6万人的联合国和非洲联盟混合维和部队,包括约2万名军事人员和6000多名警察,任期初步定为12个月。决议援引《联合国宪章》第七章,授权维和部队在必要时使用武力用以自卫和保护人道主义救援人员和平民的安全。8月1日,苏丹政府宣布接受联合国安理会第1769号决议,并将同联合国和非洲联盟合作落实该决议。与此同时,联合国和非洲联盟为推进达尔富尔政治进程制订了"路线图",并于2007年8月初召集达尔富尔反对派在坦桑尼亚阿鲁沙举行会议,与会各派就执行"路线图"、尽早与苏丹政府展开谈判达成一致。

2008年2月9日,苏丹外长阿卢尔和联合国—非洲联盟驻苏丹联合特别代表阿达达,共同签署了关于混合维和部队地位的协定,解决了在维和部队部署方面的几个主要技术性问题:(1)苏丹政府同意把给予非洲联盟混合维和部队的条件同样给予联合国混合维和部队。(2)联合国、非洲联盟和苏丹政府三方经过协商,在给予混合维和部队夜间航行权的问题上基本达成了一致。(3)联合国、非洲联盟和苏丹政府三方与达尔富尔地区部族谈判协商达成一致,基本解决了混合维和部队驻地选址问题。(4)苏丹海关已经修改相关规定,解决了混合维和部队的集装箱运输清关问题。(5)解决了混合维和部队人员的护照、签证问题。①

现阶段,达尔富尔问题主要集中在三个方面:(1)混合维和行动。苏丹已基本落实了第一阶段计划,同意启动第二阶段计划,但对第三阶段部署联合国和非洲联盟混合维和部队仍有疑虑。(2)政治进程。由于对权力、财富分配等存在分歧,仍有部分反对派没有加入和平协议。(3)安全和人道形势。政府军与反政府武装之间、部落之间的冲突仍时有发生,国际人道救援面临困难。目前,政治解决达尔富尔问题已成为国际社会的共识。国际社会普遍认可"双轨"战略,即平衡推进维和行动和政治进程。苏丹政府欢迎政治解决达尔富尔问题,呼吁通过平等对话和协商逐步落实"安南方案"。各方正就如何弥合分歧展开外交斡旋。多数武装组织已签署和平协议,其中一些人还担任了当地的行政官员。苏丹政府颁布了200余项总统令,涉及财富和权力分配等内容,以恢复当地的行政和法律秩序。一些地方开始重建民间管理委员会处理部落间纠纷。苏丹政府最近还与联合国续签了有关为人道主义援助提供便利的协议。总的来看,解决达尔富尔问题已有积极进展,但由于情况复杂,彻底解决问题仍任重道远。② 例如在苏丹的混合维和行动部署中还有一些问题亟待解决,对混合维和部队急需的用于空中支持的24架直升机,包括西方主要大国在内还没有一个国家愿意就此伸出援手。③

---

① 参见温宪:《外电失语背后的偏见》,载《人民日报》2008年3月10日。
② 参见翟隽:《中国积极推动解决达尔富尔问题》,载《求是》2007年第11期,第61—62页。
③ 同①。

第五节 国际刑事法院与达尔富尔问题

一、国际刑事法院与达尔富尔危机

2004年9月18日,安理会第1564号决议要求成立专门的国际调查委员会,调查达尔富尔地区违反人权和人道主义法的情况。2005年1月25日,达尔富尔国际调查委员会依照联合国安理会第1564号决议,向联合国秘书长提交了关于达尔富尔地区情势的报告,指控51名苏丹人在达尔富尔实施了"战争和危害人类的罪行",其中既有政府军政官员,也有亲政府游击队和反政府武装组织成员,报告建议由国际刑事法院(International Criminal Court, ICC)对这些人进行审判。2005年3月31日,安理会通过了向国际刑事法院提交苏丹达尔富尔地区情势的决议,规定将涉嫌在苏丹达尔富尔地区犯有"战争罪"和"反人类罪"的相关人员交由国际刑事法院审判。国际刑事法院检察官随后收到了国际调查委员会的一系列文件并会见了50位独立专家。2005年6月6日,在收集和评估了所有相关信息后,国际刑事法院决定受理安理会提交的有关达尔富尔情势的案子,并保证公正独立地集中对发生在达尔富尔地区的严重罪行负有责任的个人进行调查,同时要求有关国家在收集证据等方面提供合作。① 这是安理会根据《罗马规约》向国际刑事法院提交的第一个情势,也是国际刑事法院首次在没有经过所涉国家同意的情况下启动调查程序,反映了国际社会对防止和终止有罪不罚现象的决心与行动。

在国际刑事法院检察官决定对达尔富尔情势进行调查前后,苏丹启动了本国的司法程序来抵制国际刑事法院的管辖权,先是在3月下旬逮捕了被指控在达尔富尔地区无端烧杀抢掠的15名军警人员,随后于6月中旬成立了达尔富尔特别法庭,负责审理160名在西达尔富尔地区犯有战争罪的犯罪嫌疑人。无论苏丹政府此时成立特别法庭的目的是否是企图阻止国际刑事法院行使管辖权,特别法庭的成立都是一件积极的事情,而如果苏丹政府启动了刑事诉讼程序,为维护国际刑事司法的"一罪不二审"原则,国际刑事法院就应停止其调查程序。但根据国际刑事法院官员的说法,苏丹设立的特别法庭不能替代国际刑事法院,苏丹特别法庭起诉的对象是低级别的犯罪嫌疑人,而国际刑事法院将集中对在

---

① 参见王秀梅:《从苏丹情势分析国际刑事法院管辖权的补充性原则》,载《现代法学》2005年第6期,第180—181页。

达尔富尔地区所犯罪行负有最严重刑事责任的个人进行调查;国际刑事法院的调查是对苏丹司法系统的补充,两者相辅相成,"国际刑事法院的调查还将继续下去"。事实上,安理会将达尔富尔情势移交国际刑事法院事件本身已经暗含了这样一个判断,即苏丹在制裁相关罪行方面是一个"不能够"与"不愿意"的国家。这个判断对苏丹司法体系和法律制度非常不利,苏丹在政治上和法律上因此而受到的谴责与承担的责任要远远大于将被告人绳之以法。①

2007年2月,检察官路易斯·莫雷诺—奥坎波向国际刑事法院提起公诉,指控苏丹前内政部长哈伦和西达尔富尔地区"坚杰维德"民兵前指挥官阿里·库沙布,共同对51项被指控的危害人类罪行和战争罪行负有罪责。其中哈伦被指在2003年初负责达尔富尔安全事务后,为"坚杰维德"民兵提供了资金和武器,支持对反叛者家乡的村庄和城镇肆意袭击。5月,国际刑事法院正式向两名在达尔富尔屠杀平民的肇事者发出逮捕令,随后又向其他四名涉嫌在达尔富尔实施犯罪的苏丹公民签发了逮捕令。国际刑事法院关于达尔富尔案件的诉讼程序进入了实质阶段。苏丹政府对此坚称本国享有独立的司法管辖权,以"不是成员国"为由拒绝执行国际刑事法院的逮捕令。

2008年7月14日,检察官奥坎波向国际刑事法院预审庭提交证据,指控苏丹总统巴希尔"基于政治动机"命令政府军和阿拉伯裔民兵对祖居达尔富尔地区的三个少数民族富尔、马萨里特和扎加瓦进行屠杀,致使3.5万人身亡,150万人流离失所,在达尔富尔地区犯下三项种族灭绝罪、五项反人类罪和两项战争罪,要求法庭向巴希尔发出逮捕令。② 通常情况下,三名法官组成的预审庭至少需六周时间决定是否发出逮捕令。西方舆论认为这一指控提高了国际刑事法院的可信度,是巴希尔总统执政19年来面临的最大考验,有可能削弱他执政的合法性基础。③

国际刑事法院在达尔富尔危机有所缓解的时候却提出了对苏丹总统巴希尔的指控,主要因为它本身就是西方法律体系的产物,推崇正义和司法独立精神,不大顾及案子审理会给整个社会带来何种影响。这也是三权分立背景下西方法律的特点。对有关国际刑事法院指控巴希尔是出于纪念《罗马规约》通过十周年的说法,奥坎波检察官在2008年7月17日明确予以否定,称他的职责就是调查

---

① 参见杨力军:《安理会向国际刑事法院移交达尔富尔情势的法律问题》,载《环球法律评论》2006年第4期,第462页。
② See Rami G. Khouri, "Whose Crimes against Humanity?" International Herald Tribune, July 17, 2008.
③ See The Associated Press, "Indictment Is Biggest Test for Sudanese Leader", July 21, 2008.

达尔富尔危机,不会考虑政治因素,在请求国际刑事法院批准逮捕令之前他已经向安理会做了通报,他下一步的目标是达尔富尔地区的反政府武装头目。① 但问题是,目前国际刑事法院的很多工作方法和措施尚属尝试阶段,应采取慎重态度确保案件来源的无争议性,重视案件的质量而非数量。如果国际刑事法院最初受理的几个案件能够成为今后审判工作的典范,不仅有助于向所有非缔约国展示国际刑事法院审判工作的独立性和有效性,而且能够以公正和有效的刑事审判活动吸引非缔约国批准《罗马规约》。② 因此,国际刑事法院在自身权威还不充分的情况下,却贸然提出对一位非缔约国现任国家首脑的指控,恐怕在实际效果上不仅会恶化相关事态,而且也是对自身权威的一种考验甚至损害。

二、相关方对国际刑事法院指控巴希尔的反应

一石激起千层浪,国际刑事法院对苏丹总统巴希尔的指控在国际社会引起轩然大波。从相关方公开的表态看,可谓是欢迎少、担忧多。表示欢迎的主要是苏丹达尔富尔地区的反政府武装和西方的一些非政府组织。"苏丹解放运动"认为指控巴希尔总统本身表明他们的斗争已经赢得了国际社会的广泛支持,国际刑事法院以实际行动向那些制造种族屠杀的罪犯发出了明确信息,逮捕令的签发将是国际正义胜利的标志。曾于5月进犯喀土穆的"正义与平等运动"宣布在国际刑事法院提出指控的当天搁置一切军事行动以示支持,谴责非洲联盟保护独裁者而忽视非洲人民。③ 一些报刊也对国际刑事法院的指控大声欢呼,认为这是制止达尔富尔危机的一个有力举措,是国际社会为达尔富尔做的一件正确的事情,要求巴希尔总统自己拿出无罪证据而不要继续挑衅国际社会。④ 与此同时,其他相关方则对国际刑事法院此举深深地担忧,担忧苏丹政府在退无可退窘况下的过激反应和不合作,也担心苏丹反政府武装由此而生的更加强硬和不妥协态度会增加政治解决达尔富尔问题的难度。一些舆论认为,国际刑事法院

---

① See The Associated Press, "Prosecutor Denies Political Timing in Darfur Case", July 17, 2008.
② 参见王秀梅:《从苏丹情势分析国际刑事法院管辖权的补充性原则》,载《现代法学》2005年第6期,第184—185页。
③ See Opheera McDoom, "Darfur Rebels Welcome any 国际刑事法院 Warrant for Bashir", International Herald Tribune, July 12, 2008; "Darfur Rebels Condemn AU on 国际刑事法院 Warrant", Reuters, July 22, 2008.
④ See Sara Darehshori, "Doing the Right Thing for Darfur", Los Angeles Times, July 15, 2008; Roba Gibia, "国际刑事法院 Indictment: Let President al-Bashir Prove Himself", Sudan Tribune, July 22, 2008; Sarah Eldeeb, "Sudan's President Pays Defiant Visit to Darfur", The Associated Press, July 23, 2008;

指控巴希尔是一场正义与和平的对决,以战争罪起诉苏丹领导人虽然令人满意,但却是不值得付出的代价,对达尔富尔来说,正义是和平之敌。①

苏丹对国际刑事法院的指控做出了最强烈反应。7月13日,即指控发出的前一天,苏丹内阁紧急开会商讨应对之策,重申苏丹不承认国际刑事法院对该国公民拥有管辖权,也不会执行该法院的任何决定。执政的全国大会党认为,指控巴希尔是"不负责任的卑鄙的政治敲诈"。多数反对党也警告说,国际刑事法院如果向巴希尔发出逮捕令,将使苏丹这个非洲大国"宪政崩溃",并给苏丹的和平机会带来损害。数千苏丹人在首都喀土穆游行示威,抗议国际刑事法院干涉苏丹事务,认为国际刑事法院的指控有"明显政治动机"。7月16日,苏丹成立高级别危机委员会,讨论国际刑事法院对巴希尔的指控以及这一指控对苏丹和平进程造成的影响,委员会最终计划通过外交手段解决该问题。当天召开的苏丹国民议会谴责国际刑事法院检察官对巴希尔的指控,决定不与国际刑事法院合作。7月17日,苏丹第一副总统兼南方政府主席萨尔瓦·基尔通过其驻肯尼亚代表处发表声明,认为国际刑事法院的指控"导致了可能危及苏丹和平与稳定的严重局势",呼吁苏丹民族团结政府在一个星期内制定一份解决达尔富尔问题的计划,并表示愿意动用一切外交资源帮助苏丹民族团结政府与国际社会就达尔富尔问题达成共识。7月22日,苏丹总统顾问马勒瓦勒警告说,逮捕巴希尔总统的企图将粉碎任何结束达尔富尔地区冲突的希望,如果国际刑事法院发出逮捕令,苏丹政府将不能确保达尔富尔地区国际援助和维和人员的安全,并可能会收回他们的签证。

对国际刑事法院指控巴希尔最紧张的是联合国,在指控发出次日即开始从苏丹撤出非核心部门人员。潘基文秘书长发表声明,称国际刑事法院的司法程序独立应该受到尊重,但强调联合国关于苏丹达尔富尔问题的立场没有改变,希望巴希尔总统理智对待国际刑事法院的指控,全力保证在达尔富尔地区维和人员和人道主义工作人员的安全,保持与联合国的全面合作。不断有报道说,安理会有意延缓国际刑事法院对巴希尔的指控。②

阿盟和伊斯兰会议组织也在国际刑事法院指控发出后迅即发表声明警告说,国际刑事法院此举可能对苏丹国内和平以及达尔富尔地区稳定产生消极影

---

① See Lydia Polgreen and Marlise Simons, "The Pursuit of Justice vs. the Pursuit of Peace", International Herald Tribune, July 11, 2008; David Rieff, "Justice Is the Enemy of Peace", Los Angeles Times, July 20, 2008.

② See The Associated Press, "Sudan Bids for UN to Block Darfur War Crimes Prosecution", July 14, 2008; Reuters, "U. N. May Want to Suspend 国际刑事法院 Action on Bashir", July 21, 2008.

响,后果危险。7月19日,阿盟成员国外长紧急会议一致认为国际刑事法院指控"有失公允",反对"任何将国际司法原则政治化的企图",反对利用国际司法原则损害独立国家的安全、稳定和统一,要求给予政治解决达尔富尔和苏丹问题以优先权。穆萨秘书长会后对苏丹进行访问,向巴希尔提出一项旨在阻止国际刑事法院检察官指控、促进达尔富尔问题得以尽快解决的行动计划。7月21日,非洲联盟发表声明请求安理会将国际刑事法院的指控延缓一年,认为国际刑事法院起诉巴希尔将会使苏丹因产生"军事政变"而陷入"完全的政治混乱"。[①] 7月23日,阿盟发表声明,称阿盟和苏丹政府将优先考虑通过政治途径解决问题,在达尔富尔地区加强法治、维护司法,对该地区任何刑事犯罪的审判将在苏丹司法体系内进行,苏丹政府承诺将同联合国和非洲联盟密切合作,采取一系列措施全面解决达尔富尔问题。

众多阿拉伯和非洲国家纷纷表态反对,认为国际刑事法院指控巴希尔总统是对苏丹局势不负责任的处理方式,将使苏丹政府与反政府武装就政治谈判所做的努力面临毁灭威胁,是"对苏丹内部事务及所有阿拉伯国家事务的严重和不可接受的干涉";"起诉一个享有司法豁免和独立权的主权国总统的做法越过了所有的红线",将"引发不必要的混乱,滞碍达尔富尔地区的和平进程,同时也对苏丹政局的稳定构成极大的负面冲击";国际社会应该设定"路线图"和时间表,齐心协力地通过政治途径在苏丹实现公平与正义。

世界大国对国际刑事法院指控巴希尔总统的反应各不相同。欧盟此前已呼吁苏丹与国际刑事法院进行建设性合作,并威胁要进行新的制裁。法国在指控发出后表示不会反对国际刑事法院的决定,但国际社会必须与巴希尔保持对话。俄罗斯希望安理会能搁置国际刑事法院对巴希尔的指控。一贯在达尔富尔问题上立场强硬的布什政府,却引人注目地呼吁国际刑事法院和苏丹"两边"都保持克制,强调联合国在解决达尔富尔地区冲突中的重要作用。美国的前苏丹问题特使纳齐奥斯担心国际刑事法院的指控会使苏丹领导人更不妥协,苏丹可能因此而发生广泛的暴力和流血冲突。中国对国际刑事法院起诉苏丹领导人深感忧虑,希望有关各方以理性、合作和建设性的态度通过协商解决分歧,避免达尔富尔局势因苏丹领导人被起诉而复杂化,从而给达尔富尔问题的解决增加新的复杂因素,干扰甚至损害各方合作的气氛。中国和国际社会一道推动解决达尔富尔问题的决心不会改变,任何有利于达尔富尔问题得到长远和妥善解决的方案、

---

① The Associated Press, "African Union Seeks to Delay Indictment against Sudanese Leader", July 21, 2008.

动议或行动,中国原则上都持合作和开放的态度,愿意通过协商、协调的方式加以处理。

2008年7月31日,安理会通过的第1828号决议对国际刑事法院起诉巴希尔总统一事的措辞是:"注意到7月21日非洲联盟和平与安全理事会第142次会议的公报,考虑到该理事会成员就2008年7月14日国际刑事法院检察官提出申请后的可能事态发展所表示的关切,并注意到他们打算进一步审议这些事项。"安理会成员国在决议内容上的分歧即与此段文字有关。多数成员国认为,这个段落反映了非洲联盟、阿盟、伊斯兰会议组织和不结盟国家多方的关切,关切苏丹政府和联合国之间的相互信任将受到损害,关切达尔富尔各武装派别会认为他们加入和平进程、尝试通过妥协达成协议的激励将不复存在。中国常驻联合国代表王光亚在决议通过后表示,必须以一种平衡的方式来处理和平与正义的问题,中国支持安理会尽快采取措施,中止国际刑事法院起诉苏丹领导人。美国对1828号决议投了唯一的弃权票,其常驻联合国副代表沃尔夫(Alejandro Wolff)认为,这段文字在国际社会努力消除有罪不罚的气氛、处理达尔富尔的正义与罪恶问题的重要时刻发出了错误的信息,它暗示苏丹政府也许还有摆脱的办法。

三、苏丹与国际刑事法院关系的现状与前景

鉴于奥坎波检察官过去起诉的11个案子都未遭驳回,此次指控巴希尔的成功率估计也比较大。然而就算国际刑事法院同意签发逮捕令,恐怕签发的也是一张空头逮捕令。

首先,逮捕令的执行是一个大问题。阿拉伯和非洲国家的情况多数和苏丹类似,上台方式以及现实处境和巴希尔总统类似的国家首脑不在少数。物伤其类,兔死狐悲。这也是为什么国际刑事法院指控巴希尔马上会在阿拉伯和非洲国家中引起不满,认为这是西方干预发展中国家事务的新方式。非洲联盟和平与安全理事会呼吁非洲各国形成统一立场,联合抵制国际刑事法院介入达尔富尔问题,阿盟也专门做出决议支持巴希尔总统。在没有苏丹周边国家参与合作的情况下,任何西方国家的军事力量进入苏丹都可能面临"二度殖民侵略"的指控,是否会重演当年殖民地国家集体对抗前宗主国的局面也未可知。因此,没有苏丹内部势力的配合,无论是美、英、法、德的情报部门还是北约特种部队,没有哪一家会不计后果地执行国际刑事法院的这张逮捕令。

其次,巴希尔总统有着相当大的回旋空间。被通缉13年之久的卡拉季奇在2008年7月最终被捕,但这并不全是正义的胜利。卡氏能长期"大隐"于贝尔格

莱德闹市是塞尔维亚政府的放任，突然遭捕也是塞政府的需要，经济困顿的塞尔维亚需要拿他来敲开加入欧盟的大门。但苏丹经济自进入新世纪以来发展迅速，南北内战也从2005年开始渐趋结束，民族团结政府的合作框架运转正常。凭借经济成就积淀起来的战略硬实力和政府声望，巴希尔总统强力主导着苏丹的国家机器，对内足以挫败反对势力的任何企图，似乎没有祸起萧墙之忧；对外能够找到足够的盟友和支持力量，在国际社会不会四面楚歌、孤立无援。正因为如此，苏丹政府才一贯对国际刑事法院指控喀土穆高官不屑一顾，拒绝向国际刑事法院移交任何苏丹国民，即便此次面对指控总统本人的局面，非但承诺不对驻苏丹的联合国人员实施报复，反而誓言用尽一切外交手段捍卫国家名誉。与苏丹官员的警告和国际社会的普遍担心相反，巴希尔总统在他自2007年以来的首次视察达尔富尔时当众跳舞，以此来蔑视他被传有可能会因参与大屠杀而被捕的事实，并称维和人员是苏丹的"客人和伙伴"，表达了与国际社会的合作愿望。①

即便国际刑事法院指控近期不会对苏丹产生实质性影响，苏丹却不能长期以拒绝批准《罗马规约》的消极方式捍卫自身权益。现代国际体系的形成是主权国家竞争国际空间的结果。国际社会围绕国际刑事法院的争论同样如此。坚持主权原则的国家对国际刑事法院普遍管辖权的争议催生了关于管辖权的补充性原则，但补充性原则却在实际上授权国际刑事法院对一国的司法制度进行审查，从而使国际刑事法院成为超国家的司法机构。② 因此，如果长期置身事外，让别人去制定对国家主权至关重要的游戏规则，恐怕并不符合苏丹的国家利益。国内情况复杂的苏丹应该充分关注国际刑事法院的发展动向，积极主动地寻求现实的应对之策，在合适的时机加入国际刑事法院，以日益完善的法治手段推动苏丹的社会转型。

---

① See Jeffrey Gettleman,"Sudan's President Goes on Tour",The New York Times,July 24, 2008.
② 参见李世光、刘大群、凌岩主编：《国际刑事法院罗马规约评释》，北京大学出版社2005年版，《序言》第4页。

第七章 达尔富尔的现状与维和行动

达尔富尔干旱缺水,经济落后,民众生活十分贫困。2003年冲突升级后,那些武装起来的阿拉伯游牧民、富尔人、马萨里特人等相互攻击,许多村庄被烧毁,许多人遭杀害,更多的成为流离失所的难民,达尔富尔地区出现日益严重的人道主义灾难。为此,2003年以来,联合国、非洲联盟、西方国家和一些国际非政府组织在达尔富尔地区开展了多方面的援助,中国维和部队更成为首批进驻达尔富尔地区的联合国维和部队,在达尔富尔的维和行动也将成为联合国历史上最大规模的一次维和行动。

达尔富尔冲突爆发后,笔者两次跟随中国政府代表团前往达尔富尔地区采访,对那里的民众生活和中国维和部队的工作有许多切身的感受。

第一节 达尔富尔的民众生活

一、达尔富尔地区的交通

达尔富尔位于苏丹西部内陆深处,面积51万平方公里,传统上分为南达尔富尔和北达尔富尔两部分。南达尔富尔的首府在尼亚拉(Nyala),北达尔富尔的首府是法希尔。1994年,苏丹政府重新划定全国行政区划时,将达尔富尔靠近乍得的西部地区划出来,单独组成一个新的州即西达尔富尔州,首府设在靠近乍得边境的杰恩拉(Geneina)。这一做法改变了达尔富尔地区传统的政治平衡与地方利益结构,当地的黑人民族如富尔人和马萨里特人认为是阿拉伯人主导的中央政府想削弱他们的力量。同时,他们相互之间也矛盾重重,这被认为是导致达尔富尔冲突的原因之一。

2003年达尔富尔冲突全面爆发以后,该地区与外界的联系就时断时通了。从理论上讲,从外界通往达尔富尔地区(简称"达区")的交通有陆路汽车,还有通往各州首府的定期航空公司航班,此外还有铁路可以从喀土穆一直到达南达尔富尔州首府尼亚拉。近年来由于战乱,陆路班车已不太正常,风险也很大,所以外界进入达尔富尔地区大多只能靠飞机。不过,当地百姓不可能坐飞机,在达区内部,汽车依然是主要的交通工具。

目前还有几家航空公司经营着达尔富尔的飞行业务。2008年3月,笔者跟随一个中国政府代表团前往达尔富尔地区采访。飞机从苏丹首都喀土穆向西飞行了约1小时后,高度开始下降。透过舷窗往下看,达尔富尔高原的地貌渐渐露出了它枯燥的干黄面目。高空鸟瞰,如此开阔的视野竟然满是荒原沙漠,虽有稀稀拉拉的丛草孤树零星散布,也早被动辄肆虐的沙尘暴蒙盖了本色。笔者对面坐着的苏丹人道事务部的陪同官员说:"达尔富尔就是这样。"一行人正在感慨达尔富尔贫瘠的自然环境,忽然,一片相对较大的绿色跳入眼帘,打破了黄色的单调,南达尔富尔州的首府尼亚拉城已经出现在飞机的下方,它是达尔富尔地区一片很大的绿洲和人口最多的城镇。

那是笔者第一次到达尔富尔,因为跟随中国政府的代表团,所以搭乘的是苏丹政府安排的专机。几天之后,笔者再去达尔富尔,手续就要复杂多了。按照苏丹的规定,外国人去达尔富尔必须得到警方的批准。笔者依着程序先到喀土穆的当地警察局办了一个临时居留证,而后再申请去尼亚拉的许可证。苏丹国内民航有苏丹航空、MARSLAND、AIRWEST等几家航空公司往返于喀土穆和达尔富尔之间,笔者去程乘坐的是苏丹航空的麦道83,回程是AIRWEST的波音737—200,都是很老的二手飞机。比如波音737的客舱里,标识都写着中文,一眼就能看出是从中国民航公司买的二手飞机。

在喀土穆机场等飞机的时候,笔者碰到一个去法希尔的奥地利人。他是一个国际非政府组织的工作者,做培训项目的社会联络工作。他说,在达尔富尔活动的外国非政府组织有1000多个,工作人员大约有1万人,大部分是苏丹当地人,外国人大概有2000来人,非政府组织的外国人在法希尔最多,尼亚拉也有一些,但是在西达尔富尔的很少,那里毕竟太乱太危险。那个奥地利人还说,既然是非政府组织,一般情况下是不和政府机构合作的,联合国是政府间组织,所以非政府组织和联合国在达尔富尔的机构也不怎么合作,而是自成一个社会体系,彼此共享资源,比如电子邮箱的资源,几乎所有的非政府组织在达尔富尔搞活动,都是依靠这个资源发电子邮件来通知的。而笔者在苏丹的报纸上看到,达尔富尔的教育状况非常差,90%以上的人几乎都没有受过教育,很明显,非政府组织联系的人都是当地有能力使用计算机上网的人。

去尼亚拉的民航飞机有点像长途巴士,整个航线的行程是喀土穆—法希尔—尼亚拉—喀土穆。达尔富尔的面积相当于法国,虽然那里有公路,但各种武装组织的割据错综复杂,驾车走长途还是具有相当危险性的,因此,出入达尔富尔三个州的首府法希尔、尼亚拉和朱奈纳,有条件的人都选择乘坐飞机。飞机上,坐在笔者旁边的是一个达尔富尔老人,大家庭在法希尔,他自己在喀土穆经营一家贸易和运输公司,经常回达尔富尔。这位叫阿里的老人说,他祖父就是达尔富尔一个部落的酋长,他太知道达尔富尔的冲突是怎么一回事了,就是部落之间、武装势力之间在争水、争地、争权,这样的苦难英国人在当地殖民的时候就存在,但那个时候国际上也没有什么人来关心达尔富尔的问题,不知道这几年怎么突然就在国际上闹大了!

航班停在法希尔的时候,不到站的旅客是坚决不让出飞机的。不过,笔者还是看到了窗外的拖拉机,它竟然是法希尔机场拉行李的交通工具,这还真是少见。班机从法希尔继续起飞后,不到半小时就降落在尼亚拉机场。在法希尔和尼亚拉机场,笔者都看到有联合国机构和非洲联盟达尔富尔特派团的飞机、直升机停在那里,标着"UN"或"AMIS"的字样。机场的工作人员说,联合国的飞机只给联合国的人员乘坐,每天都飞好多趟,不计成本,3个人也飞,8个人也飞。

二、南达尔富尔州首府尼亚拉

和笔者去过的很多动荡地区一样,尼亚拉机场也是重兵把守、务求安全的地

尼亚拉街头(摄影:程刚)

方,在机场的入口处,分别布防有联合国、非洲联盟混合维和部队和政府军的装甲车、堡垒和哨所。在尼亚拉,随处可以见到带枪的武装人员,当地人说,他们有的是警察,有的是政府军。时不时还能看到联合国和非洲联盟的维和士兵开着车巡逻。2007年,笔者的两位同事去过法希尔,在那里过了一夜,他们对法希尔的第一印象同样也是三步一岗、五步一哨。他们描述说,法希尔市里,到处都是荷枪实弹的士兵与警察。每一个市区道路的路口都有军用皮卡车在驻守,车厢里高高地架着一挺重机枪,机枪拖着压满子弹的长长子弹带。车上站着四五个士兵,他们拿着枪,望着不同的方向。州长的家和州办公场所在进城的路口,因此也就成了防守的重中之重。十字路口的四个方向都停着军用皮卡,四个方向的街道两边也都站满了警察与士兵。

联合国官员视察达尔富尔维和部队(摄影:程刚)

无疑,这样的景象会让初到者感觉到一点紧张,但当地人都显得习以为常。尼亚拉的市场里照样人来人往,卖杂货、卖水果、卖香水的摊位都照常摆着,在市场里转的人不少,真花钱买东西的人不多,而无论街边搭伴散步的年轻人、抱着孩子闲逛的妇女,还是路上骑着毛驴的居民,表情都很自在悠闲,看不出有什么担心安全的样子。在尼亚拉的汽车站,依然是熙熙攘攘的,五颜六色的中巴车很多,乘客也不少。置身这样的氛围中,外来者也很快就放松了。

在南达尔富尔州政府门口,笔者碰上了一位名叫巴萨的当地英语教师。他热心地指着不远处一座粉红色的建筑说,那里是一个宾馆,机场旁边还有一个,现在来尼亚拉的外国人也不少,基本上住在那两个宾馆里。巴萨和妻子、五个孩子一起居住在尼亚拉,他说:"现在,达尔富尔大规模的战乱基本已经没有了,达尔富尔打得厉害的时候是 2003—2004 年,2007 年以来情况好转多了,起码像我们这些住在尼亚拉或者法希尔的人来说,安全已经没有什么大问题了,不过要是出城 10 英里以外,还会有一些小的冲突,有的是小股武装抢劫,也有的是农民和牧民争夺水和土地,眼下,整个达区最危险最乱的是和乍得接壤的西达尔富尔州,达尔富尔现在需要安静下来,达尔富尔人渴望过正常、和平的生活。"

50 岁的玛蒂娅·雅毕是尼亚拉一所中学里的阿拉伯语教师,她也对笔者说:"情况确实在好转,现在,大家都在谈论和平了,作为女人,我们的生活也在变得安定起来。"

三、达尔富尔缺水十分严重

白天在尼亚拉并没有太明显的身处险地的感觉。相比之下,倒是开阔处不时刮起的阵阵强劲沙尘让人觉得有点吃不消。而严重缺水,却是目前达区生活面临的最大问题之一。

从机场到尼亚拉的路上,可以看到不少联合国在南达尔富尔州的机构,有世界粮食计划署的援助营地,有维和部队的过度营地,白色的热区帐篷全都被风沙染黄了。后来,笔者在参观尼亚拉技术学院时从一个教农业技术的当地教师那里了解到,达尔富尔地区北边紧贴着撒哈拉大沙漠,这个历史上的中非稀树草原的边缘地带现在变得植物更稀、沙漠更多、严重缺水,这是达尔富尔长期以来冲突不断的一个根源。他说,现在严重的干旱使得达尔富尔地区的沙漠化速度非常快,由北向南,每年推进近 10 公里。

虽然达尔富尔地区无论阿拉伯人还是黑人基本上都信仰伊斯兰教,说的也都是阿拉伯语,但争夺水源和有水草的土地这些最基本的生存资源,却仍然成为历史延续的达尔富尔冲突动荡的根本原因素。利比亚总统卡扎菲在谈到达尔富尔问题时说,达尔富尔的争斗已经有上百年了,是那里的人自己在为争夺骆驼而战,非洲人自己能够解决问题。这种说法虽然过于极端,但多少点破了生存和发展的极度困难才是达尔富尔问题的根本原因。

贫穷落后、生存资源紧张导致争夺,争夺引发部族冲突,部族冲突扩大又部分演变为地区邻国的矛盾,苏丹独立后南北内战多年使得西北部的达尔富尔地区长期被边缘化,所有这些复杂的因素交织在一起酿成了达尔富尔的战乱,而战乱不止又反过来加剧了贫穷落后。

尼亚拉是达尔富尔地区最大的城市,但这里的大多数房子也是老旧低矮的土坯平房,街上除了军事人员的皮卡车,老百姓出行多是靠驴车。冲突爆发后,许多难民涌入这个城市,城里严重缺水,寻找水源已经成为改善当地居民生活的紧迫问题。每天,都有不少驴车装着大塑料水桶四处去拉水。当地人用水大多数需要去河谷地带打出水井取地下水,取水口少,打水的人多,一般要等五六个小时,赶着驴车一天也就能拉一趟。有人拉水是卖的,一车水大约有一个立方,全买下需要花3磅(在当地1美元约为2苏丹磅)。

法希尔附近排队等水的妇女(摄影:姚辉)　　驴车是达尔富尔人经常用的交通工具(摄影:程刚)

第二节　达尔富尔的难民营现状

达尔富尔冲突爆发后,苏丹政府和联合国在达区建了一些难民营,以收容安置四处流浪的难民。难民营的生活主要靠联合国、西方国家和一些国际组织的援助维持,中国政府也提供了援助。

一、奥塔什难民营

奥塔什(Otcath)难民营位于南达尔富尔首府尼亚拉边上,几年来,那里已经集中了数万在冲突中失去家园的达尔富尔人。在那个难民营访问时笔者看到,难民们吃的粮食确实有不少是西方援助的,西方国家可以援助粮食和干净的水,让达尔富尔的流离失所者裹腹,不会饿死,但不给达尔富尔人援助发展型的物资和项目。

在奥塔什难民营,管理者对当地的6万多人实行粮食和水定期配给制。营地十分简陋,风沙毗邻的一片荒地上搭起很多木桩架、竹编墙、茅草顶的大草棚,通风透光，有的草棚中只有两个木棍架在一起，上面挂个煮饭的小罐子，除此之外几乎可以说别无长物，大概因为是旱季，难民们住进去睡觉，其实就是直接往沙土地上一躺，好一点的屋中有一个低矮的小床，摆放着杂物。笔者很奇怪，难民营里是提供帐篷的，虽然很旧很简陋，那么为什么这么多难民都住在最简单的棚子里？一问才知道，旱季太热，帐篷里受不了，就呆在自己搭的棚子里。

奥塔什流离失所者营地(摄影：程刚)

在难民住的草棚中，笔者看到最值钱的东西就是中国造的自行车。难民营里孩子们很多，都没有穿鞋，衣衫褴褛，头发和身上沾满了沙子，但他们似乎并没有感觉到生活的苦难，很多孩子拿着用花花绿绿的塑料以及木头制成的玩具汽车玩耍。大人们的白袍子相对整洁一些，他们成群地蹲在阴凉处无所事事。难民营里的景象已经让陌生人很吃惊了，但当地一个陪同人员还介绍说，其实他们原来的家并不比这里强多少，毕竟当地的生活条件太差了。

像这样的难民营，准确的说法是流离失所者营地（IDPs）。在那里，无家可归的人能免费获得帐篷、食物、水以及教育和医疗服务，一些不习惯住帐篷的难民自己建茅草房居住。当然，这些东西和服务都是最普通的，而不是很好的。据当地的一些难民说，有些人走了又回来了，毕竟这里还有食品吃、有水喝，还有一些不是难民的人也会赶着驴车到这里来领吃的东西。

奥塔什流离失所者营地的孩子（摄影：程刚）

在欢迎中国政府达尔富尔问题特别代表的大草棚里，一个难民抢着站起来说："在达尔富尔的冲突中，很多行动是针对平民的，一些武装和军车清洗了我们的家园，我们无家可归，成了难民，我们需要一些东西，需要水、医疗、教育，中国给我们送来了这些，我们这些苦难中的人感谢友好的中国，但是，我们还在苦难中，还面临着很大的困难，我们需要药，他们只给我们很便宜的药片，不给好药，我们希望寻找到正常的生活，不愿意成为难民，希望外界能帮助我们重新建起我们自己的家。"

二、萨卡利流离失所者定居点

除了难民营,达尔富尔地区还建有一些流离失所者定居点。定居点通常是圈起一块地方来建一些简陋的窝棚,成为一个新的村庄,让因战乱而流离失所的人重新安家,其环境与条件比难民营稍好一些。

笔者访问了尼亚拉附近的萨卡利(Sakali)流离失所者定居点。仅从穿着上看,这里的人们生活状况要略略强于难民营中人们。妇女孩子很多,孩子们有学校,所谓学校,也就是竹编裹起来的大棚子,年龄大小不一的孩子们席地而坐,老师拿着书给他们上课。对笔者的数码相机,孩子们特别感兴趣,一群一群地围上来,要求给他们拍照。

定居点周围,有不少妇女在灌木丛中捡树枝,笔者本以为她们是在捡柴火,一问才知道,细小的用来烧火,粗一些的拿回家往地上一戳,稀稀拉拉绑上几根竹编,就是围院子的篱笆了。不远处,一个还没有完工的小水塔的架子特别引人注意,当地人说,那是中国人教一些定居的流离失所者们自己焊接起来的,还没有做完。

三、阿布舒克难民营

阿布舒克难民营是达尔富尔地区最大的难民营,阿布舒克是"集中营"的音译。这个难民营位于一大片沙地上,离机场大约有2公里,离城里大约也是2公里。难民营主任易卜拉辛·哈利勒告诉说,难民营的面积大约为4平方公里,约5.4万难民住在那里,其中80%是妇女和儿童,他们生活的唯一来源就是政府和国际组织的援助。

阿布舒克难民营按照英文字母顺序划分了很多个区,每一家都用阿拉伯数字标出第几排第几号。其间有些蓝色帆布围成一个小棚子,是一些国际组织提供的简易厕所。从这座难民营里的D区穿行到Q区,仿佛行走在原始部落,一片又一片低矮的草棚、泥屋。老人站在低矮的泥墙后面没有表情地看着外面,孩子们在家门口,有的拖着长长的鼻涕在沙地上玩,有的光着屁股在地上大小便,有的孤独地站在家门口呆呆地望着远处,有的会向参观者微笑地挥挥小手。笔者把随身携带的饼干分给围在身边的几个孩子时,没有想到这些衣衫褴褛、蓬首垢面的孩子也微笑着与我们挥手告别。他们的笑容其实与世界各地的孩子一样,是那么灿烂,那么天真无邪!

四、阿布贾难民营

阿布贾难民营与阿布舒克难民营一河之隔,河流早已干涸。在阿布贾难民营,甚至连草棚也很少见到,不少都是做化肥口袋用的那种材料拉起来的帐篷。那里有一所小学,笔者采访了小学校长阿卜杜。据他介绍,那所小学现在有8个年级、9个教室、450名学生。他的戒心很深,不让拍照,不让与孩子们说话,笔者一行只能在车上与校长进行简单的交流。而孩子们挤在难民营里最好的草房子的门口,在校长的背后,有的向我们露出了阳光般灿烂的笑容,有的不断地朝我们挥手,有的向我们做鬼脸。离学校不远处,七八个孩子在尘土飞扬中踢着足球。陪同我们的当地政府工作人员不让我们进难民家里,说难民的家里什么也没有,有的难民也不欢迎别人进去。

阿布贾与阿布舒克难民营目前已经恢复秩序。难民营的旁边,临时警察局正在盖新房子,扩大办公场所;难民营的水站负责供应每家用水;不少国际组织在那里为难民提供人道服务,有的提供食品,有的提供基本的医疗,有的提供帐篷。这些国家和国际组织大都树着醒目的旗帜或标志牌。难民营的市场也在运转,吃不掉用不完的援助物资可以在那里进行交换。在通往难民营市场的路上,三个身穿彩色裙装的妇女头顶着自己编的毯子一样的东西,不慌不忙地走着,用自己编的东西卖钱。在难民营市场上,在一个个小棚子底下,难民们把洋葱、干果等物品摆成一小堆一小堆的。甚至还有一家在卖可乐等饮料。有的难民还养鸡来卖,一只1公斤左右的鸡大约能卖到4.5美元。

第三节　中国在达尔富尔的维和与援助

一、联合国最大的维和行动

联合国历史上最大规模的一次维和行动正在苏丹的达尔富尔地区展开,这就是联合国和非洲联盟的达尔富尔混合维和行动。如果按照计划全部部署到位,与法国面积大小差不多的达尔富尔地区将有约2万名维和官兵以及6000多名维和警察和文职人员。但是,到目前为止,部署到位的混合维和部队与维和警察还不到一半,一些国家的维和部队尚未进入。不久前到中国访问的苏丹总统府顾问、执政的苏丹全国大会党外事书记穆斯塔法·奥斯曼·伊斯梅尔博士说,到2008年年底,混合维和行动的部队大部分可以部署就绪。

达尔富尔地区的国际维和行动起初是非洲联盟在执行,2004年8月,非洲联盟在苏丹的同意下向达尔富尔派出了维和特派团,简称为"非盟达团"。后来,因为资金匮乏,"非盟达团"的维和效果并不明显。2006 年 8 月,联合国安理会通过了第 1706 号决议,决定在得到苏丹政府同意后,向达尔富尔派遣联合国的维和部队。但是,第 1706 号决议遭到了苏丹政府的反对。在国际社会与苏丹的对话过程中,2006 年 11 月,时任联合国秘书长的安南提出了三阶段部署的"安南方案",苏丹政府表示原则接受。2007 年 7 月 31 日,联合国安理会又通过了第 1769 号决议,授权在达尔富尔部署联合国、非洲联盟混合维和行动。

在维和部队的构成上,联合国、非洲联盟和苏丹政府商定的是优先由非洲国家派遣部队,满足不了维和的需要时再考虑其他国家。对非洲联盟外的国家派遣维和部队和像直升机这类重武器进入的问题,苏丹政府有自己的关切,原先苏丹政府在非洲国家外只同意接受中国和孟加拉国的维和部队,随着三方协商的不断加强,苏丹在达尔富尔维和上表现得也更加灵活,现在苏丹政府已经同意泰国和尼泊尔派兵参与混合维和行动,在维和部队部署直升机的问题上也基本答应开绿灯。达尔富尔的维和行动本已有了积极的进展,然而,国际极端施压行为的突变却给达尔富尔维和与政治进程带来了巨大的变数。

二、中国维和部队进驻达尔富尔

多年来,中国积极致力于非洲的和平与发展事业,主张在尊重非洲国家主权的前提下,帮助非洲国家解决国内与地区的矛盾与冲突。到 2007 年底,中国已经在非洲 7 个国家参与联合国维和行动,总计派出 1400 名维和人员,是联合国五个常任理事国中派遣维和部队最多的国家。早在 2004 年,中国就应联合国邀请在苏丹南部部署了一支 400 多人的维和队伍,该维和部队多次受到联合国的嘉奖。①

2007 年 7 月 31 日,在中国担任联大轮值主席期间,中国说服各方通过了安理会得到苏丹政府同意的第 1769 号决议,授权在达尔富尔部署联合国、非洲联盟混合维和行动。中国政府还承诺将在 10 月上旬向达尔富尔地区派遣 315 人的工兵分队,为部署联合国—非洲联盟混合维和部队做准备,这也是联合国在此次混合维和行动中派出的第一支部队。

2007 年 11 月 24 日,由 140 名中国维和工兵分队组成的维和先遣队部署到了南达尔富尔州的首府尼亚拉,这是非洲联盟以外国家第一支进入达尔富尔的维和部队。2008 年 7 月 16 日,中国维和工兵分队的后续部队 170 人也从郑州

---

① 参见刘鸿武:《非洲和平与发展的助推者》,载《人民日报》2007 年 11 月 7 日。

中国维和工兵分队的步战车外出执行任务（摄影：程刚）

出发，乘专机飞往苏丹。笔者在达尔富尔的采访中了解到，中国的维和工兵分队之所以格外受到关注，很大程度上是因为先遣队在短短时间内所做到的远远超出了人们原本就对中国工兵寄予的高期望。

联合国—非洲联盟混合维和行动在达尔富尔分南、北、西三个战区，中国维和工兵分队部署在南战区。沿着尼亚拉通往法希尔的公路往北走约12公里，右拐下到一条新修的土路上走1公里许，就到了中国维和工兵营的营地。

那里还在建设中，一辆工程运输卡车要出营区去装沙，几个全副武装的警卫分队战士立即发动了标着"UN"字样的白色步战车。取沙的地方在营区边上的一处干涸的河床里，离中国维和工兵分队的营地其实只有1公里多一点的距离，但毕竟是在达尔富尔，安全的问题非常复杂，来不得半点疏忽，工兵不是战斗部队，因此只要出营区执行任务，水陆两用的步战车就得跟随护卫。步战车围着取沙的卡车转了一圈观察周围的环境，然后停在距卡车很近的一块高地上执行警卫。

这样的谨慎是必须的。工兵分队的指挥长上官林宏中校说，他们到达之前，就有"公正与平等运动"的某个派别公开放言，警告中国的维和部队别去达尔富尔，否则就要袭击中国部队。警卫中队长陈战元少校说，那个组织之前确曾对维和部队动过手，袭击了非洲联盟达尔富尔维和特派团的一个营地，杀死了十多名维和军人。除了叛军组织的威胁之外，笔者还了解到，曾经有一个身份不明的武装人员手持冲锋枪往正在施工中的中国工兵营地走,结果被外围警戒的别国维和部队给制服了。

混和维和部队南战区的副司令杨夕军上校说:"《联合国宪章》里并没有"维和"这个词,按照联合国第二任秘书长达格·哈马舍尔德的说法,维和属于《联合国宪章》'第六章半'的范围,也就是介于第六章的'进行谈判和斡旋等传统和平解决争端办法'和第七章的'授权采取更强有力的行动'这两者之间,而联合国在明确达区混合维和任务的文字中表述得非常清楚——是'在《联合国宪章》第七章下的行动',这在以往的联合国维和行动中是不多见的。"

虽然达尔富尔当前的安全形势有所好转,但该地区的和平还相当脆弱,存在着一定的不确定性。达尔富尔大的抵抗运动武装力量就有五支,小的武装更是多得难以计数,和苏丹政府签署达尔富尔和平协议的主要是最大的一支抵抗武装——苏丹解放运动的米纳维派,还有很多武装派别没有加入和平协议。

上官林宏指挥长说:"作为达尔富尔任务区中非洲联盟之外的首支联合国维和部队,对这里复杂的安全局势我们做了相当充分的准备。"工兵是非战斗部队,以往中国派出的工兵维和分队,内配的警卫作战单位多为一个班的规模,而这一次有所突破,警卫中队有40人,基本是一个排的规模,从装备上看,配备了6辆重装甲可防穿甲弹的国产步战车,上面有高架机枪,火力是比较强的,以如此的作战装备参与联合国的维和行动,也是中国军队的第一次。陈战元少校说:"从维和任务区的实际情况来看,小股武装力量的偷袭是要主防的,维和部队的震慑力非常重要,实力越强,对方就越不敢轻举妄动,我们的步战车能起到这样的作用。"陈战元还说:"作为维和部队中的作战人员,到任务区后首先要做的就是吃透第七章下维和行动的交战原则,对敌对行动或明确的敌对意图,可以以基本与对方对等或略高于对方的攻击方式现行开火,按照这个原则,对持有武器并且已经进入武器有效射程的人维和部队就可以先发制人。"上官林宏说:"其实在具体执行维和任务的时候,事情根本不是这么简单,维和毕竟是以和平为目的,而不是来制造紧张的,所以维和军人在行动中必须处置好各种各样的情况,机智灵活,某种意义上讲,执行维和任务要比打杖更锻炼人。打仗时,敌我是很清楚的,但维和不一样,变数非常大,一旦发生紧急情况,又必须果断恰当地处置,要求很高。"7月,联合国—非洲联盟达区混合维和部队的北战区发生了一次对维和部队的袭击,双方激烈交火,7名维和人员牺牲,22人受伤。作为达区中国维和工兵分队的指挥官,上官林宏对全体官兵的安全可谓殚精竭虑,这从部队营地的安排上就可见一斑。

三、中国工兵分队营地探访

中国维和工兵分队的长方形营地是在一片戈壁荒地建起来的,周围野草稀疏,灌木零星,没有人家,是一片开阔地,虽有两座小的石山丘卧在营地附近,但山顶上有同一战区执行警卫任务的别国维和部队的警戒点,军营的围墙是用约1米见方的特制绿色网箱盛满沙石,一个个密密垒起来的2米多宽2米多高的网墙,网墙上均匀地设置了形似长城墙垛的单兵射击垛口,围墙四角设置了观察岗楼,监视四周可谓一目了然,火力控制开阔地域,抵御不测攻击是很占优势的。围墙的外面还围绕着一圈"品"字型的蛇腹状铁丝网。上官林宏说:"军营内还特地把地面垫高了,这样步战车的高架机枪正好够高度对外射击。"

上官林宏说:"安全当然非常重要,在达尔富尔维和中做出贡献更重要,我们要干出样子来显示中国对解决达尔富尔问题的决心和努力。"

让每一个联合国和非洲联盟与达尔富尔维和有关的、来过现场的官员都赞叹惊讶的,其实正是中国工兵分队的营地,因为它正是联合国—非洲联盟达区混合维和行动的超级营地的一部分,按规划,这个超级营地将部署战区司令部、中国工兵分队、孟加拉国维和警察分队、尼泊尔警察分队、埃及步兵分队和医疗运输分队、巴基斯坦医院以及战区直升机保障分队。如果不是中国工兵的出色行动,超级营地到现在还仍然是堆满乱石、四处荆棘、毒物遍地的荒芜野地,动工还遥遥无期。

初到南战区的时候,中国维和工兵分队的先遣队被安排在过渡营里,过渡营就是原来非洲联盟达区特派团的营地。天天训练、学习、交往了一段时间后,中国维和工兵的先遣队感觉到,要是就这么等下去,维和的日子就一天天耗过去了。一个原因是当时正处于联合国—非洲联盟达区混合维和部队和原先的非洲联盟达区维和

维和营地的网箱墙,子弹穿不透(摄影:程刚)

部队交接过渡的时期,指挥关系不明,通信联络不畅,周边情况不清。另一个重要原因是原先联合国—非洲联盟混合维和部队的后勤保障承包公司是一家美国公司,在拿到十几亿美元的大单后没有做多少事情就被一家美国军火集团收购

了,而苏丹政府坚决不同意美国军火公司的人进入苏丹,这样,超级营地工程本该由后勤保障公司建设的道路、围墙等基础工程都没有动静。中国维和工兵的先遣队主动创造条件,虽然一些大型设备还没有到,但他们照样动手把从公路到超级营地的一条1200米的进出道路平整、碾压出来。2008年1月20日接到战区施工命令,第二天就开始了超级营地建设。

达尔富尔的旱季,风沙漫漫,酷热高温。风沙大的时候,能见度只有几米,眼睛不开,鼻子、嘴进沙,官兵有自己的对策:剪下一截秋衣袖子挖出两个眼睛孔,把风镜缝在上面做成一个防沙头罩,套上干活。天太热,就早上5时起床,早早开工。超级营地所在的荒地,灌木、乱石、小丘、谷地,高低不平,竟然还有不少毒蛇、毒蝎子、毒蜘蛛和蜥蜴。笔者在工兵分队的医生那里就看到了长达13厘米的毒蝎子标本,是工兵在施工中发现的。有一天,上官林宏告诉笔者:"今天早上起来,我们一个士兵还碰到了一条蛇,打死了,施工的时候,我们一共发现了6条毒蛇,有一次搬开一块大石头,底下蜷着两条蛇,医生查过,叫蝰蛇,很毒的。"笔者在营地里注意到,每个帐篷的内底缘都用沙袋垫实压住,外缘洒了硫磺,就是为了防毒物。

克服种种困难和恶劣条件,只用了一个月,他们就全体迁入了七万平方米像模像样的长方形军营。其实,那一个月中,他们不只建了超级营地中属于中国工兵营的营地,还基本建好了孟加拉国维和警察分队四万平方米的营地。

联合国孟加拉驻JUBA维和部队哨兵严阵以待(摄影:姚辉,2008年8月)

中国维和部队的工作受到联合国的高度评价。中国工兵营地建立以来，已经有多位联合国官员来考察，包括联合国负责维和事务的副秘书长让·马里·格诺、联合国—非洲联盟达尔富尔混合维和行动特别代表罗道夫·阿达达、副特别代表亨利·安伊多哈、联合国—非洲联盟达区混合维和部队司令马丁斯·阿瓜依上将等，他们都对中国工兵只花了一个月就建起维和营地十分赞赏。安伊多哈先生告诉上官林宏："联合国一决定要在达区开展混合维和，我们就特别提出要派一支中国的工兵部队，因为中国的工兵部队在参与的各个维和行动中都非常出色，已经名声在外，现在看来，我们的要求是非常正确的，你们甚至超出了我们的期待，没有中国工兵，很难想像超级营地的建设会是什么样。"

联合国维和行动总部负责后勤的特等干事看了中国维和工兵的营地后非常兴奋，他向上官林宏透露："中国维和工兵分队先遣队到达达尔富尔的那一天，消息传到联合国总部，维和行动总部特地开了一个小型的内部庆祝会，大家都很高兴地在说'中国下决心行动了！'"

四、中国在达尔富尔的援助行动

车窗外围着许多看热闹的小孩，笔者拿了一瓶饮用水递给窗口的一个男孩。顿时，一群孩子都扑上来争抢，一个小霸王模样的厉害角色硬是一把推倒了拿到水的那个孩子，劈手夺去了那瓶水，因为用力过猛，瓶盖都抢掉了，一瓶水洒了一半。小霸王拿着半瓶水扬长而去，别的孩子只能无奈地看着他走远。这是笔者在尼亚拉亲历的一幕。

严重缺水，为抢水而争斗甚至仇杀，在达尔富尔已是延续了几百年的状态。现在，随着达尔富尔的人口越来越多，各种力量争夺有水之地乃至争夺权力，仍然是达尔富尔地区动乱的根本原因之一。按照多年不变的官方说法，尼亚拉的本地居民有60万，但要是加上最近几年大量涌入的流离失所者和外来人员，60多岁的斯利克大叔说，相信尼亚拉现在已经有100多万人了。而整个城市目前的供水量只有每天12000立方米。也就是说，平均100个人一天只能用1.2立方米水，即使这样也算是达尔富尔地区用水条件最好的地方之一。

在尼亚拉的火车站，一台吊车正在卸一些黑色的粗大的管道，这是中国提供5000多万元优惠贷款将在尼亚拉建的供水项目的材料，水源在80多公里之外，要打一口很深的井取水。斯利克大叔就是这个尼亚拉供水工程项目的顾问。他告诉笔者，该工程将给尼亚拉和附近一大块地区的用水带来彻底的改观，建成后，每天可以向尼亚拉及其附近地区供水40000立方米，那比现在要增加3倍多啊！斯利克说，只有中国的公司到达尔富尔来建设像供水工程这样的基础项目，这才是真正帮助达尔富尔,解决当地发展的根本问题,从而消除争斗的根源。

在尼亚拉城郊的一条公路旁有几间简易的板房,那就是尼亚拉供水项目的中国建设者们的办公室和宿舍。入夜,南达尔富尔州的首府尼亚拉是实行宵禁的,一眼望去,整个城市几乎都是黑的,有灯光的地方非常少,马路上没有车,也没有路灯,隔一两个小时才会有政府军巡逻车的灯管缓缓地移动过来。供水工程项目的总承包商中国机械设备进出口总公司的现场负责人王磊对笔者说,晚上只能呆在宿舍里。从小在北京长大的他坐在自己的床边向笔者讲起了灌木丛中的那声枪响。

在尼亚拉周围,从地质上看,有可能找到比较充足水源的地方是一个叫做巴格拉的盆地,但那里的大部分地方是反政府抵抗组织武装控制的地盘。有一天,王磊领着几个人正在巴格拉盆地某处的一片矮树丛里勘探,大家蹲着身子正在工作,突然,不远处爆起了一声枪响,他赶紧喊了一声:"大家快趴下!"王磊说,后来猜想,大概是叛军的巡逻哨发现灌木中有动静,又搞不清楚究竟是什么人在干什么,就开枪警告,可他当时是真怕有叛军袭击过来,要是发生什么人身安全问题,麻烦就大了! 幸好之后没有再响枪,王磊觉得老趴着也不是个事,就让大家试探着慢慢弓起身来,赶紧撤回去。

类似的危险遭遇,参加该项目的很多建设者都碰到过。刘建方是施工公司的负责人,他告诉笔者,在达尔富尔,他平身第一次被好多枪口包围住。那还是在项目的勘探阶段。一次,他带着两车工程师去巴格拉盆地确定水源,一辆政府军的车负责在前面开道保护,但出了尼亚拉十几公里后,就见路边上立着一块牌子"SLA",政府军的车停了下来,军官告诉刘建方,前面就是"苏丹解放军"的控制区域了,虽然这个最大的抵抗组织已经和政府签了和平协议,但他们的地盘还是不让政府军随便进去的。就这样,变成了中国工程师的车在前面走,政府军的车跟在后面。车队开到一个村庄口的时候,果然出现了险情。路被武装人员堵上了,几乎是一瞬间,周围的树上、墙后冒出了很多枪手,刘建方说,当时就感觉四周全是枪口,各种各样的冲锋枪、机枪,即些人的打扮也是五花八门,有的穿着偏黄的迷彩,有的穿着偏蓝的迷彩,有的赤裸上身、背着子弹、腰间还插着美式军刀。在这种阵势下,政府军的士兵都双手把枪举过头顶表示没有敌意,中方请的当地向导空手向前,跟一个拿着卫星电话的武装头目解释。刘建方说:"其实,前一天我们就和路上要经过的各种武装的司令部联系过,说明了我们是去找水的,但可能是这些武装上下之间的传达出了问题,这个村落的武装没有接到放行的招呼,好说歹说那个头目都不让过,他还打了一通电话,最后叫我们绕道走另一条路。"不管怎么样,脱离了枪口的包围圈,刘建方和大家还是大大地松了一口气。

其实,尼亚拉供水项目 2004 年就定下来了,它本身是一个商业项目,但由于达尔富尔的局势动荡,工程进展非常困难。从经济上讲,由于美元贬值和工期大大延长,这个项目已经不再具有什么商业意义,基本上已经变成了很典型的援助性工程。

项目的水源地最终确定在巴格拉盆地一个叫格瑞达的地方,距离尼亚拉有 80 多公里,要在那里打 20 眼约 300 米深的井,然后用管道经加压输送到尼亚拉的一个水厂。有意思的是,所有中国建设者的工作服上都印着"格瑞达供水项目"的字样。刘建方说:"这也是为了工作方便想出来的办法,因为格瑞达有'苏丹解放军'的一个司令部,我们这样就等于告诉他们这个供水项目也同样造福格瑞达。"事实上,整个输水管线也确实在沿途的抵抗武装控制区留出了若干分水口,准备向这些地区供水。

除了这些,让工程克服种种困难不断进展的一个宝贝就是顾问斯利克大叔。老人曾经担任过南达尔富尔州的公共事务部部长,当地的很多公共项目他都倾注过心血,所以德高望重,和各方各派都有很好的个人关系。这个年轻时到美国读过书的达尔富尔老人,现在几乎把他所有的精力都投入到尼亚拉供水项目中了,他对笔者说,祖祖辈辈都在达尔富尔生活,所以太知道水、电、健康、教育对达尔富尔有多重要。大叔随身带着尼亚拉供水项目的地图,碰到任何阻碍就拿出来,把中国公司要做的事仔仔细细地向当地人解释。他说,没有一个达尔富尔人和水过不去。有了斯利克大叔作顾问,中国公司的建设者要去哪里,大叔就事先找到各派在尼亚拉的办公室,给沿途的各派武装打招呼,口信很简单——"大叔明天要去。"万一还碰到武装拦路,大叔就自己下车,举起双手,大声打招呼:"朋友!我是斯利克,是去找水的……"然后就搞定了。据斯利克大叔讲,现在比较麻烦的是从各个武装中跑出去四处流窜的"兵贼",不过只要阵势摆大一些,他们就不敢胡来了。斯利克大叔帮工程的忙几乎是事无巨细的,输水管道经过一些当地居民的菜地、果林还有家庭的坟地,只要大叔出面好好解释,居民们都能很通情达理地为供水管道让出线路。

事实上,在尼亚拉,笔者听到达尔富尔当地人对中国最多的说法是"友好的中国"。南达尔富尔州副州长法拉赫·穆斯塔法说:"我们面临的问题主要是资源、教育、卫生、电力、道路、桥梁的问题,中国提供的供水、教育、卫生等方面的援助和支持,确实是达尔富尔人民最需要的,在世界上中国也是第一个给达尔富尔地区提供这种援助的国家。"

中国在 2007 年提供的非食品援助中除了衣物、生活用品、建材和水箱等物资,还在南达尔富尔州打了26眼水井,在北达尔富尔州打了20眼水井,还要在达尔富尔地区新建120所学校,其中80所是小学,40所是中学。2008年,中国在这些方面给达尔富尔地区提供的援助将会增加不少。

  参与当地援助建设工作的一个中方人员对笔者说,西方国家给达尔富尔援助的是粮食,送到难民营就可以了,都在州的首府,没有多大问题;中国给的是发展的物资和项目,释放效应需要一定的时间,这正说明中国不是在乎眼前的虚名,而是立足从根本上持久地解决达尔富尔问题。更麻烦的是,因为这些援助物资需要在达尔富尔地区内运输,不时会碰到小股游击武装的抢劫,如果请政府军去夺回,西方一些媒体就会指责中国支持苏丹政府,导致加剧冲突!由于国际媒体的话语权多掌握在西方手里,西方媒体的报道往往随他们的需要而定,结果事情真相变得难以辨识了。

第八章 达尔富尔与中国

达尔富尔是苏丹的一部分,与中国并无任何国家层面上的关系。自中国与苏丹两国建立外交关系以来,中苏两国关系发展良好,但因达尔富尔深处苏丹内陆西部,中国在达尔富尔地区并没有什么活动,也很少有中国人去过那个地方。将达尔富尔问题与中国牵扯在一起的是西方国家一些政治组织、人物和媒体。他们以中国与苏丹近年经贸关系紧密为由,硬将与中国无关的达尔富尔冲突归罪于中国,甚至把2008年在北京举办的奥运会也牵扯进来,这其实是利用达尔富尔问题而另有图谋的。不过,作为国际上一个负责任的国家,作为联合国安理会成员及苏丹的友好国家,中国近年来还是按照国际关系交往的基本准则,按照中国与非洲国家友好关系的传统,尽力为达尔富尔问题的解决做着努力。

第一节 中国与苏丹关系的沿革

达尔富尔是苏丹的一部分,因而要理解中国与达尔富尔的关系,需要先从中国与苏丹关系说起。

一、中苏建交及早期关系发展

中国和苏丹自19世纪中期以来就有着共同的历史遭遇,也面临着共同的发展问题。两国在近代反抗殖民侵略斗争过程中还有过一个因缘:曾参与焚烧中国圆明园并配合清王朝镇压太平军的英国侵略军指挥官戈登,1885年被苏丹起义军击毙于喀土穆。苏丹方面把此看作两国同命运共呼吸的标志并引以自豪。陈毅副总理曾专门为此事赋诗一首。

在1955年4月的万隆会议期间,新中国的外交立场为更多国家所理解。正是在那次会议期间,周恩来总理同苏丹自治政府总理伊斯梅尔·阿扎里进行了友好会晤。苏丹在1956年1月1日宣布独立,中国政府1月4日即宣布承认并致电祝贺,希望同苏丹建立外交关系,相信两国在亚非会议期间建立起来的友好关系将日益发展。三天后,中国伊斯兰教协会也致电苏丹,表示希望两国早日建交。1月7日,苏丹政府对中国承认苏丹独立表示感谢,欢迎交换外交代表,并希望不久就能讨论代表的等级和范围。

但是,刚宣布独立的苏丹在经济上有求于美国,害怕美国施加压力;同台湾当局虽没有外交关系却时有往来,担心同新中国建交会导致美国和台湾当局在苏丹加入联合国问题上进行捣乱。因此,苏丹政府虽表示愿同新中国发展关系,但在建交问题上一直态度犹豫,甚至在加入联合国后仍不提两国建交问题。值得一提的是,自1956年加入联合国以后,苏丹在历届联合国大会上都投票赞成恢复中国在联合国的合法席位。

对于苏丹的犹豫态度,周恩来总理曾有明确指示,要求对苏丹采取充分谅解和积极争取的态度,发展与苏丹关系要先从发展贸易和文化关系入手。1956年4月14日,中苏互相交换函件,表达促进两国贸易关系及设立政府商务代表处的愿望。当时中苏的双方年贸易额在400万至1100万美元左右。中国在1956年派出了以鲍尔汉为团长的中国文化艺术团访问苏丹,苏丹的文化友好代表团也随后访问了中国。这些友好往来为后来两国外交关系的建立和发展起了良好的作用。①

1958年4月,台湾驻伊拉克"大使"抵达苏丹,要求同苏丹外长谈建交问题。苏丹方面表达了既不承认台湾也不承认新中国的中立态度。1958年7月,在苏丹的长纤维棉受到国际市场排挤的情况下,中国以易货方式购进100万英镑的苏丹棉花,苏丹方面对此深为高兴。同年11月,易卜拉欣·阿布德为首的军人集团发动政变成功,建立新政权,发布声明并致电毛泽东主席和陈毅外长,承认有六亿人口的中华人民共和国。12月1日,毛泽东主席复电表示,这一承认将导致两国政府和人民关系的进一步发展。同日,陈毅外长复电表示,中国政府决定同苏丹建立外交关系。1959年2月4日,中苏双方正式宣布建交。中国政府任命王雨田为首任驻苏丹大使。苏丹政府于1964年派其驻巴基斯坦大使赫尔·艾丁·穆罕默德兼任驻华大使。

建交后的中国和苏丹关系发展正常。中国支持阿布德政权宣布的奉行和平中立、同一切国家友好的不结盟政策。苏丹方面继续在联合国支持中国恢复合法席位,在中印边界问题上采取不介入态度,呼吁通过政治谈判和平解决冲突。周恩来总理在1964年初对苏丹进行访问。阿布德主席1964年5月的访华圆满成功,毛泽东主席破例出席了告别宴会。②

---

① 参见裴坚章:《中华人民共和国外交史》(第一卷),世界知识出版社1994年版,第287—288页。
② 参见王泰平:《中华人民共和国外交史》(第二卷),世界知识出版社1998年版,第140—141页。

这一时期中国和苏丹的贸易和文化关系发展很快。中国主要进口苏丹的棉花和阿拉伯胶,购买的棉花数量从 1956 年的 1.8 万包迅速增至 1963 年的 8 万包。苏丹则主要进口中国的棉织品。1962 年 5 月,苏丹贸易和棉花代表团来华访问,中苏签订了第一个贸易协定。建交后,中国向苏丹派出了文化、乒乓球、杂技、科学等代表团进行友好访问,在苏丹举办了中国手工艺品和国画展览以及中国出口商品展览,上海和喀土穆之间开通了无线电通讯。苏丹政府虽然控制民间团体出国,但仍应邀派出了文化、记者、医学、工会和妇女等多个代表团访华。[①]

二、20 世纪 70、80 年代的中苏关系

1964 年 11 月,阿布德在反军政府的运动中宣布辞职,苏丹政局随后出现了一段不稳定时期。1966 年"文化大革命"爆发后,中苏关系趋向冷淡。1969 年 5 月,以尼迈里为首的青年军官通过军事政变上台。苏丹新政府很希望能够在关系民生的经济方面有所建树,因而很重视同中国的合作,对两国关系寄予很大希望。1970 年 4 月,苏丹派出两国 1959 年建交以来的首任专职驻华大使。

1970 年 5 月赴喀土穆履新的杨守正大使,是文革期间中国外派的为数不多的大使之一,这被许多国际媒体看作是中国政府向亚非拉开展的外交新攻势。苏丹方面认为,中国大使在苏丹"五月革命"一周年前夕抵达喀土穆履新具有特殊意义,因而迅速安排了杨大使的递交国书仪式,苏丹主要报纸随后天天刊登中国大使拜会苏丹革命委员会成员和有关部长的消息,一再强调中国政府支持苏丹"五月革命"。就在当月,苏丹方面告知中国驻苏使馆,尼迈里主席打算于当年 8 月 6—13 日访华,如时间合适建议中方尽快发出正式邀请。

给尼迈里访华打前站的是苏丹财长曼苏尔·马哈古卜,此人早年就读于英国剑桥大学并获经济学博士学位,曾在苏丹多届政府任要职,思路敏捷,精于言辞,久经官场,老于世故,有"智多星"之称。马氏在访华期间受到毛泽东的接见,他在交谈中关于二战后"英国星辰已经落下,美国星辰也将落下"的言论深受毛泽东赞赏,认为非洲国家的政治家有如此精辟的论述和看法真了不起。尽管中国的有关单位因为马氏受到了毛泽东的赞扬已经为之开了绿灯,但马氏仍对外交部礼宾司安排的参观长城、故宫等活动表现得不屑一顾。当中方陪同人员询问他是否不舒服时,马氏以诙谐的话语道出了他的真正意图:"假若不舒服,留在中国养病就好了。但我身体很好,必须回国,怕回国后交不了差。"

---

① 参见宗实:《非洲列国志·苏丹》,世界知识出版社 1965 年版,第 100 页。

原来,"五月革命"后的苏丹百废待兴,新上台的尼迈里政府严重缺乏建设所需的资金和技术,因而要求马氏一定要向中国领导人讲清楚苏丹政府的经济发展规划、困难和寻求援助意向。已在访华期间做好了人脉铺垫的马哈古卜向中方陪同人员表示,如果是他访华的话,中方向苏丹提供价值5000万元人民币(约2000万美元)的长期无息贷款就足够了,但对尼迈里主席访华来说就显得少了一些。既然毛泽东主席在接见他时曾表示要尽力援助苏丹发展民族经济和改善人民生活,中方是否应该重新考虑一下对苏丹的援助。这次谈话的简报很快送到毛主席办公室。毛主席随后批示向苏丹提供价值1亿元人民币(约合4000万美元)的长期无息贷款。马哈古卜获悉后非常高兴,说他终于出色地完成了尼迈里主席赋予的神圣使命,并当着陪同的面情不自禁地高呼"毛主席万岁!"[①]

根据周恩来总理的指示,中国方面修改了接待计划,给予尼迈里高规格礼遇。毛泽东主席在接见尼迈里时,积极评价苏丹政府为维护国家独立、主权、领土完整的不懈努力,赞扬尼迈里政府在发展民族经济、提高人民生活水平所取得的可喜成就。在谈话中毛泽东改变了此前中国认定"五月革命"只是一场军事政变的立场,认为"五月革命"与非洲许多国家政权更迭的"换汤不换药"不同,促进了苏丹进步,中国政府支持苏丹"五月革命"。毛泽东同时还赞扬苏丹"五月革命"过程中的一枪未放是"不战而屈人之兵",能够以强大的军事压力通过协商取得了政权,是上策,是件好事。

尼迈里在与周恩来总理会谈时,建议中国援建苏丹13个项目。周总理允诺于当年底前向苏丹派出13个考察组进行实地考察,研究落实具体承建项目事宜。会谈后,双方签署了中国政府向苏丹政府提供长期无息贷款的协议。尼迈里主席的访华取得了圆满成功,在阿拉伯和非洲等第三世界国家中引起良好反响。苏丹政府加大了与中国的全面合作,从而使两国关系进入一个新的发展阶段。[②]

20世纪50年代中期到70年代中期,美国和苏联在中东地区的整体态势是美守苏攻。从1955年向埃及提供武器开始,特别是1967年第二次中东战争结束后,苏联在反帝反侵略的旗帜下加紧向阿拉伯国家渗透,埃及、阿尔及利亚、苏丹等国在军事装备和武器上主要依靠苏联。苏联在这些国家派有大批军事顾问和专家,例如埃及的苏联军事人员最多时曾达1.7万人。[③]

---

① 刘宝莱:《记苏丹前国家主席尼迈里访华》,载《阿拉伯世界》2004年第2期,第24页。
② 参见上书,第23页。
③ 参见王泰平:《中华人民共和国外交史》(第三卷),世界知识出版社1999年版,第143页。

从反对苏联的"一条线"战略出发,中国对当时第三世界国家要求摆脱苏联控制的斗争都采取支持态度。1976年,苏丹总统尼迈里呼吁红海成为和平海与安全区,反对超级大国和地区霸权主义国家的侵略扩张,表达了维护民族独立和国家主权的迫切愿望。① 1977年5月,尼迈里政府宣布结束苏联军事专家在苏丹工作的合同,关闭苏联驻苏丹使馆军事专家事务处。中国对此"坚决支持",认为这一果敢的正义行动"大长苏丹人民、非洲人民、阿拉伯人民的革命志气",沉重地打击了霸权主义的侵略扩张野心,"为第三世界的团结反帝反霸事业做出了光辉的榜样"。②

1970和1971两年,中国先后向苏丹提供了两笔价值2亿元人民币(约合8000万美元)的长期无息贷款,并确定由中国公司利用这批贷款在苏丹承建四大项目,即喀土穆国际会议大厦友谊厅、瓦迪迈达尼市至卡道里夫市公路(220公里)、迈达尼市郊的青尼罗河大桥和哈萨黑萨纺织厂。上述四项目分别于1972年和1973年上马,是中国当时援建规模大、项目多、竣工快、贷款使用率高的项目。其他的援建项目还有水稻、渔业工程等。1982年1月,中国向苏丹提供了5700万美元的无息贷款。③ 可以说,中国对苏丹的无私援助不附带任何条件,中国援建的以"友谊"命名的一系列工程集中体现了两国人民的深情厚谊。在喀土穆友谊厅的建设过程中,中国工程师曾要求一名苏丹工程师三次拆装一台运转良好的机器,给出的解释是:"因为一旦我们回去了,不想让你们再找帝国主义的工程师修理这台机器。"1974年6月,为表彰杨守正大使给中苏两国关系发展做出的重要贡献,尼迈里授予离任的杨守正大使苏丹最高级别勋章——青尼罗河勋章。④

中苏两国的文化交往早在建交前就已经开始,在20世纪70年代后进入了一个新的发展时期。1970年8月,中苏两国签订了《科学、技术、文化合作协定》,随后又连续签署了九个文化协定执行计划。中国武汉杂技团在70年代帮助苏丹培养了一大批杂技艺术人才,并协助组建了苏丹杂技团,这是一支在非洲具有较大影响的艺术团,被苏丹人民称为"苏中友谊之花"。1971—2007年,中国向苏派遣的共计696人次、27批医疗队,赢得了苏丹民众的广泛赞誉,神奇的中国针灸技术让苏丹人羡慕不已。截至2006年9月,中国共接收苏丹留学生413名。

---

① 参见谢益显:《中国外交史——中华人民共和国时期》,河南人民出版社1988年版,第616页。
② 同上书,第603页。
③ 参见杨期锭、丁塞编著:《苏丹》,上海辞书出版社1985年版,第148页。
④ 参见刘宝莱:《记我援建苏丹项目竣工》,载《阿拉伯世界》2004年第5期,第31页。

第二节　中国与苏丹的共同发展

一、民族解放运动背景下的共同发展

在20世纪50、60年代民族解放运动蓬勃发展的时代背景下,中国和苏丹有过密切合作。基于自身意识结构而对人类未来发展道路的一种理解和追求,相信通过浴血奋战就可以获得应有的民族独立和尊严,就可以使人类社会的明天更公平、更合理、更美好,新中国用世界革命的视野积极看待亚非拉风起云涌的反帝反殖斗争,热情支持苏丹等第三世界国家的民族解放运动,支持他们的争独立反侵略斗争。同样,中国自身在民族解放运动蓬勃发展时期的革命历程,也对苏丹等第三世界国家有着强烈的示范和吸引效应,相关国家、地区和组织对中国革命道路的模仿以及和中国的接近,是他们从自身实际出发做出的一种选择和探索。1964年1月周恩来总理访苏期间,阿布德主席盛赞中国革命,认为中国人民在艰难残酷的条件下进行的光辉斗争和所取得的胜利,创造了近代历史上的荣誉,希望中国在巩固世界和平的事业中发挥作用。①

在具体行动上,中苏两国首先在不结盟运动中协调合作。苏丹坚定地支持中国重返联合国并驱逐台湾的"代表"。而恢复了在联合国合法席位的中国,在安理会以否决权来反对针对苏丹的提案,在联合国人权委员会中反对指责苏丹政府在南部苏丹、努巴山脉和达尔富尔地区违反人权的提案。在1971年苏丹政府中断与苏联的关系后,中国对苏丹提供了大量的经济援助和部分军事援助,其中最著名的是喀土穆友谊厅。②

在1975年5月25日的革命节庆典期间,中国外经贸部长方毅率团出席了中国援苏四大项目的竣工典礼(只是初期完工,完全竣工都在两三年之后)。方毅在讲话中赞扬中苏两国之间的传统友谊,特别强调了中国和苏丹之间援助的相互性,认为苏丹政府和人民一直支持中国恢复在联合国的合法席位,支持"一个中国",不同台湾发生任何关系,这是对中国的最大支持。中国方面关于"援助是相互的"说法在苏丹朝野引起了良好反响,很得人心。

激动的尼迈里总统深情地表示,他在1970年访问中国时播下的友谊种子,现已长成根深叶茂的参天大树,结出了累累硕果。虽然说援助是相互的,但中国

---

① 参见王泰平主编:《新中国外交50年》(上册),北京出版社1999年版,第628—629页。
② 参见许亮:《中国的苏丹问题研究综述(1949—2006)》,载《西亚非洲》2007年第2期,第68页。

政府对苏丹的援助是真诚的、慷慨的、巨大的。苏丹政府曾向世界上许多国家政府寻求过援助,但只有中国政府的援助不附加任何条件,无私且令人放心。苏丹政府对中国政治上的支持是从主持正义出发的,是微不足道的!鉴于中国政府援建的四大项目已经增进了两国间的友谊,尼迈里总统准备在之后一两年再次访华,一是感谢中国政府的慷慨援助;二是寻求扩大合作领域的可能性,希望双方多种形式的合作能够成为中非合作的范例。①

对中国与苏丹在当时条件下的政治软权力互动,现在大致可以做这样实事求是的总结。中国和苏丹,虽然都大致从19世纪开始了"后发外生型"的现代化转型,但由于各自所具有的内外条件不同,因而在应对20世纪的历次国际性潮流时有着不同的应对方式和结果:既因为共同的历史遭遇而经历了过程大致相同却结果迥异的历史进程,形成了各自鲜明的特点和差异,也因为共同的发展问题而在更多时候有着基本相似的愿望和诉求,在国际舞台上经常互通有无、相互援助。建立在互不干涉内政、平等互利基础上的中苏友好关系堪称国家关系的典范。中国帮助苏丹发展经济,苏丹则在非洲联盟和阿盟两个框架内大力促进了中国与非洲、中国与阿拉伯国家的友好往来。

冷战期间,中国虽然给予了苏丹很多援助,但双方经贸关系直到1989年仍处在一个较低水平,当年苏丹对中国的出口只有90万美元。因为带有一定程度的乌托邦色彩,在实际的政治软权力互动有时甚至妨碍了双边或多边关系的进一步发展。但这种特定时期基于自身理解和追求的政治互动,从整体上推动了第三世界国家的社会发展进程,它们都是、也应该看作是人类整体发展的有机组成部分。这一时期中国与苏丹等第三世界国家软权力互动的制约因素有二:一是中国自身路径探索经验的学理化、制度化和精细运用程度不够,有一段时间反而是错误而不切实际的学理化和制度化;二是中国与第三世界国家之间近代以来因隔阂而产生的陌生感也还需要消除。尽管如此,在20世纪50、60年代民族独立成为国际政治主题的背景下,中国和苏丹共同反对殖民主义压迫的革命豪情和昂扬斗志,现在已然成为了一种精神财富而让人怀恋,并为双方新时期的合作提供良好的起点和基础。

二、中国和苏丹对全球化的不同因应

全球化在冷战结束以来深入发展的更深层次影响,就是它已经超越了纯粹的物质交往层面,日益扩大到族群间的深层文化交流与融合,几乎所有的参与对

---

① 参见刘宝莱:《记我援建苏丹项目竣工》,载《阿拉伯世界》2004年第5期,第31页。

象都在压力下产生了深刻的身份认同危机。对处于弱势文化地位的族群而言,要么接受一定程度的同化并部分地放弃或改变原有的信仰或习俗,要么面临在政治、经济和社会等诸多层面的被边缘化威胁。而正是在对全球化的回应上,中国和苏丹又一次在相同起点上表现出了明显的差异。

马克思主义和西方自由主义是两种形式与内容均不相同的现实性全球化思潮,中国在20世纪后半期先后热情洋溢拥抱过的这两种全球化思潮,其内在统一性在于对中国20世纪的发展构成了某种修订关系。事实上,中国比大多数第三世界国家都更信奉全球化,整个社会对新事物基本都持一种欢迎和愿意积极尝试的态度,也愿意更深入地介入全球技术产业研发和整个产品循环。虽然中国的现代化发展模式尚待完善,路径探索中还有着各种潜在风险和严峻问题,软硬权力积累和建设不仅在程度上逊于西方大国,而且在推动力方面也高度依赖于政府资源而不是公民社会。但与其他大国相比,观念变革才是中国强大的软实力,它是中国现代化的积极推动力,其演变历程和现时结构,"体现了中国与世界的联结,其最终价值在于为符合中国国情的现代化道路之探索提供指向标和路线图。"[1]

正是得益于坚实的基础设施建设成就和实行对外开放,中国GDP总值从1978年的1400亿美元跃升到2007年的3.43万亿美元,年均经济增长比世界均速快了6个百分点,占世界GDP总量的比重由1%提高到5.5%,世界排名则从第15位升至第4位。中国尽管也在全球化进程中付出了比较大的代价,例如经济体系的对外依存度过高、工业体系严重受损等,但这似乎是不得不付出的成长代价。面对全球化这一已经存在的客观趋势,任何国家无论是刻意回避还是积极参与都会得失兼有,不应一厢情愿地把全球化看作百病包治的灵丹妙药,也不应将发展中出现的一些消极结果简单归因于全球化而逃避对自身的反省。

苏丹在应对持久而全方位的西方式自由主义全球化浪潮冲击时明显不适应,对全球化给社会、政治、价值观等文化层面带来的冲击也明显准备不足。他们微弱的国家职能及民族凝聚力被退化和淡化,单一而脆弱的经济结构让苏丹在生活习惯、语言文字、媒体娱乐及深层的意识形态、宗教传统等诸多领域,都无法避免全球化浪潮带来的冲击,民族感情和民族心理受到了严重伤害。[2] 包括苏丹在内的阿拉伯世界,对西方式现代化的感知更多关注其消极影响,"感受到文化侵略和统一各国特性和文化这一霸权企图……承受着全球化的大部分消极

---

[1] 门洪华:《中国观念变革的战略路径》,载《世界经济与政治》2007年第7期,第20页。
[2] 参见周烈:《全球化浪潮对阿拉伯世界的冲击》,载《国际论坛》2005年第1期,第58—63页。

影响。"①苏丹前总理萨迪克·马赫迪悲愤地控诉道:"在落后和权利被剥夺的情况下,我们像一个跳蚤,怀着道德和精神上的种种顾虑,面对经济上和军事上的巨人。"②

苏丹用自己的独特方式对全球化做了回应。以 20 世纪 70 年代末期的伊朗伊斯兰革命为标志,中东地区的伊斯兰复兴运动风起云涌,这一狂潮在 90 年代初从东向西移至了北非马格里布地区。本就在西方式现代化浪潮中落在后面的苏丹,非常认同这股来自传统伊斯兰信仰的浪潮,对之以两度的官方伊斯兰化。尤其当哈桑·图拉比等受过良好教育的知识分子成为苏丹伊斯兰复兴运动的主体力量后,其所领导的宗教政党与国家政权的有效联盟,开创了战后中东国家发展道路的新尝试,被称为"伊斯兰试验"。图拉比的宗教政治思想也成为了影响苏丹政治进程的重要因素。1991 年 5 月在喀土穆召开的"阿拉伯与民众伊斯兰大会",被西方媒体称为伊斯兰原教旨主义势力走向联合和显示力量的一次"誓师大会"。这次大会广邀伊斯兰世界激进的宗教政治反对派参加,有些参加者甚至是所在国政府通缉的"暴力恐怖分子"。图拉比本人担任了大会常设机构的秘书长。恐怖大亨本·拉登也在海湾战争结束后流亡到苏丹,以苏丹为基地加紧赞助反美的伊斯兰组织。

图拉比的伊斯兰实验有悖于苏丹文化宗教多样性的现实,不仅没有解决苏丹久已存在的社会问题,反而使苏丹一度偏离了民族国家的正常发展轨道,对内压迫,对外结怨,整个国家陷入深刻的危机之中。伊斯兰民族阵线与巴希尔合作的政府一度受到苏丹国内所有政治力量的反对。事实上,苏丹 90 年代初的伊斯兰化政策已经引起了世界各国的关注,"输出革命"的做法导致中东各国政府的严重不满,在海湾战争中支持伊拉克的立场更是触动了美国的政治神经。苏丹一度在世界上处于非常孤立的地位,1985—1989 年的社会发展几近停滞,来自国际社会的援助也在 1992 年几乎完全停止,1999 年的外债高达 200 亿美元,是国内生产总值的两倍多。③ 这种严酷现实给图拉比与军人政权联盟的破裂埋下了伏笔。对借助图拉比宗教政治势力上台的巴希尔政权来说,要实现苏丹政治稳定和国家发展,就必须实施务实主义的治国方略。

---

① 阿盟秘书长阿慕尔·穆萨在奥地利萨尔斯堡举行的全球化研讨会上发表的讲话,载《阿拉伯人之家》2002 年 9/10 月号,第 4 页。

② [英]G. H. 詹森:《战斗的伊斯兰》,高晓译,商务印书馆 1983 年版,第 5 页。

③ See Mansour Khalid, War and Peace in the Sudan: A Tale of Two Countries, London: Kegan Paul Limited, 2003, p. 404.

三、近年来中国与苏丹关系的发展

中国自 1992 年之后开始逐步从计划经济向市场经济转型,并在当年底明确提出"充分利用国内外两种资源、两个市场"的战略方针。中国企业尤其是能源企业的"走出去"国际化经营随之拉开了序幕。① 与此同时,严酷的现实迫使苏丹领导人必须超越自身的宗派主义及阿拉伯主义限制,其实现途径就是巴希尔用枪杆子战胜了图拉比的伊斯兰理想,结束了长达十年的军人政权与伊斯兰原教旨主义的政治联姻。2000 年底,在总统大选中获得连任的巴希尔,提出将生存权作为基本权利,苏丹的内外政策此后渐趋常态化。中国和苏丹在新的历史时期找到了更多的契合点以及更坚实的合作基础,以经济事务为平台实现了国家间常态合作的跨越式共同发展。

中苏实现跨越式发展的动力,首先是中国经济的快速崛起带动了对世界能源和自然资源的需求,同时也有以非洲多边外交回应西方国家围堵的考虑。而包括苏丹在内的整个非洲国家对中国的积极接纳与回应,除了冷战时期双方建立的友谊和互信、中国始终在非洲沿袭不干涉内政的外交原则、高效率的对外援助等因素外,更有中国发展模式的辐射效应。2005 年,中国取代英国——殖民时代非洲最大的宗主国,成为非洲的第三大贸易国。2006 年空前规模的中非论坛北京峰会,充分显示了中非战略友谊关系的盛景。

长久以来,在众多的非洲贫穷国家中间,苏丹除了国土面积最大之外并无特别值得一提之处。虽然具备形成大型油田的地质条件,但早在第一次世界大战期间就被一家英国石油公司扣上了贫油国的帽子,加之长期缺乏资金和技术,苏丹无法依靠自己的力量发展本国的石油工业,每年不得不耗费巨资进口石油。20 世纪 50 年代以后,意大利的阿吉普公司、英荷壳牌公司、美国雪佛龙公司等,先后进入苏丹进行油气勘探作业。尤其是雪佛龙公司曾于 1976 年在苏丹港附近苏阿金发现天然气田,在苏丹南部班提乌和马拉卡尔市附近(1、2、4 区)发现了几个大型油田,探明了 1.8 亿吨石油储量,并在 3 区和 6 区发现了一些中小型油田。1983 年后,苏丹的石油开发工作因政治原因而搁浅。已投资十多亿美元在苏丹勘探石油的雪佛龙公司,于 1988 年签署了出让阿布加比拉和沙利夫地区勘探石油权的协议。1997 年美国宣布制裁苏丹后,雪佛龙、埃克森等美国各大

---

① 参见周吉平:《中国石油天然气集团公司"走出去"的实践与经验》,载《世界经济研究》2004 年第 3 期,第 62 页。

石油公司自愿不自愿地离开了苏丹。①

1995年,中国石油天然气总公司(CNPC)在喀土穆开设了办事处,1996年则应邀自带资金和技术进入苏丹,开始了同苏丹的能源合作。1997年,中石油带资加入苏丹国际石油财团并成为控股公司。② 面对苏丹严酷的自然环境和国际同行的不信任目光,中石油挑选精兵强将,充分准备,精心组织,严格按国际标准作业,按期优质完成了施工任务。哈季利季油田是中石油在苏丹最早发现并投入生产的大规模整装油田。1999年8月31日,第一艘运载哈季利季油田原油的油轮驶离苏丹港,这标志着苏丹正式加入了石油出口国行列。随后,苏丹的多个油田相继投入生产,输油管线和炼油厂等配套设施也日趋完善。正是得益于中国的无私帮助,苏丹从一个几乎没有任何现代工业的世界最不发达国家,快速成长为一个工业迅猛发展的发展中国家,经济增长速度居北非六国之首,人民生活水平明显得到改善和提高。

中苏合作对苏丹经济发展的作用,首先表现为帮助苏丹确立优先发展产业,以点带面推动社会整体发展。在1997年之后的十年间,中国石油公司帮助苏丹建立了石油勘探、钻井、原油开采、加工以及石化产品生产的一整套体系完善、技术先进、规模配套的石油工业体系。苏丹生产的航空煤油、汽油、柴油等产品,不仅可以满足自己的需求还有部分出口。在石油工业迅猛发展的带动下,苏丹的交通运输业、制造业、建筑业都有了很大的发展,从而真正将资源优势转化为了发展优势。

其次,中方在合作中注重当地的基础设施建设,努力造福当地人民。中国哈电集团2000年承建的苏丹吉利电站工程,仅一期工程2006年的发电量就占到了苏丹全国的35%,全部竣工后的发电量将占苏丹全国的2/3。中国公司承建的苏丹麦洛维大坝工程,更因为完工后有望使苏丹全国的发电量增加两倍而被称为是"苏丹的三峡工程"。2008年1月正式建成通车的麦罗维中苏友谊大桥,贯通了苏丹港—阿特巴拉—麦罗维—冬古拉交通干线,对苏丹北部地区的经济建设和农业发展起到了推动作用。在苏丹的中石油斥巨资打井筑路,修建了多家医院并为之提供设施和支持。

再次,中方在合作中从多种途径开展对当地人才的培养,为苏丹奠定人力资源基础。无论在加大对当地学校教育的投入方面还是积极开展对应用型人才的培养方面,在苏丹的中石油、哈电集团、华为公司、中兴通讯等都做了不少工作。

---

① 参邮戴新平:《苏丹——新的石油输出国》,载《阿拉伯世界》1999年第4期,第32页。
② 同上文。

尤其是中石油,每年都选送一批当地雇员到中国进行石油技术和商务培训,苏丹1、2、4区项目千万吨油田建成后员工的本地化率将在90%以上。①

最后就是在合作中注重环保建设,积极寻求可持续发展。中石油为此在项目实施中确立了"三不"原则:"不符合环保要求的绝不立项","不符合环保要求的绝不开工","不符合环保要求的绝不投用",确保资源开发和环境保护的协调发展。②

中国帮助苏丹发展经济对苏丹国内及其周边地区的辐射作用越来越显著。从内部看,中苏成功的经济合作为苏丹政府解决国内问题奠定了坚实基础。2005年1月,苏丹政府同南部"苏丹人民解放运动"签署了《全面和平协议》,结束了长达22年的内战。巴希尔总统为此多次公开表示感谢,感谢中国在苏丹面临军事、政治、外交和经济困境的时候来到苏丹,感谢中石油让世界看好苏丹的石油产业,认为"如果没有中国,没有中石油的真诚帮助,苏丹石油工业就没有今天的规模,石油投资是苏丹实现和平的主要原因,因为有了石油,南方才接受了和平协议。中石油不仅给苏丹带来了石油,也带来了和平"③。从外部看,苏丹石油项目的成功给中国企业起到了"活广告"作用,中石油的施工队伍已经在国际石油市场上占有了一席之地。麦洛维大坝的成功示范让中国水利建设品牌在苏丹市场得到认可,中水电等中国企业顺利承担了苏丹接下来的15个水电项目的连续开发。

在欧美大型石油公司进入中东和非洲的百年石油开采史上,由于前者并不重视产油国的产业结构完善以及经济发展自主能力建设,"资源魔咒"笼罩下的许多产油国的经济畸形发展,长期陷入出口原油、进口成品油的困境,有些国家成品油至今仍不能自给。而与西方国家一味地民主、自由和良治说教不同,作为一个发展中国家,中国在同苏丹的经济合作中,注重根据该国的资源优势,确立援助合作重点,并以此为突破口带动经济的快速增长和全面发展。中苏经济合作成就了苏丹经济发展的奇迹。桃李不言,下自成蹊。苏丹项目的成功为中国参与非洲乃至整个发展中国家事务赢得了话语权。已经有五个非洲国家要求中国协助建造和苏丹一样完整的石油工业体系。这表明了中国在国际角逐中所具有的独特优势,也展现了中华文明在世界交往中的独特魅力和感召力。

---

① 参见蔡敏:《润物无声反哺情》,载《中国石油石化》2007年第17期,第31页。
② 参见杨宝荣:《中国与苏丹经济合作促进两国共同发展》,载《当代世界》2008年第5期,第62—64页。
③ 同上文,第64页。

第三节　中国视野中的达尔富尔

因为西方国家长期的殖民统治和残酷掠夺,也因为各自多元化的现实国情,独立后不久的非洲进入了以一党专制和军政权为特征的集权体制时代,一些国家长期陷入了动荡战乱的局面。一连串的动荡与战乱悲剧,凝聚成了后殖民时代非洲大陆的新血泪史。中国尽管也看到了参与对象国内部的纷争,但在对外交往中却秉持不干涉他国内政的原则,始终从发展中国家的整体利益出发,对相关国家内部的各对立派别一视同仁,赞同他们从各自立场出发为推动本国社会发展而做出的努力。

一、达尔富尔问题对中国的挑战

中国在因应达尔富尔危机中所面临的挑战,无论是经济方面的权益拓展与安全维护,还是政治方面的国际社会参与及国家形象建构,都对正处于战略机遇期的中国具有深刻的警示意义。

1. 中国海外权益的安全困境

虽然中石油帮助苏丹建成了上下游配套的石油工业体系,并在1999年从一个石油进口国成为出口国,2007年的经济总量跃居次撒哈拉地区第三。然而时过境迁,贫穷、动荡而且有过殖民地历史的苏丹对中石油既崇敬又担心,害怕中石油垄断整个行业,害怕中石油成为新的国中之国。在实际操作中,苏丹政府明显不尊重中石油的市场主导地位,多次蓄意损害大股东中石油的权益,有意引进其他国家能源巨头以改变苏丹石油产业的竞争格局。达尔富尔危机大规模爆发前后,中石油在苏丹的利益一度经受着内外两方面的损害。先是在2003年面临苏丹国家石油公司的合纵联横有意打压,不但在招标过程中屡屡失败或被迫以高价签标,甚至连第一大股东的权益也得不到保障,项目所得与自身实力简直不成比例。2004年起,中石油又面临着国际社会对苏丹石油业随时可能的制裁以及国际石油巨头们的虎视狼顾。曾在20世纪80年代勘探过苏丹6、3、7区块的美国雪佛龙公司,就一直渴望重返苏丹。因此,达尔富尔问题对中国在苏丹利益的安全内涵不仅是即时的,而且是长远的、多方面的。

2. 中国企业海外扩张的错位发展困境

这种困难处境的原因有二:一是中国公司自身跨越发展的角色换位,二是总体阶段上与发达国家的代际差距。中石油已经发展成跨国公司,在苏丹的石油投资就有可能被苏丹人认为是经济殖民,相对应的石油资产也会被看作是外国人占有的资产。长期以来,因中国与苏丹政府的密切关系,南部的反政府集团就视中国为巴希尔政府的后台,指责中国支持苏丹政府与之打内战并攫取南部地区的石油财富。而在不久以前,中国还因为近似的历史遭遇和利益诉求,曾经热情支持第三世界国家的民族解放运动,热情支持他们为寻求经济独立而采取的国有化等激进政策。因此,就应对全球化所带来的经济挑战而言,我们缺乏的不仅是应对的手段和工具,更缺乏应对的意识和思维习惯。对于西方跨国公司的扩张历史,我们往往从授受方的角度批判它们的侵略与掠夺,而没有从跨国公司方的角度来理解它们在海外经营的艰难以及运作安排上的良苦用心,笼统地认为世界现代史就是一部跨国资源掠夺的历史。现在看来,这种传统思维在相当程度上妨碍了我们从海外经营的角度去理解、学习如何"走出去"做生意,阻碍我们深层次地领会跨国公司的海外经营技巧以及海外拓展所需要的国际制度环境。①

3. 中国国家行为体参与国际事务的方法困境②

由于发展中国家的特定身份,中国一直奉行"不干涉他国内政"的守势外交政策。但当中国企业实施"走出去"战略开拓国际市场时,这种政策就有点自缚手脚。从技术层面看,不介入海外投资地的地方治理,就难以避免一些新兴国家社会生态的恶化。虽然中国是苏丹原油最大买主,中石油也是苏丹境内最大、资金最雄厚的外国公司,但因为缺乏稳定的外交保护,从中国石油投资中获益匪浅的苏丹政府出于制衡目的而压制中石油的发展。与此同时,尽管美国草拟的联合国制裁苏丹决议案中把石油工业列为制裁对象之一,然而中国最终并没有否决围绕达尔富尔问题的第1556、第1564号决议案,而是以弃权票表达了自己的立场和选择。作为"五常"之一,中国在维护自己权益方面显得有些力不从心,弃权票成了中国经常性的立场选择。这种长期的被动性表现,"虽然可能保护了我们某些直接的经济和安全利益,但却使我们的国际形象和对外部世界的影响力大打折扣,也因之丧失了许多表达我们声音的机会……不仅常任理事国中的其他大国习惯于明里暗里甩开中国搞磋商做方案,连许多原先寄厚望于中国的中小国家也会有失望和不理解。"③

4. 战略机遇期国家形象的建构困境

国家形象是一个国家在国际间的政治、经济、文化、军事和科技诸方面相互

---

① 参见陈志武:《中国跨国公司如何"跨国"》,载《南方周末》2004年8月26日,第1072期。
② 国际关系行为体,在本文中统一简称为"行为体",关于其详细分类参见李少军:《国际政治学概论》,上海人民出版社2005年版,第112—140页。
③ 王逸舟:《全球政治和中国外交》,世界知识出版社2003年版,第275—276、255页。

交往过程中,给其他国家及其公众留下的综合印象。作为一种可信度的标志,国家形象不仅关系到一个国家在国际事务中的影响,而且反映出国人"对自身所处位置的重新定位,对国际社会的某种新的承诺,代表着历史的进步和一种深层次的文化思考"①。在后冷战时代,以胜利者自居的发达国家积极推动"人权国际化"和联合国的"人权中心化",将人道主义干预思想渗透到联合国的维和行动与制裁行动之中。因此,西方发达国家对达尔富尔危机的介入,本质上仍然是后冷战时代国际社会"人道主义干预"行动的延续。而且不难看出,当世界大国在追求普世性的价值观时,对价值相对论的强调就显然失去了战略上的制高点,而缺乏意识形态包装的利益追求只会进一步削弱中国在国际事务中的软权力。

二、中国参与国际事务的"达尔富尔命题"

由于国际格局和意识形态等方面的原因,中国在很长一段时间内一直没有形成互动型的国际事务参与模式,国家安全更大意义上强调"井水不犯河水",是一种主要维护国家生存权的安全观,因而在改革开放以前的中国与国际体系较量中,中国处于上风,世界需要中国的程度超过了中国需要世界的程度。国际社会不要说把发生在世界其他地区的事情强行与中国联系在一起,就是中国直接参与的一些国际和地区事务,例如对朝鲜、越南、阿尔及利亚等国民族解放运动的热情支持,国际社会在解决时还必须慎重考虑中国因素。

但伴随着改革开放以来中国融入国际社会进程的加快,中国的"井水"与世界的"河水"经常流在一起且很难区分。其结果之一,就是无论中国内部政策的发展还是世界对待中国的态度变化,都受到了业已出现的中国与世界前所未有的广泛联系的制约。中国不可能重回闭关自守的状态,因而不能同西方发达国家处于对立状态。而业已从中国的改革开放和发展中获得的经济和安全利益,也构成了对美国等西方国家以及周边国家向中国施压时的一种限制。在这种大的互动背景下,任何的局部性事件都不可能改变中国改革开放的方向,也不可能改变与之紧密配合的中国外交。② 当然也正因为如此,西方世界才能够把中国和遥远的达尔富尔拉扯在一起。

但我们既要看到西方世界许多势力借助达尔富尔向中国施压的一面,同时也不要忽略西方国家内部向中国施压时各派势力的差异,更不能把西方世界看

---

① 王逸舟:《全球政治和中国外交》,世界知识出版社 2003 年版,第 183 页。
② 参见章百家:《改变自己,影响世界——20 世纪中国外交基本线索刍议》,载《中国社会科学》2002 年第 1 期,第 16 页。

作铁板一块。事实上,就达尔富尔问题向中国施压一事,西方大国一直使之处于一种可控制的范围之内,政府层面和众多非政府组织层面的态度差异就是明证。相应的,中国方面的应对也必须有战略与战术两个层面的考虑。客观上讲,导致我们在一段时期内产生迷茫、委屈甚至愤怒情绪的一个重要原因,就是我们因应外界压力的手段过于单一,仅以国家层面的政府外交应对来自西方世界各个层面,包括政府、非政府组织乃至个人等不同行为体的指责和压力,有时难免产生顾此失彼和力不从心之感。因此在具体与西方世界的博弈过程中,中国行为体不能总假设自己处在不利位置,不能因为遭遇了挫折或恶意围堵就心灰意冷,"实际上情况并不尽然。世界上矛盾多得很,大得很,一些深刻的矛盾刚刚暴露出来。我们可利用的矛盾存在着,对我们有利的条件存在着,机遇存在着,问题是要善于把握。"①

自20世纪90年代中期以来,中国已经深度介入了苏丹的经济事务,两国政府间成立的经贸混委会截至2007年已召开过七届。2003年,中国从苏丹获得的份额油总额超过1000万吨,位居海外份额油来源第一位。2005年,中国进口了苏丹出口石油的一半,占中国石油消费总量的5%。而截至2006年,中国已在苏丹投资150亿美元,逐步形成了一个集生产、精炼、运输、销售于一体,包括上、中、下游的完整的石油工业产业链。中国人在喀土穆即使不会说当地话也不用愁,因为到处都有透着中国意味的招待所、超市、订票中心、旅行社和湘菜馆、粤菜馆。喀土穆的利雅得区甚至形成了中国人聚居区。② 而得益于中国帮助的苏丹也创造了经济发展奇迹,初步结束了持续多年的南北内战,并维持全国政局的稳定。因为中国被西方世界看作是对苏丹有影响力的国家,所以尽管达尔富尔并不是中国的达尔富尔,它是苏丹和非洲的达尔富尔,但达尔富尔和中国却很容易被联系在一起。

西方一旦在中国和达尔富尔之间建立了某种联系,无论是有意还是无意,都将不可避免地对中国参与苏丹事务产生曲解和误读。从国际政治演变的视角看,西方国家对中国的这些指责是否公平合理并不重要,重要的是这些指责增添了中国建构软权力的代价。中国与苏丹政府的传统友好及其以发展为主旨的经济合作,中国一贯坚持的"不干涉别国内政"原则和不附加政治条件的经济援助,被西方广泛理解为对苏丹社会在治理、人权等方面存在问题的漠视,中国被批参与苏丹事务只是遵循一项完全基于狭隘经济利益的政策,罔顾非洲人权和"良

---

① 《邓小平文选》(第三卷),人民出版社1993年版,第354页。
② 参见李主张:《今日苏丹,今日达尔富尔》,载《金融经济》2007年第10期,第51页。

治"的进步。① 关注非洲人权状况的一些国际非政府组织认为,由于苏丹自1989年后就成为了伊斯兰原教旨主义运动的一部分,苏丹境内的基督教徒在种族冲突中受到了来自社会和苏丹政府的双重压迫。鉴于石油是苏丹政府的主要收入来源,在苏丹投资的外国石油公司对不断升级的苏丹社会冲突负有道义上的责任。因此,要使对苏丹政府的制裁取得实质性效果,就必须对在苏丹外国石油公司及其母国政府施加压力。②

这种误读和指责也体现在政府层面。西方国家政界指责中国政府没有像美国政府一样,通过制裁的途径迫使苏丹政府有效平息达尔富尔冲突,因而断定中国与非洲国家日益紧密的经济联系,是一种唯利是图的"重商主义",是对非洲大陆新的殖民主义,不符合中国作为一个大国应担当的责任。③ 2005年9月,时任美国副国务卿的佐利克就曾将促进苏丹冲突的解决,明确列入希望看到中国负起国际责任的一项具体议程。

中国石油天然气集团公司的苏丹项目区是中国最大的海外利益区。这种实实在在的巨大利益存在以及这些利益代言人的游说活动,促进了对苏丹政策的内部讨论,从经济利益视角保证了相关政策的针对性和连续性,从而在更大的层面上影响了中国参与相关地区事务的立场选择和措施实施。成长中的中国外交当然不能受制于某个公司的具体利益,但有恒产者有恒心,充分考虑并保护中国公司的海外利益是一件必然的事情,也是一件自然的事情。

从积极的视角看,海外利益的客观存在增加了中国参与苏丹事务的话语权重。中石油是苏丹石油的主要开发者,其2006年的资产总额、销售收入、利润总额、净利润分别是13965.3、8936.5、1857.6和1057.6亿元人民币,折合美元超过1939.6亿、1241.2亿、258亿和146.9亿,而苏丹2006年度的GDP总共才380亿美元。④ 在这样悬殊的经济数据面前,不管中石油自己是否希望或承认,它确实已经是苏丹社会中的重要存在。而正是以中石油为代表的中国在苏丹影响力的强大存在,美国前任苏丹问题特使安德鲁·纳西奥斯(Andrew S. Natsios)才会在就任后首访中国寻求支持,而不是去苏丹或非洲联盟,苏丹政府才会在胡锦涛主席访

---

① See Ian Taylor, "China's oil diplomacy in Africa", International Affairs, Vol. 82, p. 937, Sept 2006.
② 参见查道炯:《中国在非洲的石油利益:国际政治课题》,载《国际政治研究》2006年第4期,第63页。
③ 参见安东尼·哈尔夫:《中国是非洲的新殖民主义者吗?》,载《商务周刊》2006年第20期,第48页。
④ 中石油2005年的资产总额、销售收入、利润总额、净利润分别是11602.2亿、6937亿、1769.7亿、1061.1亿元人民币,折合美元超过1450亿、867亿、221亿和132亿,而苏丹2005年度的GDP是265.25亿美元。相关数据均引自中国石油天然气集团公司网站,美元对人民币汇率按1∶7.2计算。

苏之后正式接受在达尔富尔部署联合国—非洲联盟混合维和部队。

从消极的视角看,中石油在苏丹打拼最早是在中央政府的同意甚至是敦促下走出去的,但企业就是企业,盈利是企业从事跨国经营的首要目的,把经济活动与政治联系起来让在苏丹的中国公司承受了较大压力。更何况大型国企如今也代表着一种经济利益考量,有时也会牺牲国家利益去追求自己的利润。必须看到,在日常的国际石油贸易过程中,一个国家的石油公司所获得的分成油与该国的石油进口总量之间没有直接的因果关系,追求利润最大化的石油公司完全可能向资源国或第三国市场出售其分成油。1999年,中石油拥有40%股份的苏丹项目建成投产,所获年度分成油为200万—240万吨,但同年中国从苏丹进口的原油仅为26.61万吨。①

中国企业在苏丹等国家的海外投资,固然增加了中国对外参与的立场选择和措施因应难度,政府也应该制定更完善的规章制度约束中国企业在海外的行为,但不能由此断定它损害、有时甚至是"劫持"了中国的外交政策。至少中国现在的对苏丹政策主要还是基于传统外交信念和整体利益考虑。更重要的是,中国的崛起不是空洞的纸上崛起,中国成长壮大的具体内容和表现之一,就是以中石油为代表的中国公司在海外利益的延伸。美孚石油帝国的发展历程充分体现了外交工作对海外权益保护的重要作用。洛克菲勒在其回忆录中写道:"给我们最大帮助的,就是华盛顿的国务院。我们的大使、公使和领事们协助我们开辟了通往新的市场的道路,这种市场一直延伸到世界上最遥远的角落。"②

中国与苏丹关系浓缩了中国与西方和发展中国家关系的主要内容,而达尔富尔是眼下苏丹问题的焦点。因为认定"在一个薄弱时期针对北京的薄弱环节的压力运动,可以完成多年外交所不能及的事情"③,一些非政府组织将北京奥运会和苏丹达尔富尔的人道主义灾难联系起来,给北京奥运会强行贴上"种族屠杀奥运"的标签,呼吁抵制北京奥运会。2007年5月,108名美国议员粗鲁无礼地联名致信胡锦涛主席,呼吁中国政府对达尔富尔的混乱局面采取措施,甚至不惜违背奥运会将体育和政治分开的基本原则,试图把北京奥运会政治化,迫使中国政府妥协和让步。6月,美国众议院通过了一项苏丹达尔富尔问题涉华决议案,继续无端指责中国与苏丹的合作,并将达尔富尔问题与北京奥运会挂钩。欧

---

① 参见查道炯:《中国在非洲的石油利益:国际政治课题》,载《国际政治研究》2006年第4期,第56页。
② [美]彼得·柯利尔、戴维·霍罗威茨:《洛克菲勒王朝》,劳景素译,上海译文出版社1982年版,第26页。
③ Helene Cooper, "Darfur Collides With Olympics, and China Yields", New York Times, April 13, 2007.

洲议会副议长斯考特公开呼吁停止举办北京奥运会，认为由好莱坞和政界人物组成的联盟切中了中国的"要害"。2008年2—4月，以传奇导演斯皮尔伯格的辞职和奥运火炬境外传递受阻为标志，弥漫在苏丹达尔富尔地区的恶毒舆论人为地与中国、甚至与非政治化的体育赛事牵扯在了一起。这一危险的舆论误导在西方普通民众中产生了非理性扩散，对中国的国家形象以及对2008年北京奥运会的舆论宣传都产生了相当消极的影响。①

虽然国家间可信赖与不可信赖的道德分野，在整个现代世界体系的历史中始终存在，但谁信赖谁却始终是在发展变化的。传统的西方现实主义政治不相信一个大国的崛起不带任何企图，因此，赢得包括苏丹在内的发展中国家的战略信任，是自下而上建立中国话语空间的一种良性渠道。达尔富尔危机对中国的意义在于，它不是第一个、也不会是最后一个中国在"走出去"时遭遇的难题。面对中国"走出去"步伐往往首先落脚于发展中国家的现实，只有解决好达尔富尔命题，才能逐步缓解中国发展的舆论困惑，为中国的和平发展创造新的机遇和条件。

第四节　中国的外交努力及意义

一、中国因应达尔富尔危机的努力

自达尔富尔危机爆发以来，中方一直通过元首互访、派遣特使、互通电话、互致信函、任命非洲事务特别代表、在联合国等场合开展协调等途径，积极与相关各方沟通，缩小立场分歧，推动平等对话，始终把通过谈判早日实现和平、稳定与经济重建作为处理达尔富尔问题的出发点。② 正是由于中国发挥了建设性作用，苏丹方面才原则上接受"安南方案"，配合联合国和非洲联盟在达尔富尔地区部署混合维和行动，积极推进和平进程，推动达尔富尔问题得到妥善解决。

中国将达尔富尔问题细分为三个相互关联的层面，即发展问题、主权尊重问题、和平问题。中国认为，爆发达尔富尔问题的根本原因，是苏丹国内地区经济发展严重失衡以及当地居民生存竞争激烈，解决达尔富尔问题的出路在于发展当地经济，缩小地区差异，通过制度建设充分尊重各民族的宗教信仰和生活习惯，切实维护每个公民的合法权益。政治谈判是目前解决达尔富尔问题的唯一

---

① 参见贺文萍：《苏丹达尔富尔问题与中国》，载《西亚非洲》2007年第11期，第8—9页。
② 参见舒运国：《达尔富尔：继续向和平迈进》，载《人民日报》2008年1月3日。

有效途径,也是改善该地区人道主义状况不可或缺的前提。据此,中国提出了维和与政治进程并行的"双轨"战略,具体内容包括如下几点:充分发挥苏丹政府、非洲联盟和联合国"三方机制"主渠道作用,通过对话和平等协商,推动混合维和行动部署尽早到位;平衡推进维和行动和政治进程,尽快恢复政治谈判,争取使谈判取得实质性进展;推动有关各方实现全面停火,不断改善人道和安全状况,在此基础上帮助达尔富尔人民重建家园;国际社会应继续向达尔富尔地区提供援助,与苏丹政府充分合作,以公平、公正、实事求是的立场,避免向任何一方传达错误信息,力促双方在最短时期内达成全面和平协议,以便各方把主要精力转向人道救援和发展地区经济,寻求该地区的长治久安。

和一些单纯打标语、唱高调的西方势力不同,中国始终注重以切实的建设性行动推动达尔富尔和平进程,缓解当地的人道主义危机。截至2007年底,中国已经为达尔富尔做了许多实际工作:先后向达尔富尔地区派遣了6个特使团实地了解情况,2007年5月委任的中国政府非洲问题特别代表刘贵今,已经多次出访苏丹、美国、主要非洲国家及联合国、非洲联盟、阿盟和欧盟,出席锡尔特和谈会议,与有关各方就达尔富尔问题加强沟通和协调;参与达尔富尔维和行动,派遣315名多功能工兵连;向非洲联盟提供了180万美元的捐助,向专为达尔富尔政治谈判斡旋工作提供支持的联合国信托基金捐款50万美元;仅在2007年就分5批向达尔富尔提供了8000多万人民币的人道主义援助物资,为北达尔富尔州的供水工程提供优惠贷款9000万美元,提供了多项恢复生产和发展所需的物资,包括运输工具、发电机、水泵等。

正在改扩建中的朱巴国际机场(摄影:姚辉,2008年8月)

2007年5月,中国第一个接受联合国邀请,由济南军区组建315人的多功能工兵连,派驻苏丹达尔富尔地区参与执行"安南方案"第二阶段的计划,主要担负修建机场、道路、桥梁、营房、打井等27项具体任务。中国同时也是第一个派出考察组前往达尔富尔进行实地勘察的国家。济南军区随后对维和工兵连进行了半年的针对性训练,组织部队学习苏丹概况、外事礼仪以及《联合国宪章》、《国际法》等维和常识和基本法规,掌握英语和阿拉伯语的简单日常对话。9月,外交部新闻司组织国内外39家新闻机构采访正在河南省沁阳市进行紧张训练的工兵连官兵,主动向世界介绍中国赴达尔富尔地区维和工兵连的准备情况。尽管达尔富尔是中国军人在世界各维和任务区中条件最差、最艰苦的地区,需要应对严酷的环境挑战和错综复杂的安全形势,达尔富尔的"正义与平等运动"和"苏丹解放运动"两大反政府武装,在维和工兵先遣分队抵达时就发出了恐吓威胁,首批135名中国维和士兵依然如期进驻达尔富尔维和任务区,开始执行为期八个月的维和任务,成为联合国进驻苏丹达尔富尔地区的第一支部队。[①]

为缓和达尔富尔危机做出不懈努力的还有在苏丹的中资企业,他们遵守苏丹法律法规和国际法获得的合同,积极承担社会责任,把从苏丹获得的利润的很大一部分回馈社会和石油社区。中国公司在当地的修路架桥和兴建医院之举包括:投资5000万美元帮助建造南达尔富尔地区供水项目,修建85公里长的供水管道,打井46口,修建20所电站,提供120所活动板房的学校。中石油在苏丹南部黑格里地区捐资修建的医院对所有前来就医的病人实行免费治疗。但中国公司为缓解达尔富尔危机所做的最主要贡献却并不仅是这些民生项目,而是帮助苏丹从贫油国发展成拥有相对完整石油工业的国家,从而为苏丹社会的可持续发展提供了很大帮助。

为缓解达尔富尔危机做出贡献的还有众多的中国个人行为体。在苏丹办农场的中国农民以勤劳和智慧开拓着苏丹市场,结束了欧洲阔叶青菜一统苏丹市场的时代,供应着苏丹市场上的绝大部分阔叶青菜。他们不仅拓展了自己的人生轨迹,而且积极参与所在地的地方治理,以新型的人文情怀丰富了新时期的中国国家形象。南达尔富尔很多拥有土地却不会耕种的苏丹人,就希望学习中国人的灌溉技术和耕种经验。[②] 来自山东滨州的范传钊属于来苏丹从事农业生产的中国农民中的后来者,但却是在苏丹的中国农民中经营业绩最好的人。在他经营的农场里,20多位苏丹农场员工全都来自西部达尔富尔地区。范传钊不仅根据员工们的劳动强度和技术熟练程度给他们发比其他地方都高的工资,而且对工人们平等相待,向他们传授农业技术知识,甚至计划形势缓和后到达尔富尔

---

① 参见余东:《恐吓中国维和部队的苏丹军阀》,载《环球人物》2007年第12期,第24—25页。
② 参见石华、谷棣:《达尔富尔重建之路有多远》,载《西亚非洲》2007年第12期,第70页。

开一家农场。他这样解释自己的举动,"如果你给一个穷困潦倒的人一袋大米,他吃完这袋大米后仍会饿死,但如果你把一个就业机会给他,那么这个穷人就不会饿死。帮助达尔富尔人最好的办法,就是帮他们找到活路。"事实上,在范传钊农场工作的那些达尔富尔人,几乎把全部收入都寄回了家乡,相对稳定的收入来源保证了他们的家属没有一个人投奔难民营。①

二、中国因应达尔富尔危机的进展与限度

就解决达尔富尔危机的心情和政策方向而言,中国和西方国家并没有根本差别或者对立,区别仅在于中国主张通过平等对话和耐心协商来解决争端,强调国际社会应该发挥政治智慧和想象力,通过和平方式以政治手段寻求达尔富尔问题的解决,而西方国家主张施压,用强武力解决争端。基于此,中国政府达尔富尔事务代表刘贵今一直就有关问题向国际社会做着解释说明工作。首先,刘贵今大使直接回应西方国家对中苏之间石油合作的指责,指出中苏石油合作是透明的、互利的、不排他的,认为将中苏正常的石油合作政治化是一种不公正的行为,中石油在苏丹很正常的商业活动有利于帮助苏丹发展经济,中苏石油合作有利于从根本上解决苏丹的战乱和动乱问题。更何况,中国帮助新兴产油国开发石油,从总量上增加了世界石油市场的供给,对所有的石油进口国来讲应该都是一件好事。针对西方舆论对中国进口非洲石油是资源掠夺的指责,刘贵今大使用数字雄辩地质问,非洲包括苏丹出口的石油,33%卖给了美国,36%卖给了欧盟,只有8.7%卖给了中国,"如果8.7%是掠夺资源,那么33%、36%该用什么词来形容?"②其次,刘贵今认为,片面指责中国向苏丹出售武器既不客观也不实事求是,中国只是苏丹七个武器来源国中的一个,仅占苏丹进口武器总量的8%,更何况联合国和国际社会并没有针对苏丹的武器禁运或相关规定。最后,对于那些在达尔富尔冒着风险进行人道主义援助的西方非政府组织,刘贵今既对他们的崇高举动表示敬意,也指出其中一些非政府组织和西方媒体在达尔富尔问题上不公正地批评中国,将达尔富尔问题与北京奥运会挂钩有损奥林匹克精神。③

中国之所以能在达尔富尔问题上发挥独特作用有诸多因素。首先尊重苏丹

---

① 参见邵杰:《特写:一个中国农民的达尔富尔情结》,载 http://news.xinhuanet.com/world/2007-04/20/content_6002911.htm/。
② 参见李鹏:《达尔富尔:一道伤口》,载《中国新闻周刊》2008年3月10日,第51页。
③ 参见温宪、焦翔:《刘贵今:冷战思维有损奥林匹克精神》,载《人民日报》2008年3月8日。

政府主权,始终遵循互不干涉内政的原则来处理达尔富尔问题,赢得了苏丹政府的充分信任,从而能够以朋友身份发挥建设性作用。负责中国政府达尔富尔事务的刘贵今大使就多次表示:"达尔富尔是苏丹的达尔富尔,是非洲的达尔富尔。"

其次是中国坚持以平等、友好的态度同苏丹政府进行对话和协商,不是施加压力,而是发挥积极的影响力,既推动了主要当事方苏丹政府在相关问题上显示灵活,与国际社会密切磋商与合作,又深刻理解苏丹对领土、主权等问题的关切,肯定苏丹政府在与国际社会合作解决问题的进程中做出的努力。①

再次是坚持以长远的眼光从大局出发来解决问题,认为解决发展问题是最终解决达尔富尔问题的根本。从此出发,不仅中国政府多次向苏丹提供发展和人道主义援助,中国公司的投资还使苏丹形成了一整套炼油、石化和贸易体系,为十多万苏丹人提供了工作机会。② 最后,中国政府虽然一贯鼓励和支持在非洲实行良政、人权和法治,但强调这一切不能由外界强加给非洲国家,而应充分尊重非洲国家的自主选择,考虑非洲国家的尊严。非洲人民有权选择自己国家的发展道路,世界上任何国家都不宜把任何特定的价值观、制度强加于非洲主权国家。就是对在非洲受到欢迎的"北京共识",中国也并不是要把自己的做法强加于人,而是本着与非洲国家共享中国发展经验的原则开展合作,希望非洲根据自己的情况走适合自己的发展道路。③

中国政府的立场已经为越来越多的国家和国际组织所理解和接受。联合国秘书长潘基文高度评价中国在推动达尔富尔问题上的积极作用,反对将达尔富尔问题同北京奥运会联系起来。英国外相贝克特认为,"中国政府实际上已经发挥了相当积极的作用。"前美国政府苏丹事务特使纳西奥斯认为,"中国在成为一个大国的过程中已经认识到,对外政策不仅仅涉及经济问题,而且也涉及世界领导地位问题,"中国的"含蓄外交"更多地是对美国制裁政策的补充而不是架空,中国是解决达尔富尔问题时一辆刚启动时有点慢但正在不断加速的火车头,在达尔富尔问题上中国受到了不公正的批评。④

---

① 参见李鹏:《达尔富尔需要最基本的互信》,载《中国新闻周刊》2008年3月10日,第55页。
② 参见余建华、王震:《中国在解决苏丹达尔富尔问题上的外交努力》,载《阿拉伯世界研究》2008年第2期,第15—16页。
③ 参见邱俊:《刘贵今说非洲人民有权选择本国发展道路》,载 http://news.xinhuanet.com/news-center/2008-06/04/content_8311399.htm/。
④ See Barbara Demick, "Olympics Near, China Bends on Darfur", Los Angeles Times, Mar 8, 2008.

美国的学界和非政府组织也出现了越来越多积极评价中国作用的声音。布鲁金斯学会中国中心主任贝德认为,中国政府为实现整体外交目标加大了结束达尔富尔危机的外交努力,并在 2007 年取得了积极的成果;因为中国对 2008 年奥运会寄托了深厚的情感与期望,美国政府不应盲目跟风一些个人、媒体、某些组织的抵制奥运宣传。总部设在华盛顿的非政府组织"拯救达尔富尔联盟",也赞同通过政治渠道解决达尔富尔问题,希望在政治途径上能够起关键作用的中国采取积极行动,同时澄清该组织以及与其有联系的其他组织都不支持抵制北京奥运会。①

值得注意的是,随着国际社会对苏丹危机关注的日益加深,中国对苏丹政策的转变出现了某种沮丧情绪。首先,造成苏丹局势动荡的根源之一是最近数十年来苏丹气候、环境的急剧恶化,这是当地部族之间关系紧张的重要原因,如果不迅速采取措施扭转环境恶化的趋势,就难以从根本上恢复苏丹的稳定。而要扭转全球气候变暖所导致的环境恶化趋势以便从根本上恢复苏丹的稳定,远超出了中国一国的能力。其次,中国自身和国际社会都越来越认识到,苏丹问题的真正根源在于其内部,达尔富尔问题归根结底不是中国造成的。中国政府在达尔富尔问题上一直发挥着一些独特作用,但不能由此而高估中国的影响力。由于严重的发展滞后及盘根错节、相互牵制的利益矛盾,不可能一蹴而就地彻底解决已经高度国际化了的达尔富尔问题。达尔富尔问题不会因为中国的全力投入或者完全退出而彻底解决或完全消失。

无论从长远还是即时角度看,中国的这种示弱表态都不仅有助于构建战略空间和树立自身的负责任形象,而且以一种成熟和诚实的姿态逐渐得到西方舆论的认同。他们认为,西方世界"应该意识到中国不能独自解决一切",应该针对达尔富尔危机提出具体而可行的要求,不能只是一味空洞地唱高调。②

三、达尔富尔问题与中国外交的转型和创新

最近 30 年来的中国外交一直朝着负责、独立又开通的外交大国方向过渡,不断增多增强的社会性参与和部门间制衡也推动了决策进程的民主化,然而与西方同行相比,与对外事务日益丰富的内容和多样化的行为体相比,中国的外交体制仍显单纯和单薄。这种缺陷的主要表现之一,就是中国行为体忽略了多数

---

① 参见李学军:《中国在达尔富尔问题上作用获赞誉》,载 http://news.xinhuanet.com/world/2007-09/27/content_6801372.htm/。

② See Mark Leonard, "No Grandstanding on China, Please", The Times, Feb 16, 2008.

对象国多元社会的现实,尤其是对一些发展中国家中部族势力的强大影响以及反政府武装的实力估计不足,似乎认为只要和政府搞好关系就等于搞好了与整个对象国社会的关系,因而在参与对象上太过侧重国家路线而忽略了其他社会势力,在参与方式上则是外交部门一家独自应对外部各个层面的举动,经常给人"被动应对、粗疏僵硬、力不从心"的印象。①

虽然发展中国家现阶段的对外参与也欠缺细腻、深入和全面,但中国行为体参与发展中国家事务的对象并不仅仅是发展中国家,还要考虑已在当地经营多年的欧美国家因素,例如中国现在深化与苏丹关系的阻力就主要来自西方国家。因此,相关部门应该进一步克服体制设置上的缺失或认识上的不到位,将中国参与发展中国家事务的行为体扩展为涵盖国家、政府间国际组织、国际非政府组织、跨国公司、政党、个人、民族、国际政治运动、宗教运动与组织在内的多类行为体,以参与行为体的广泛性保证参与内容的丰富性,将各类行为体分散的对外参与形成合力,推动中国外交从"高级政治"领域向"低级政治"领域延伸。

鉴于现代外交已经由单一的政府外交发展成总体外交,政府外交、首脑外交、政党外交、议会外交等同时并存,经济外交、军事外交、文化外交等并行发展,官方外交、民间外交相辅相成,所以在具体的参与过程中,中国行为体需要借鉴西方世界已经相对成熟的外交手法,宗教对宗教,媒体对媒体,非政府组织对非政府组织,促进对外交往中"以复杂对复杂"局面的形成,以参与行为体的多层次性构筑中国外交必需的战略纵深和战略空间,构筑多层次、有弹性、成熟的总体外交体制。在整合国内行为体参与中东事务的过程中,外交部门既深化、细化自身与中东国家相应机构的对等交往,又着力强化中国行为体的参与规范和参与安全,最终以多元外交格局的合力形式改变以往外交部门的孤军作战状态。

成长中的中国跨国公司和个人行为体已经为中国外交的借鉴和学习提供了条件。截至2007年底,中国企业累计对外直接投资超过1100亿美元,境外中资企业达到1.2万家,外派各类劳务人员约418万人,遍及全球近200个国家和地区。日益壮大的中国跨国公司被看作是中国夹杂在服装、电子产品和玩具等商品洪流中的"最新出口产品"。② 从毛里塔尼亚的港口建设到摩洛哥的深海渔业,从阿尔及利亚的住房和高速公路到埃及的国际会议中心,从伊朗的德黑兰地

---

① 参见王逸舟:《中国外交30年:对进步与不足的若干思考》,载《外交评论》2007年第5期,第13—15页。

② Justin Pritchard, "The newest Chinese export: Companies", International Herald Tribune, Mar. 17, 2008.

铁到以色列的特拉维夫轻轨项目,从苏丹、沙特等国的油田钻探到巴基斯坦、阿富汗的电站建设和矿产开发,从阿曼、沙特的宽带通信到利比亚、摩洛哥的3G网络建设……成长中的中国跨国公司行为体,既在一路跋涉中收获着利润和美誉,也凭借典型示范和本土化策略扎实地改变着当地的技术和社会生态。中石油帮助苏丹从石油进口国一跃成为出口国,华为公司让突尼斯的入网费降低了50%,中兴更使利比亚移动通信的入网费由800美元直降至不到3美元。

1944—1977年中国共只有28万人次出境,①但在全球化日益深入和综合国力持续增长的背景下,中国人外出经商、旅游、留学越来越频密,每个走出国门的中国人都是"民间大使",个人行为体参与国际事务的意义越来越突出。2007年,中国公民的出境人数达4095万人次,不仅比1978年的20万整整增长200多倍,而且其中的绝大部分(85.3%)是因私出境。这些彰显外交意义的个人行为体,例如在非洲恶劣条件下救死扶伤的中国医疗队队员,在苏丹大手笔经营农场的中国农民,在开罗走街串巷的中国背包小贩,从具体的、微观的个体层面扎实地塑造着新时期中国在世界范围内的全新形象。其中最典型者莫过于中石油指派到苏丹的首席地质学家苏永地。中石油公司成立后的半年内,苏永地带领的课题组提出了与中石油合作方不同的九口探井的井位,钻探成功率为100%(国际间探井的勘探成功率一般为30%—50%)。相比较之下,中石油合作方确定的两口井位仅有一口获得了成功。② 和李四光在中国大陆上找到油田、推翻"中国贫油论"的贡献一样,苏永地对中石油的苏丹项目快速获得成果功不可没,而中石油的苏丹项目持续而稳定地推动了中苏关系的深化和发展。

达尔富尔危机威胁到了中石油在苏丹的现实利益,但不能仅仅将之看作中国企业走出国门时遭遇难题的一例个案,它是中国实施"走出去"战略时众多挑战的缩影。在崇尚权力的国际政治系统中,任何国家都不会把利益拱手让人,一直希望用经济援助换取在中东问题发言权的日本,就经常被战略盟友美国压制得只能发挥"钱袋"的作用。③ 当旧格局日渐感觉到中国发展所带来的要求变化的压力,当中国外汇储备和美国对外债务都在以每分钟100万美元的速度增加时,没有哪个旧体系的受益国尤其是旧体系内的霸权国,可以坦然面对如此庞大而又快速发展的一支力量。因此,不必太过惊讶中国发展道路会面临如此错综

---

① 参见冯亦珍、陈醇:《出境游凸显中国元素》,载《瞭望新闻周刊》2007年第19期,第40页。
② 参见李向阳:《穿透地层的目光——记"中国石油科技楷模"苏永地》,载《中国石油企业》2005年第4期,第102—106页。
③ 参见黄培昭:《日本在中东的"经济身段"》,载《人民日报》2007年8月22日。

复杂的外部环境,也不必一味谴责西方国家的伪善,中国外部环境的改善最终要依靠自身的发展,要依靠全球化视野的妥协与合作技巧。中国行为体应该考虑的是如何应对压力,如何在压力面前稳住阵脚,不因小失大而落入施压者预谋的陷阱。从社会发展的阶段性来看,"一个国家面临的高度压力期同样是这个国家能力的喷发期,学会承受压力,同样也学会了如何积蓄自己的能量,关键是如何找到一条真正适合自己国家发展的道路,并坚持不懈地走下去。"①

---

① 陈玉刚:《学会在国际压力下生存》,载《环球时报》2007年7月31日。

第九章 达尔富尔与北京奥运会

在一本论述非洲达尔富尔问题的书中,要有一章专门来写它与2008年北京奥运会的关系,似乎是十分可笑的,但却又实在是个无可奈何、不得不说的话题,因为西方一些人拼命地要把两者牵扯在一起,并且已经在国际上造成了一定的声势与影响。北京奥运会与达尔富尔冲突本是风马牛不相干的两件事,西方一些人却别出心裁地找出一些所谓的联系,以此来攻击中国,不惜给北京奥运会蒙上政治阴影。为此,我们不得不在本书中对此做一番剖析。

在现代奥运会历史上,尽管多次出现过"政治情结",但均未能阻止奥运会的正常举行和奥林匹克运动的前进方向。中国将举全国之力,努力把北京奥运会办得有特色、高水平,同时,让奥林匹克的人文精神在中国更加深入人心,让奥林匹克运动在中国更加发扬光大!

第一节　北京奥运会与达尔富尔问题毫不相干

北京奥运会与达尔富尔不但地理位置相距遥远,而且问题的性质互不相干,硬是把两者拉扯在一起,如果不是孤陋寡闻,便是别有用心。达尔富尔问题的由来,达尔富尔问题的症结,前面已经论述过,现仅就奥林匹克运动的起源、现代奥林匹克运动的兴起和北京奥运的人文精神加以论述,通过两者的对比,问题的性质自然泾渭分明。

一、奥林匹克运动的起源

希腊是欧洲文明的发祥地,创造过灿烂的古代文化,在音乐、数学、哲学、文学、建筑、雕刻等方面均取得过巨大成就。公元前2800至前1050年,克里特岛和希腊最大的半岛——伯罗奔尼撒半岛先后出现了米诺斯文化和迈锡尼文化。公元前800年形成了数以百计的独立城邦。雅典、斯巴达、底比斯等是其中最发达的城邦。公元前五世纪为希腊鼎盛时期。

现代奥林匹克运动起源于古希腊的奥林匹克竞技会,或称古代奥运会。动物发展史和人类发展史表明,人类具有娱乐的本性,早期人类的娱乐形式则以神灵祭奠为中心,带有明显的原生态式的"戏耍"动作。这种原始的娱乐形式因文化背景相异而有所不同,古希腊人多在固定地点、固定时间举行不同形式的竞技会,每四年一次的奥林匹克竞技会是其典型代表。

奥林匹克竞技会所在地——奥林匹亚是一块风水宝地,位于希腊最大半岛的西北部丘陵地带,距离雅典约370公里。关于奥林匹克竞技会,古代没有独立成书的完整记载,它的起源有多种传说。其中流传比较广的一个传说是,宙斯在奥林匹亚与其父克洛诺斯摔跤获胜,赢得万神之主的地位,奥林匹亚竞技会是为纪念宙斯而创立的隆重节日,集体育竞赛与文化盛会于一体,其中包括祭祀宙斯大神。这也是今天奥运火炬被称为"圣火"的原由。

诚然,神话传说不能代替历史事实。鲍桑尼亚在其所著《希腊志》第五卷中这样叙述竞技会:"起初仅有赛跑,之后第14届赛会时增加了双程跑项目,庇萨的海佩纳斯(Hypenus)得胜,奖品是一枝野生的橄榄枝。在第18届赛会,他们才设立角力和摔跤。在第23届赛会上人们恢复了拳击的奖励。在第25届上人们认可了马车赛。在第33届上人们认可了男子角力和赛马。在第41届上引入少年组拳击。"①时至今日,希腊的国徽是由橄榄枝环抱的盾徽,近似方形的蓝色盾面上镶嵌着一个白色十字,白十字象征宗教信仰。由此可见,古代奥运会与宗教信仰对希腊的影响力。

关于竞赛的时间和次序,《希腊志》中介绍说,至第77届竞技会,竞赛项目的次序是:五项全能(铁饼、标枪、跳远、短跑、长跑),马车赛和其他项目,诸如跳高、角力、摔跤等,同时伴有戏剧、诗词、音乐等文化表演活动。八九月份举行,历时五天。

陈村富在《古希腊奥林匹克会考》一文中指出,奥林匹克竞技会自诞生之日起就是泛希腊的,参赛者从最初的各城邦武装部队的首领和战士,后来扩展到普通公民。希腊人借助宙斯、阿波罗诸神赋予体育竞赛神圣的性质,以确保竞赛公正进行,鼓励公民积极进取,以自己的体力、毅力、耐力、技巧和敏捷取胜,从而提高自己所在城邦的影响力。所以奥林匹克竞技会在公元六世纪以前,无论是运动员、裁判员和观众都有一种大家认同的希腊精神支柱,自觉遵守竞赛规则。奥林匹克竞技会轰轰烈烈地进行了上千年,从未间断过,其间的口号是:"或得桂冠,或舍生命。"由于古希腊人对名誉和成功的追求十分强烈,同对手的竞争成为一场真正的角逐。

公元前338年马其顿统一希腊后,虽改变了其政治体制,但奥林匹克竞技会

---

① 陈村富:《古希腊奥林匹克赛会考》,载《新华文摘》2008年第11期。第59页。

一如既往。公元前 334 年，亚历山大东征西亚，两年后进军埃及，又两年后回师波斯，所到之处所向披靡，建立了一批以"亚历山大"命名的城市，并建造运动场和戏台，促进东西文化大融合，此后 23 年至前 30 年，隶属于大希腊版图的各国均参加每四年一届的奥林匹克竞技会，奥林匹克运动空前繁荣。

柏拉图和亚历士多德，这两位生活在城邦制时代的哲人，均对奥林匹克竞技会持积极的支持态度。他们认为，音乐和体育与人的心灵成长是一种正比例关系，因之，"体育训练应列入教育"。然而，伴随着城邦制的衰退，公元前 146 年，罗马吞并希腊，改其为行省。公元 325 年，尼西亚会议后基督教统一了教义，逐步取得精神统治地位。公元 393 年，罗马皇帝宣布基督教为罗马国教，由于罗马人推崇斗兽场和奴隶角斗的尚武精神，社会风尚随之发生大变化。仅一年后，罗马皇帝狄奥多修一世下令废除奥林匹克竞技会。轰轰烈烈的古代奥运会戛然而止，画上了一个悲壮的休止符。

从公元前 776 年举办首届奥运会，到公元 394 年被罗马皇帝废止，历时 1170 年，共举行了 293 届。

二、现代奥林匹克运动的兴起

奥林匹克竞技会终止了，人们对古代奥运会的消失颇感遗憾与惋惜，不少人为古代奥运会的复兴奔走呼号。这一强烈的呼声首先发自希腊本土。

1460 年，希腊被奥斯曼帝国统治。1821 年 3 月 25 日，希腊爆发反土侵略军的独立战争；1829 年 9 月 24 日，土军全部撤出希腊；1832 年希腊成立王国。一时间，民族主义情绪一度高涨，要求复兴古代奥运会的呼声不绝于耳。1838 年，为庆祝国家的独立和解放，在距离奥林匹亚不远的列特林村，村民们按古代奥运会传统举办了运动会。这可视为现代奥运会复兴的萌芽，尽管它是自发的，缺乏正规化和程序化。

希腊奥林匹亚的灿烂文化、悠久历史并未因奥林匹克竞技会的消失而淡出人们的视野，仍然为世界各国的专家学者所青睐。就在奥林匹克竞技会终止 1000 多年后，从 18 世纪开始，英、法、德等国历史学家、考古学家相继赴奥林匹亚进行实地考察和发掘，奥林匹克竞技会随之成为世人关注的焦点。

随着奥林匹亚考古发掘工作的顺利进展，希腊人复兴奥运会的热情越来越高。为顺应这一历史潮流，希腊国王奥托采纳了国民札巴斯提出的复兴奥运会的具体建议，于 1858 年发布了《奥林匹克令》，并授权札巴斯筹备奥运会。

为举办奥运会，札巴斯和希腊自由战士捐款在雅典修建了运动场。仅一年后，首届泛希腊奥运会在新落成的雅典体育场举行，国王奥托出席并主持开幕式。接着,1870年和1875年,希腊又举行了第二和第三届泛希腊奥运会。这三届奥运会的赛制基本遵照奥林匹克竞技会的传统,优胜者被授予传统的桂冠——神话传说中寓意无穷的野生橄榄枝编制的花环,这些花环摆放在宙斯的神坛上,传令官在神面前宣读获胜者名单。

尽管那几届运动会因参加人数少、规模小等原因未形成重大影响,但在世界范围内产生了积极作用,促进了对古代奥运会遗址的考古发掘工作。就在第三届奥运会举办的同年,一位德国的考古学家埃·库尔季斯来到奥林匹亚,对遗址进行了六年发掘工作。1881年,奥林匹亚古运动场遗址——奥林匹克竞技会遗址的主要设施重见天日。接着,各种奥运文物在奥林匹亚博物馆展出。一石激起千重浪。这无疑点燃了人们复兴古代奥运会的极大热情,激发了各国民众对奥林匹克运动的憧憬。

杰出的国际体育活动家——皮埃尔·德·顾拜旦是当之无愧的"现代奥林匹克之父",正是由于他不遗余力的努力,首届现代奥运会终于在1896年举办,并延续至今。

顾拜旦1863年降生在巴黎一个贵族家庭,青少年时接受过良好的教育,并喜欢体育,曾着迷于拳击、击剑、马术和划艇等体育项目。1871年普法战争失败后萌生体育救国的思想。古代奥运会的遗址不断被发掘出来的消息引起顾拜旦的极大兴趣。1890年,他访问了奥林匹克运动的发源地,立志以古代奥林匹克精神推进国际体育运动的发展,创办现代奥运会以弘扬奥林匹克精神。

回国后,顾拜旦于1891年出任法国田径协会秘书长。1892年12月25日,在法国田径协会成立五周年纪念大会上,顾拜旦在演讲中第一次提出"复兴奥林匹克运动"的口号,正式倡议恢复和创办现代奥运会。次年,由于顾拜旦的极力推动,在巴黎召开的"恢复奥林匹克运动代表大会"上,12个欧美国家的代表们一致通过了恢复奥林匹克运动的宪章,确定了现代奥运会的宗旨。会议还决定1896年4月在奥林匹克运动的发祥地希腊举行首届现代奥运会,此后则按照古希腊传统每四年举行一次。

1894年6月23日,国际奥林匹克委员会宣告成立,著名希腊文学家维凯拉斯担任首任国际奥委会主席,顾拜旦被推选为秘书长。首届奥运会后,顾拜旦当选第二任国际奥委会主席。在1912年斯德哥尔摩第五届奥运会上,顾拜旦发表了著名的诗作《体育颂》,针砭当时体育竞赛中的弊端,荣获该届奥运会文艺比赛金质奖章。

顾拜旦是卓越的教育家,他通过《体育颂》告诉世人,体育只有与教育、文化结合在一起,才能实现教育青年、激励社会的宗旨。换言之,现代奥林匹克运动的创始人继承和发扬了奥林匹克竞技会的精髓——体育与文化和教育相结合,并为之奋斗终生。1896年第一届奥运会因经费拮据濒临流产,顾拜旦亲赴雅典,拜会首相和王储,日夜奔波,出主意想办法,终如愿以偿。他始终坚持奥运会是属于全人类的,应该在全世界不同城市举办,而希腊人则认为奥运会是希腊的,雅典应是奥运会的永久举办地,正是由于顾拜旦的坚持原则才造就了奥运会今日的辉煌。而顾拜旦倡导的和平、友谊、进步的宗旨,反对一切歧视、坚持人人平等的原则,奥运与文化和教育相结合的原则等,早已写入《奥林匹克宪章》,成为全人类所需要、向往和追求的共同目标。

1913年,顾拜旦为国际奥委会设计了会徽、会旗。会旗图案白底、无边、上面有蓝、黄、黑、绿、红五个环环相扣的彩色圆环,象征着世界五大洲团结以及全世界运动员以公正比赛和友好精神相聚在奥林匹克运动会。同时,他倡议点燃奥林匹克圣火、设立奥林匹克杯。在确定奥林匹克运动会口号的时候,他接受朋友狄东神甫提出的"三更"——"更快、更高、更强",以体现人类积极向上、不断进取的精神,并以此作为体育本身追求的目的。

三、北京奥运会的三大理念

现代奥林匹克运动创始于1894年6月,今年是第114个年头了。首届现代奥林匹克运动会1896年4月在雅典举行,此后每四年一次,因两次世界大战停办过三次,但届数延续不变。这样,2008年北京奥运会,实际是第26次现代夏季奥运会,但正式的名称仍然是"第29届奥运会"。这说明,"运动"与"运动会",虽仅一字之差,但不能简单的等同起来,奥林匹克运动与奥运会既有区别,又有紧密联系。奥林匹克运动是一个以体育为载体,有自己的哲学、理念、追求目标的社会文化运动;奥运会则是这个运动所举办的最主要、最引人注目的活动,但不是奥林匹克运动的全部。

奥林匹克运动把自己的理念称为奥林匹克主义,这个主义的核心理念和这一运动的宗旨,赋予奥林匹克运动以鲜明的人文精神。何谓奥林匹克运动的人文精神?在一切奥运事务中,努力恪守以人为本的基本原则,把人文关怀置于首位。通过体育运动,增强人的体魄和意志,使人获得全面和谐发展,推动人与人、群体与群体、国与国之间的相互交往、友谊与尊重。当然,这一人文精神是动态的。近年来,随着生态和生存环境的恶化,奥林匹克运动更加重视环保,不断唤醒人们的环境保护意识。体育、文化教育和环境构成现代奥林匹克运动的三大要素。

在人们心目中,奥林匹克运动享有良好形象,国际奥委会把这一形象归纳为三个最主要的理念：友谊、卓越、尊重。奥林匹克运动的人文精神具有三大特点：人文精神是奥林匹克运动的核心，是奥林匹克运动与社会的结合点，能够促进构建和平美好的世界。

众所周知，北京奥运会提出了三大理念：绿色奥运、科技奥运、人文奥运。这三大理念涵盖了奥林匹克运动精髓，而人文奥运的提出在历届奥运会中独树一帜，成为北京奥运会最重要的一个特色。①

第二节 西方为何将北京奥运会与达尔富尔问题挂钩

奥林匹克运动的历史和实践证明，奥林匹克运动的宗旨和人文精神符合各国人民的共同愿望，得到了全世界人民的普遍支持，已经成为联系世界各国人民友谊的一条不可或缺、无法替代的纽带。然而，奥林匹克运动和奥运会在其前进的道路上和筹办举行的过程中并非一帆风顺，试图影响奥林匹克运动发展方向、阻挠奥运会正常举行的言行不时沉渣泛起，或力图控制奥运会，或极力把奥运会商业化，或声嘶力竭将奥运会与政治挂钩……北京奥运会与达尔富尔问题生拉硬扯在一起，就是一小部分人导演的"杰作"之一。事实证明，不只是这种理由牵强附会，而且其真实意图也令人好奇。

一、为什么要拿北京奥运会说事儿

这主要是一些西方国家当初对北京奥运会的心理期待所导致的。北京奥运会是继东京和汉城奥运会后，奥运会第三次在亚洲举行。1964年的东京奥运会，日本人成功地展示了其经济和科技大国的形象，政治上从受歧视的二战战败国融入国际大家庭。1988年的汉城奥运会更是被西方世界称之为"汉城奇迹"——新当选的总统卢泰愚决定进行180度的大转弯：政府取消了媒体审查，释放了被软禁在家的反对派领袖金大中，宣布尊重人权和公平选举。这些政治变革促使韩国成为正常国家——走上西方意义上的民主自由之路，并促进了该国的经济崛起。

2001年7月，北京赢得奥运会举办权，当初西方人心中的"小算盘"是：汉城奥运会是北京奥运会的榜样，奥运会也许能像特洛伊木马一样，帮助西方把自己的民主、自由带入中国，"让中国全面融入国际社会"——发生西方期待的政治、经济和社会演变。然而，西方人的这一算盘打错了，七年过去了，中国经济持续

---

① 参见何振梁：《奥林匹克运动的人文精神》，载《文汇报》2008年3月23日。

快速发展,综合国力不断增强,国际地位稳步提升。西方满怀期望的"北京奇迹"尚未出现,而中国政通人和、经济继续强劲发展的势头不减,中国奇迹让世界刮目相看。与此同时,中国举全国之力,尽最大努力,决心把北京奥运会办成历史上最好的奥运会,通过奥运会向世界展示一个改革开放、和平发展、充满活力的真实中国的形象,并在奥运会的筹办过程中,不断与世界接轨,进一步促进中国与世界各国人民的了解、理解、友谊、友好。在这样的大前提下,当奥运会越来越近,不少西方人看待中国的心态发生了变化,他们脑海里固有的"中国观"自然要宣泄一番,拿北京奥运会说事儿也就在所难免。正如新加坡《联合早报》社论所言:"随着北京奥运会的日期越来越近,西方一些势力也在加紧以政治课题刁难中国政府。名义上是从'道德良心'出发敦促中国改变某些内外政策,实质上是在故意制造不利于北京举办奥运的气氛。"①

西方的"中国观"主要表现在哪些方面呢?首先,对中国的认识从理想化走向妖魔化。英国《帕姆巴祖卡新闻》在线周报3月28日发表文章认为,比较西方与中国的第一次遭遇,那时对中国的看法并非负面,而是将其奉为榜样。18世纪启蒙时期的主要哲学家经常以十分赞许的字眼描述中国。德国学者托马斯·福赫斯在书中写道:"显然,中国拥有18世纪末的学者在欧洲看不到的东西:一个依照理性标准行事的强大中央政府。在欧洲,中国代表的是一个合理的国家和开明专制主义的典范。"②文章继续指出:没错,这些乌托邦式的中国形象是基于当时的现实,但目的与其说是为了理解真实的中国,不如说是针对西方社会而有所言。今天的情况也如此吗?例如,美国新保守派专栏作家罗伯特·卡根认为,决定中国对苏丹等国的政策与其说是经济利益,不如说是政治联合。他还预测中俄会结成"独裁者同盟"。但是,他是真想评说中国的政策吗?抑或只是用中国的某种负面形象来映衬美国的积极政策?"同样,当中国在非洲的角色被贬为重复欧洲殖民者的剥削时,其真实目的是为了更好地理解中国的角色吗?抑或只是通过比较中国的现在与西方的过去,来说明西方现在有别于过去?就像欧洲过去把中国理想化一样,今天西方把中国形象妖魔化,也许这是出于其他更重要的目的。"

既然想妖魔化中国,此类议论就会像蒲公英头顶上的小白伞,一有适当的风力便会飞起来。难道那见风就能飞飘的"小白伞"还等不来适合自己的风力吗?

---

① 社论《奥运政治化倾向不可助长》,载[新加坡]《联合早报》2008年2月23日。
② [英]斯蒂芬·马克:《中国怎么想》,原文载[英国]《帕斯巴祖卡新闻》在线周报3月28日,转引自《参考消息》2008年3月31日,汪析译。

其次,西方人根深蒂固的优越感和价值观使他们始终带着"有色眼睛"观察和对待中国。西方人有一种与生俱来的优越感,其基本思路就是:在这个世界上,唯有西方才是正确的。西方主流价值观也总是居高临下,好为人师,到处赐教。站在居高临下的地位,带着盛气凌人的态度,对包括中国在内的其他非西方国家"指点江山",说三道四,而对这些国家的真实情况又不了解或不完全了解,他们的观察角度及其得出的结论,难免是"有色的",带有鲜明的西方色彩。

美国《外交政策聚焦》5月13日发表题为《适得其反的奥运会抗议》的文章指出:"作为一所国际合办学院的院长,我眼下生活在中国。我与数百名中国学生、大学教员、职工、公共官员和普通市民有互动。几乎所有中国人都对奥运会将首次在中国举办感到兴奋。他们认为,针对奥运会的抗议不是荒谬的就是令人讨厌的。一些中国人向我指出,美国打仗和在黑牢里虐待人,但中国人没有抗议美国的体育赛事。为什么中国被单独挑出?中国没有派部队占领外国领土,而全世界都承认西藏是中国的一部分。"文章认为,针对中国举办奥运会的抗议活动主要集中于这样几个问题:中国与苏丹的贸易、西藏问题、中国的人权状况。"如果用今天抗议者的标准来衡量,世界上鲜有国家能有资格担当奥运会东道主。"文章最后强调:"这种抗议的实际效果不是他们所期待的,只会增加国际敌对情绪和激起大多数中国人的爱国情绪。不过我认为,所有这些抗议和反抗议都只是茶杯里的风暴。它们对国际舆论的负面影响将淹没于奥运会所催生的积极与合作精神当中。"①

再次,对中国的无知和对中国政治体制的成见使他们难以用公平公正的态度对待中国。某些高傲的西方人总是认为,地球是他们的,世界应该是他们的一统天下,西方的价值观是普世哲学,西方的民主、自由、人权应该普及世界的各个角落。因此,对中国的社会主义制度,对中国的意识形态,对中国的政治体制,他们总是横挑鼻子竖挑眼,而对中国的现实他们却并不了解或了解不多。英国有媒体认为,西方对中国的不少描述都是基于无知和成见:"我们许多人都熟悉西方辩论如何'驾驭'中国的崛起,但对北京探讨如何'驾驭'西方的衰落可能一无所知。因此,尽管我们努力分析'真实'中国的复杂性和不断改变的现实,但那些广被接受的陈词滥调——'共产党专制'、'看不透的东方人'或'掠夺非洲的新帝国主义'——显然有弊无利。我们不禁要问,那为什么这些无益的形象仍然存

---

① 该文作者詹姆斯·瑙特为美国南邮—纽约理工国际学院院长、世界政策研究所高级研究员,该文转载在《参考消息》2008年5月15日,汪析译。

在？显然，我们应该问问，这样描述中国是出于谁的利益。"①

最后，对中国经济快速发展的恐惧感和嫉妒心理不幸成为西方价值观看待中国的催化剂。中国的经济发展不但造福于全体中国人民，而且造福于世界人民，这是有目共睹的事实。未料，西方人对待中国经济的强大却心情复杂——恐惧与嫉妒并存，疑虑与仇视并行。"当美国的竞选斗士喋喋不休地谈论中产阶层变穷时，他们喜欢到中国寻找'替罪羊'。要么把雇员工资缩水归咎于北京的领导人，要么指责中国企业窃取知识产权，危及了美国福利。"他们还批评中国通过操控汇率实现巨额贸易盈余，使美国面临'去工业化'的危险。

"类似的观点在欧洲显然也很流行。阿伦斯巴赫研究所的一项调查表明，超过一半的德国人认为，中国经济高速增长对德国是个威胁。欧盟委员会主席巴罗佐也警告说，越来越多的欧洲人把'中国的经济崛起看成是威胁'。

"德国科学政治基金会中国问题专家古德龙·瓦克尔女士发现，在有关中国的讨论中，真实的因果关系往往被掩盖。中国崛起引发全球恐慌，与其说原因在于中国的经济政策，不如说在于中国的地广人多。韩国也用同样的方法跻身富裕地区和国家之列。但现在，'又来了一个经济增长大大快于预期的巨人'，这才引发了老工业国家的不安。"②

新加坡《联合早报》2008年4月11日发表了一篇署名为杜平的文章:《奥运政治:两个世界的碰撞》，对西方利用奥运会对中国施压的原因与目的做了分析。文章指出，近年来西方对中国和平发展的事实、对中国构建和谐世界的努力知之不多却充耳不闻、视而不见，却不断制造各种借口、寻找各种理由与中国过意不去。"拉萨暴乱本身原本是一个是非分明的事件，但西方有心之人大肆挖掘和渲染这一事件的负面效应，以此抵消北京为提升自身形象而做出的努力，挫伤中国矢志要平等立足于强国之林的雄心。"正因为如此，"即使没有发生西藏暴乱，奥运圣火的传递照样会遭到干扰;即使没有所谓'西藏问题'，西方社会还会搬出达尔富尔问题;即使没有'藏独'分子站出来羞辱北京，形形色色的人权组织、'大赦国际'等也绝不会放过中国;即使没有街头暴力抗议行动，西方还会有各种软性和硬性的干扰行动，包括媒体的妖魔化炒作和议会的反华提案。

"事实上，'藏独'分子借奥运之机发泄对北京的仇恨和敌意，与这些年来西方社会对中国崛起态势所产生的抵触、疑虑和不满是完全合拍的。中国产品好

---

① [英]斯蒂芬·马克:《中国怎么想》，转引自《参考消息》2008年3月31日，汪析译。
② 哈拉尔德·舒曼:《有关恶龙的谎言》，载[德]《每日镜报》2008年4月6日，转引自《参考消息》2008年4月15日。

不容易走出国门,却被丑化为导致西方工人失业的罪魁祸首;中国商人和资本进入非洲大陆,老牌殖民国家心生嫉恨地称之为"新殖民主义者";中国企业在海外展开并购行动,西方政府视之为洪水猛兽。当然,还有庞大的贸易盈余、庞大的外汇储备、庞大的军费开支、庞大的能源消耗,更有庞大的人口,这一切都使整个西方世界产生了被挑战、被取代、被超越、被损害的恐惧感。

"以恐惧和嫉妒的心态看待中国,一切都变成了扭曲的政治图景……虽然抢夺火炬、扰乱传递火炬行程的'藏独'分子是少数人,但他们却是一种政治替身,代表了西方很多人对中国的固有偏见、歧视和敌意。""西方世界虽然不得不承认中国经济崛起的大势,但在政治上始终是居高临下,以根深蒂固的优越感来贬抑和丑化中国的政治和社会现状,继续把中国视为'非我族类'。"

文章最后强调指出:"'非我族类,其心必异。'这种政治思维是西方政界和媒体看待中国的根本标准,也是它们先入为主地解释拉萨骚乱和所谓'西藏问题'的下意识逻辑。"①

二、谁在叫嚣抵制北京奥运会

美国麻州史密斯学院文学教授里维斯可谓是鼓吹抵制北京奥运会的始作俑者。2007年2月,他在网站发表公开信,呼吁国际奥委会向中国政府施压。他写道:"现在到了开始羞辱中国的时候了。"里维斯的鼓噪很快得到日本右翼政客中川昭一、法国总统候选人贝鲁、好莱坞女明星米娅·法罗等反华人士的响应。

2007年5月,美国108名众议员发表抗议信,要求中国向苏丹施加压力;8月6日,美国众议院收到两份呼吁抵制北京奥运会的所谓提案,提案指责中国"侵犯人权和民主自由","支持苏丹和朝鲜政权"。

2008年2月14日,英国《独立报》刊登了一封信,并声称八位诺贝尔奖得主和国际奥委会主席罗格在信上签了名。而这封信是由一家名为"危机行动"的组织公布给国际媒体的,信中要求中国向苏丹施压、参与解决达尔富尔问题,并强调关注奥林匹克精神。罗格当日表示,自己并没有在那封信上签名。

2008年2月12日,美国著名导演斯蒂芬·斯皮尔伯格宣布辞去奥运会开幕和闭幕仪式的艺术顾问一职,理由是他认为中国没有尽力结束苏丹达尔富尔的暴力事件。与此同时,个别国际影星和体育明星致函中国领导人,表示中国作为安理会常任理事国及苏丹的重要伙伴,有机会、有责任为达尔富尔带来和平。

---

① 杜平:《奥运政治:两个世界的碰撞》,载[新加坡]《联合早报》2008年4月11日。

一些呼吁抵制北京奥运会的团体和活动分子还提议对北京奥运会的赞助商的商品进行抵制,以期向中国政府施加更大压力。

在这些抵制活动中,好莱坞女演员米娅·法罗可谓跳得最高,她直接影响了斯皮尔伯格所做的决定。那么,此人有何种本领呢?现年63岁的米娅·法罗出生于洛杉矶,是个演员。1966年,21岁的她嫁给50岁的歌手弗兰克·西纳特拉,仅几年就分道扬镳。1970年她与一名钢琴家再婚,遭到那个钢琴家前妻的强烈抨击。1992年,法罗在与之同居多年的导演伍迪·艾伦的房间发现了自己22岁养女的裸照,闹得满城风雨。未料,这场母女间为一个男人争风吃醋的闹剧以其养女与艾伦结婚告终。

法罗一直高调鼓吹儿童权利,收养过十几个孩子,并成为联合国儿童基金会亲善大使。在其个人网站上排列着与苏丹问题有关的十几篇文章,最早攻击中国的文章是2006年8月10日的《中国的冷酷之心》,另有《中国在达尔富尔问题上可以做更多》等。2007年3月28日,她在美国《华尔街日报》上发表《种族屠杀的奥运会》的文章指出,北京奥运会的口号是"同一个世界,同一个梦想",而现在有另一个口号在流传,那就是"种族屠杀的奥运会"。2007年4月29日,在白宫前举行的纪念达尔富尔种族屠杀四周年的集会上,法罗指责中国漠视达尔富尔的恶梦,叫嚣"绝不能让奥运会正常进行"。

《种族屠杀的奥运会》一文认为,中国在苏丹投资,购买苏丹的石油,苏丹政府利用这些收入购买武器,其中大部分是中国制造的。中国还在联合国多次阻止英美等国试图停止达尔富尔种族屠杀的努力,云云。文章还特别提到因执导电影《辛德勒名单》而闻名的斯皮尔伯格,"斯皮尔伯格先生在1994年建立了大屠杀历史真相基金会,纪念二战中的犹太人大屠杀。他是否意识到中国正在资助达尔富尔的大屠杀?"文章警告说:"难道斯皮尔伯格先生真的想让历史记住他是北京奥运会的'里芬斯塔尔'吗?"里芬斯塔尔何许人也?德国著名女演员和导演,曾受到希特勒赏识。1934年,希特勒邀请她为纳粹党的纽伦堡党代表大会拍摄纪录片,名为《意志的胜利》。1938年,里芬斯塔尔又拍摄了另一部重要影片《柏林奥运会》,这是她的经典之作,也成为她的污点。二战结束后,里芬斯塔尔以"纳粹同情人"受到美、法指控并被逮捕。别的不提,仅就法罗把斯皮尔伯格与里芬斯塔尔等同起来,进而把北京奥运会与柏林奥运会等同起来,如果不是出于无知,那就是用心险恶了。她所参与的"达尔富尔奥运梦"这一组织的水平也就可想而知了。需要指出的是,北京奥组委曾给斯皮尔伯格发出聘书,但斯皮尔伯格并未在2007年5月10日的最后期限前签署相关文件,因此,他"理论上并不是北京奥运会开、闭幕式的艺术顾问"。换言之,斯皮尔伯格根本就不存在辞职一说,因为他未接受聘书。

在达尔富尔问题上指责中国的还有所谓的"拯救达尔富尔联盟"。这是华盛顿的一个非政府团体,成立于2004年,目前由180多个宗教、政治和人权组织组成。其活动宗旨是呼吁国际社会关注"达尔富尔种族屠杀",主要通过签名、集会、向政要发送电子邮件等方式,吸引世人注意,主张对中国施压、迫使中国采取措施结束达尔富尔危机当然是他们的"必修课"。另有一个由美国奥运速滑冠军乔依·齐克和水球运动员布兰德·格雷纳创建的所谓"达尔富尔团队"。他们利用在赛场上而不是政治活动中建立的运动员关系网来扩大影响力。据称,该组织目前有200多名退役或现役运动员成员。

更有甚者,直接把破坏北京奥运会作为生财之道,如"记者无国界"组织。法国《费加罗报》发表文章说,法国非政府组织"记者无国界"自2001年起就反对让中国人承办奥运会,并勾结美国极"右"派势力,向美国、德国和瑞士等国企业施加压力,极力破坏奥运会。该组织还借破坏奥运会之机,毫无廉耻地大肆敛财。这个法国非政府组织在巴黎有25名雇员,在国外有5个办事处,并在全球有10个分支机构。该组织于1985年在法国蒙彼利埃成立,据说它现在可能得到反卡斯特罗分子的资助,而这些反卡斯特罗分子都属于美国中情局人员渗入并操纵的美国极右派。今年3月24日,即圣火传递开始的当天,在雅典附近的奥林匹亚山上就发生了敌对行动。"记者无国界"组织创始人梅纳德和两个随从在一名中国官员的背后打开了一面"手铐五环"旗。之后几天,还是这个梅纳德,夜间攀上巴黎圣母院南侧,挂上其组织标志和西藏旗帜。周末,他在迎接火炬抵达的东京举行一个记者招待会,然后前往长野,与日本活动分子一起举行示威。事实上,"记者无国界"组织自2005年以来至少收取了以美国为后台的"国家民主基金会"大约3.5万欧元的补贴。此外,自2002年以来,由迈阿密反卡斯特罗分子创建的"争取自由古巴中心"向它提供了大约6.4万欧元。[①]

三、叫嚣者混乱的思维逻辑

抵制北京奥运会的逻辑之一:达尔富尔地区发生的"人道主义灾难"与苏丹政府的"残酷镇压"有关,而中国与苏丹关系良好,中国政府便是苏丹政府的"支持者"。通过号召国际社会抵制北京奥运会,向中国政府施加压力,迫使中国政府停止与苏丹发展经济合作关系——即停止"支持"苏丹政府。中国应该怎么做

---

① 参见《记者无国界组织资金来源揭秘》,载[法]《费加罗报》2008年4月21日,转引自《参考消息》2008年4月25日。

呢？应该与西方保持一致,对苏丹实施经济制裁,因为制裁是解决达尔富尔问题的唯一办法,"不制裁"就是"无所作为",就是"助长暴行"。

逻辑之二：中国与苏丹关系良好,对苏丹"不制裁"是为了与苏丹开展经济合作,在苏丹购买石油。因为中国在苏丹有投资,与苏丹有石油开采合作。

逻辑之三：苏丹政府用出售石油的收入来购买武器,这些武器又用于达尔富尔地区,进一步加剧了该地区的局势动荡。

这些混乱的逻辑和所谓的理由,就是要达到一个目的：迫使中国与西方保持一致,或者说,让中国听从西方的召唤。这种把西方无力解决的达尔富尔问题全盘推给中国的做法看似冠冕堂皇,实则荒唐可笑。这里,无需用过多的笔墨,一个简单的道理是：中国实行独立自主的外交政策,不干涉别国内政,这是众所周知的;然而,西方对中国提出的非分要求,一是要中国干涉苏丹内政,二是这一要求本身就是在干涉中国内政。

看看香港和国外媒体是如何评论这些"逻辑"的。将达尔富尔问题与北京奥运会挂钩的做法,是不合理、不负责任及不公平的,因为达尔富尔问题并非中国内政,亦非中国引发;相反,中国一直为妥善解决达尔富尔问题发挥积极建设性作用,这是国际社会不带偏见的人们有目共睹的事实。将达尔富尔问题与北京奥运会挂钩,如果是对中国政策不了解尚可理解,若是别有用心,则与国际公认的体育非政治化原则不符,亵渎了奥林匹克精神,也违背世界人民的愿望。

"苏丹西部的达尔富尔是苏丹最贫困落后的地区之一,由于气候日益干燥,原来集中在北达尔富尔地区以及邻近国家的游牧部落,大批迁徙到达尔富尔中部和南部寻找水源和草地,致使与当地黑人因争夺水草和土地资源爆发的冲突日益频繁,引发人道主义危机,成为国际社会关注的热点。达尔富尔问题的根源,是争夺土地和水源的生态战争,而不是如国际上一些人所渲染的是一场打杀黑人的'种族屠杀'。联合国秘书长潘基文指出,人类活动导致的全球气候变暖是达尔富尔问题背后的'黑手'。这一观点逐步得到了国际社会的认同,各方也开始从改善生态、缓解贫困入手,来努力解决达尔富尔问题。"①

"苏丹达尔富尔地区发生的问题确实严重,值得引起世界的注意。但是,把这一切归咎于中国显然相当伪善。中国没有扶植苏丹政府掌权。苏丹政府不是中国的傀儡。中国仅仅与它维持着正常的贸易关系。抗议者的行为无异于将正

---

① ［香港］《文汇报》2008年2月15日社论。

常的贸易关系判为违法。"①

"虽然中国对于喀土穆的影响力似乎没有在达尔富尔当地起到什么作用,但西方国家对苏丹施加的更为公开的压力同样如此。也向喀土穆政权提供武器的俄罗斯甚至以不予以回应的方式令其批评者尊严全无。""印度和马来西亚等其他国家也拥有苏丹石油工业的大量股份,但它们更好地躲避了人们指责,从苏丹进口石油比中国更多的日本也是如此。"②

"在外交方面,西方如果不断把奥运会政治化,最终必然成为输家。西方现在紧盯的问题是缅甸和苏丹达尔富尔。西方不断要求中国对这些国家施加压力。在对中国的关系上,西方的最高理想一直是想用西方的价值改造中国。"③

据阿根廷新闻社报道,斯德哥尔摩国际和平研究所发表研究报告认为,美国仍是全球头号军火商。"2007 年美国的武器出口交付额达到 74.54 亿美元,居全球首位。俄罗斯和德国分别以 45.88 亿美元和 33.95 亿美元位列美国之后。第四位是法国,为 26.9 亿美元。2007 年进口武器最多的国家是希腊,达到 20.89 亿美元。""2003 年至 2007 年全球军费开支达 5.5 万亿美元,其中 2007 年比 2006 年增长 7.7%。位居首位的依然是美国,其次为英国和法国。""今天的世界已经'武装到牙齿',武器生产企业填满了腰包,它们每年赚得的丰厚利润足以满足世界上 61 个最贫穷国家人们的最基本需求。"④

达尔富尔问题属于政治范畴,应该是联合国而不是奥运会举办国解决的问题。如果真想把这一问题推给某个国家,那么,美国对苏丹最有影响力。"虽然中国与苏丹签订了数十亿美元的石油合同,但是,对苏丹影响力最大的全球大国却是美国。""美国的认可和接受将使苏丹发生转弯,而这是中国、印度、马来西亚、伊朗和海湾国家的数十亿美元投资所无法做到的。美国可以向其提供西方发展援助,减免近 300 亿美元的外债,以及向其提供技术援助来处理大量涌入的投资。"⑤

---

① [美]詹姆斯·瑞特:《适得其反的奥运会抗议》,载[美]《外交政策聚焦》2008 年 5 月 13 日,转引自《参考消息》2008 年 5 月 15 日,汪析译。

② [英]帕特里克·史密斯:《使达尔富尔失望的不仅是中国》,载[英]《观察家》网站 2008 年 2 月 17 日。

③ 郑永年:《西方能够在奥运会政治中赢得什么?》,载[新加坡]《联合早报》2008 年 2 月 19 日。作者是英国诺丁汉大学中国研究所教授。

④ 阿根廷新闻社布宜诺斯艾利斯 4 月 15 日电:《美国仍是全球头号军火商》,载《参考消息》2008 年 4 月 20 日。

⑤ 登莉迪娅·波尔格林:《中国发挥新作用,在达尔富尔问题上向苏丹施压》,载《纽约时报》2008 年 2 月 23 日。

"在达尔富尔问题上,大概没有多少人比美国国务院更有说话的资格。几个月之前,面对舆论对北京方面的指责,布什政府的达尔富尔事务特使在国会参议院作证时就指出,中国在此问题上发挥了积极的作用,若没有北京的外交斡旋,苏丹局势会更加糟糕。在反奥运势力围攻北京的新一波浪潮中,布什总统不为所动,决定按原计划出席奥运会开幕式,这就表明白宫对达尔富尔问题的认识和判断,与斯皮尔伯格是有区别的。说到底,政治是政治,电影是电影。即便是盖世无双的艺术家,其政治言行有时候也会贻笑大方。"①

四、中国政府和国际奥委会的态度

2008年2月14日,中国外交部发言人在例行记者会上表示,奥运会是世界人民的体育盛会,成功举办北京奥运会也是各国人民的共同愿望。将达尔富尔问题与奥运会挂钩,无助于达尔富尔问题的解决,也有违体育非政治化的奥林匹克精神。刘建超说:"我们注意到最近国际上围绕达尔富尔问题以及中国在达尔富尔问题上的立场有这样或那样的议论和举动。据我们所知,有关反应一方面出于对达尔富尔形势的担忧;另一方面也有人利用这一机会试图将达尔富尔问题同中国对苏丹政策、甚至同北京奥运会联系起来。""如果这是对中国政策不了解尚可以理解,但若是出于政治目的,我们不会接受。"

刘建超还指出,光靠打标语、喊口号解决不了达尔富尔地区的人道主义问题,最重要的是以建设性的实际行动推动达区的和平进程,缓解达区的人道主义危机,中国正在这样做!中方希望有关人士能够客观、公正地看待中国在达尔富尔地区的立场和发挥的建设性作用,能够为达尔富尔地区的人民做一些实实在在的事情。②

国际奥委会主席罗格警告说,西方必须停止在人权问题上威吓中国,"提高嗓门不可能在中国达到目的。"这是"西方人的严重错误"。罗格说:"我怀疑,如果北京不主办此次奥运会,西藏问题现在是否会占据报纸的头版位置。相关报道也许只会出现在第四版或者第五版。"③

国际奥委会前主席萨马兰奇表示,利用奥运会惩罚中国是不公正的。"抵制这个词不存在于奥林匹克词典当中。它已经毫无用处,只能用来惩罚那些抵制

---

① 《奥运政治化倾向不可助长》,[新加坡]《联合早报》2008年2月23日社论。
② 参见《人民日报》2008年2月15日第4版。
③ [英]《奥委会主席呼号西方不要威吓中国》,载《金融时报》2008年4月26日,转引自《参考消息》2008年4月27日。

奥运的国家的运动员。如果一些政治家在开幕式上这么做,不但毫无意义,影响力实际上也很有限。如果他们不去参加,所有人都会平静对待。开幕式的重要意义在于,一万名运动员能够出席这个仪式。"①

第三节　西方该如何认识真实的中国

旧中国一个殖民地半殖民地的国家,受尽了帝国主义和殖民主义的欺辱,西方人在中国高人一等,盛气凌人,"华人与狗不得入内"的牌子至今仍令人难以忘却。新中国成立后,中国人民站了起来,但中国长期实行闭关锁国政策,几乎与外界隔绝。中国实行改革开放后,能够踏上这块土地亲眼目睹中国变化的外国人可谓九牛一毛,而中国的对外宣传工作并不成功,这样,外国人特别是西方人对中国的认识还停留在过去,且不言他们过去对中国的认识是否正确。当中国打开国门欢迎外宾、当中国更加开放走向世界之时,外部世界对中国并不了解,知之甚少、甚至是无知。当中国在走向世界、认识世界之时,如何认识一个真实的中国这一课题也摆在了外部世界特别是西方世界的面前。

北京奥运会拉近了中国与世界的距离,也使中西方观念冲突显得更为激烈。谁也没有料到,一场天灾——汶川大地震给中国造成了灾难,也震醒了西方人,让他们在中国的抗震救灾过程中认识到一个真实的中国。用他们自己的话讲,叫做"另一个中国"或是"一个前所未有的中国"。这句话本身就说明,西方很多人过去并不了解中国,他们对中国的认识是片面的、错误的。正因为如此,才出现了在国际上把达尔富尔问题与北京奥运会挂钩、在中国内政问题上把西藏问题与北京奥运会挂钩的混乱逻辑与荒唐做法。

一、西方对中国的老看法应该调整

法国《世界报》6月11日发表了米歇尔·戈代和弗朗索瓦·梅尔合写的文章《让我们近距离看中国》。文章说,中国在西藏问题上受到批评,又因为对四川地震造成的灾难进行快速、有效和透明的干预而受到国际媒体的赞赏。"这些事件加强了我们这一由30多名历史学家和经济学家组成的代表团在4月份对中国进行访问后得出的结论。法国流传的许多有关中国的消极看法完全是错误的。无论是西藏问题、发展状况,还是个人自由。"作者进而认为:"应该纠正我们

---

① [西班牙]哈维尔·本图拉:《如果有人要惩罚中国,利用奥运会是不公正的》,载[西班牙]《先锋报》4月13日,转引自《参考消息》2008年4月15日。

对中国的许多老一套的看法。"①

其实,早在汶川地震之前,西方的有识之士就发出呼吁,认为西方人并不了解中国,谴责所谓的抵制北京奥运会的言行。伯恩哈德·甘特尔是德国作家协会、国际笔会和德国记者联盟的成员。西藏事件发生后,他看见德国媒体的片面报道非常生气,多次向报纸投稿表达自己的独立见解,但稿件均未被采用。他于是将《针对中国的歇斯底里》一文发表在自己的网站上。文章说,德国媒体有关中国西藏的报道全然忘记了美国等西方国家在过去几十年中发动的战争以及德国社会自身还存在的践踏人权和新闻自由的现象。"哎呀,中国人到底是什么样的恶人,我们西方人尤其是我们德国人又是什么样的好人!并吞国家、动用酷刑和试图同化民族的头号战争贩子美国却被人遗忘。自1945年第二次世界大战结束以来,美国进行了超过35次战争和军事行动。这应该收入《吉尼斯世界纪录大全》。西方人对中国和在西藏发生的事情大为恼火,但只有头脑简单和依赖政治的德国媒体要求抵制北京奥运会。这是德国的民粹主义和德国的宣传造成的。"

文章指出,目前有许多所谓的专家在谈论中国,而他们并不真正了解中国和中国人。许多人要求抵制北京奥运会,这是十分错误的。"国际社会只有一个机会,那就是不歇斯底里地对待对方。我想叮嘱中国人民:如果德国政府犯了错误,那么这不一定是德国民众的错误,而是德国政府的错误,是操纵民众的德国媒体的错误。我的愿望是德中友好。关于人权,我还想对中国知识分子的批评声音叮嘱几句,这些声音认为西方的政策是万灵药:人们不能相信西方一切都好。"②

二、抗震救灾让世界感叹:"中国原来是这样!"

在这次抗震救灾过程中,中国政府反应迅速,举全国之力救人,妥善安置受灾群众,人民解放军奋不顾身的英雄壮举,全国人民的爱国热情、同情心和慷慨解囊的捐助善举,全国为死难者举行的哀悼仪式……所有这一切,感动了世界,赢得了世界各国的赞誉,改变了世人特别是西方世界对中国和中国人的印象。难怪在中国的抗震救灾斗争中,世界同感叹:"中国原来是这样!"

美国《时代》周刊5月22日发表题为《被唤醒的中国》的文章说,中国民众对灾区井喷式的支持是一个启示。人们认识到中国人的同情心和慷慨精神,对中

---

① 《参考消息》2008年6月19日。
② 新华网2008年4月4日。

国人更有信心了。"救援行动中最受广泛赞誉的是政府反应的速度和规模。这主要是因为这个国家的总理温家宝,在地震后的两个小时内,就坐上飞机去了灾区,在随后的四天里,中国的电视不断出现他的画面,他动员救援力量,帮助幸存者,甚至哽咽。"①

美国《华盛顿邮报》网站5月14日在题为《中国迅速反应 应对震灾赢得世界赞誉》的文章中指出,红十字会与红新月会国际联合会驻北京的工作人员弗朗西斯·马库斯说:"我们感觉到面对这次大规模的地震,中国政府以有效和坚决的方式做出了令人难以置信的迅速反应。"英国外交大臣戴维·米利班德说,中国应当受到"赞扬"②。救助儿童会的中国项目负责人温德姆·詹姆斯说:"在这种时候,中国能以不寻常的速度采取行动。很少有哪个国家的政府能像中国那样集中资源和注意力。"③

汶川地震发生后,一些外国驻京记者奔赴第一线采访。美国《国际先驱报》记者霍华德·弗伦奇从都江堰发出题为《中国的救灾努力迅速而全面》的报道称:"记者的工作是对所发生的事件采取挑剔的态度。但这一次的情况完全不同。在应对灾难方面,必须给予中国应有的称赞。""清晨或是傍晚,在四川省这一带的公路上开车,总是会遇到满载救灾物资的巨大车队开往像都江堰这样受灾严重的城市。车辆都根据原籍编成车队,或是从湖北来的水泥车队,或是从山东来的帐篷车队,或是自上海来的重型设备车队。基本上每个省都加入了救援行动,但并不仅仅是努力加入的问题:人们可以感觉到,大家正在暗暗较劲,看谁提供的援助最多。个人和小团体的表现也毫不逊色,而且毫无疑问,热情持续不减。"④

美国《华盛顿时报》5月27日在《新的中国综合症》(作者哈伦·厄尔曼)的文章指出:"一切迹象都表明,政府和公众对此次地震的处理非常专业、富有同情心并且也有尊严——美国在处理'卡特里娜'飓风和新奥尔良洪灾时并不具备所有这些特征。"⑤

英国广播公司网站5月28报道称,那周在中国进行访问的美国助理国务卿大卫·克莱默说出了许多人都已表达过的赞许之辞。他说:"中国为其他国家提供了一种可追随的模式。"

---

① 转引自《参考消息》2008年5月25日。
② 转引自《参考消息》2008年5月15日。
③ 同上。
④ 转引自《参考消息》2008年6月7日。
⑤ 转引自《参考消息》2008年5月31日。

《泰晤士报》的评价则是:"中国领导人的反应速度和关注堪称楷模。"①

俄新社网站编辑部5月17日在《中国,挺住》的文章中指出:"中国不需要同情,中国需要理解;中国不需要安慰,中国需要支持。我们愿以杯水之力,尽寸尺之能,和中国人民站在一起。我们知道,一个总理在两小时内就飞赴灾区的国家,一个能够出动十万救援人员的国家,一个企业和私人捐款达到数十亿的国家,一个因争相献血、自愿抢救伤员而造成交通堵塞的国家,永远不会被打垮。"②

三、中国的新闻开放自由,救灾闪烁人道主义光芒

中国的"人权"和"新闻自由"一向是西方批评的所谓重点,然而这次,西方记者和媒体一反常态,称赞中国抗震救灾中闪耀的人道主义光芒和新闻报道的公开透明。

《澳大利亚人报》赞扬道,进步的迹象中不能不提中国媒体,在灾难发生后的第一时间,中央电视台启动24小时滚动直播。"国家电视台打断正常的节目播放,直播四川地震的最新情况。平时晚上连播的电视剧也被采访灾区居民和幸存者的节目代替。"英国广播公司记者昆廷·萨默维尔形容说,"这是他在中国所看到的媒体对紧急情况报道最快速、最公开透明的一次。"③

外国驻京记者对中国政府抗震救灾无一例外地给予积极评价。美国之音电台5月14日以《驻京外媒赞北京地震反应好过以往》为题报道说,中国地震救灾努力受到一些西方媒体的好评,认为中国政府反应迅速,媒体报道及时,政府信息公开。美国《新闻周刊》驻中国分社社长兼驻华记者协会主席刘美远认为,中国政府对这次地震的反应要好过以往,"我与很多外国记者都注意到中国媒体好像报道灾情更有激情。一些媒体派记者和报道小组前往灾区。中国这次反应更快、更公开、更开放,至少最初阶段也更加有效。"④

几个星期前还是"中国最刺耳的批评家"的人权组织,也意识到了政府令人印象深刻的赈灾措施。"中国人权"组织的执行官莎朗·霍姆说道:"中国政府努力证明他们对于个体生命的尊重和关怀。""人权观察"亚洲区负责人布拉德·亚当斯说:"我们已经说过,中国政府做得很棒。"⑤

---

① 转引自《参考消息》2008年5月30日。
② 转引自《参考消息》2008年5月18日。
③ 转引自国际在线网站5月19日。
④ 转引自《参考资料》2008年5月19日。
⑤ 同①。

5月18日，中国国务院发布公告，宣布2008年5月19—21日为全国哀悼日。海外媒体在报道中不约而同地聚焦在中国此次哀悼的意义，称这是新中国首次为普通民众举行的全国性哀悼，体现了中国政府"以人为本"的执政理念。

法国华文报纸《欧洲时报》20日发表题为《国之殇》的社论，认为三天的全国哀悼日彰显了人道主义思想的光辉，给中华民族增添了新的道德和精神力量。社论指出，近年来，中国领导人坚持"以人为本"、"执政为民"的理念，在执政实践中取得了民众的高度信赖。这是"国之殇"感动世界的底蕴所在。[①]

四、中西文化与价值观差异将是长期的

先看美、英、法媒体对美国国务卿赖斯访问中国地震灾区的报道。美联社在6月29日的报道说："赖斯对中国的震后重建工作表示称赞。"同日，路透社在发自都江堰的题为《赖斯在访华期间强调友谊》的消息中说，美国国务卿赖斯承受着要求她与中国官员会晤时提出人权和西藏问题的压力，但她当天访问中国时强调的是友谊，而不是磨擦。"赖斯是自西藏发生骚乱以来访华级别最高的美国官员。在赖斯访华的同时，国务院发言人麦科马克说：'人权历来都是对话的一部分。'"[②]

难怪西班牙《先锋报》5月24日发表题为《只要是中国，就不会休战》的文章指出，一涉及中国，即便是一场已经造成数万人遇难的地震来袭，西方媒体也不会休战。在雄辩的事实面前，尽管他们也称赞中国救援反应迅速、卓见成效，国民团结、热情高涨以及信息透明。"但在一些媒体眼中，只要在中国出现透明化，那就是'宣传'，只要万众一心，积极抗灾，就是'民族主义'。只要涉及中国，一切都成为政治，不怕出洋相，毫不留情，永不休战。"[③]

对此，新加坡内阁资政李光耀在6月16日出版的美国《福布斯》周刊上的文章《中国的两种形象》中论述得更为明白无误。他指出："中国人和西方人之间存在这样的理解鸿沟，真是令人难过。"中国的抗震救灾赢得世界的普遍称赞，让"世界看到了一个从来不曾见过的中国。但世界同情的时刻将过去，对中国未来角色的忧虑仍未消散。西方不确定这个巨大的国家对世界将是好事还是坏事。只有当双方相互靠近对方的世界观，意识到他们的文化价值观从来就不同，紧张

---

① 转引自《世界新闻报》2008年5月23日。
② 转引自《参考消息》2008年6月30日。
③ 转引自《参考消息》2008年5月26日。

才得以化解。"①

中西双方的世界观相互靠近？这一美好的愿望真的能够实现吗？有些西方人根本就不了解中国，他们压根儿也没有想与中国的世界观靠近。一向自视高人一等的某些西方人，他们是要用其世界观和价值观"改造"中国。难道不是这样吗？请看德国《商报》4月21日刊登的该报总编辑贝恩德·齐泽默的长篇文章，该文的中心思想是："中国必须适应全球价值。不在今天，也不在明天——但它必须这样做。尽管如此，奥运会将有助于这一进程。"这里的所谓"全球价值"，实质上就是民主、自由等西方价值。作者同时把北京奥运会政治化，给北京奥运会打上政治烙印，而就这篇文章的题目——《谎言的国度，变化的帝国》而言，也够得上偏见十足了。②

第四节 让奥运回归体育精神

奥运会是奥林匹克运动最重要的表现形式和组成部分，而奥林匹克运动的宗旨是体育而不是政治。在奥运会的历史上，尽管将其政治化的企图层出不穷，甚至花样翻新，但是任何个人、任何国家、任何团体、任何力量均未能阻止奥林匹克运动的蓬勃发展，都未能改变奥林匹克运动的前进方向。因为发展奥林匹克运动符合全世界人民的共同愿望，全世界人民，不分国籍、种族、肤色和宗教，不约而同地呼吁让奥运回归体育精神。

就在北京奥运会一天天临近之时，国际上出现了一股妖魔化中国的逆流，达尔富尔问题、西藏问题成为西方攻击中国的所谓"把柄"，"祥云"在国外传递也遭到劫持，国际上有人千方百计借北京奥运会给中国脸上抹黑。其实，他们亵渎的是奥林匹克精神。如果说是为了羞辱中国，那么他们连自己也羞辱了，因为中国并不代表奥林匹克运动的全部，中国只是第29届奥运会的举办国。稍有一点常识的人都明白，奥运会举办国不可能解决世界上的所有难题，包括达尔富尔问题在内。

一、奥运会对政治情结说"不"

奥运会就是奥运会，不是中国的全运会。从广义而言，生活在这个地球的每个人都是奥林匹克运动的一员，抵制无异于拿自己的矛戳自己的盾，搬起石头砸

---

① 转引自人民网2008年6月17日。
② 参见《参考资料》2008年5月21日。

自己的脚,而抵制的最大受害者莫过于抵制国的参赛运动员。正因为如此,奥运会历史上的政治情结均遭遇青一色的"反对门",也都未达到挂钩与抵制的目的,可谓"狗叫狗的,驼队依然前行。"

奥运会的政治情结,即把现代奥运会政治化,并非今人的创举,但除两次世界大战阻止奥运会如期举行外,任何抵制与挂钩均未奏效。

1916年的奥运会因一战而被迫取消。1920年的奥运会在比利时安特卫普市举行。德国、奥地利、匈牙利、土耳其、保加利亚和波兰这几个比利时的敌国未被邀请参赛,苏联运动员也缺席。此后的巴黎奥运会上,德国因担心其在战争中的表现遭遇报复未敢露面。

在1936年的柏林奥运会上,纳粹分子滥用体育比赛之机散布种族优越论,极力宣扬种族歧视。但是,美国黑人田径运动员杰西·欧文斯在希特勒的眼皮底下,取得了五次打破四项世界纪录的佳绩。

1940年的东京奥运会和1944年的伦敦奥运会因二战接连被取消。在1948年伦敦奥运会上,德、日这两个战败国未被邀请参赛。1956年,澳大利亚墨尔本奥运会遭到多方抵制,埃及、伊拉克和黎巴嫩因英国和法国出兵苏伊士运河拒绝参赛,荷兰、西班牙和瑞士抗议苏联坦克开进布达佩斯未出席。

在1960年罗马奥运会上,国际奥委会通过外交斡旋让东西两德的运动员共同组成一支代表队参赛。1968年的墨西哥奥运会,黑人运动协会发表声明罢会,不少著名黑人运动员罢赛,美国黑人运动员汤米·史密斯和约翰·卡洛斯身穿黑色运动服,戴着黑色手套登上领奖台,以捍卫自己的种族荣誉。

人们无法忘记,顾拜旦的理想不断遭到各种政治目的的胁迫,其中最残酷的一幕发生在1972年慕尼黑奥运会期间:8名巴勒斯坦人潜入以色列运动员居住的奥运村,杀死2人,并劫持9名人质,以此要挟以色列释放200名巴勒斯坦囚犯。警察的解救行动又导致17人死亡,其中9人是运动员。

为抗议南非的种族隔离制度,大部分非洲国家抵制了1976年的蒙特利尔奥运会。1980年莫斯科奥运会和其后的洛杉矶奥运会,可谓把政治化推向顶峰,形成资本主义国家与社会主义国家两大阵营的对抗,成为冷战的延伸战场。先是美国带动资本主义大国抵制莫斯科奥运会,以抗议苏联入侵阿富汗;接着苏联率领东欧社会主义阵营国家抵制洛杉矶奥运会。

1988年的汉城奥运会,朝鲜提出与韩国共同主办,这一要求遭拒绝后,朝鲜拒绝参赛,并得到古巴、尼加拉瓜、阿尔巴尼亚、马达加斯加、埃塞俄比亚和塞舌尔等国的响应。

从1992年西班牙巴塞罗那奥运会以来,没有任何国家宣布抵制奥运会。在那届奥运会上,苏联运动员组成"独联体代表团"参赛,受制裁的南斯拉夫运动员被批准在奥运旗帜下参加角逐。

在现代奥运会历史上,尽管政治情结不可避免,但体育本身一直是主体。如果政治成了主体,奥运会就没有存在的必要了。道理明摆着,一旦奥运政治化,后果将不堪收拾。如果真的挂钩,曾对亚非拉国家进行过殖民统治的西方国家将自食其果,或者把奥运会变成"政治大唱台",或者成为奥运会的掘墓人。

尽管如此,将奥运政治化的企图今后还会出现,其方式方法也会出现变化。过去的抵制方法很简单,不参加奥运会或是不欢迎奥运火炬传递,现在则是借奥运会之机行捣乱之事,唯恐失去奥运会这个难得的大舞台而使其破坏的影响力不大。因此,破坏北京奥运会的手段可能翻新,个别人在奥运会期间做点小动作,大家不必大惊小怪。

二、北京奥运会给世界的启示

北京奥运会对世界的启示是多方面的,现仅谈其中的三点。

首先,要用奥林匹克精神看待中国的发展。《奥林匹克宪章》指出,奥林匹克精神是相互理解、友谊、团结和公平竞争。这一精神有两个重点:一是强调对文化差异的容忍和理解,二是强调竞技运动的公平与公正。

奥林匹克运动具有国际性,四年一度的奥运会更是把不同国家、不同肤色、不同语言、不同宗教信仰、不同生活方式的各国运动员和观众聚集在一起,文化差异客观存在,难以避免。这就要求人们在奥运会大家庭中,摆脱各自文化带来的偏见,以世界公民的博大胸怀、宽阔眼界和包容态度,去认识、学习和理解其他民族的长处和优点,虚心吸取其他文化的优秀成分,增进世界人民之间的了解与友谊。

奥林匹克运动以竞技运动为主要活动内容,竞技运动的本质特征是比赛与对抗,而竞技体育的教育功能和文化娱乐功能的基本前提是公平竞争。"现代奥林匹克之父"顾拜旦曾热情讴歌、高度赞美体育是美丽、艺术、正义、勇敢、荣誉、乐趣、活力、进步与和平的化身。奥运会应该成为世界各国之间建立宽容、理解、尊重、友好相处的桥梁。

如何看待中国的发展,国际社会应该从奥林匹克精神中得到启示。中国的发展是和平发展,没有以邻为壑,更没有向全球扩张,根本不存在什么威胁之说;中国与非洲国家的经济合作和贸易往来,是平等互利,合作共赢,根本不存在所谓的"新殖民主义";东西方既然存在不同的文化背景和价值观,就应该彼此尊重,相互学习,取长补短,就不要把自己的价值观强加于人,动辄把经济、体育与政治、意识形态挂钩,更不要用"冷战思维"看待中国发展,制造不友好气氛。奥林匹克精神告诉世人应该相互尊重、公平竞争、共同提高,西方国家就应以包容的心态对待中国,看待中国的和平发展。

其次,西方看待奥运会的视角应该改变。毋庸讳言,国际奥委会就其文化背景来说主要是欧洲文化。客观上,这是奥林匹克运动发源于欧洲形成的,同时又受到"西方中心论"和世界经济发展差距的深刻影响。随着奥林匹克运动的全球普及,必然要求它文化上的多样性。具体而言,奥林匹克运动必须进一步改变欧洲中心主义的思维模式。

这一思维模式已经给奥林匹克运动的发展带来负面影响。试图把奥运政治化固然有种种原因,但欧洲中心主义的思维模式是其中最重要的因素。所谓的奥运政治化,其实质就是用西方价值观来苛求奥运会举办国,"已好则好之,已恶则恶之。"把北京奥运会与达尔富尔问题、西藏问题挂钩就是这样造成的。假如奥运会在西方国家举行,就不会出现此类问题。

可贵的是,旨在推动改革的"国际奥委会2000委员会"已认识到这一点,"对奥林匹克运动来说,强调普遍性并不意味着划一标准的现代化或是文化上的单一化,更不是欧洲化或西方化。奥林匹克教育应该是更加多文化和文化之间的。"[①]人们有理由相信,作为奥林匹克运动的主导者,国际奥委会将会不断摆脱经济上、政治上的外来影响,用全球视角观察、处理问题,进一步使奥林匹克运动成为不同文明、不同政治制度之间沟通的桥梁和各国人民之间友好相处的纽带。

再次,奥林匹克运动应在全球均衡发展。世界各国特别是各大洲之间的贫富悬殊,外加所谓的文化优劣论,直接导致奥林匹克运动在全球的发展失衡状态。这方面最明显的例子就是,现代奥运会从第一届以来,绝大多数是在欧洲、北美和大洋洲的发达和比较发达的国家举行的,其中美国4次、英、法、德、希腊、澳大利亚各2次。包括北京奥运会在内,在百年现代奥运会共计26届中,仅有3次光顾世界第一大洲——亚洲。而非洲、南美洲则至今无缘,且目前还没有奥运会落户的迹象。奥林匹克运动在全球发展不平衡由此可见一斑。

从文化特征来讲,以往的奥运会有着强烈的西方文化特色。东京和汉城奥运会才注入了不少东方文化元素,但日韩文化不过是中华文化影响下的一个分支。北京奥运会必将为促进奥林匹克运动的文化多元性、推动东西方文化交流交融做出更大贡献。

承办奥运会,固然与一个国家的经济水平等因素有关,但人们相信,国际奥

---

① 何振梁:《奥林匹克运动的人文精神》,载《文汇报》2008年3月23日。

委会有智慧、有能力促进奥林匹克运动在全球均衡发展。

三、让全世界团结在五环旗下

为迎接北京奥运会，中国各地广泛开展了"迎奥运、讲文明、树新风"活动和丰富多彩的群众性文化体育活动，突出宣传北京奥运会的人文精神，让奥林匹克运动更加深入人心。这里仅从三个不同的侧面——规范英文菜单，开展"同心结"交流活动和太极与奥运同行系列活动，说明中国政府和人民为成功举办北京奥运会、推动奥林匹克运动发展所做的多方努力。

北京规范中餐英文译名，修正稀奇古怪名称，从细微处见精神。在距北京奥运会不到两个月的时候，北京市旅游局网站发布告示，要求各家餐馆到旅游局索取一份菜名翻译手册。路透社 6 月 18 日报道，到北京看奥运会的外国人饿了时，如果想吃用红辣椒和花生米炒出的鸡丁的话，只要说"kung pao chicken"（宫保鸡丁），他便有望得到他想吃的东西。"中国首都正在为随同 8 月份的奥运会大量涌入的游客做准备，其中包括为餐馆提供本地菜的官方译名。否则，这些菜品稀奇古怪的名称和吓人的译名很可能会让外国游客失望和挨饿。"[①]

北京市规范中餐英文译名，看起来是件小事，但它体现了热情好客的中国人民对参加奥运会的各国运动员和观众的体贴与关心，说明中国政府和人民从细节着手，为举办好奥运会所做的不懈努力。北京市旅游局的这一做法，还将为全国的中餐英文规范起到带头作用，从而方便以后来华访问和旅游的外国客人。

奥运"同心结"，北京与五大洲相连，从青少年做起。2006 年 12 月 7 日，即北京奥运会开幕倒计时 600 天，北京开启了北京奥运会教育"同心结"活动。该活动的宗旨是促进中国青少年与其他各国青少年加深友谊，增进了解，让全世界的青少年手拉手、心连心、肩并肩，共同创造美好未来。

北京市确定了 200 余所中小学参加这一活动。这些学校与各国或地区奥委会和残奥委建立结对联系，并与结对国家或地区的一所学校结成对子。根据活动安排，在奥运会开幕前，"同心结"学校师生学习和了解结对国家或地区的语言、文化、历史、地理、风俗、礼仪等知识，开展与结对学校的交流活动，不少学校还修建了奥运走廊、奥运会墙等特色建筑；所结对子国家或地区的运动员到北京时，"同心结"学校师生将欢迎他们参加奥运村的升旗仪式，到赛场为结对的国家或地区的体育代表团加油助威，并邀请运动员到学校参观，开展联谊活动。

青少年是一个国家的未来，也是世界的未来，同样是奥林匹克运动的未来。

[①] 参见新华网 2008 年 6 月 19 日。

宣传和弘扬奥运精神离不开他们,实现和谐世界的美好愿望离不开他们。由此可见,"同心结"活动意义重大,影响深远,它把奥运精神从北京传向全世界,传向未来。

传统与现代结合,太极与奥运同行,让奥林匹克运动走向全国,让中国古老文化走向世界,造福全人类。2008年4月26日,"太极与奥运同行"系列活动在河南省郑州市启动。这一系列活动持续数月,包括万人太极迎奥运大型广场表演、万人签名迎奥运、第十届国际陈氏太极拳高级培训班、陈氏太极拳嫡宗传人陈正雷大师收徒仪式、太极文化书画作品展、第三届中国陈家沟太极功夫精英赛、太极文化与养生之道高峰论坛等主题活动。

太极拳被誉为"东方芭蕾",享有"哲拳"的美誉,是中国古人智慧的结晶,是中国传统文化的瑰宝。在新时期,太极拳与时俱进,突出其强身健体、修身养性的特点,赢得了海内外人士的青睐。20世纪90年代,国际武术联合会向世界介绍推广这一中国特色的健身体育。目前,全世界约有2.5亿人练习太极拳。太极功夫在世界范围内广泛传播必将强健人们的体魄,造福全人类,是中国对奥林匹克运动的一大贡献。同时,由于太极拳所包含和体现的阴阳平衡、和谐统一理论,太极拳的进一步传播又是中国文化对建设和谐世界、促进世界和平的一大贡献。

实践证明,国际奥委会七年前把2008年奥运会举办权授予北京是一个正确的选择。北京奥运会第一次将奥运会带到拥有世界上1/5人口的国家,让中国人民在为奥林匹克运动服务的同时,亲身感受奥林匹克运动的魅力,促进奥林匹克运动在中国进一步发展,促进奥林匹克精神在中国进一步深入人心,促进东西方文化的交流交融,促进世界和中国友好相拥在一起。"同一个世界,同一个梦想。"奥林匹克运动将从此更加造福全人类。

北京奥运会的成功举办,挫败了把北京奥运会政治化的种种企图,使那些妄图把北京奥运会与达尔富尔问题、与西藏问题挂钩的积极分子们深感汗颜。

结　语　非洲发展进程与中非关系前景

近年来，苏丹达尔富尔冲突在国际媒体上的广泛关注与炒作，使得非洲大陆再次以一种战乱、暴力、赤贫的面目呈现在世人面前。人们不由会困惑：非洲大陆为什么有那么多的战乱，那么多的冲突？难道，非洲全然就是这个样子吗？

第一节　曲折推进的非洲现代发展进程

长期以来，每当说起非洲，有些人眼前可能就会浮现出一幅戈壁万里、黄沙漫天的荒蛮景色，或是一幅密不透风、溽热潮湿的茫茫热带雨林景象。而在有些人的印象中，非洲是一块到处奔跑着成群结队的狮子、大象、长颈鹿，爬行着令人惊恐的鳄鱼、蟒蛇的大陆。当然，在另外一些人的心目中，非洲可能还是一块既无历史亦无文化的蛮荒之地，是一个饿殍遍野、战乱四溢的苦难世界。

也许，对于这块面积相当于三个中国的开阔无边的大陆，我们还可以列举出或想象出另外一些概念与图景来形容它，而且，如果你要在这块大陆上的某个地方找到相应的证据来说明自己观点的正确性，似乎也不是不可能。

然而，这些关于非洲的种种看法与印象，只是非洲的某个侧面，某个局部的地区，但却并不是非洲的全部。非洲，因为我们并不真正了解它而可能对它有许多的误解。而如果我们本身就是带着某种偏见、某种傲慢来看非洲，或是仅凭一点点道听途说，一点点有限的知识就来断定非洲，那我们心目中的非洲就可能与那个真实的非洲相去更远了，这正如某些外国人看中国时所犯的错误一样。

那么，真实的非洲到底是什么样的呢？我们如何来看非洲的个性呢？如何来理解非洲、评价非洲的呢？

这里涉及一个从什么样的角度和视野来看非洲的问题。在世界文明体系中，非洲作为一块大陆，作为一种文化形态，其位置与角色确实是比较独特、比较复杂的。一方面，长期以来，无论是在世人眼里还是在非洲人自己的情感深处，非洲大陆常常是作为一个有着共同历史传统与现实命运的统一体而存在于世的。我们看一看世界每日的媒体，诸如"非洲经济"、"非洲政治"、"非洲文化"、"非洲与中国"、"非洲与美国"，等等，这样一些冠之以"非洲"二字的报道，时时见诸媒体,形诸报端。在这里,"非洲"这一概念所包含的意义,它之所指与所用,似乎早已不言自明,清晰如一。然而另一方面,令人困惑的是,在更多的时候,人们常常又不知"非洲"究竟是什么,不知如何来概括这块大陆的历史文化个性与政治经济特征。你看这块大陆,驰地竟达3000多万平方公里之广,列国则有大小50余个之多,而东西南北各国、大国与小国、穷国与富国、内陆与沿海之间,差异与分割又是何其大焉。以至有人这样说:非洲?这不过是一个地理概念,一个实无内在紧密联系性的拼盘百衲图而已!你最好具体地说非洲"某某国"、"某某地方"如何如何,而不要笼统地说整个"非洲"怎样怎样。

这两个差异极大的非洲,哪一个更真实呢?其实,我们想说的是,这就是那真实的非洲,是这块大陆并存之两个维度。因为,统一性与分割性之共存,差异性与相似性之互补,本就是非洲大陆历史文化特征与现实发展状态的真实图景。我们若要真正理解非洲、感知非洲,正需要从这两个看似矛盾实则统一的维度上来做努力,也就是说,既要有大陆整体之眼光,亦需有国别之视角,既需要将非洲视为一个有共同特征的大陆而作整体性之宏观通览,更应该将非洲分区域、划国别作差异性个案之剖析研究。① 特别是类似于达尔富尔冲突这样复杂的问题,更需要进行具体深入的个案研究。

总体上说,国内以往对非洲的研究,宏观通览者多,微观个案研究者少。这是我们今后研究非洲时应该注意的。当然,微观个案的研究要眼见不俗而洞察大势,还需要开阔之眼光与会通之知识素养。

当代非洲的发展进程究竟前景怎样?非洲在发展进步吗?中国与非洲当代关系的性质与意义究竟是什么?中国在当代非洲的角色应该是什么?这些问题是我们在结束这本关于苏丹达尔富尔问题研究时试图回答的问题。

从世界各大陆各文明之向现代文明过渡的进程上看,非洲大陆的现代发展无疑是更为复杂艰巨的,要准确理解把握非洲的历史、现实及未来走向,必须要有相应的知识与智慧。关于如何全面而历史性地来理解和评价20世纪非洲大陆现代发展进程之成效及得失,我们认为应该有一个更开阔和长远的世界历史进程的分析背景与眼光。我们认为,若从历史发展的大时段视野上看,20世纪的非洲大陆虽然战乱不已、冲突不断,迄今也还有类似达尔富尔这样的冲突发生,但是从总体上来看,20世纪依然可以说是非洲大陆取得重大进步与发展之

---

① 关于非洲文化的整体性与差异性问题及由此引出的非洲文化研究方法之讨论参见刘鸿武:《黑非洲文化研究》,导论:发展研究与文化人类学、第一章:研究视野与分析框架,华东师范大学出版社1997年版。

时期。这种发展可能不完全体现在经济增长与财富积累方面,而是更多地体现在追求现代国家共同体成长与民族国家构建方面。具体来说,非洲大陆20世纪以来大体上经历了发展进程之三步曲:40—50年代是由殖民地到主权独立国家的民族解放运动时期,发展之成就是获得了民族独立、自由、平等之地位,而这是一切现代发展的前提;60—90年代是非洲由传统部族社会演进到现代民族国家的"民族国家构建与国民文化构建"时期,其发展成就表现为统一的国家政治共同体的巩固与国民文化认同体系的成长。而21世纪的头20年,非洲大陆将在上述两个发展成就的基础上,逐渐进入以经济发展和社会现代化为主题的新发展时期。笔者认为,这三大步是一个合乎人类文明与国家形态成长的自然历史过程,我们若要真正理解、把握非洲之现状与未来,不得不有这样的视野与知识。尽管这三步曲的发展进程在非洲50多个国家中并不平衡,有的还在徘徊之中甚至可能有倒退,但总体上这一进程是在向前推进的。独立数十年来,苏丹这个国家就是在追求民族国家构建的道路上艰难行进着的,如果它不能很好地解决达尔富尔问题,如果它最终在2011年南方全民公决中导致国家的分裂,那这个国家过去数十年的发展成就将中途而废,前景将更加黯淡。因此,国际社会应该从一个更长远的前景上来维护苏丹民族国家的成长基础,在尊重苏丹国家主权、维护苏丹国家领土完整的基础上来寻求达尔富尔问题的合理解决,而不是用达尔富尔问题最终肢解这个国家,那将给苏丹各民族、给这个地区的国际关系造成难以预计的灾难。

第二节 非洲发展命题与世界的普世要求

当代人类面临的根本问题是什么?什么是当代人类共同的普世要求?是某种特定社会与制度背景下形成的普选制度?或者是某种特定意识形态主导下的多党竞争体制?我们认为,当代人类面临的根本问题就是整个发展中国家发展问题之最终解决,以及以此为标志的人类现代性发展的"合理收敛与终成正果",这也正是当代世界"真正的普世追求"。[①] 民主制度、选举制度、多党竞争、议会政体,既可以有多种表现形态,也应该是达致人类发展与世界繁荣的方式与手段,它不能代替人类发展的全部内容。

当代亚非国家或整个发展中世界的现代发展是当代人类面临的最高使命与

---

① 刘鸿武:《当代中非关系与亚非复兴浪潮——关于当代中非关系特殊性质及意义的若干问题》,载《世界经济与政治》2008年第9期,第8页。

最大挑战,也是人类共同的普世要求。总体上说,近代以来西欧一隅之地率先兴起并进入现代发展进程,虽然开创了现代世界历史的进程,却并不是世界发展问题的最终解决。从世界史的角度上看,直到20世纪80年代,只有占世界人口20%的西方国家解决了富裕与现代化问题,而占世界人口80%的非西方国家依然贫穷落后。这是一个世界性问题,也是人类各种冲突的一个重要根源所在。然而西方国家不可能在一个仅仅自己富裕的世界上永享和平,富裕与和平应该是世界共享的。发展只有扩展到世界所有地区,惠及世界所有的人民,才是"世界问题之真正解决",才是人类希望之所在。

达尔富尔问题尽管错综复杂,但从根本上说,还是一个发展的问题,是一个如何加快苏丹这样的发展中国家的社会经济和提升民众生活水平的问题。近年来中国与苏丹关系的发展已经成为苏丹经济迅速发展的重要推动力量,虽然经济增长不会导致非洲国家所有问题的解决,但经济发展却是解决所有问题必不可缺的前提与基础。我们正应该从这样的角度上看待中非关系和中非合作发展的意义。

当代中非关系的世界史意义在于它对亚非发展进程的有力推进。作为占世界人口总数1/5的发展中国家,中国自身在战胜贫困、实现发展方面的任何进步都是对世界的贡献。而如果中国能在互利基础上给非洲带来机会,能带动非洲国家的经济振兴,那将是中国这个古老的国家在21世纪自我复兴的过程中,对世界做出的一个重大贡献。正如有些西方媒体认为的那样,"如果说有一个大陆可以在中国经济增长的影响下翻天覆地,那将是非洲。"①事实上,韬光养晦、埋头发展依然是中国未来必须长期坚持的内外国策,中国并不需要充任世界发展的导师,但亚非国家间的发展经验与教训是可以借鉴分享的,因为当代亚非国家由传统社会向现代社会转型的现代化变革,比起当年的西方国家来说,是一个更为复杂也更为艰难之进程,外部力量不可能替代亚非国家之自主努力而去简单地左右这一进程、规定它的走向。② 毕竟,中国是一个古老的文明大国,有其自身的历史文化背景与文明结构,因而其现代复兴过程与发展之路,虽然会遵循任何一个传统国家走向现代化的某些基本原则,在市场经济与民主政治的构建方面对自身文明做改造,但这一过程当有不完全相同于西方的特点与模式。

近年来,一些非洲政治精英已经感到,"中国的发展模式已经在许多方面挑

---

① [法]《中国的影响》(《解放报》2006年11月4日社论),载《外国舆论积极评价中非合作论坛北京峰会》,转引自《人民日报》2006年11月7日。

② 参见刘鸿武:《对20世纪非洲现代化进程的两点认识》,载《西亚非洲》1998年第1期,第33—35页。

战了西方在消除贫困、实行善治方面的主流观点"①。非洲国家是以自己的方式来理解中国对于非洲的意义的,非洲自然不会照搬中国的经验,但他们希望从中国的发展经验中获得有益的东西。今日的非洲,需要一个致力于发展并且有能力推行这种发展政策的政府,这是中国模式对于非洲更具吸引力的地方。更重要的是,对于非洲国家来说,中国这种不附加任何政治条件的真诚对话与平等合作,对曾饱经屈辱而今日确实也还十分贫穷弱小的非洲国家来说,更有着另一种精神情感方面的特殊吸引力。②"中国的模式并非完美无缺,但它已经丰富了整个世界在消除贫困这个问题上的政治探索和智慧,它给世界各国提供了更多的选择机会与政策。而只要美国模式不能产生它所希望的结果,那么中国模式对世界穷国的吸引力只会进一步增加。"③

长期以来,一些非洲国家能力缺失与政府行政绩效低下,一直是一个制约非洲发展的结构性因素,而中国国家能力与政府意志在推动经济发展方面的良好表现,则是中国当代快速发展的重要原因,也是非洲国家关注且期望从中有所借鉴的领域,而北京峰会提出中非在治国理政和发展经验方面展开交流,在国家能力建设领域开展合作,就是中非合作实践务实与创新原则的具体表现。此外,在处理多民族国家之复杂民族关系、宗教关系、边疆地方发展问题方面,中国国家政治传统所包含的智慧,对许多长期深陷内乱冲突之苦的年轻非洲国家来说,也可能有着某种特殊的意义。

尽管中国的发展模式并非十全十美,现实的发展还面临许多复杂的问题,但中国是世界上最大的发展中国家,而非洲是发展中国家最多的大陆,因而中国与非洲国家的发展,对于人类的未来具有根本性的意义。最近十年,发展中经济体逐渐成为世界经济中最有活力的部分。2008年4月11日,世界银行公布的《2008年世界银行发展报告》显示,发展中经济体正在崛起,其在世界经济中的比重,已经由2000年的36%上升至2008年的41%。过去30年(1978—2007),中非年贸易额由7亿多美元增长到730多亿美元,增长了100倍;2000—2007年,非洲对亚洲的出口占其出口的比重由14%上升到28%,亚非间的经济关系正迅速加强和提升,中国、印度、东南亚的贸易与投资日益成为拉动非洲经济发

---

① 《中国模式的魅力》,载[美]《国际先驱论坛报》2006年11月2日,转引自《参考消息》2006年11月6日。

② 100年前,中国积贫积弱、内忧外患达到极点,当时的孙中山先生也曾这样告诉过自己的同胞:"凡世界上一切平等真诚待我之友邦,皆为中华民族可信赖之朋友与兄弟。"

③ 同①。

展的发动机,这是非洲经济的"新曙光"。①

这一切或许都预示着一种结构性的世界历史变革正在到来,它必将引起世界格局与国际关系总体特征的深刻变化,这是亚非国家地位向上提升的希望所在,也是亚非通过自身的发展而对世界的贡献。

近年来,"东方复兴"或"亚非复兴"已经开始成为人们认真议论的话题,出现了一些值得关注的新概念,诸如"金砖四国"(中国、印度、俄罗斯、巴西)、"远景五国"(越南、印度尼西亚、南非、土耳其、阿根廷)、"新钻十一国"(埃及、印度尼西亚、菲律宾、墨西哥、越南、土耳其、巴基斯坦、韩国、孟加拉、尼日利亚、伊朗),②如果加上原有的东亚"五小龙"。事实上,在过去20年,发展中国家经济已经开始了一个虽然缓慢但是长期向上提升的过程,只不过这一趋势在近年明显加快了。即使是非洲大陆,近年也已经出现了经济持续增长局面。2007年,撒哈拉以南非洲经济增长达到6.1%。2007年1月,世界银行非洲地区经济顾问哈里·布罗德曼在他的新著《非洲的丝绸之路:中国和印度的经济新边疆》中提出,一个世界史上的"经济新边疆"正出现在将非洲、印度和中国相联结的地方。他认为,中印两国的中产阶级在不断增长,他们的购买力越来越强,对非洲产品的需求越来越大。"这条新的丝绸之路为非洲撒哈拉以南地区加快国际一体化进程和经济发展提供了绝佳机遇,也是迄今为止很难得的机遇"③。

这个"经济新边疆"不仅限于传统意义上的贸易和投资,它还有更为复杂的引起世界经济结构发生重大变化的力量成长。各种数据表明,"中国、印度与非洲的商业活动正在为撒哈拉以南非洲大陆打开一条道路,非洲已经成为初级商品的加工者,成为向中国、印度供应劳动力密集型货物及服务的有竞争力的提供者。与非洲和欧洲之间长期不变的经济关系相比,这是非洲的一大飞跃。"④美国科尔尼管理顾问有限公司(A. T. Kearney)的一份报告也认为,近年来,投资和贸易的增长正在创造一个横跨印度洋、遍及多个大陆的市场。这份报告把这个市场叫做"Chimea",它由三部分构成:中国和印度的技术、资金及它们对资源

---

① See Femi Akomolafe, "No One Is Laughing at the Asians Anymore", New African, No. 452, June 2006, pp. 48—50.
② 参见王嵎生:《发展中国家的迅速兴起及其影响》,载《亚非纵横》2008年第2期,第30页。
③ Harry G. Broadman, Africa's Silk Road: China and India's New Economic Frontier, World Bank, 18 September 2006.
④ Ibid.

的需求("Chi"),加上中东的资金和石油("me"),还有非洲的原材料和机遇("a")。① 国际货币基金组织 2007 年发布的一项研究也表明,巴西、中国、印度和南非等"新兴发展中国家",已经开始"从传统的发展中国家分化出来并在快速成长,而它们的发展动力越来越依靠彼此之间相互关系的加强而不是依赖于发达国家",他认为,"这种状况正好为非洲与中国等东方新兴国家的合作关系不断加强与提升这一现象,提供了一个经济学上的合理解释。"②

第三节　非洲发展进程背景下的当代中非关系

观诸过往,人类现实生活中的任何重大变革与发展之意义与性质,身居其间者皆有不易明察之处,唯有置身于一个更开阔的历史平台上,登高望远,追本溯源,方可窥其全貌,把握本质。对当代中非关系之性质及其功过得失之议论与评价,正需有如此之眼光与境界。然而,考察近年来一些西方媒体之相关议论,往往偏执一隅,甚或带有明显的意识形态偏见与似曾相识的冷战思维痕迹。③ 事实上,目前无论是中国还是西方,也包括非洲自身,其学术界、理论界和媒体,似乎都没有做好足够的知识与理论准备,来更具前瞻性地理解和把握正在迅速变化的中国及中国与非洲国家之关系。尽管当代中非关系的迅速发展早已成为不争的事实,中非合作在实践层面上之经验积累也相当丰富,面临的问题与挑战也日渐复杂,但理论方面的提炼与思考却似乎还远远不够。

当代中非关系已经有半个多世纪的演进过程了,它在近年的快速提升既是符合历史逻辑的必然结果,更有其复杂而深刻的时代背景与未来发展指向。正如非洲联盟轮执主席国、埃塞俄比亚总理梅莱斯·泽纳维(Meles Zenawi)在中非合作论坛北京峰会开幕式上所说:"中国奉行国家间主权平等和互不干涉内政的原则,使非洲有机会与之建立以互信为基础的伙伴关系。50 年前,我们在反抗殖民主义和种族隔离制度、争取充分行使主权的斗争中,开始与中国建立战略

---

① See David Wessel, "The Rise Of South—South Trade", The Wall Street Journal, January 3, 2008.

② Cigdem Akin and M. Ayhan Kose, "Changing Nature of North—South Linkages: Stylized Facts and Explanations", IMF, December 2007.

③ See D. Jardo Muekalia, "Africa and China's Strategic Partnership", African Security Review, Vol. 13, No. 1, 2004, pp. 1—11. Chris Alden, China in Africa, London: Gutenberg Press Ltd, 2007. p. 70. Dorothy—Grace Guerrero, and Firoze Manji, eds., China's New Role in Africa and the South: A search for a new perspective, http://www. fahamu. org /pzbook. php # chinabook; Stenphanie Giry, "China's Africa Strategy," The New Republic, Vol. 231, No. 20, 2004, pp. 19—23.

伙伴关系;50年后,我们再次重申中非战略伙伴关系,这是再合适不过的。"他还说:"非洲人民对中非新型伙伴关系抱有很高的期望,我们的人民一直关注和支持中国所取得的巨大成就,并从中深受启发。"①

梅莱斯的讲话代表了当代非洲国家政治家的观点,而从一个更开阔的现代世界发展进程来看,50年来中非关系之所以能在不断变革与调整过程中向前发展,从根本上说,在于中非关系建立伊始就是作为亚非世界追求民族复兴与国家自强事业的一部分而出现的,其中深刻地包含着20世纪以来非西方世界的人民寻求现代发展的持久的努力与希望。

自近代以来,中国国运沉沦衰败,任由外人欺凌鱼肉,已无自主外交空间可言,非洲大陆之情形,亦与中国相仿而尤甚之。但新中国的建立与非洲大陆的解放,使双方改变这一状态的梦想成为可能。当时,中非双方在追求现代复兴与发展的过程中,同时发现了对方。② 所谓"嘤其鸣矣,求其友声。"这两个自近代以来就饱受西方列强欺凌压迫的世界,在初步接触之后便发现,在遥远的异国他乡有平等待我之民族,有真诚助我之国家。③ 在那以后的20多年中,中国与非洲国家的关系便以一种全新的方式发展了起来。

从世界多元文明交往与平等对话的角度上看,在人类经历了长达数百年西方主导和支配的所谓"单向度"、"中心支配边缘"的世界体系演进过程后,中国与非洲这种相互尊重、平等交往的现代关系的确立与发展,是具有特殊的象征意义的,因为它从一个侧面反映了世界文明交往的总体格局与国际关系的基本形态,正在某种程度上开始向着"多向度"、"网状平等型"的多元文明平等交往、自主对话的方向转化。而这一过程的到来,尽管艰难曲折、路途漫漫,但它却昭示出过去数百年间以欧洲或西方国家为中心的现代性的经验与话语过程,终究只会是整个人类现代性发展的一个特殊的阶段。世界历史发展的进程,自然不会终结于西方文明的兴起与完成,它会随着亚非世界复兴与崛起而继续向前推进。如今,在经过了半个多世纪的艰难跋涉与曲折探索之后,亚非世界的发展速度已经明显加快,新的重大的变革正在发生。而这样一些基础的结构性的变化,标志着

---

① 《梅莱斯总理在中非合作论坛北京峰会开幕式上的讲话》,载《人民日报》2006年11月6日。
② See Bruce D. Larkin, China and Africa, 1949—1970, The foreign Policy of The People's Republic of China, Berkeley: University of California Press, 1971, p. 1.
③ 参见刘鸿武:《跨越大洋的遥远呼应——中非两大文明的历史认知与现实合作》,载《国际政治研究》2006年第4期,第32页。

世界史上一个意义深远的新时代正在悄然到来。①

事实上,这样一种具有基础变革与结构转换意义的中非关系,在20世纪60、70年代已初显端倪,而到90年代初以后,在世界格局发生重大变动的特定时代条件下,中非关系再次获得一个难得的战略机遇期而开始明显向上提升,并在21世纪到来的时候跃上了一个历史的新高度。

这一发展过程是在一个特定的时代条件下展开的。

20世纪80年代末90年代初,因苏东剧变冷战结束,美国成为世界霸主,其对世界的看法也随之发生很大变化。当时,以美国为首的西方国家既沉浸于"民主与冷战的胜利喜悦",更傲慢地自认世界历史进程已终结于西方国家当下之最完美形态,断定亚非国家已然失去创造历史的可能,因而普遍地忽略非洲、看低中国,全然不去认真研究与思考亚非国家未来可能具有的自主发展潜力与创新空间,西方世界对亚非世界的知识盲点正是在此背景下积累起来的。整个90年代,西方国家觉得非洲战略价值已经下降,对非洲的关注与援助明显减少,而将在西方经验与语境下形成的新自由主义视为普世主义之理念与政策依据,要求非洲国家按西方意志厉行改革。在内外力量推动下,非洲国家虽然情有不愿,但因大多国穷民困,仰赖外援,被迫在内政与外交方面做出让步,接受西方国家和国际金融机构提出的私有化改革方案,并按西方之价值观实施多党制,从而导致许多非洲国家出现纷乱的政权更迭。但西方国家与西方主导的国际组织开出的诸多方案并非医治良方。20世纪90年代以后,大多数非洲国家的经济衰退、政治动荡尤甚于前。一时间,非洲发展之路迷茫,在国际格局中的地位日趋边缘化。在西方眼里,整个90年代是非洲大陆"失去的十年"。漠视加悲观,构成了90年代以来西方世界面对非洲时的基本倾向。

然而,由于有着不同的战略诉求和情感纽带,更基于不同的文明背景与历史观之差异,当时的中国对于非洲的期待却似乎与西方多有不同,对非洲未来发展前景的认知也更具"一种历史的眼光与信心"。②

一方面,1989年后,西方掀起制裁中国浪潮,西方媒体到处充斥着关于中国的负面报道,中国面临西方国家巨大的政治压力与意识形态挑战。自1990年起,以美国为首的西方国家每年在联合国人权会议上集体提出谴责中国的提案,西方舆论延续了冷战固有思维的"中国崩溃论"、"中国威胁论"等也甚嚣尘上,中

---

① 参见刘鸿武:《中非建立新型战略伙伴关系的时代价值与世界意义》,载《外交评论》2007年第1期,第12页。

② 刘鸿武:《黑非洲文化研究》,华东师范大学出版社1997年版,第305页。

国对外关系一时陷于困境。然而,正是国际局势的这一变化,给早在20世纪60、70年代就形成了深厚传统友谊的中非关系的提升带来了另一种战略性契机。事实上,基于民族主义和国家利益的考虑,非洲国家当时并未按西方意愿加入制裁中国行列,而是继续保持了与中国的交往关系。① 从1990年起,在非洲国家支持下,中国连续多年挫败西方国家在联合国进行的反华人权提案活动。以1997年联合国人权会议为例,中国向联合国大会提出对西方反华提案"不采取行动"之动议,投票结果是:支持27票,反对17票。在支持中国的27票中有17票为非洲国家,而反对中国的17票则多来自西方国家。在中国外交面临严重困难和挑战的特殊时候,中非关系对于中国改善国际处境、提升国际地位的战略价值与意义再次突显了出来。而整个90年代,西方在人权、民主等问题上的实用主义和双重标准,使得人权与民主已被当作讹诈发展中国家的"魔咒",西方国家的这种行为既显示了发达国家与发展中国家的对立,也反过来强化了中非战略利益的基础。正因为如此,当非洲大陆在20世纪90年代被国际社会漠视而日趋边缘化的时候,中国却对非洲给予了高度的重视。从1990年起,中国外交部长每年度的外交出访,第一站无一例外都是非洲,中非关系的战略意义由此可见。

另一方面,20世纪90年代以后,中国经济并未如某些西方预言家所推测之走向崩溃,相反却进入了高速增长时期。更重要的是,正当西方国家以悲观眼光看待非洲前景、纷纷减少在非投资的时候,中国却因与非洲国家有着重要的战略诉求而在保持与非洲国家传统友好关系的基础上,以更加积极和长远的眼光看待非洲的发展,并且通过改革援助非洲的方式而拓展起中非合作的新天地。到90年代中后期,中非经贸关系逐年加温,中国在非洲的影响力已悄然上升。

新的过程虽是悄然开始,却是步伐有力的。90年代中期以后,按照"务实、理性、平等和互利"的精神,中国加快了援非改革力度,将援助与投资贸易适当地结合起来,在非洲建立投资贸易服务中心,推动中非企业扩大合作,形成利益共享、风险共担的新型关系。90年代,中非经贸合作取得重大进步,双边贸易额由1988年的10.22亿美元,增长到1995年的39.2亿美元,1997年增长到56.7亿美元。② 随后几年,中非贸易开始以年均30%以上的速度增长,成为当时中国对

---

① 1989年12月,在西方国家一片对华制裁声中,受埃及总统穆巴拉克邀请,中国国家主席杨尚昆访问了埃及,这是1989年6月之后中国国家领导人首次出访。同样,1989年6月之后首先来华访问的国家元首、政府首脑与外交部长,也都来自非洲国家。

② 参见吉佩定主编:《中非友好合作五十年》,世界知识出版社2000年版,第99页。

外贸易增长最快的地区。到1999年,已经有800多家中国企业和公司在非洲40多个国家从事工程承包、贸易和投资活动,直接在非洲开办的贸易投资公司也达到了近400家。1997年,中国与苏丹政府达成协议,两国企业合作承建由苏丹首都喀土穆到苏丹港的石油管道工程,项目的金额达2.15亿美元。这一工程为以后中国与苏丹政府开展石油开发与能源合作奠定了基础。同年,中国与埃及政府签订了一项金额达1.45亿美元、年产130万吨和60万吨水泥的成套设备合同。同时,中国土木建筑工程集团在国际招标中获得尼日利亚铁路修复改造项目,项目金额达5.29亿美元。[①]

应该说,中国企业走进非洲首先是从90年代较低层次的工程承包、劳务合作及援助方式的转型开始的,然而这一过程对未来中非经贸关系的发展却有着特殊的意义。因为在这个过程中,中国企业和公司较早地熟悉了非洲国家的经济与投资环境,先于西方国家占有了非洲基础设施与工程项目的很大份额,并在非洲赢得了市场和声誉。事实上,当时西方国家普遍轻视非洲,企业和资金纷纷抽离非洲,而中国企业却从非洲大陆开始了它们进入国际市场的历史进程。对于许多后来在国际上取得成功的中国跨国公司,非洲往往是它们通往世界的第一站,是它们最终得以适应国际经济激烈竞争环境的第一步。2000年以后,这一结果开始显现出来,中非贸易开始大幅度增长,几乎每年新增100亿美元,2006年中非贸易超过700亿美元,预计2010年将达到1000亿美元以上,超过所有欧洲国家而成为仅次于美国的非洲第二大贸易伙伴。[②]

正如2006年11月4日英国《独立报》发表的一篇文章所说:"中国的成功从很大程度上反映出我们自己的失败。我们一直把撒哈拉沙漠以南的非洲视为只能接受援助的贫困对象,我们自己决定给它什么东西。"文章还说:"在过去大约十年的时间里,当欧洲和美国普遍忽视非洲时,中国却在非洲寻找到了自己越来越多的合作伙伴,中国商人提供了即使是边远地区的贫穷非洲人也买得起的商品,并为许多非洲国家提供了急需的基础设施和基金,这使得中国和非洲双方都从中获益。"[③]

经过数十年的努力,中国对非洲的关系已经成为当代中国外交最为成熟的领域之一。2006年1月,中国政府正式公布《中国政府对非政策文件》,这是新

---

① 参见吉佩定主编:《中非友好合作五十年》,世界知识出版社2000年版,第99页。
② See Drew Thompson, "China's Soft Power in Africa: From the 'Beijing Consensus' to Health Diplomacy", China Brief, Vol. 5, No1. 21, October 13, 2005.
③ 《中国对非洲的争夺》,载[英]《独立报》2006年11月4日,转引自《参考消息》2006年11月6日。

中国外交史上首次正式颁布的外交政策文件。这份文件公开表明了中国对非政策的基本目标、政策与措施,以及中国发展对非关系的利益追求与行动方式。《中国政府对非政策文件》的公布对于中国外交具有特殊的象征意义,它反映了中国外交日趋走向公开、透明和成熟,体现出了中国外交的自信和理性。

应该说,今日的中非合作,已跨越原则性的立场宣言而迈向切实的发展和民生的诉求之路,呈现出越来越明显的务实、理性、前瞻、全方位与可持续的性质。当西方一些政客和媒体还在偏执的意识形态世界里谈论种种空洞的原则,以旧有眼光随意指责中国在非洲搞"新殖民主义"时,中国与非洲国家已按新的共同理想和意愿行动起来。不偏执于陈旧的意识形态教义、面向未来、多干少说,正是当代中非关系充满活力并得以不断推进的重要原因。

第四节 中非关系与欧非关系调整

当代中非关系之特殊,还在于这一关系在其初建之时,就具有超出中非关系范畴的更加广泛的意义。在过去几十年中,"中非关系往往是撬动中国与外部世界关系结构的一个支点,是中国有尊严地走向外部世界的一个平台。"①从20世纪60年代开始,中国在非洲影响力的扩大和作用的提升,一次次地迫使西方不得不回过头来重新思考中国和非洲对于西方究竟意味着什么,由此而使欧非关系发生变化与调整。

当代世界结构的转型是一个充满矛盾的过程,原有世界体系中的各种力量和利益结构必须有一个长期的过程来适应这种转变。几个世纪以来,非洲一直是欧洲的后院,是欧洲的后花园,是欧洲富有者度假狩猎的地方,也是欧洲显示优越感的地方。欧洲一些人的心里其实潜藏着一种根深蒂固的"欧洲版门罗主义"情结,他们将非洲视为"欧洲人的非洲"、"由欧洲托管的非洲"。作为欧洲旧时的殖民地,非洲一直受着欧洲的支配和影响,这种状况在非洲独立后虽有变化,但在许多领域依然如故。许多年里,西方人也已习惯于在这种早已安排好的欧非结构下来处理对非关系,既漠视非洲,也悲观地看待非洲,正如他们漠视中国、看歪中国一样。

长期以来,对亚非或东方世界之历史与当代变革进程的漠视,造成西方累积起许多认知的"盲点"甚至"盲区",一些西方人对过去几十年里亚非世界正在发

---

① 刘鸿武:《中非关系:撬动中非欧三方关系的一个支点》,浙江师范大学非洲研究院网站,http://ias.zjnu.cn/Academic/kyyy.asp?id=4/。

生的变化几乎是懵然无知,傲慢与偏见亦使他们对悄然上升的中非关系和亚非文明复兴进程缺乏基本的敏感性。因而当中非关系在经过了长期积累与发展过程并终于在新世纪到来的时候获得快速发展与提升、中国在非洲的影响力自然呈现时,西方国家一时愕然而不知如何面对。一些西方媒体于是用"中国突然出现在非洲"、"中国对非洲石油与资源突然产生兴趣"这样的"时尚"标题来表达西方对于中非关系的看法,来给中非关系定性。当然,更让一些西方人担心的是,中非关系快速发展,可能使非洲偏离西方预设的框架与结构,对欧洲在非洲的传统地位造成冲击。事实上,"发展中国家之间开启新的贸易和投资渠道,对于老牌强国来说是个令人沮丧的景象。"①因为这种困惑与焦虑,西方人对于中国的发展和中非关系始终有一种明显的偏见与傲慢。在这方面,他们的是非标准常常是双重的、情绪化的、习惯使然的:西方企业在非洲投资贸易,是传播自由市场与平等观念,而中国企业在非洲投资贸易,就被描绘成资源掠夺、破坏环境。②他们以狭隘的思维来面对变化中的世界,凭固有的知识与经验来推断和指责中国在非洲推行"新殖民主义"、"新帝国主义",③更以冷战思维预言中非合作"将滋生与非洲特权阶层合谋榨取利益的结构",中国对非援助"培植了非洲国家的政治腐败,巩固了某些专制体制国家的政权",④等等。这些将正常的国际贸易进行政治化曲解的奇异观点,表明西方知识精英普遍存在着对亚非世界现代发展进程的认知盲区,也表明他们更习惯性地动用意识形态主导的"认知剃刀",有意无意地将于己不利的现实与真理剪除掉,并通过对话语权力的操持而控制世界的舆论。对此,世人从中不难看出西方知识界在历史认知上存在某种根深蒂固的道德优越感。

当代中非关系的发展在若干重要的领域必然要突破和超出近代以来由西方主导的传统国际关系体制的范畴,其中必有一种新的世界观念和国际交往关系随之形成。这一点首先反映在中非关系的一些原则立场上。例如,寻求平等对话与真诚合作,不向非洲受援国提出干涉其内政的附加条件,是过去几十年中

---

① [英]科纳尔·沃尔什:《中国是非洲新殖民力量吗?》,载[英]《外国舆论积极评价中非合作论坛北京峰会》,《卫报》网站 2006 年 10 月 29,转引自《人民日报》2006 年 11 月 7 日。
② See Joshua Kurlantzick, Beijing's Safari: China Move into Africa and Its Implications for Aid, Development and Governance, Publication Date: Carnegie Endowment for International Peace, November 2006, p. 3.
③ 参见[日]福岛香织:《欧美对中国的非洲外交加强戒备》,载[日]《产经新闻》2006 年 11 月 5 日,转引自《参考消息》2006 年 11 月 6 日。
④ See②, p. 1.

非关系的基本精神与原则,也是中非关系得以持久的重要原因。南非总统胞弟莫莱茨·姆贝基对《纽约时报》说:"中国并非第一个抵达非洲的外来强权,但是他们可能是第一个不自以为是地自命为赞助人、导师或征服者的强权。在这个意义上,双方产生了共鸣。"①在 2006 年中非合作论坛北京峰会的记者招待会上,当有记者问中国在非洲有无殖民主义问题时,论坛下届主办国埃及外长盖特有力地回答说:"在非洲完全没有中国的殖民主义,在这 50 年中,甚至在未来的 500 年中,我们都会保持这种和平、友好的关系,而绝不是殖民主义的关系。"②

事实上,对于正在形成中的新世界,旧有的知识与观念常常无法正确地理解和把握。总体上看,西方与非洲的关系已经有几个世纪,其时间及现代起点远早于当代中国与非洲之间的关系。然而数世纪以来,前一种关系似乎并没有给非洲带来多少现代意义上的发展,这在客观上自然会促使非洲重新考虑另外的发展空间与可能。③ 而中国过去 30 年的快速发展及它所选择的发展道路和政策,给了非洲国家许多启发与联想,非洲开始以自己的方式来思考中国经验对于非洲可能具有的意义。④ 面对非洲的这种变革要求,西方应该回过头来重新思考自己与非洲的传统关系。过去几十年,西方总是在不断地说中国应该进行改革、非洲应该进行变革,我们并不怀疑其中有值得肯定的好心与善意,但当中国与非洲的发展与变革真正来临时,西方也似乎有必要反过来思考一下自己,看看自己也需要采取的变革,包括从时代的立场出发重新审视他们与中国、与亚非国家之间的关系。

第五节 基于中非关系发展实践的理论创新

历史的发展是自有其内在过程与结构的。对于非洲之现状与未来,对于当代中非关系之性质、得失及它面临的种种挑战与问题,都应该置于亚非国家现代发展进程这个大的时代背景与主题下来理解与评价。应该说,目前亚非国家总体上仍然远远落后于西方国家,其复兴之路依然任重而道远,但是任何伟大的历史变革都是一个长期的过程。事实上,在过去的 20 年中,中国、印度、东亚、非洲乃至整个亚非与东方世界,都在发生着某种意义深远的变化,都正在逐渐地进入

---

① http://www.focac.org/chn/wjjh/zyjh/default.htm/.
② 中非合作论坛网:http://www.focac.org/chn/zyzl/hywj/.
③ See Cigdem Akin and M. Ayhan Kose, "Changing Nature of North-South Linkages: Stylized Facts and Explanations", IMF, December 2007.
④ See Wanjohi Kabukuru, "Kenya: Look East My Son", New African, July 2006, p. 26.

新的发展与崛起的过程,虽然它们发展的程度有所不同,崛起的前景依然艰难,甚至不排除还会有反复与挫折,但从长远角度看,这是世界现代化发展史上的另一个"第三次浪潮",一个真正意义的、激动人心的"世界波",随着这一进程的推进,世界结构与面貌必将在未来发生根本的改变。

中非关系在近年的快速发展与提升,正可以由此得到某种合理的解释。事实上,最近30年来,随着中国在经历了数十年之曲折反复探索而最终得以真正进入现代经济快速成长阶段并开始向现代市场经济转型,非洲在经历了20世纪的民族解放运动与新兴民族国家构建的发展进程之后,数十个历经动荡却依然生存下来的年轻国家,正在先后不等地逐渐地向追求经济发展与现代化的"第二次复兴"过渡。正是在这样一个新的时代背景下,中非关系开始获得一种来自双方内部变革而产生的新的基础与动力,开始更多地由理想主义的政治主导型关系转向政治、经济、文化全方位合作且更为务实理性的关系。虽然中非关系在快速发展中会有新的矛盾与挑战,需不断调整与完善,从未来更长远的战略发展前景看,这种新型的中非关系历史进程现在才刚刚启动,它所具有的全新的性质,它对双方现实和未来可能产生的复杂影响,目前尚只是冰山一角,随着21世纪发展中经济体的增长浪潮波及非洲大陆的时候,它将更充分地显现出来。

毫无疑义,中非合作与中非关系的发展,已经并且将继续给人类的现代发展事业带来属于新世纪的新的、更强有力的经验与感受。当然,在这种经验与感受日渐丰富的时候,理论本身的创新已经显得尤为重要和迫切。但在现有的国际关系理论和发展理论中,许多内容反映的是上两个世纪源自西方主导的世界内部政治与经济的冲突以及当时中国和非洲各自的封闭与贫弱,现在,中国、非洲和整个世界都在发生重大变化,在此情形下,理论必须跟上时代的步伐而力求创新。①

当今世界,发展的问题还远未解决,但发展已是一个世界性的现象,由发展而来的政治经济冲突也逐步成为新的世界冲突焦点。一方面,在当今西方国家对中国等发展中国家的态度中,不难看到有一种明显的"发展厌惧"的奇怪情绪表现,在有这种情绪的人心中,创造了脱贫与发展奇迹的中国竟会成为"威胁、麻烦与不安"的根源。这说明,当发展真正出自发展中国家自主的选择,而开放与变革的真正力量也更多地来自这些国家历史与传统所蕴藏的文明根基时,某种"他者"的不习惯和旁观的猜测与不当评价就不可避免。另一方面,在改革开放、主动变革的今天,发展中国家的内部发展与国际环境已日益深织在一起,当问题

---

① 参见刘鸿武:《中非关系30年的经验累积与理论回应》,载《西非非洲》2008年第11期,第3页。

与影响日益具有超越国家的全球化性质时,发展中国家之间的发展合作不仅日益重要,而且也会面对越来越复杂的挑战。面对挑战,我们唯有前行,但也更需要新的理论与智慧,其中当然包含西方已有理论中正确的原理与经验,但更需要有基于我们自己的经验与需要的新理论,包括新的国际关系理论、发展理论,以及更为基础性的世界史理论、世界经济理论及文化人类学理论。不论在实践上还是在理论上,这都是当代中国学术界面临的挑战,也是需要担当的使命。

附 录

附录一：达尔富尔危机大事记

2003 年

2月：达尔富尔地区两个强有力的反政府武装组织——以富尔人为主体的"苏丹解放运动"和以扎加瓦人为主体的"正义与平等运动"，以政府未能保护他们免遭阿拉伯民兵袭击为由，要求实行地区自治，并用武力攻陷北达尔富尔州首府法希尔，俘虏政府军的一名高级将领。这起标志着达尔富尔危机全面升级。

2—8月：喀土穆政府对达尔富尔叛军攻陷州府法希尔毫无心理准备，事发后紧急调兵遣将，匆忙应战，但终因时间仓促、军力不足和对当地情况不熟等缘故节节败退，威风扫地。为了挽回军事进攻上的颓势，政府开始借助"坚杰维德"武装与叛军作战。

9月3日：苏丹政府与反政府武装"苏丹解放军"在乍得的阿贝歇签署停火协议，双方承诺继续为交换战俘、签署永久性和平协议进行谈判。

12月15日：苏丹政府与"苏丹解放军"在乍得首都恩贾梅纳举行谈判，"苏丹解放军"在谈判中提出西部地区自治、过渡期保留武装以及与政府分享石油收入等条件，双方谈判失败。

2004 年

3月30日：应乍得总统代比邀请，苏丹政府与"苏丹解放军"和"正义与平等运动"在恩贾梅纳举行谈判。由于苏丹政府反对非洲联盟以外的观察员出席，谈判一度无法进行。

4月7日：在苏丹政府做出让步后，苏丹政府与反政府武装的谈判得以继续举行。

4月8日：在乍得首都恩贾梅纳达成停火协议。非洲联盟此后向达尔富尔地区陆续派遣了7800多名维和士兵，执行维和任务。

4月：美国总统布什发表声明，公开要求苏丹政府制止达尔富尔地区"针对当地原住民的野蛮行径",美国国会随后通过法案,将达尔富尔的部族战争定性为"种族灭绝"。

5月28日:苏丹政府同反政府武装在埃塞俄比亚首都亚的斯亚贝巴签署协议,决定成立停火委员会和向达尔富尔地区派驻军事观察员。

6月:达尔富尔危机先后成为美欧首脑会议、八国峰会和非洲联盟首脑会议讨论的议题之一。美国国务卿鲍威尔和联合国秘书长安南先后访问苏丹,对达尔富尔地区的人道主义情况进行实地考察。

7月3日:苏丹政府与联合国秘书长安南达成了90天内解除部族武装的谅解协议。

7月15日:达尔富尔地区冲突各方在亚的斯亚贝巴开始新一轮和谈。由于苏丹政府无法满足反政府武装提出的尽快解除达尔富尔地区部族武装、以及把和谈地点选在其他中立国家举行等要求,反政府武装遂于17日退出和谈。

7月22日:美国向联合国安理会提交了一项有关解决达尔富尔地区人道主义危机的新决议草案,除要求安理会对阿拉伯民兵实施武器禁运和旅行禁令外,还规定苏丹政府在30天内逮捕阿拉伯民兵领导人,否则将面临联合国的制裁。当天,美国众议院一致通过决议,认定达尔富尔的阿拉伯民兵对当地黑人居民的袭击为"种族灭绝"行为。

7月30日:联合国安理会通过第1556号决议,要求苏丹政府履行承诺解除达尔富尔地区部族武装,与反政府武装毫不拖延地举行和谈,以寻求达尔富尔安全问题的政治解决。

8月4日:苏丹政府与联合国达成《达尔富尔行动计划》协议,承诺在30天内为达尔富尔地区的居民设立安全区,控制政府军在该地区的活动,并与反政府武装恢复和谈。

8月5日:苏丹政府宣布从次周起,开始解除达尔富尔地区阿拉伯民兵组织的武装。

8月10日:苏丹政府正式公布外长伊斯梅尔和联合国特使普龙克就达尔富尔问题达成的名为《路线图计划》的协议。根据该协议,苏丹将从政治、人道主义、安全、难民自愿返回家园和发挥地方领袖的作用等五个方面解决达尔富尔危机,同时坚持反对在达尔富尔地区部署任何外国维和部队。解决达尔富尔问题的政治进程开始起步。

8月21日:苏丹政府与联合国签署了逃往苏丹国内其他地区的达尔富尔难民可以在自愿基础上返回自己家园的协议。

8月23日:苏丹政府同反政府武装在尼日利亚阿布贾恢复和谈,就人道主义、安全、政治安排、经济和社会安排等问题进行谈判。

9月14日：由于苏丹政府同反政府武装未能在安全问题上达成一致，有关达尔富尔地区安全问题的和谈再次陷入僵局。

9月17日：尼日利亚、苏丹、利比亚、埃及和乍得五个非洲国家的领导人在利比亚首都的黎波里举行首脑会议。会议声明强调，达尔富尔问题必须在非洲联盟的框架中予以解决。

9月18日：安理会通过第1564号决议，要求苏丹政府采取措施改善达尔富尔地区的安全局势。否则，安理会将对苏丹采取制裁行动。

9月19日：苏丹外长伊斯梅尔表示，苏丹政府将遵守非洲五国首脑会议的决定。

10月25日：苏丹政府和反政府武装在尼日利亚首都阿布贾开始举行第二轮和平谈判，商讨在非洲联盟的框架内解决达尔富尔危机问题。

2005年

3月：安理会连续通过了五个决议，要求苏丹政府和达尔富尔反政府武装在非洲联盟的协调下尽快停止武装冲突，和平解决争端。其中3月31日通过的第1593号决议规定，将涉嫌在苏丹达尔富尔地区犯有"战争罪"和"反人类罪"的苏丹军政官员、亲政府游击队和反政府武装组织成员交由国际刑事法院审判。

4月3日：苏丹政府正式宣布"完全拒绝"第1593号决议。苏丹内阁当天发表声明，称安理会第1593号决议侵犯了苏丹的国家主权。苏丹政府随后成立巴希尔总统牵头的危机处理最高委员会，紧急处理联合国近期通过的第1590号、第1591号和第1593号决议，强调在地区和国际范围内利用一切外交和法律手段使安理会第1593号决议破产。苏丹民众随后也举行了一系列抗议活动。

5月27日：安南秘书长赴达尔富尔视察，敦促苏丹政府尽快平息当地的武装冲突，解散阿拉伯民兵组织，恢复并保障人道主义救援工作安全进行。

6月1日：国际刑事法院总检察官决定受理安理会提交的有关达尔富尔情势的案子。

6月6日：国际刑事法院总检察官宣布调查开始并做出声明，保证公正和独立地进行调查，将集中对在达尔富尔地区的严重罪行负有责任的个人进行调查。

7月5日：苏丹政府与反政府武装"苏丹解放军"和"正义与平等运动"，在尼日利亚首都阿布贾达成《关于解决达尔富尔冲突的原则宣言》。双方保证维护国家统一、主权与领土完整，遵守国际法和尊重人权，并执行业已达成的停火协议、其他所有协议以及非洲联盟和联合国安理会有关决议。双方计划在8月24日举行的新一轮和谈,因苏丹第一副总统兼南方政府主席约翰·加朗意外罹难而推迟。

9月15日:苏丹政府与达尔富尔地区的反政府武装在尼日利亚首都阿布贾开始举行新一轮和谈。

2006 年

1月:由于自身能力的限制,加上维和经费的缺乏,非洲联盟宣布非洲联盟部队在3月底任期结束后将难以继续执行维和任务,建议把维和任务移交联合国。联合国随后表示愿意承担这项任务。苏丹因担心非洲以外国家的军队进驻达尔富尔将使苏丹主权受到侵害、内政受到干涉,因此坚决反对该建议。

2月3日:安理会呼吁用国际维和部队取代非洲联盟部队,美国则极力逼压苏丹政府同意向达尔富尔派国际维和部队,承诺向在苏丹的联合国维和部队提供经济援助,并向苏丹提供5.14亿美元的人道主义援助。苏丹方面因担心北约部队进入会干涉其内政而坚决反对。

3月10日:非洲联盟和平与安全理事会通过决议,要求苏丹政府和达尔富尔反政府武装在4月底之前达成全面和平协议。

3月11日:非洲联盟决定原则支持将非洲联盟在苏丹的维和任务移交联合国,同时决定把非洲联盟在达尔富尔的维和部队的任期延长至当年9月30日。安南秘书长对非洲联盟延长驻达尔富尔维和部队的任期表示欢迎。苏丹政府欢迎非洲联盟延长其驻达尔富尔地区维和部队的任期,但强调非洲联盟只是原则支持把在达尔富尔的维和任务移交联合国,并未做出最后决定。

5月5日:在国际社会的积极推动下,苏丹政府和达尔富尔两大反政府武装先后举行了多轮谈判,苏丹政府终于同达尔富尔主要反政府武装"苏丹解放运动"达成了和平协议。和平协议在尼日利亚首都阿布贾签署,尼日利亚总统奥巴桑乔和非洲联盟现任轮值主席、刚果(布)总统萨苏·恩格索主持了签字仪式。根据该项和平协议,反政府武装将被解散,支持政府的民兵亦将被解除武装。但协议签署后,"苏丹解放运动"发言人发表谈话,希望政府能在安全、权力以及财富分享方面做好准备。

8月31日:联合国安理会通过了加快接管进程的第1706号决议,计划在得到苏丹政府同意后向达尔富尔地区派遣2.25万人联合国维和部队,以接替目前部署在当地的约7000名士兵的非洲联盟维和部队。苏丹政府对此表示坚决反对。联合国此后一方面建议非洲联盟无限期延长其驻达尔富尔地区维和部队的任期,另一方面决定向驻扎在该地区的非洲联盟维和部队提供帮助。

11月16日：安南秘书长亲自到亚的斯亚贝巴主持联合国非洲联盟紧急会议，苏丹政府、联合国和非洲联盟就"安南三阶段方案"达成原则协议。协议中最重要的内容就是苏丹政府原则接受由非洲联军组成维和部队进驻达尔富尔，监督停火，谋求和平解决。

11月30日：非洲联盟和平与安全理事会特别首脑议决定将非洲联盟特派团任期延长6个月，并以公报形式确认"安南方案"。

12月19日：安理会发表主席声明，核准认可达尔富尔问题高级别对话会共识和非洲联盟特别峰会公报。"安南方案"第一阶段随之开始部署，首批联合国维和技术人员抵达达尔富尔地区。

2007年

3月8日：苏丹总统巴希尔表示，支持在苏丹达尔富尔地区部署联合国和非洲联盟混合维和部队，但对混合维和行动的司令人选、混合部队的规模等细节问题有所保留。

4月9日：苏丹、非洲联盟和联合国三方代表在埃塞俄比亚首都亚的斯亚贝巴举行会议，原则同意启动第二阶段计划，但苏丹仍对其中少数要点持保留意见。

4月13日：达尔富尔地区的扎加瓦部落和阿姆卡姆拉提部落在南达尔富尔州首府尼亚拉签署和解协议，同意终止两部族间的流血冲突。

4月15日：苏丹与联合国和非洲联盟就在达尔富尔地区部署的混合维和部队的职责问题签署了一项联合协议，协议明确规定了联合国和非洲联盟维和部队在达尔富尔的职责和作用。次日，苏丹政府致电联合国秘书长潘基文，确认苏丹全面接受向达尔富尔地区派驻联合国和非洲联盟混合维和部队的第二阶段方案，包括同意联合国向达尔富尔地区部署武装直升机。

4月23日：苏丹达尔富尔地区过渡权力机构和达尔富尔重建与发展基金会总部启动仪式在苏丹首都喀土穆举行，过渡权力机构从当天起开始履行职责。

4月29日：苏丹、安理会五常、非洲联盟、欧盟、阿盟等方面的代表，在利比亚首都的黎波里举行达尔富尔问题部长级会议，会议发表的公报《关于达尔富尔问题政治进程的黎波里共识》，支持建立由联合国与非洲联盟组成的维和部队进驻，同时呼吁各方遵守停火协议，加强人道援助。

5月2日：国际刑事法院正式向两名达尔富尔屠杀平民肇事者发出逮捕令，并表示还将继续收集达尔富尔其他肇事者的犯罪证据。这两人分别是苏丹前内政部长哈伦（Ahmad Harun）和阿拉伯民兵"坚杰维德"指挥官库沙布（Ali Kushayb）。苏丹政府此后虽曾逮捕被告阿拉伯民兵领袖库沙布,但9月以证据不足将其释放;另一被告哈伦则继续担任政府要职。

6月9日:苏丹政府与另一反政府组织"权力与民主人民力量"代表共同签署了《关于落实达尔富尔和平协议的政治备忘录》。

6月12日:联合国、非洲联盟和苏丹政府代表在亚的斯亚贝巴发表联合声明,宣布苏丹接受修改后的关于联合国与非洲联盟向苏丹达尔富尔地区派驻混合维和部队的方案。

6月23日:非洲联盟和平与安全理事会发表公报,决定将非洲联盟驻苏丹达尔富尔维和部队的任期延长至当年12月31日,以便有充足的时间在该地区部署联合国和非洲联盟混合维和部队。

7月11日:英法等国在联合国散发达尔富尔问题决议草案,但包括苏丹在内的许多非洲国家对草案的部分内容提出反对意见。此后,英、法等国对草案的内容进行了修改。

7月15—16日:苏丹达尔富尔问题国际会议在利比亚首都的黎波里举行。会议通过的最后公报支持达尔富尔政治进程,确认非洲联盟、联合国和周边国家是政治解决达尔富尔问题的主渠道,同时宣布相关"路线图"进入谈判准备阶段。

7月30日:英国和法国正式向联合国安理会提交了有关苏丹达尔富尔问题决议草案,建议安理会批准向达尔富尔派遣大约2.6万人的联合国和非洲联盟混合维和部队。

7月31日:联合国安理会一致通过第1769号决议,决定向苏丹达尔富尔地区派遣大约2.6万人的联合国和非洲联盟混合维和部队,包括约2万名军事人员和6000多名警察,任期初步定为12个月。决议援引《联合国宪章》第七章,授权维和部队在必要时使用武力用以自卫和保护人道主义救援人员和平民的安全。

8月1日:苏丹政府宣布接受联合国安理会第1769号决议,并将同联合国和非洲联盟合作落实该决议。随后,联合国和非洲联盟为推进达尔富尔政治进程制定了"路线图",达尔富尔各反对派就执行"路线图"、尽早与苏丹政府展开谈判达成一致。

8月3日:非洲联盟和平与安全专员赛义德·金尼特说,布基纳法索、尼日利亚、埃及、喀麦隆和埃塞俄比亚已承诺向苏丹达尔富尔地区派遣维和部队,以便参与联合国和非洲联盟在该地区实行的混合维和行动。

8月3—6日:由非洲联盟和联合国共同召开的苏丹达尔富尔问题国际会议在坦桑尼亚北部城市阿鲁沙举行。与会的苏丹达尔富尔地区反政府武装派别领导人达成一致,准备以一致的立场和要求与苏丹政府尽快开始政治谈判。

8月24日:中国政府援助苏丹达尔富尔地区的第五批人道主义物资在天津港启运。这批援助物资总重量1523吨,共计190个集装箱,总价值约4000万元人民币。

10月27日:由联合国和非洲联盟共同主持、苏丹政府和达尔富尔七个反政府派别参加的达尔富尔问题和平谈判在利比亚海滨城市苏尔特举行。苏丹总统助理纳菲尔当日宣布,苏丹政府从即日起在达尔富尔地区实施单方面停火,以便为和谈营造合适的氛围。参加和谈的达尔富尔地区七个反政府派别的代表艾哈迈德·易卜拉欣在发言中表示,对苏尔特和谈寄予厚望,因为它象征着达尔富尔问题政治谈判解决的列车已经启动。

11月24日:中国首批赴苏丹达尔富尔维和工兵分队先遣分队135名官兵抵达苏丹南达尔富尔州首府尼亚拉,成为联合国第一支进驻该地区的维和部队。

12月5日:国际刑事法院检察官奥坎波向安理会汇报苏丹达尔富尔案件进展时表示,苏丹未就追究达尔富尔严重侵犯人权者责任提供合作,还一再表示该国不接受国际刑事法院的司法管辖。奥坎波呼吁安理会维护第1593号决议的权威。

12月31日:非洲联盟驻苏丹达尔富尔维和部队在北达尔富尔州首府法希尔向联合国和非洲联盟混合维和部队正式移交维和任务。

2008年

1月5日:苏丹总统巴希尔表示要坚持联合国和非洲联盟驻达尔富尔地区混合维和部队的非洲属性,应该首先给予非洲国家参加混合维和部队的优先权,而不要急于讨论非洲以外国家加入维和部队问题。

1月7日:苏丹政府军在西达尔富尔地区袭击了混合维和部队一支车队,导致一名苏丹籍士兵受伤。这是混合维和部队在当地执行维和任务以来首次遭到袭击。苏丹政府军发言人办公室认为"双方过失"是发生该次袭击事件的原因,西部战区司令部随后向联合国—非洲联盟驻达尔富尔特派团代表道歉。

2月9日:苏丹外长阿卢尔与联合国和非洲联盟驻苏丹联合特别代表阿达达,共同签署了关于混合维和部队地位的协定,解决了在维和部队部署方面的几个主要技术性问题。

2月25日:中国政府达尔富尔问题特别代表刘贵今在喀土穆宣布,中国向达尔富尔地区提供的价值8000万元人民币的人道主义援助物资绝大部分已运抵达尔富尔地区,并很快会通过苏丹民族团结政府和达尔富尔当地政府渠道发放到当地人民手中。

3月28日：中国常驻联合国副代表刘振民，代表中国政府向为联合国和非洲联盟两位特使斡旋提供资金支持的"联合国达尔富尔政治进程信托基金"捐款50万美元，并表示中国将继续与国际社会共同努力，为推进达尔富尔地区问题的解决发挥建设性作用。

4月4日：潘基文秘书长发表声明，纪念安理会首次开会讨论达尔富尔问题四周年，认为达尔富尔局势和四年前一样糟糕，大约427万平民继续遭受苦难，其中包括245万境内流离失所者。

5月10日：达尔富尔地区反政府组织"公正与平等运动"武装进犯喀土穆，这是苏丹国内冲突爆发多年来战火首次烧进首都。11日，在击退骚扰喀土穆的武装分子后，苏丹政府随即悬赏2.5亿苏丹镑（约合1.25亿美元）捉拿"公正与平等运动"首领哈利勒·易卜拉欣。

6月5日：针对美国国务院官员要求中方在达尔富尔问题上发挥更大作用的言论，中国外交部发言人表示，中方在促进达尔富尔问题妥善解决方面所做的努力"不比任何一个国家差，也不比任何一个国家少"。

7月8日：联合国—非洲联盟驻苏丹达尔富尔地区的混合维和部队遭武装人员伏击，7名维和部队成员死亡，22人受伤。这是混合维和部队进驻达尔富尔以来所遇的最严重袭击。混合维和部队此前已遭受多次伏击和绑架。

7月14日：国际刑事法院检察官奥坎波指控巴希尔总统在达尔富尔地区犯有十项罪责，并请求国际刑事法院签发逮捕令。

7月16日：中国首批赴苏丹达尔富尔维和工兵分队后续人员172人，从郑州国际机场登机出征。至此，中国维和工兵分队315名官兵已全部部署到任务区。

附录二：中国与苏丹关系大事记

1955年4月：出席万隆会议的周恩来总理同苏丹自治政府总理伊斯梅尔·阿扎里进行了友好会晤。

1956年1月4日：周恩来总理兼外长电贺苏丹共和国独立，宣布中国政府承认苏丹独立，同时希望同苏丹建立外交关系。3日后，中国伊斯兰教协会也致电阿扎里总理，表示希望两国早日建交。

1956年1月7日：阿扎里总理复电周恩来总理兼外长，对中国承认苏丹独立表示感谢，欢迎交换外交代表并希望不久就能讨论代表的等级和范围。

1956年4月14日：中苏互相交换函件，表达促进两国贸易关系及设立政府商务代表处的愿望。是年，中国派出以鲍尔汉为团长的中国文化艺术团访问苏丹，苏丹的文化友好代表团也随后访问了中国。

1958年4月：台湾驻伊拉克"大使"抵达苏丹，要求同苏丹外长谈建交问题。苏丹方面表达了既不承认台湾也不承认新中国的中立态度。

1958年11月30日：阿布德主席致电毛泽东主席，苏丹外交部长赫尔致电中国外交部长陈毅，表示承认中华人民共和国。12月1日，毛泽东主席复电表示，这一承认将导致两国政府和人民关系的进一步发展。陈毅外长复电表示，中国政府决定同苏丹建立外交关系。

1959年2月4日：中苏双方正式宣布建交。中国政府任命王雨田为首任驻苏丹大使。苏丹政府于1964年派其驻巴基斯坦大使赫尔·艾丁·穆罕默德兼任驻华大使。

1964年1月27—30日：周恩来总理和陈毅副总理应易卜拉欣·阿布德主席之邀访问苏丹共和国。

1964年5月16—20日：苏丹共和国武装部队最高委员会主席、部长会议主席易卜拉欣·阿布德中将应邀访问中国。

1966年7月27日：中国苏丹在北京签订了《1967年贸易议定书》。

1970年4月：苏丹派遣首任专职驻华大使。

1970年5月：杨守正大使赴喀土穆履新，他是文革期间中国外派的为数不多的大使之一，这被许多国际媒体看作是中国政府向亚非拉开展的外交攻势。

1970年8月：中苏两国签订了《科学、技术、文化合作协定》，随后又连续签署了九个文化协定执行计划。

1970年8月6—13日：苏丹革命指挥委员会主席、总理兼外交部长加法尔·穆罕默德·尼迈里和由他率领的苏丹友好代表团对中国进行国事访问。

1971年12月10—21日：苏丹副总统阿巴斯和由他率领的政府高级代表团访问中国。

1970、1971年：中国先后向苏丹提供了两笔价值2亿元人民币（约合8000万美元）的长期无息贷款，并确定由中国承包公司利用这批贷款在苏丹承建四大项目，这是中国当时援建规模大、项目多、竣工快、贷款使用率高的项目。

1972年：中国水稻专家组到苏丹传授水稻种植技术，他们与苏丹农业技术人员共同努力，在吉齐拉农场试种水稻并取得了成功。

1974年6月：尼迈里总统授予离任的杨守正大使苏丹最高级别勋章——青尼罗河勋章，以表彰杨大使为中苏两国关系发展做出的重要贡献。

1977年6月6—16日：苏丹总统尼迈里率苏丹政府代表团对中国进行正式访问。

1978年5月：中国援建的哈萨海萨友谊纺织厂全部竣工，这是苏丹第一个国营纺织厂。

1979年7月：中国援建的可日产5吨冻鱼的努比亚湖渔业工程投产。

1982年1月：中国向苏丹提供5700万美元的无息贷款。

1984年5月：李鹏副总理出访苏丹、利比亚和毛里塔尼亚。苏丹赛义德议长同期访华。

1984年12月10—15日：苏丹总统尼迈里访华。

1987年12月21—24日：苏丹总理萨迪克·马赫迪访华。

1987年11月15日至12月5日：王任重副委员长率团对苏丹、摩洛哥、利比亚进行友好访问。

1990年11月：苏丹执政的救国革命指挥委员会主席巴希尔访华。

1991年1月3日：苏丹—中国友好协会在喀土穆成立。

1993年1月28—31日：苏丹外长阿里·萨赫卢勒访华。

1994年1月13—15日：钱其琛副总理兼外长访问苏丹。

1994年11月6—14日：苏丹外交部长阿布·萨利赫访华。

1995年9月24—29日：苏丹总统巴希尔访华。

1996年

3月2—5日：苏丹总统特使、外长阿里·奥斯曼·穆罕默德·塔哈对中国进行工作访问。

6月27日：为进一步加强双边友好合作关系，中国和苏丹两国政府在苏丹首都喀土穆签订《经济技术合作协定》。协定规定，中国政府将向苏丹政府提供3000万元人民币的无偿援助，用于中国政府和苏丹政府商定的经济技术合作项目。

10月16日：中国和苏丹签署了一项卫生协议，根据该协议，32名中国医生和专家派往苏丹工作。

12月30日：中国国务院副总理吴邦国在北京会见了苏丹能源和矿藏部长贾德·艾哈迈德·贾兹一行。

1997年

3月1日：中国石油天然气总公司与苏丹能源和矿藏部在喀土穆签署了有

关合作进行石油勘探、开发和铺设输油管道的协议。

4月12日：苏丹副总统祖贝尔参观了中国援助苏丹大学的教学设备展示会。

5月29日至6月4日：苏丹第一副总统祖贝尔·穆罕默德·萨利赫对中国进行工作访问,中国国家主席江泽民会见了他。

9月29日：由秘书长加齐·萨拉赫丁率领的苏丹全国大会代表团应邀访问中国。

10月29日：中国石油技术开发公司经过激烈竞争,一举赢得苏丹穆格莱德油田至苏丹港原油输送管道工程的招标,并于当日在喀土穆举行了正式签字仪式。

1998年

6月15日：苏丹全国委员会第五次会议通过议案,批准苏丹和中国两国政府1997年签署的《鼓励和保护投资协定》。

8月31日：苏丹总统特使、苏丹能源和矿产部长贾兹访问中国。

1999年

2月3日：中国外长唐家璇同苏丹外长穆斯塔法·伊斯梅尔互致贺电,祝贺中国和苏丹建交40周年。中国驻苏丹大使邓绍勤为庆祝中苏建交40周年举行招待会。

4月23日：苏丹外长穆斯塔法·伊斯梅尔应邀访问中国,中国国家副主席胡锦涛会见了伊斯梅尔一行。

6月29日：苏丹第一副总统塔哈会晤了正在喀土穆访问的中国政府特使、国土资源部部长周永康,欢迎周永康一行访问苏丹并参加苏丹救国革命十周年庆祝活动和中苏石油合作项目竣工仪式。

7月1日：中国承建的苏丹大型石油工程竣工投产剪彩仪式在苏丹穆格莱德盆地的黑格林格油田举行,项目包括年产750万至1000万吨原油的穆格莱德油田和全长1506公里的输油管线。年加工原油250万吨的喀土穆炼油厂主体工程也已完成,1999年6月投产。

7月20日：苏丹外长穆斯塔法强调,苏丹政府一贯坚持"一个中国"的政策,坚持"台湾是中国领土不可分割的一部分"的原则立场。

9月29日：中国驻苏丹大使邓绍勤在喀土穆举行国庆招待会,庆祝新中国成立50周年。苏丹议长图拉比等出席。

2000 年

1月28日：经过近四年的努力，中国援建的喀土穆白尼罗河大桥正式建成通车。白尼罗河大桥连接政治中心喀土穆和商业中心恩图曼，苏丹总统巴希尔参加了白尼罗河大桥的通车典礼，并宣布授予大桥承建单位——中国吉林国际经济技术合作公司双尼罗河一级勋章。

3月27日：苏丹外长奥斯曼对苏丹通讯社发表讲话时表示，苏丹支持中国捍卫国家领土完整的立场，强烈反对台湾领导人使台湾独立合法化的图谋。他强调，苏丹对台湾问题的立场是坚定的和一贯的，即坚持"一个中国"的原则，台湾是中国领土不可分割的一部分。

5月23日：应中国文化部的邀请，由文化和新闻部长加齐·阿塔巴尼率领的苏丹政府文化代表团访问中国。

6月16日：苏丹国防部长哈特姆应邀访华，中央军委副主席、国务委员兼国防部长迟浩田会见了哈特姆一行。

10月11日：由上海医药股份有限公司和苏丹国家医药供应公司合资的上海—苏丹制药有限公司在喀土穆投产。工程于1998年3月开始动工兴建，全部工程分四阶段。第一期工程已告完工。投产后每年可产各种片剂和胶囊4亿粒。

11月14日：中国国务院副总理吴邦国应邀对苏丹进行为期三天的访问。

11月15日：苏丹第一副总统塔哈会见了到访的中国国务院副总理吴邦国。双方会谈后签署了中国向苏丹提供赠款和贷款援建电站的协议。

2001 年

3月29日至4月2日：苏丹第一副总统塔哈应邀访问中国，两国签署了《经济技术合作协定》等文件。

7月28日：根据与苏丹代表签署的合同，武昌造船厂将在30个月内向苏丹出口17艘船舶，用于内河航运。

12月20日：由中国出资援建的苏丹吉利联合循环电站开工，中国政府提供85％的卖方贷款。该电站一期工程总投资为1.5亿美元，总装机容量为20兆瓦，主要燃料是苏丹炼油厂的液化石油气和轻柴油，建成后是苏丹国内最大的火力发电站。

2002 年

3月25—27日：苏丹军队总长阿巴斯·阿拉比中将分别访华。

6月4—6日：北京军区政委杜铁环上将率领的中国高级军事代表团访问苏丹，这是中国高级军事代表团近十年来首次访苏。

12月15日：苏丹文化部长阿卜杜·巴西特·阿卜杜·马吉德率政府文化代表团访华，签署《中苏2003—2005年文化合作执行计划》。

2003 年

7月6—10日：苏丹国民议会议长艾哈迈德·易卜拉欣·塔希尔率领的苏丹国民议会代表团对中国进行正式友好访问。

9月23—30日：苏丹全国大会党总书记奥马尔应邀访华。苏丹全国大会党于2002年8月与中国共产党建立友好关系。

2004 年

1月4—10日：外交部长李肇星应邀对苏丹等四国进行正式访问。

8月15—16日：中国政府特使、外交部部长助理吕国增就达尔富尔问题访问苏丹，会见了巴希尔总统，转交了胡锦涛主席的信件，并与伊斯梅尔外长举行了会谈。

2005 年

5月19—22日：苏丹外长穆斯塔法·奥斯曼·伊斯梅尔对中国进行正式访问。

11月12—24日：中共中央政治局常委李长春应邀对苏丹、纳米比亚、南非和坦桑尼亚四国进行友好访问。

2006 年

5月14—19日：苏丹全国大会党副主席、总统助理纳菲阿·阿里·纳菲阿率领的代表团访华。

11月1—7日：巴希尔总统抵京参加中非合作论坛北京峰会，并于6日开始在海南省进行为期两天的访问。

2007 年

2月2—3日：胡锦涛主席对苏丹进行国事访问。

3月28—30日：苏丹全国大会党副主席、总统助理纳菲阿·阿里·纳菲阿率领代表团访华。

4月6—9日：中国政府特使、外交部部长助理翟隽一行访问苏丹,为推动达尔富尔问题的妥善解决再做努力。

2008 年

6月9—11日：苏丹副总统阿里·奥斯曼·穆罕默德·塔哈访华。

7月28—30日：苏丹总统特使贾兹赴华访问,称国际刑事法院"被利用",祝愿北京奥运会圆满成功。习近平副主席在人民大会堂会见了贾兹。

7月31日：中国常驻联合国代表王光亚在联合国安理会通过达尔富尔混合行动延期决议后说,中国支持安理会尽快采取措施,中止国际刑事法院起诉苏丹领导人。

附录三：联合国关于苏丹问题的重要决议

达尔富尔冲突爆发后,联合国为解决冲突做了许多努力。自 2004 年起至 2008 年 8 月 1 日,安理会共通过 26 份涉及苏丹的决议,具体目录如下：

1. S/RES/1547　2004 年 6 月 11 日　《联合国苏丹先遣队：设立》
2. S/RES/1556　2004 年 7 月 30 日　《苏丹局势》
3. S/RES/1564　2004 年 9 月 18 日　《苏丹局势》
4. S/RES/1569　2004 年 10 月 26 日　《内罗毕会议：苏丹问题》
5. S/RES/1574　2004 年 11 月 19 日　《苏丹局势》
6. S/RES/1585　2005 年 3 月 10 日　《联合国驻苏丹先遣团：任期延长》
7. S/RES/1588　2005 年 3 月 17 日　《联合国驻苏丹先遣团：任期延长》
8. S/RES/1590　2005 年 3 月 24 日　《设立联合国苏丹特派团》
9. S/RES/1591　2005 年 3 月 29 日　《苏丹制裁问题》
10. S/RES/1593　2005 年 3 月 31 日　《苏丹达尔富尔情势问题移交国际刑事法院》
11. S/RES/1627　2005 年 9 月 23 日　《联合国苏丹特派团任期延长》
12. S/RES/1651　2005 年 12 月 21 日　《延长苏丹专家组的任期》

13. S/RES/1663　2006年3月24日　《联联合国苏丹派团任期延长》
14. S/RES/1665　2006年3月29日　《专家组任期延长》
15. S/RES/1672　2006年4月25日　《制裁》
16. S/RES/1679　2006年5月16日　《向联合国行动过渡》
17. S/RES/1706　2006年8月31日　《扩大联合国苏丹特派团的编制和任务》
18. S/RES/1709　2006年9月22日　《延长联合国苏丹特派团任期》
19. S/RES/1713　2006年9月29日　《延长专家组任期》
20. S/RES/1714　2006年10月6日　《延长联合国苏丹特派团任期》
21. S/RES/1755　2007年4月30日　《延长联合国苏丹特派团任期并敦促各方履行承诺》
22. S/RES/1769　2007年7月31日　《设立联合国和非洲联盟达尔富尔混合行动》
23. S/RES/1779　2007年9月28日　《延长专家组任期》
24. S/RES/1784　2007年10月31日　《延长联苏特派团任期并敦促各方给予合作》
25. S/RES/1812　2008年4月30日　《延长联合国苏丹特派团任期并促各方全面实施和平协议》
26. S/RES/1828　2008年7月31日　《延长达尔富尔混合行动任期并要求各方终止暴力》

在上述的26份决议中，直接涉及达尔富尔问题的总共有8份，现将其中5份重要决议内容相关条款列举如下。

(一)S/RES/1593　2005年3月31日
《苏丹达尔富尔情势问题移交国际刑事法院》

2005年3月31日安全理事会第5158次会议通过。

安全理事会注意到国际调查委员会关于达尔富尔境内违犯国际人道主义法和人权法问题的报告(S/2005/60)，回顾《罗马规约》第16条，其中规定，如果安全理事会提出相关要求，在其后12个月内，国际刑事法院不得开始或进行调查或起诉，又回顾《罗马规约》第75条和第79条并鼓励各国向国际刑事法院被害人信托基金捐款，注意到存在《罗马规约》第98条第2款中提及的协定，认定苏丹局势继续对国际和平与安全构成威胁。

根据《联合国宪章》第七章采取行动：

1. 决定把 2002 年 7 月 1 日以来达尔富尔局势问题移交国际刑事法院检察官；

2. 决定苏丹政府和达尔富尔冲突其他各方必须根据本决议与该法院和检察官充分合作并提供任何必要援助，并在确认非《罗马规约》缔约国不承担规约义务的同时，敦促所有国家以及相关区域组织和其他国际组织充分合作；

3. 请该法院和非洲联盟讨论便利检察官和该法院工作的实际安排，包括在该区域进行诉讼的可能性，以推动该区域努力消除有罪不罚现象；

4. 鼓励该法院根据《罗马规约》酌情支持国际社会配合该国努力在达尔富尔促进法治、保护人权和打击有罪不罚现象；

5. 强调必须促进医治创伤与和解的进程，并在这方面鼓励在非洲联盟和国际社会的必要支助下成立吸收苏丹社会各阶层参与的机构，如真相与和解委员会，以便补充司法过程，加强旨在恢复持久和平的努力；

6. 决定：没有加入《罗马规约》的苏丹境外派遣国的国民、现任或前任官员或人员因安理会或非洲联盟在苏丹建立或授权的行动而产生的或与其相关的所有被控行为或不行为皆应由该派遣国对其实施专属管辖权，除非该派遣国已明确放弃此种专属管辖权；

7. 确认：联合国不承担因案件移交而发生的任何费用，包括与案件移交有关的调查费用或起诉费用，此类费用应由《罗马规约》缔约国和愿意自愿捐助的国家承担；

8. 请检察官在本决议通过后三个月内和以后每六个月，向安理会说明根据本决议采取的行动。

（二）S/RES/1590　2005 年 3 月 24 日
《设立联合国苏丹特派团》

2005 年 3 月 24 日安全理事会第 5151 次会议通过。

安全理事会欣见 2005 年 1 月 9 日苏丹政府和"苏丹人民解放运动"苏丹人民（解放军）在肯尼亚内罗毕签署《全面和平协定》，注意到苏丹政府副总统阿里·奥斯曼·塔哈和苏丹人民解放运动主席加朗在 2005 年 2 月 8 日安理会会议上的发言以及他们所表达的寻求和平解决达尔富尔冲突的强烈意愿和决心，确认《全面和平协定》各缔约方必须以该《协定》为基础，给整个国家带来和平与稳定，呼吁苏丹所有各方尤其是《全面和平协定》各缔约方，立即采取措施，和平解决达尔富尔冲突,并采取一切必要行动,防止出现进一步侵犯人权和违反国际人道主义法的行为,并终止有罪不罚现象,包括在达尔富尔地区,强烈谴责在达尔富尔地区发生的所有侵犯人权和违反国际人道主义法行为,尤其是第 1574 (2004)号决议通过以来继续发生针对平民的暴力行为和针对妇女和女童的性暴力行为,敦促所有各方采取必要措施防止再发生侵权违法行为,并表示决心确保查明应对所有这些违法行为负责的人并立即将其绳之以法,认识到国际社会支持《全面和平协定》的执行对该协定取得成功至关重要,强调在解决达尔富尔冲突方面取得进展将为提供这种援助创造有利条件,并对达尔富尔仍然继续发生暴力行为感到震惊,注意到《全面和平协定》各缔约方要求设立一个和平支助团,表示赞赏待命高度戒备旅(高度戒备旅)对维持和平行动的规划、筹备和初始部署作出的重要贡献以及联合国驻苏丹先遣团所作的筹备工作。

认定苏丹局势继续对国际和平与安全构成威胁:

1. 决定设立联合国苏丹特派团,任期最初为 6 个月,还决定联合国苏丹特派团人员由至多 10000 名军事人员和适当的文职人员,其中包括至多 715 名民警组成;

2. 请联合国苏丹特派团密切不断地在各级与非洲联盟驻苏丹特派团保持联系并进行协调,以期迅速加强在达尔富尔实现和平的努力,特别是在阿布贾和平进程和非洲联盟驻苏丹特派团方面;

3. 请秘书长通过其苏丹问题特别代表协调联合国系统在苏丹的所有活动,动员国际社会在提供近期援助和协助苏丹的长期经济发展这两个方面,提供资源与支助;同其他国际行动者、尤其是与非洲联盟和伊加特一起,协助协调那些旨在支持《全面和平协定》确立的过渡进程的活动;对旨在消除苏丹境内所有现有冲突的努力进行斡旋并提供政治支持;

4. 决定联合国苏丹特派团的任务如下:

(1) 通过开展以下工作支持执行《全面和平协定》:

(A) 监测并核查《停火协定》的执行情况,调查违规行为;

(B) 就组建一体化联合部队事宜与双边捐助者联络;

(C) 按照《停火协定》,在联合国苏丹特派团部署地区观察并监测武装团体的动态和部队调动情况;

(D) 协助制订《全面和平协定》所要求的解除武装、复员和重返社会方案,特别注意妇女和儿童战斗员的特殊需要,并通过自愿解除武装、收缴和销毁武器来协助执行该方案;

(E) 与非洲联盟协调,通过针对社会各阶层进行有效宣传,协助《全面和平协定》各缔约方促使民众进一步了解和平进程以及联合国苏丹特派团的作用；

（F）协助《全面和平协定》各缔约方根据需要采取一种具有民族包容性的做法，包括让妇女发挥作用，以实现和解与建设和平；

（G）与各双边和多边援助方案协调，协助《全面和平协定》各缔约方改组苏丹警察机构，遵循民主维持治安方式，制订一项警察培训和评价方案，并通过其他途径协助民警培训；

（H）通过执行一个旨在打击有罪不罚现象并促进长期和平与稳定的全面协调战略，协助《全面和平协定》各缔约方促进法治，包括建立独立的司法系统，并促进保护苏丹所有人的人权，协助《全面和平协定》各缔约方建立和巩固国家法律框架；

（I）确保联合国苏丹特派团具有足够的人权人员、能力和专业知识，以开展促进人权、保护平民和监测活动；

（J）协同其他国际行动者为《全面和平协定》各缔约方提供指导和技术援助，支持筹备和进行《全面和平协定》规定的选举和全民投票；

（2）在其能力范围以及部署地区内，尤其通过帮助创造必要的安全条件，协助和协调难民与境内流离失所者自愿回返和人道主义援助的提供；

（3）协同排雷行动部门其他国际伙伴，协助《全面和平协定》各缔约方，提供人道主义排雷援助、技术咨询和协调；

（4）在联合国苏丹特派团的能力范围内，并在与联合国其他机构、有关组织和非政府组织密切合作的情况下，协助国际社会努力在苏丹保护和增进人权，协调国际社会保护平民的工作，特别注意包括境内流离失所者、回返的难民、妇女和儿童在内的弱势群体；

5. 请秘书长在30天内向安理会报告，联合国苏丹特派团可以采用哪些方式加强在达尔富尔促进和平的努力，并与非洲联盟一起确定如何为此利用联合国苏丹特派团的资源；

6. 吁请各方充分配合联合国苏丹特派团的部署和行动，尤其是在苏丹全境确保联合国人员和有关人员的安全、保障和行动自由；

7. 强调达尔富尔冲突不可能以军事方式解决，呼吁苏丹政府和反叛团体，特别是"正义与平等运动"和"苏丹解放军/解放运动"在没有任何先决条件的情况下迅速恢复阿布贾谈判，敦促《全面和平协定》各缔约方积极发挥建设性作用，采取步骤支持和平解决达尔富尔冲突；

8. 吁请各会员国确保前往苏丹的所有人员和运往苏丹供联合国苏丹特派团履行公务专用的设备、辎重、补给和其他物品，其中包括车辆和零配件自由、不受阻碍、迅速地通行；

9. 吁请各方依照国际法有关规定，确保救助人员在不受阻碍的情况下，安全地同所有需要援助的民众尤其是境内流离失所者和难民，进行全面接触，并向他们提供人道主义援助；

10. 请秘书长在联合国苏丹特派团成立之日，将驻苏丹政治特派团（联合国苏丹先遣团）的所有职能移交给联合国苏丹特派团，同时酌情一并移交其人员及后勤物资，确保联合国与现有的各监测团之间的顺利过渡；

11. 请秘书长定期向安理会通报执行《全面和平协定》、维持停火和联合国苏丹特派团执行任务的进展情况，每三个月向安理会报告这方面的情况；

12. 请秘书长继续每月通报达尔富尔的情况；

13. 敦促联合国、世界银行和各方组成的联合评估团，协同其他双边和多边捐助者，继续努力，为迅速提供支持苏丹重建和经济发展的一揽子援助；

14. 请秘书长采取必要措施，使联合国苏丹特派团切实遵守联合国对性剥削和性虐待采取的零容忍政策；

15. 根据《联合国宪章》第七章采取行动：

（1）决定授权联合国苏丹特派团在其部队部署地区采取自认力所能及的必要行动，保护联合国人员、设施、装置和装备，保证联合国人员、人道主义工作人员、联合评估机制及评估和评价委员会人员的安全和行动自由，并在不影响苏丹政府应负责任的情况下，保护人身随时会受到暴力威胁的平民；

（2）请秘书长和苏丹政府，在与"苏丹解放运动"进行适当磋商后，考虑到大会关于《联合国人员和有关人员安全公约》所规定的法律保护范围的第58/82号决议，在本决议通过后30天内缔结一项部队地位协定，并指出在缔结这样一项协定之前，应暂时适用1990年10月9日的部队地位示范协定（A/45/594）；

16. 强调亟须迅速向达尔富尔增派人权观察员，并敦促秘书长和人权事务高级专员采取行动，加快向达尔富尔部署人权观察员并增加其人数，同时动手组建文职监测保护队伍，希望秘书长在第11段所述提交安全理事会的报告中汇报组建这些队伍的进展情况。

（三）S/RES/1591 2005年3月29日 《苏丹制裁问题》

2005年3月29日安全理事会第5153次会议通。

安全理事会回顾其关于苏丹的2004年6月11日第1547号、2004年7月30日第1556号、2004年9月18日第1564号、2004年11月19日第1574号、

2005年3月10日第1585号、2005年3月17日第1588号和2005年3月24日第1590号决议以及各项主席声明,重申对苏丹主权、统一、独立和领土完整的承诺,并回顾睦邻、互不干涉和区域合作原则的重要性,欣见2005年1月9日苏丹政府和"苏丹人民解放运动"/解放军在肯尼亚内罗毕签署《全面和平协定》,确认《全面和平协定》各缔约方必须以该协定为基础,给整个国家带来和平与稳定,呼吁苏丹所有各方尤其是《全面和平协定》各缔约方立即采取措施,和平解决达尔富尔冲突,并采取一切必要行动,防止出现进一步侵犯人权和违反国际人道主义法的行为,并终止有罪不罚现象,包括在达尔富尔地区。极为关切旷日持久的冲突给达尔富尔地区以及苏丹全国平民带来的严重后果,尤其是难民和境内流离失所者人数增多,认为难民和境内流离失所者自愿持久回返是巩固和平进程的关键因素,又深为关切人道主义工作者的安全和他们能否接触到需要援助的人民,其中包括难民、境内流离失所者和其他受战争影响的人。强烈谴责在达尔富尔地区发生的所有侵犯人权和违反国际人道主义法行为,敦促所有各方采取必要措施防止再发生侵权违法行为,并表示决心确保查明应对所有这些违法行为负责的人并立即将其绳之以法,认识到国际社会支持《全面和平协定》的执行对该协定取得成功至关重要。

认定苏丹局势继续对国际和平与安全构成威胁,根据《联合国宪章》第七章采取行动:

1. 对苏丹政府和叛军及达尔富尔境内所有其他武装团体没有充分履行承诺及安理会第1556(2004)号、第1564(2004)号和第1574(2004)号决议中所述的要求深感遗憾,谴责2004年12月和2005年1月苏丹政府发动的空袭及2005年1月反叛分子对达尔富尔村庄的袭击,谴责苏丹政府没有解除"坚杰维德"民兵的武装并逮捕和法办侵犯人权和违反国际人道主义法并犯下其他暴行的"坚杰维德"领导人及其同伙,要求所有各方立即采取步骤,履行承诺,为人道主义援助提供便利,并与非洲联盟特派团充分合作;

2. 强调达尔富尔冲突不可能以军事方式解决,呼吁苏丹政府和反叛团体,特别是"正义与平等运动"和"苏丹解放运动"在没有任何先决条件的情况下迅速恢复阿布贾谈判,真心诚意进行谈判,迅速达成协定,并敦促《全面和平协定》各缔约方积极发挥建设性作用,支持阿布贾谈判,并立即采取步骤支持和平解决达尔富尔冲突;

3. 鉴于达尔富尔冲突所有各方均未履行承诺,决定:

(1) 根据安全理事会暂行议事规则第28条,设立一个由安理会所有成员组成的安理会委员会(下称"委员会"),

(2) 请秘书长与委员会协商,自本决议通过之日起30天内,任命一个由四名成员组成、任期六个月并常驻埃塞俄比亚亚的斯亚贝巴的专家组,定期前往苏丹法希尔和苏丹境内其他地点,并在委员会的指导下开展工作;

(3) 经上文(1)分段所设委员会点名的个人,根据会员国、秘书长、人权事务高级专员或本段上文(2)分段所设专家组提供的资料和其他有关来源的资料,他们妨碍和平进程,对达尔富尔和该区域的稳定构成威胁,违反国际人道主义法或人权法或犯下其他暴行,违反会员国根据第1556(2004)号决议第7和第8段和本决议第7段执行的措施,或应对本决议第6段所述进攻性军事飞越负责,均需接受下文(4)和(5)分段规定的措施的制约;

(4) 所有国家均应采取必要措施,以防止委员会依上文(3)分段点名的所有人员入境或过境,但本段的规定绝不强迫任何国家拒绝本国国民入境;

(5) 所有国家均应冻结在本决议通过之日或其后任何时间在其境内、由委员会依上文(3)分段点名的人员直接或间接拥有或掌管的所有资金、金融资产和经济资源,或由这些人或代表他们或按他们指示行事的人直接或间接拥有或掌管的实体持有的此类资金、金融资产和经济资源,还决定所有国家均应确保本国国民或本国境内的任何人不向这些人或实体或为这些人或实体的利益,提供任何资金、金融资产或经济资源;

(6) 上文(4)分段所定措施不适用于下述情况:上文(1)分段所设委员会逐案认定此类旅行具有满足人道主义需要包括履行宗教义务在内的正当理由,或委员会断定给予豁免将推进安理会各项决议关于在苏丹及该区域建立和平与稳定的目标;

(7) 本决议第(5)分段所定措施不适用于下列资金、其他金融资产和经济资源:

(A) 经相关国家认定属于基本开支所必需,包括支付食品、房租或抵押贷款、药品和医疗、税款、保险费以及水电费,或支付合理的专业人员酬金和偿付与提供法律服务有关的费用,或国家法律规定的因日常扣留或保管冻结的资金、其他金融资产和经济资源而应支付的酬金或服务费,但相关国家须先将酌情授权动用这类资金、其他金融资产和经济资源的意向通知委员会,且委员会在收到该通知后两个工作日内未作出反对的决定;

(B) 经相关国家认定属于特殊开支所必需,但相关国家须先将该项认定通知委员会并获委员会批准;

(C) 经相关国家认定属于司法、行政或仲裁留置权或裁决的标的物,在此情况下,这些资金、其他金融资产和经济资源可用来执行留置权或裁决,只要该留

置权或裁决是在本决议通过之日前作出,其受益人不是委员会点名的个人或实体,且业经相关国家通知委员会;

4. 决定,第3段(4)和(5)分段所述措施在本决议通过满30日后生效,除非安全理事会在此之前认定达尔富尔冲突各方已遵守上文第1段和下文第6段所述的所有承诺和要求;

5. 表示准备根据委员会建议或在本决议通过满12个月时,或在虽不满12个月但安全理事会届时认定达尔富尔冲突各方已遵守上文第1段和下文第6段所述的所有承诺和要求的情况下,考虑修订或终止第3段所定措施;

6. 要求苏丹政府根据它在2004年4月8日《恩贾梅纳停火协定》和2004年11月9日《阿布贾安全议定书》中所作的承诺,立即停止在达尔富尔地区内和上空进行进攻性军事飞行;并邀请非洲联盟停火委员会酌情与秘书长、委员会或第3段(2)段所设专家组分享这方面的相关信息;

7. 重申第1556(2004)号决议第7和第8段所定措施,并决定在本决议通过后,这些措施也应立即适用于《恩贾梅纳停火协定》所有各方和北达尔富尔州、南达尔富尔州和西达尔富尔州的其他交战方;

8. 重申:如各方不履行第1和第6段所列承诺和要求、且达尔富尔局势继续恶化,安理会将考虑采取《联合国宪章》第41条规定的进一步措施;

9. 决定继续处理此案。

(四)S/RES/1706 2006年8月31日 秘书长关于苏丹的报告:《扩大联合国苏丹特派团的编制和任务》

2006年8月31日安全理事会第5519次会议通过。

安全理事会重申安理会对维护苏丹主权、统一、独立和领土完整的坚定承诺,此项承诺不会因向联合国达尔富尔行动过渡而受到影响,并重申对和平事业的坚定承诺,表示决心与民族团结政府合作,在充分尊重苏丹主权的情况下协助解决苏丹面临的各种问题,联合国达尔富尔行动应尽可能以非洲为主要参与方并具有鲜明的非洲特色,欢迎非洲联盟作出努力,为达尔富尔危机寻求解决办法,欢迎苏丹代表2006年5月9日在联合国安全理事会达尔富尔问题特别会议上所作的关于民族团结政府全面承诺执行协议的声明,强调与非洲联盟一道尽快开展苏丹达尔富尔——达尔富尔对话和协商的重要性,并认识到国际社会为执行协议提供支助对于协议能否得到成功执行至关重要,赞扬非洲联盟为成功部署非洲联盟驻苏丹特派团(非洲联盟特派团)所作的努力,赞扬非洲联盟特派团在减少达尔富尔境内有组织的大规模暴力行为方面所起的作用,重申关注达尔富尔的持续暴力可能波及苏丹国内其他地区以及整个区域,强调要在达尔富尔长期实现和平就必须解决区域安全问题,继续深为关切苏丹与乍得的关系最近恶化,促请两国政府开始执行双方自愿商定的建立信任措施,欣见苏丹与乍得最近重新建立外交关系,吁请该区域各国开展合作,确保区域稳定,再次严厉谴责在达尔富尔发生的所有侵犯人权和违反国际人道主义法行为。

认定苏丹局势继续对国际和平与安全构成威胁:

1. 决定在不妨碍第1590(2005)号决议为联苏特派团规定的现有任务和作业的前提下,扩大联合国苏丹特派团的任务规定,联合国苏丹特派团应在达尔富尔境内部署,因此邀请民族团结政府同意这一部署,并敦促会员国提供迅速部署的能力;

2. 请秘书长按其2006年7月28日报告中的建议作出安排,迅速增加联合国苏丹特派团的能力,使联合国苏丹特派团能在达尔富尔境内部署;

3. 决定加强联合国苏丹特派团的实力,最多可增至17300名军事人员,并增加一个相应的文职部门,包括最多可有3300名民警和16个建制警察单位,定期审查联合国苏丹特派团的人数和结构;

4. 表示打算应秘书长的要求,核准临时额外增强联合国苏丹特派团的军事部门;

5. 请秘书长与包括民族团结政府在内的《达尔富尔和平协议》缔约方保持密切、持续的磋商,就非洲联盟特派团向联合国达尔富尔行动过渡的计划和时间表与非洲联盟共同磋商;作为向联合国行动过渡的进程的一部分,联合国苏丹特派团应在非洲联盟特派团的任务期限结束后接替后者负责协助执行《达尔富尔和平协议》,无论如何不得迟于2006年12月31日;

6. 指出第1590(2005)号决议所述的联合国苏丹特派团与苏丹签订的部队地位协定,适用于联合国苏丹特派团在苏丹全国包括在达尔富尔境内的作业;

7. 请秘书长采取必要步骤,利用联合国的现有资源和其他资源加强非洲联盟特派团,以期向联合国达尔富尔行动过渡,授权秘书长对非洲联盟特派团提供长期支助,包括提供航空资产、成套地面机动设备、培训、工程和后勤、移动通信能力及广泛的公共信息援助;

8. 决定联合国苏丹特派团在达尔富尔的任务,是支助执行2006年5月5日《达尔富尔和平协议》和《关于达尔富尔冲突的恩贾梅纳人道主义停火协议》,包括履行以下任务:

(1) 监测并核查各方执行《达尔富尔和平协议》第3章("全面停火和最后的

安全安排")和《关于达尔富尔冲突的恩贾梅纳人道主义停火协议》的情况;

(2) 根据两项协议,利用地面和空中手段观察并监测联苏特派团部署地区内的武装团体的动向和部队调动情况;

(3) 调查违反两项协议的事件并将其上报停火委员会,协同其他国际行为体,与停火委员会、联合委员会及依照两项协议设立的协助和监测人道主义行动联合股进行合作与协调,包括提供技术援助和后勤支助;

(4) 派驻人员,尤其是在《达尔富尔和平协议》所设的缓冲区、境内流离失所者营地内、境内流离失所者营地周围和营地内的非军事区等关键地区派驻人员,以利于重新建立信任和抑制暴力,尤其是遏制武力的使用;

(5) 监测武装团体在苏丹与乍得和中非共和国边界沿线的越界活动,尤其是为此定期进行地面和空中侦察活动;

(6) 按《达尔富尔和平协议》的要求,并根据第1556(2004)号和第1564(2004)号决议,协助拟订和执行一个全面、可持续的前战斗人员及与战斗人员有关系的妇女和儿童的解除武装、复员和重返社会方案;

(7) 与其他国际行为体合作,协助各方筹备并进行《达尔富尔和平协议》规定的全民投票;

(8) 与非洲联盟协调,协助两项协议缔约方促使民众了解和平协议及联合国苏丹特派团的作用,包括针对社会各阶层开展有效的宣传运动;

(9) 与达尔富尔—达尔富尔对话和协商(对话和协商)主席密切合作,向他提供支助和技术援助,为此协调其他联合国机构的活动,并协助对话和协商各方采取所需的包容各方办法包括发挥妇女的作用,以实现和解及建设和平;

(10) 与双边和多边援助方案相协调,协助《达尔富尔和平协议》缔约方按照以民主方式维持治安的原则改组苏丹的警察部门,举办一个警察培训和评价方案,并以其他方式协助民警的培训;

(11) 协助《达尔富尔和平协议》缔约方促进法治,包括建立独立的司法系统和保护苏丹全国人民的人权,为此执行一项全面和协调的战略,以打击有罪不罚现象及促进长期和平与稳定,并协助《达尔富尔和平协议》缔约方发展和巩固国家法律框架;

9. 还决定联合国苏丹特派团在达尔富尔的任务也包括:

(1) 与相关的联合国机构密切合作,根据其能力,在部署区内协助和协调难民和境内流离失所者自愿回返及人道主义援助的送达,尤其是协助在达尔富尔境内创造必要的安全条件;

(2) 协助国际社会为在达尔富尔保护、促进和监测人权而作出的努力,并协

调国际社会为保护平民而作出的努力,尤其关注弱势群体,包括境内流离失所者、回返难民及妇女和儿童;

(3) 同地雷行动领域的其他国际伙伴合作,向两项协议缔约方提供协助,包括提供人道主义排雷援助、技术咨询和协调,以及执行针对社会各阶层的提高地雷意识方案;

(4) 同国际社会密切协作,帮助处理区域安全问题,以改善苏丹与乍得边界和苏丹与中非共和国边界沿线地区的安全形势,必要时在中非共和国境内派驻政治、人道主义、军事和民警事务联络官,协助执行 2006 年 7 月 26 日苏丹与乍得签署的协定;

10. 吁请所有会员国确保所有人员以及供联合国苏丹特派团在达尔富尔执行公务专用的装备、辎重、补给和其他物品包括车辆和备件,自由和不受阻碍地迅速抵达苏丹;

11. 请秘书长定期向安理会通报执行《达尔富尔和平协议》、遵守停火和联苏特派团在达尔富尔执行任务的进展,并酌情向安理会报告为执行本决议而采取的步骤及未能遵照安理会的要求的情况;

12. 根据《联合国宪章》第七章采取行动:

(1) 决定授权联合国苏丹特派团在其部队部署区内并在其认为力所能及的情况下采取一切必要的手段:

(A) 保护联合国人员、设施、装置和装备,保障联合国人员、人道主义工作者及评估和评价委员会人员的安全和行动自由,防止武装团体干扰《达尔富尔和平协议》的执行工作,并在不妨碍苏丹政府履行责任的情况下,保护人身受到暴力威胁的平民;

(B) 防止针对平民的攻击和威胁,以支持早日切实执行《达尔富尔和平协议》;

(C) 酌情没收和收缴违反两项协议及第 1556 号决议第 7 和第 8 段所定措施而在达尔富尔出现的武器或有关物资,并酌情予以销毁;

(D) 请秘书长、乍得政府和中非共和国政府尽快缔结部队地位协定,决定在与乍得或中非共和国缔结这一协定前,1990 年 10 月 9 日的部队地位示范协定(A/45/594)应暂时对在苏丹境内作业的联合国苏丹特派团适用;

13. 请秘书长向安理会提出报告,说明在难民和境内流离失所者营地保护平民的情况,并说明如何改善乍得与苏丹边界乍得一侧的安全形势;

14. 吁请《达尔富尔和平协议》缔约方信守承诺,毫不拖延地执行协议,敦促尚未签署这项协议的各方毫不拖延地签署协议,不采取任何妨碍执行协议的行动,并重申打算采取有力、有效措施,例如冻结资产或禁止旅行,包括应非洲联盟的要求采取这些措施,以制裁违反协议或企图阻挠执行协议或侵犯人权的个人或团体。

(五)S/RES/1769　2007 年 7 月 31 日
苏丹局势:《设立非洲联盟—联合国达尔富尔混合行动》

2007 年 7 月 31 日安全理事会第 5727 次会议通过。

安全理事会回顾安理会主席于 2006 年 12 月 19 日发表的声明,赞同《亚的斯亚贝巴协定》和《阿布贾协定》,要求所有各方毫不拖延地全面付诸执行,并协助立即部署联合国对非洲联盟驻苏丹特派团(非苏特派团)小规模和大规模"一揽子"支援计划,以及在达尔富尔部署一个混合行动,由联合国为之提供支助以及指挥和控制结构,着重指出非苏特派团需要在联合国小规模和大规模"一揽子"支援计划的支持下,协助执行《达尔富尔和平协议》,吁请苏丹政府协助消除所有阻止非苏特派团妥善执行任务的障碍,强调亟须为非苏特派团调集所需的财务、后勤和其他支持与援助,欣见目前为混合行动进行的筹备工作,包括在达尔富尔、联合国总部和非洲联盟委员会总部布置后勤安排,致力于组建部队和警察单位,以及秘书长和非洲联盟主席目前为最后制定基本的作业政策而作出共同努力,重申安理会认为《达尔富尔和平协议》(《协议》)为达尔富尔达成持久政治解决并实现持续安全提供了依据,对各签署方尚未全面执行《协议》而且不是达尔富尔冲突各方都签署了《协议》深表遗憾,要求立即停火,敦促所有各方不要采取任何有碍执行《协议》的行动,极为关切地注意到对平民和人道主义工作人员不断进行的攻击,强调必须将这类罪行的实施者绳之以法并敦促苏丹政府这样做,为此再次谴责在达尔富尔发生的所有侵犯人权和违反国际人道主义法的行为,再次对人道主义援助人员的安全和他们能否接触到需要援助的人深表关切,谴责某些冲突方未能确保救济人员安全无阻地全面接触达尔富尔所有需要援助的人,并向他们尤其是向境内流离失所者和难民发放人道主义援助,确认在实行持续停火和完成包容各方的政治进程之前,人道主义工作仍是当务之急,要求不得进行空中轰炸,不得在进行这类袭击的飞机上使用联合国标志。

认定苏丹达尔富尔的局势继续对国际和平与安全构成威胁:

1. 决定,为支持早日切实执行《达尔富尔和平协议》并落实第 18 段设想的谈判的结果,按照本决议所述的模式并根据 2007 年 6 月 5 日秘书长和非洲联盟委员会主席的报告,核准和授权设立非洲联盟—联合国达尔富尔混合行动,最初

为期12个月;

2. 决定,达尔富尔混合行动应包括非苏特派团人员和联合国对非苏特派团小规模和大规模"一揽子"支援计划,至多应有19555名军事人员,其中包括360名军事观察员和联络官,并应有适当的文职人员,其中包括至多3772名警务人员和19个各有至多140人的建制警察单位;

3. 欢迎任命鲁道夫·阿达达为非洲联盟—联合国达尔富尔问题联合特别代表和任命马丁·阿格瓦伊为部队指挥官,吁请秘书长立即开始部署必要的指挥和控制结构,确保非苏特派团向达尔富尔混合行动顺利移交权力;

4. 吁请各方紧急协助全面部署联合国对非苏特派团小规模和大规模"一揽子"支援计划和达尔富尔混合行动的筹备工作,还吁请会员国在本决议通过后30天内最后确定它们对达尔富尔混合行动的贡献,并吁请秘书长和非洲联盟委员会主席在同一期间内商定达尔富尔混合行动军事部分的最后组成;

5. 决定:

(1) 达尔富尔混合行动应至迟于2007年10月建立指挥部的初步作业能力,并应制定财务安排,以支付非苏特派团所有部署人员的部队费用;

(2) 达尔富尔混合行动应于2007年10月完成有关筹备工作,以便在依照下文第(3)分段移交权力时,达尔富尔混合行动在其资源和能力许可的情况下,立即履行其授权规定的任务;

(3) 达尔富尔混合行动尽快且至迟于2007年12月31日完成,使它得以履行其授权所有构成部分的一切余留任务,随后将从非苏特派团接过权力,以期此后尽快实现全面作业能力和全额兵力;

6. 请秘书长在本决议通过后30天内,并此后每隔30天,向安理会报告达尔富尔混合行动执行第5段所规定步骤的现况;

7. 决定指挥和控制必须统一,根据维持和平的基本原则,这意味单一的指挥系统,还决定由联合国提供指挥和控制结构及支助;

8. 决定部队和人员的筹组和管理按2007年6月5日秘书长和非洲联盟委员会主席报告第113至第115段的规定进行,请秘书长毫不拖延地作出部署达尔富尔混合行动的实际安排;

9. 决定,达尔富尔混合行动应监督达尔富尔境内是否存在违反相关协议及第1556(2004)号决议第7和第8段所定措施的任何军火和有关物资;

10. 吁请所有会员国确保所有人员以及供达尔富尔混合行动在达尔富尔专用的装备、辎重、补给和其他物品,包括车辆和零配件,自由无阻地迅速抵达苏丹;

11. 强调亟须为非苏特派团调集所需的财务、后勤和其他支助,吁请会员国和区域组织进一步提供援助,尤其是准许在向达尔富尔混合行动过渡期间早日增派两个营;

12. 决定在非苏特派团根据第5(3)段的规定向达尔富尔混合行动移交权力后,联合国苏丹特派团的核定人数应回复到第1590(2005)号决议规定的水平;

13. 要求达尔富尔冲突各方立即停止一切敌对行动,并承诺实行持续、永久的停火;

14. 要求达尔富尔冲突各方立即停止对非苏特派团、平民、人道主义机构及其工作人员和资产以及救济车队采取敌对行动和进行袭击;

15. 根据《联合国宪章》第七章采取行动:

(1) 决定授权达尔富尔混合行动在其部队部署区内,并在其认为力所能及的情况下,采取一切必要的行动,以便:

(A) 保护其人员、设施、装置和装备,并确保自身人员和人道主义工作者的安全和行动自由;

(B) 在不妨碍苏丹政府履行责任的情况下,支持早日切实执行《达尔富尔和平协议》,防止干扰执行《协议》的行动和武装袭击,从而保护平民;

(C) 请秘书长经与非洲联盟委员会主席磋商,在30天内与苏丹政府缔结关于达尔富尔混合行动的部队地位协定;

16. 请秘书长采取必要措施,确保达尔富尔混合行动实际遵守联合国对性剥削和性虐待的零容忍政策;

17. 吁请所有有关各方确保在执行《达尔富尔和平协议》过程中正视保护儿童问题;

18. 强调达尔富尔冲突不可能通过军事手段解决,欣见苏丹政府及其他一些冲突方作出承诺;

19. 欢迎苏丹政府与联合国签署《关于为达尔富尔境内人道主义活动提供便利的联合公报》,要求全面付诸执行;

20. 强调必须酌情聚焦于为达尔富尔当地带来和平红利的发展举措,尤其是包括为重建与发展、境内流离失所者返回家乡、赔偿和适当的安全安排作最后准备;

21. 请秘书长在本决议通过后至迟每隔90天向安理会报告所取得的进展,并在必要时立即报告所遇到的障碍,供安理会审议;

22. 要求达尔富尔冲突各方履行其国际义务以及根据相关协议、本决议和安理会其他相关决议所作的承诺;

23. 回顾秘书长 2006 年 12 月 22 日的报告(S/2006/1019)和 2007 年 2 月 23 日的报告(S/2007/97),期待秘书长报告他最近同乍得政府和中非共和国政府磋商的情况;

24. 强调决心使达尔富尔的局势大为改善,以便安理会能够考虑到秘书长和非洲联盟主席的联合建议,在适当时酌情考虑缩编达尔富尔混合行动并最终结束其任务。

附录四:"达尔富尔需要和平与发展"
——访苏丹驻华大使米尔加尼·穆罕默德·萨利赫

王 南[1] 李新烽[2]

一场期待之中的及时雨驱走了京城的酷暑闷热,雨后初晴的蓝天万里无云,清新的空气沁人心脾。8 月下旬的一天下午,我们如约来到位于北京三里屯的苏丹驻华大使馆,围绕达尔富问题采访了苏丹驻华大使米尔加尼·穆罕默德·萨利赫。

我们的问题单刀直入,对方的回答开门见山。"达尔富尔需要和平与发展,苏丹政府一直在为此进行着不懈努力。"这是苏丹驻华大使萨利赫先生所表明的苏丹政府在达尔富尔问题上的态度、主张和做法。

达尔富尔问题纯属苏丹的内政

关于达尔富尔问题的由来,米尔加尼·萨利赫表示,生活在达尔富尔这块土

---
[1] 人民日报国际部主任记者。
[2] 曾任人民日报国际部记者,现为中国社会科学院西亚非洲研究所副研究员。

地上的人民,曾在长达千百年的岁月中和睦、和谐地相处。不幸的是,由于某些原因特别是外部势力的介入,当地部落之间因牧场和农田之类的争端不断激化、升级,甚至酿成武装冲突,遂成所谓"达尔富尔问题"。苏丹方面认为,尽管达尔富尔问题在国际上受到关注,但它纯属苏丹的内政问题。

萨利赫大使强调,苏丹比任何国家都希望尽快妥善地解决好这一问题,因为包括达尔富尔人民在内的苏丹人民才是达尔富尔问题最直接的受害者。他说,苏丹政府日前与联合国和非洲联盟就"安南方案"第二阶段"重度支持"计划达成一致。正是由于苏丹政府和有关方面的共同努力,达尔富尔问题才出现了积极迹象。苏丹政府的努力,受到了国际社会的广泛肯定和赞扬。苏丹政府也感谢非洲联盟、阿拉伯国家联盟以及国际社会其他成员在达尔富尔问题上所发挥的积极作用。

谈及中国为解决达尔富尔问题所发挥的作用,萨利赫表示,几乎从达尔富尔问题出现之日起,中国就主张任何解决方案都应尊重苏丹的主权、有助于当地局势的缓解。中国的这一态度和立场是完全正确的。在达尔富尔问题上,中国作为一个负责任的大国,无论是在联合国安理会还是在其他国际场合,一直发挥着积极和建设性作用,鼓励有关各方进行合作,还提出过一些中肯的建议。2008年2月初,中国国家主席胡锦涛对苏丹进行国事访问,达尔富尔问题亦成为中苏双方会谈的主要内容之一。不久前,中国政府特使、外交部部长助理翟隽亲赴达尔富尔地区考察,了解当地实情。中国曾向达尔富尔地区提供过许多人道援助,中国公司还帮助当地居民找水、打井和铺设、安装给水管道。对此,苏丹各界普遍予以高度评价。

针对国际上有人在达尔富尔问题上对苏丹政府进行责难和非议,萨利赫指出,确有某些外部势力在达尔富尔问题上做文章,甚至动辄以"制裁"威胁苏丹政府。西方媒体在报道达尔富尔局势时常常有失公允。据苏丹方面掌握的情况,不少西方的所谓"非政府组织"也在达尔富尔问题上兴风作浪,推波助澜。对此,苏丹政府和人民不得不保持应有的清醒和警惕。萨利赫还特别指出,苏丹地处非洲"心脏"地带,达尔富尔的稳定、苏丹的稳定将对非洲地区的稳定和发展做出重大贡献。

目前,苏丹政府一方面积极推动达尔富尔问题的政治解决,一方面积极努力采取措施改善达尔富尔地区的基础设施和人民生活。对于达尔富尔地区和人民的未来,萨利赫充满信心地说,达尔富尔自然资源丰富,人民勤劳智慧,只要有关各方继续朝着维护和平、促进发展的目标共同努力,相信达尔富尔问题最终一定能够得到妥善的解决。

国际刑事法院起诉苏丹总统带有政治图谋

2008年7月14日,国际刑事法院以所谓"战争罪"、"种族灭绝罪"等罪名起诉苏丹总统巴希尔。萨利赫对此予以坚决批驳。

"就在7月14日事关苏丹2009年选举的新宪法被批准、签署的当天,正当苏丹国内和平进程不断取得进展、包括达尔富尔局势持续好转之际,正当苏丹的经济建设和社会发展顺利进行的时候,国际刑事法院却要起诉苏丹的合法在任总统,此举究竟意欲何为?"萨利赫认为,这显然是一起带有某种政治图谋的事件,它不仅无视苏丹的主权、是完全非法的,而且也是对国际法的粗暴践踏。

萨利赫指出,近年来,尽管还存在着这样或那样的问题,但就总体而言,苏丹政治、经济等方面的形势和发展仍是非常积极和值得肯定的,国际社会对此也是有目共睹的。在政治上,国内局势趋向稳定,除了达尔富尔问题迈上了正确解决的轨道外,苏丹还结束了长达20多年的南部冲突,民主进程也在向前推进。在经济上,随着各类资源的开发和利用,以及国际经贸合作的开展和加强,苏丹已成为非洲乃至世界上发展最快的国家之一。但是,苏丹国内和国际上某些势力不愿意看到这一切,不愿意看到苏丹的发展局面变得越来越好,有人想对此进行破坏和捣乱。所以,不排除国际刑事法院此举具有这方面背景的可能性。

萨利赫特别强调,由于苏丹自身的努力,以及国际社会的帮助,其中也包括中国的贡献,如提供的大量人道主义援助和派遣维和部队等,达尔富尔地区的安全和稳定已经有了很大的改观,那里的局势正在朝着好的方向发展。对于达尔富尔问题合理、公正的解决,国际刑事法院起诉现任总统的行径只会起到相反的作用。这一所谓的"起诉"还向苏丹境内的反政府势力发出了错误的信号,会给地区局势造成消极、负面的影响,对国际社会和国际舆论也会产生某种误导,就此意义而言,其作用是非常有害和危险的。

萨利赫表示,事件发生后,包括达尔富尔人民在内的苏丹人民显示出空前的团结,甚至那些过去属于"反对派"的人士也表明了支持巴希尔总统和苏丹政府的态度和立场。许多苏丹民众还通过群众集会和示威游行等方式来表达对巴希尔总统的拥戴,以及对国际刑事法院该项举措的强烈不满和反对。许多非洲联盟和阿拉伯国家联盟国家纷纷质疑和批驳国际刑事法院的这种做法,中国、俄罗斯等国也对此表示严重关切和忧虑。

萨利赫表示,虽然发生了这一事件,但苏丹坚信该图谋是不会得逞的。苏丹政府和人民将继续致力于捍卫自己的主权和尊严。苏丹将采取适当的措施来确保自己的安全与稳定,继续推动国内和平进程,其中当然也包括达尔富尔问题的妥善解决。同时,苏丹呼吁国际社会为制止这起反对苏丹的图谋发挥作用。

"苏中友好关系堪称国家关系典范"

谈到两国关系时,萨利赫大使首先对北京奥运会圆满举行表示祝贺,并高兴地说:"北京给了这们好运,苏丹这次赢得了男子 800 米的银牌,实现了苏丹奥运会奖牌零的突破,意义重大而深远,必将激励我们的运动员再创佳绩。"

话题转到 2008 年 6 月苏丹副总统阿里·奥斯曼·塔哈的中国行,萨利赫大使表示,该次访华十分成功,达到了进一步推动和加深苏丹与中国的关系的目的。访问期间,胡锦涛主席、习近平副主席与阿里副总统举行了亲切、友好的会见,苏中双方就诸多问题达成共识。

萨利赫指出,他十分赞同阿里副总统关于"苏中友好关系堪称国家关系典范"的论述,因为两国关系是建立在互不干涉内政、平等互利基础上的,基础牢固、发展顺利。"苏丹既是一个非洲国家,也是一个阿拉伯国家。苏丹将在非洲联盟和阿拉伯国家联盟两个框架内,大力促进中国与非洲、中国与阿拉伯国家的友好往来,巩固和发展两国之间的传统友好关系。"

谈及苏丹的经济发展和社会进步萨利赫说道:"苏丹近年来取得了长足的进步,经济连年高速增长,2007 年增速更是创纪录地达到了 11%。"苏丹正致力于深入挖掘人力资源、开展国际合作、积极吸引外资,以促进苏丹的经济发展。同时,苏丹还在充分利用本国资源的前提下优化财政支出、加强基础设施建设,注重非石油资源的开发和利用。例如,优先发展农业,大力引进国际先进技术,旨在提高农民素质和农业生产率,以确保国家的粮食安全。他还特别提到,中国帮助苏丹修建了农业示范中心,中国公司也为苏丹修路架桥、兴建医院。"我们十分珍视和感谢来自中国的帮助与支持,欢迎更多的中国公司来苏丹投资,希望双方在更多领域开展战略合作!"

图片说明:图为苏丹驻华大使米尔加尼·穆罕默德·萨利赫。

索 引

A

阿巴拉人　Abbala
阿卜杜拉·伊本·穆罕默德　Abdallahi ibn Muhammad
阿布德·拉赫曼　Abd al-Rahman
非洲能源公司　Africa Energy
《非洲商务及科技评论》　Africa Business and Technology Review
阿吉普　Agip
艾赫默德·卜克尔　Ahmed Bukr
《金字塔报》　al-AHRAM
祖贝尔·拉赫曼　al-Zubayr Rahman
警报网　AlertNet
阿里·迪纳尔　Ali Dinar
埃米尔·哈伦　Amir Harun
阿森威克斯公司　Ansan Wikfs
安萨教派　Ansar
阿拉伯人集会　Arab Gathering
阿拉伯认同　Arab Identity
阿特巴拉　Atbara
阿拉伯石油投资公司　Arab Petroleum Investments Corporation
阿拉基斯能源公司　Arakis Energy Corporation
《亚的斯亚贝巴和平协议》　Addis Ababa Accord
区域自治　Autonomous self—rule
阿布耶伊　Abyei
《阿拉伯国家反恐怖协定》　Arab anti-terrorism agreements
非洲联盟特派团(AMIS)　African union mission in Sudan
艾哈迈德·哈伦　Ahmad Harun

安德鲁·纳西奥斯　Andrew S. Natsios
阿拉伯半岛　Arabian Peninsula
阿拉伯人　Arabs
阿散蒂人　Ashanti
修道院　Abbey
非洲联盟　African Union(AU)
艾米尔·路德维希　Ai Mier · Ludwig
非洲认同　African Identity
朱奈拉　Al Jeneina

B

巴卡拉人　Baghara
巴吉尔米　Bagirmi
苏丹银行　Bank of Sudan
潘基文　Ban Ki-moon
巴尼—哈勒巴人　Bani Halba
巴尼—希拉勒人　Bani Hillal
巴尼—侯赛因　Bani Husayn
巴克特条约　Baqt Treaty
巴卡拉阿拉伯人　Baqqara Arab
博纳巴·马瑞·本杰明　Barnaba Marial Benjamin
巴伊戈人　Baygo
贝德亚特人　Bedayat
贝都因人　Bedouins
北京奥运会　Beijing Olympics
柏柏尔　Berber
贝尔基德人　Bergid
贝尔提人　Berti
《黑皮书》　Black Book
博尔努　Bornu
青尼罗河　Blue Nile

C

康考普　CONCORP
克莱维登石油公司　Cliveden
美国战略与国际问题研究中心　Center for Strategic and International Studies (CSIS)
《全面和平协议》　Comprehensive peace agreement(CPA)
民族国家构建　Construction of Nation-State
科瑞斯特　Crescent
乍得　Chad
查尔斯·戈登　Charles Gordon
雪佛龙公司　Chevron Company
中国观　China values
陈毅　Chen Yi
中国医疗队　Chinese medical teams
中国石油天然气集团公司　China National Petroleum Corporation(CNPC)
基督教　Christian
中非共和国　Central African Republic
基督教　Christianism
宗教战争　crusade
中国医疗队　Chinese medical team
共同发展　common development
总体外交　comprehensive diplomacy

D

达朱人　Daju
达利　Dali
达尔　Dar
达尔富尔　Darfur
达尔富尔命题　Darfur proposition
达尔富尔维和部队　Darfur peacekeeping force

达尔富尔维和行动　Darfur peacekeeping activities
达尔富尔解放阵线　Darfur Liberation Front
达尔富尔和平协定　Darfur Peace Agreement
达尔富尔危机　Darfur crisis
达沃德·波拉德　Daud Bolad
丁卡人　Dinka
栋古拉　Dongola
丁德国际石油公司　Dindir Petroleum International
大卫·莫斯　David Morse
博纳巴·马瑞·本杰明　Dr Barnaba Marial Benjamin
富尔素丹国　Darfur－Dan Country
发展模式　development mode

E

阿巴拉特河　Ebalate River
埃及　Egypt
埃及人　Egyptians
额伦加人　Elenga
美国能源信息署　Energy Information Administration, EIA
艾温—马苏德　Enver Masud
埃里克·里维斯　Eric Reeves
埃塞俄比亚　Ethiopia
种族清洗　ethnic cleansing
少数民族　ethnic Minorities
民族分离主义　ethnic Separatism
快递石油公司　Express Petroleum
埃克森美孚　Exxon－Mobil

F

法希尔　Al-Fashir
费拉塔人　Fellata

费罗戈人　Feroge
费扎拉人　Fezara
芬吉　Funj
佛尔提特人　Fertit
富尔人　Fur
富尔贝人　Fulbe
弗莱德姆·俄纳特　Friedhelm Eronat
方毅　Fang Yi
芬吉王国　Fenji Kingdom
范传钊　Fan Chuanzhao

G

伽玛尔·纳库玛　Gamal Nkurmh
族谱　Genealogy
种族屠杀　genocide
全球气候变化　global climate change
全球化　globalization
《环球研究》　Global Research
全球气候变暖　global warming
大尼罗河石油作业公司　Greater Nile Petroleum Operating Company(GNPOC)
卡塔尔海湾石油公司　Gulf Petroleum Company(GPC)
"走出去"战略　"going out" strategy
治理　governance
希腊人　Greeks
绿色奥运　green Olympics
朱海纳人　Guhayna
几内亚湾　Gulf of Guinea

H

哈库拉　Hakura
汉族　Han

和谐世界　harmonious world
哈桑·图拉比　Hassan al-Turabi
豪萨人　Hausa
黑格利格石油服务及投资公司　Higleig Petroleum Services and Investment Company Ltd
科技奥运　Hi－tech Olympics
高科技石油集团　Hi－tech Petroleum Group
胡锦涛　Hu Jintao
人文奥运　humanistic Olympics
人道主义援助　humanitarian assistance
人道主义灾难　humanitarian disaster

I

易卜拉欣·阿布德　Ibrahim Abd
印度　India
个人行为体　individual actor
"伊加特"　Intergovernmental Authority On Development
内部殖民主义　internal colonialism
伊拉克　Iraq
伊朗　Iran
伊斯兰教　Islam
伊斯兰　Islamic
伊斯兰试验　Islamic experimentation

J

贾阿林人　Ja'aliyin
加瓦马人　Jawama'a
加扎勒河地区　Bahr el Ghazal
坚杰维德　Janjaweed
正义与平等运动　Justice and Equality Movement(JEM)
约翰·丹佛斯　John Danforth

约翰·加朗　John Garang de Mabior
朱巴　Juba
圣战　Jihad
雅克·罗格　Jacques Rogge
胡安·安东尼奥·萨马兰奇　Juan Antonio Samaranch

K

加奈姆　Kanem
凯拉　Keira
库施　Kush
卡萨拉　Kassala
喀土穆　Khartoum
哈利利·伊布拉希姆(Khalil Ibrahim)
科尔多凡　Kordofan
库图姆　Kuttum
喀土穆国家石油公司　Khartoum State
凯斯·哈蒙·斯诺　Keith Harmon Snow
坎·贝肯　Ken Bacon
科菲·安南　Kofi A. Annan
"安南三阶段方案"　Kofi Annan three－phase plan
库白人　Kobe

L

朗迪石油公司　LUNDI
勒巴龙·皮埃尔·德·顾拜旦　Lebaron Pierre De Coubertin
刘贵今　Liu Guijin
利比亚　Libya
阿拉伯联盟　League of Arab States

M

马阿里亚人　Ma'aliya
马赫迪·穆罕默德·艾赫迈德　Mahdi Muhammad Ahmad
曼苏尔·马哈古卜　Mansur Mahjub
马拉哈　Marrah
马萨里特人　Masalit
迈多卜人　Meidob
迈利特　Mellit
穆罕默德·法德尔　Mohammed－el－Fadhl
穆罕默德·哈桑　Mohammed Hassan
穆罕默德·台拉卜　M ohammed Terab
穆萨巴特人　Musabba'at
穆格莱德　MUGLAND
曼勒特　Melut
《马查科斯协议》　Machakos Protocol
门格斯图　Mengistu
迈克·艾罗森　Mike Aroson
明尼·明纳韦　Minni Minnaw
卡扎菲　Mummar Gaddafi
混合维和部队　Mixed peacekeeping force
米娅·法罗　Mia Farrow
毛泽东　Mao Zedong
马克思主义　Marxism
麦洛维大坝　Merowe dam
地中海　Mediterranean
马宁凯人　Maning Kai
互信　Mutual confidence
跨国公司行为体　multinational corporations actor(MNCs)
美斗伯人　Meidob

N

尼罗河　Nile
尼日利亚　Nigeria
尼日利亚人　Nigerian
尼亚拉　Nyala
努巴人　Nuba
努比亚人　Nubian
尼罗河石油公司　Nilepet
诺姆·尼克森　Norm Dixon
挪威观察　Norwatch
非阿拉伯人　non-Arab
游牧部落　nomad
新苏丹　New Sudan
不结盟运动　Non-Aligned Movement
国家形象　National image
努比亚走廊　Nubian Corridor
国家认同感　National Identity
民族构建与发展　National Construction and Development
民族和资源　Nationality and Resource
朝鲜　North Korea
北达尔富尔州　North Darfur state
全国大会党　National Congress Party
全国伊斯兰阵线　National Islamic Front
不结盟运动　Non-Aligned Movement(NAM)

O

奥马尔·巴希尔　Omar Al-Bashir
大西洋石油公司　Oceanic Oil Company
印度石油天然气公司　Oil and Natural Gas Corporation Ltd.(ONGC)
原罪　Original sin

同一个世界,同一个梦想　One World, One Dream.
油田开发　oilfield development
奥斯曼帝国　Ottoman Empire
石油和水资源　oil and water Resources
口传　oral Tradition
库兰人　Qura'an
奥塔什　Otcath

P

马来西亚国家石油公司　Petronas—Petroliam Nasional Bhd
波洛纳斯　PERRONAS
南非石油公司　PetroSA
普塔米纳　Pertamina
政治情结　Political Complex
奥运政治化　Politicization of the Olympic Games
维和行动　Peacekeeping Action
战略机遇期　period of strategic opportunity
政治伊斯兰运动　Political Yislamic Movement
人民大会党　Popular Congress Party

Q

秦汉王朝　Qin and Han Dynasties

R

路线图　road map
罗马人　Rome
红海　Red Sea
地缘政治　Regional Politics
难民营　Refugee Camps
鲁道夫·斯拉丁　Rudolf von Slatin

雷扎盖特人　Rizeigat

S

萨迪克·马赫迪　Sadiq al-Mahdi
森纳尔　Sennar
苏丹　Sudan
苏丹解放运动　Sudan Liberation Movement(SLM)
苏丹解放军　Sudan Liberation Army，SLA
苏丹联邦民主同盟　Sudan Federal Democratic Alliance(SFDA)
"苏丹人民解放运动"　Sudan People's Liberation Movement(SPLM)
苏丹人民解放军　Sudan People's Liberation Army(SPLA)
"苏丹人民解放运动"宣言　SPLM Manifesto
素丹　sultan
苏莱曼·索龙　Sulayman Solong
英荷壳牌　Shell
苏阿金　Suakin
苏丹石油公司　Sudan Petroleum Company(SUDAPET)
苏丹石油信息中心　Sudanese Oil Update
焦土策略　scorched-earth strategy
萨尔瓦·科尔·马亚迪尔特　Salva Kiir Mayadrit
伊斯兰教教法　Sharia's laws
《苏丹和平法》　Sudan Peace Act
斯蒂芬·斯皮尔伯格　Steven Spielberg
撒哈拉以南非洲　Sub-Saharan Africa
桑海人　Songhai
斯瓦希里人　Swahili
萨赫勒　Sahel
主权独立　Sovereignty and Independence
国家构建与发展　state construction and development
奴隶贸易　slave trade
闪含民族　Semitic and Hamitic
苏丹问题特使　Special Envoy for Sudan

"走出去"战略　stratagem of going out
制裁　sanctions
苏丹杂技团　Sudanese acrobatics Troupe
苏永地　Su Yongdi
萨尔瓦·科尔·马亚迪尔特　Salva Kiir Mayadrit

T

塔艾沙人　Ta'isha
塔玛人　Tama
通朱尔人　Tunjur
突尼斯　Tunisia
德克萨斯联合公司　Texas Union
塔里斯曼　Talisman
部族　Tribe
同盟运动　Trade Union Movement
国民大会党　The National Congress Party (NCP)
部族酋长　Tribe Chiefdom
苏丹政府与"苏丹人民解放运动"解决阿布耶伊争端议定书　The Protocol Between The Government Of The Sudan And SPLM / SPLA On The Solution Of Abyei Conflict
拯救达尔富尔联盟　the Save Darfur Coalition
发展模式　the mode of development
"双轨"战略　"twin-track" strategy
"三方机制"　"tripartite mechanism"
土耳其　Turkey
政治主权集中化过程　the centralization process of the political sovereignty
国民文化一体化融合进程　the homogeneity process of the national cultural Intergration
厄立特里亚　The State of Eritrea
跨界民族问题　trans-boundary problems of ethnics
第二次苏丹内战　the second Sudan civil war
蒂奈　Tinay

U

混合维和行动：United Nations-African Union Mission in Darfur (UNAMID)
团结油区　Unity Oil(producing areas)

V

越南　Vietnamese

W

瓦代　Wadai
白尼罗河石油公司　White Nile Petroleum Company
美国智慧基金会　Wisdom Fund
西方自由主义　Western liberalism
白尼罗河　White Nile
西达尔富尔州　West Darfur state

Y

杨守正　Yang Shouzheng
约鲁巴人　Yoruba

Z

扎加瓦人　Zaghawa
扎亚迪业人　Zayadiya
周恩来　Zhou Enlai

参考文献

一、英文部分

1. 著作

Adam Al-Zein Mohamed and Al-Tayeb Ibrahim Weddai (eds.) Perspectives on tribal conflicts in Sudan, University of Khartoum: Institute of Afro-Asian Studies, 1998.

Al Naqar U., The Pilgrimage Tradition in West Africa, Khartoum: Khartoum University Press, 1972.

Ann Mosely Lesch, The Sudan: Contested National Identities, James Currey, Oxford, 1998.

Arkell, A. J., A History of the Sudan from the Earliest Times to 1821 (2nd revised), London: University of London, Athlone Press, 1961.

Bleuchot H. (ed.), Sudan: History, Identity, Ideology. Oxford: Ithaca Press, 1991.

Burr J. M, Collins R. O., Africa's Thirty Years War: Libya, Chad, and the Sudan, 1963-1993, Westview Press, 1999.

C. Bawa Yamba, Permanent Pilgrims: The Role of Pilgrimage in the Lives of West African Muslims in Sudan, Washington D. C.: Smithsonian Press, 1995.

Daly D. D., Empire on the Nile: The Anglo-Egyptian Condominium 1898-1934, Cambridge University Press, 1986.

Daly D. D., Imperial Sudan: The Anglo-Egyptian Condominium 1934-1956: Cambridge University Press, 1991.

Daly M. W., Darfur's Sorrow. Cambridge: Cambridge University Press, 2007.

David Hoile, Darfur in Perspective, London: European-Sudanese Pubulic Affairs Council, 2005.

De WaaL, A., Famine that Kills: Darfur, Sudan (Revised Edition),

Oxford University Press,2005.

Elzein A, Wadi. EIA (eds.), Tribal Conflicts In Sudan. Khartoum Sudan: Institute of Afro Asian Studies, Khartoum University Press,1998.

Environment Degradation as A Cause of Conflict in Darfur (Conference Proceedings), Africa Progress of University for Peace, Addis Ababa, 2006.

Eve Troutt Powell, A Different Shade of Colonialism: Egypt, Great Britain and the Mastery of the Sudan, Berkeley, University of California Press,2003.

Gérard Prunier, Darfur: The Ambiguous Genocide, Cornell University Press,2005.

Harir S. (ed.), Short—Cut to Decay: the Case of the Sudan. Uppsala: Nordiska Afrikaninstitutet,1992.

Holt, P. M.,A Modern History of the Sudan, from the Funj Sultanate to the Present Day, London: Weidenfeld and Nocolson,1961.

Holt P. M. ,M. W. Daly,A History of the Sudan: from the Coming of Islam to the Present Day (5th Edition) Harlow, Essex: Pearson Education Limited,2000.

Ian Cunnison, Baggara Arabs: Power and the Lineage in a Sudanese Nomad Tribe, Oxford, Clarendon Press,1996.

Ibrahim A、Shouk A and Bjorkelo A. The Principles of Native Administration in the Anglo Egyptian Sudan 1898 — 1956, Omdurman: Abdel—Karim Mirgani—Cultural Center,2004.

Johnson D. H. ,The Root Causes of Sudan's Civil War, Bloomington IN: Indiana University Press,2003.

Julie Flint、Alex de Waal,Darfur: A Short History of a Long Wa. New York: Zed Books,2005.

MacMichael H. A. ,A History of the Arabs in the Sudan, Cambridge University Press,1922.

Mohamed Suliman、A. Osman, War in Darfur, The Desert versus the Oasis Syndrome, IFAA Publications,1994.

Mahmoud U. A. ,Baldo S. A. ,The Al Daein Massacre: Slavery in the Sudan. Khartoum: Khartoum University Press,1987.

Nathtigal, G. ,Sahara and Sudan, Vol. 3, 'Wadai and Darfur', London:

C. Hurst,1971.

Nehemia Levtzoni (ed.), Conversion to Islam. New York: Holmes and Meier,1979.

O'Fahey, R. S. 、Spaulding, J. L., The Kingdoms of the Sudan, London: Methuen,1974.

O'Fahey R. S.,State and Society in Dar Fur, London: C. Hurst & Co. Publishers,1980.

O'Fahey, R. S., M. I. Abu Salim and M. J. Tubiana,Land in Dar Fur: Charters and Related Documents from the Dar Fur Sultanate, Cambridge University Press,2003.

Slatin, R. C.,Fire and Sword in the Sudan,London,1896.

Takana Abusin,A socio-economic study of Geniena, Kulbus and Habila of Western Darfur State, Khartoum: Oxfam GB,2001.

Thesiger W.,The life of my choice. London: Collins,1987.

Theobald, A. B.,Ali Dinar: Last Sultan of Darfur 1898—1916. London: Longmans,1956.

Warburg, G., Islam, Sectarianism and Politics in Sudan Since The Mahdiyya. Wisconsin: University of Wisconsin Press,2003.

2. 论文

Abdelwahab El-Affendi, *The Impasse in the Igad Peace Process for Sudan: The Limits of Regional Peacekeeping*? African Affairs, Vol. 100, No. 401, October 2001.

Adan Azain Mohammed, *Sudan: women & conflict in Darfur*, Review of African Political Economy, Vol. 30, No. 97, September 2003.

Africa Confidential, *Sudan: Desperate Darfur*, Africa Confidential, Vol. 45, no. 10, May 2004.

Alex De Waal, *Briefing: Darfur, Sudan: Prospects for peace*, Africa Affairs, Vol. 104, No. 414, January 2005.

Alex Cobham, *Causes of Conflict in Sudan: Testing The Black Book*, The European Journal of Development Research, Vol. 17, No. 3, September 2005.

Alex de Waal, *Chad in the Firing Line*, Index on Censorship, Vol. 35,

No. 1, February 2006.

Alex de Waal, *Counter — insurgency on the cheap*, London Review of Books 2004, Vol. 26, No. 15, August 2004.

Alex de Waal, *Defining Genocide*, Index on Censorship, Vol. 34, No. 1, February 2005.

Alex de Waal, *Famine Mortality: A Case Study of Darfur, Sudan 1984—5*, Population Studies, Vol. 43, No. 1, March 1989.

Alex de Waal, *Who are the Darfurians? Arab and African identities, violence and external engagement*, African Affairs, Vol. 104, No. 415, 2005.

Alex de Waal, *Refugees and the creation of famine: the case of Dar Masalit, Sudan*, Journal of Refugee Studies, Vol. 1, No. 2, 1988.

Alexis Heraclides, *Janus or Sisyphus? The Southern Problem of the Sudan*, Journal of Modern African Studies, Vol. 25, No. 2, June 1987.

Alex J. Bellamy, Paul D. Williams, *The UN Security Council and the Question of Humanitarian Intervention in Darfur*, Journal of Military Ethics, Vol. 5, No. 2, June 2006.

Assal, Munzoul A. M., *Sudan: Identity and conflict over natural resources*, Development, Vol. 49, No. 3, September 2006.

Ateem ESM., Tribal conflicts in Darfur: causes and solutions. Seminar on: the political problems of the Sudan 9 — 11 July 1999: AKE—Bildungswerk Institute of Development Aid and Policy, Vlotho/NRW, Germany, 1999.

Christian Tomuschat, *Darfur—Compensation for the Victims*, Journal of International Criminal Justice, Vol. 3, No. 3, 2005.

Chiriyankandath, J. L., *1986 Elections in the Sudan: Tradition, Ideology Ethnicity — And Class?* Review of African Political Economy, Vol. 14, No. 3, Spring 1987.

Dunstan M. Wai, *Revolution, Rhetoric, and Reality in the Sudan*, Journal of Modern African Studies, Vol. 17, No. 1, March 1979.

E. G. Sarsfield—Hall, *Darfur*, The Geographical Journal, Vol. 60, No. 5, Nov., 1922.

EI Tom, A. , Mohamed Salih, M. A., The Black Book of Sudan, Review of African Political Economy, Vol. 30, No. 97, September 2003.

El Tayeb I. Wadi, *Ethnic Conflict in Sudan: The Case of the Erin Patrick, Intent to Destroy: The Genocidal Impact of Forced Migration in Darfur, Sudan*, Journal of Refugee Studies Vol. 18, No. 4, 2005.

Fouad Ibrahim, Ideas on the Background of the Present Conflict in Darfur, Germany: University of Beyreuth, May 2004.

Fouad Ibrahim, *The Zaghawa and the Midob of North Darfur — A comparison of migration behaviour*, Geographical Journal, Vol. 46, No. 2, October 1998.

Francis M. Deng, *The Darfur crisis in context*, Forced Migration Review, No. 22, 2004.

Gordon C. N., *Recent Developments in the Land Law of the Sudan: A Legislative Analysis*, Journal of African Law, Vol. 30 No. 2, 1986.

Hugo Slim, *Dithering over Darfur? A preliminary review of the international response*, International Affairs Vol. 80, Issue 5, October 2004.

Ian Taylor, *China's oil diplomacy in Africa*, International Affairs, Vol. 82, Issue 5, September 2006.

J. H. G. Lebon、V. C. Robertson, *The Jebel Marra, Darfur and Its Region*, The Geographical Journal, Vol. 127, No. 1 (Mar., 1961), pp. 30—45.

John Hagan、Alberto Palloni, *Death in Darfur*, Science, Vol. 313, No. 5793, 15 September 2006.

Jok Madut Jok、Sharon Elaine Hutchinson, *Sudan's Prolonged Second Civil War and the Militarization of Nuer and Dinka Ethnic Identification*, African Studies Review, Vol. 42, No. 2, September 1995.

K. M. Barbour, *The Sudan since Independence*, Journal of Modern African Studies, Vol. 18, No. 1, March 1980.

Mohamed Salih、M. A. *New Wine in Old Bottles: Tribal Militias and the Sudanese State*, Review of African Political Economy, No. 45/46, 1989.

Mahmoud, Mahgoub El—Tigani, *Inside Darfur: Ethnic Genocide by a Governance Crisis*, Comparative Studies of South Asia, Africa and the Middle East — Vol. 24, No. 2, 2004.

Marchal, Roland, *Chad/Darfur: How two crises merge*, Review of African Political Economy, Vol. 33, No. 109, September 2006.

Mika Vehn・m´・ki, *Darfur Scorched: looming genocide in Western Sudan1*, Journal of Genocide Research, Vol. 8, No. 1, March 2006.

Mahmoud Mahgoub El－Tigani, *Inside Darfur: Ethnic Genocide by a Governance Crisis*, Comparative Studies of South Asia, Africa and the Middle East － Vol. 24, No. 2, 2004.

Moorcraft Paul, *Sudan: End of the Longest War?* The RUSI Journal, Vol. 150, No. 1, February 2005.

M. Rafiqul Islam, *The Sudanese Darfur Crisis and Internally Displaced Persons in International Law: The Least Protection for the Most Vulnerable*, International Journal of Refugee Law, Vol. 18, No. 2, 2006.

Muddathir 'Abd Al-Rahim, *Arabism, Africanism and Self－Identification in the Sudan*, Journal of Modern African Studies, Vol. 8, No. 2, July 1970.

Nick Grono, *Darfur: The international community's failure to protect*, African Affairs, Vol. 105, No. 421, 2005.

No・lle Quénivet, *The Report of the International Commission of Inquiry on Darfur: The Question of Genocide*, Human Rights Review, Vol. 7, No. 4, July－September 2006.

Oluwadare Aguda, *Arabism and Pan－Arabism in Sudanese Politics*, Journal of Modern African Studies, Vol. 11, No. 2, June 1973.

Paul D. Williams, Alex J. Bellamy, *The Responsibility to Protect and the Crisis in Darfur*, Security Dialogue, Vol. 36, No. 1, 2005.

Ray Bush, *Hunger in Sudan: The Case of Darfur*, African Affairs, Vol. 87, No. 346, Jan., 1988.

R. S. O'Fahey, *The growth and development of Keeraa Sultanate of Darfur*, (PhD thesis, University of London), 1970.

R. S. O'Fahey, *Islam and Ethnicity in the Sudan*, Journal of Religion in Africa, Vol. 26, Fasc. 3, Aug., 1996.

R. S. O'Fahey, *A Hitherto 'Unkown' Darfur King－list*, Sudanic Africa, No. 6, 1995.

Samuel Totten, Eric Markusen, *The US government Darfur genocide investigation*, Journal of Genocide Research, Vol. 7, No. 2, June 2005.

Udombana, Nsongurua J., *When Neutrality is a Sin: The Darfur Crisis* and the Crisis of Humanitarian Intervention in Sudan, Human Rights Quarterly, Vol. 27, No. 4, November 2005.

Ulrich Mans, Sudan: The new war in Darfur, African Affairs, Vol. 103, No. 411, April 2004.

Usman A. Tar, Old Conflict, New Complex Emergency: An Analysis of Darfur Crisis, Western Sudan, Nordic Journal of African Studies Vol. 15, No. 3, 2006.

Yusuf Fadl Hasan, The Sudanese Revolution of October 1964, Journal of Modern African Studies, Vol. 5, No. 4, December 1967.

Zachary D. Kaufman, Accountability for the Darfur Atrocities, Criminal Law Forum, Vol. 16, No. 3-4, October 2005.

3. 调研报告

Africa Research Bulletin:

Darfur Rebellion, Africa Research Bulletin: Political Social and Cultural Series, Vol. 40, No. 3, April 2003.

Darfur War Spread, Africa Research Bulletin, Political, Social and Cultural Series, Vol. 40, No. 4, May 2003.

Darfur Ceasefire, Africa Research Bulletin Political, Social and Cultural Series, Vol. 40, No. 9, October 2003.

Genocide in Darfur, Africa Research Bulletin Political, Social and Cultural Series", Vol. 41, No. 4, May 2004.

Africa Confidential, Sudan: Desperate Darfur, Africa Confidential, Vol. 45, No. 10, May 2004.

Anon. Report on Conflict Survey and Mapping Analysis. Khartoum, Sudan: UNICEF and UNDP in collaboration with the Ministry of Higher Education, 2002: August 2002.

AU, Report of the Chairperson of the AU Commission on the situation in Darfur (The Sudan), psc/pr/2(xlv), 12 January 2006.

Human Rights Watch Reports:

The Forgotten War in Darfur Flares Again, A, Vol. 2, No. 11 (A), April 1990.

Sudan, Oil, and Human Rights, Brussels/London/New York Washington, D. C., 2003.

Darfur in Flames: Atrocities in Western Sudan, April 2004, Vol. 16, No. 5 (A).

Darfur Destroyed: Ethnic Cleansing by Government and Militia Forces in Western Sudan, May 2004 Vol. 16, No. 6(A).

International Crisis Group's Reports and Briefings:
Getting the UN into Darfur, Africa Briefing N°43, 12 October 2006.
Darfur's Fragile Peace Agreement, Africa Briefing N°39, 20 June 2006.
Sudan's Comprehensive Peace Agreement: The Long Road Ahead, Africa Report N°106, 31 March 2006.
To Save Darfur, Africa Report N°105, 17 March 2006.
The EU/AU Partnership in Darfur: Not Yet a Winning Combination, Africa Report N°99, 25 October 2005.
Unifying Darfur's Rebels: A Prerequisite for Peace, Africa Briefing N°32, 6 October 2005.
The AU's Mission in Darfur: Bridging the Gaps, Africa Briefing N°28, 6 July 2005.
Do Americans Care about Darfur?, Africa Briefing N°26, 1 June 2005.
A New Sudan Action Plan, Africa Briefing N°24, 26 April 2005.
Darfur: The Failure to Protect, Africa Report N°89, 8 March 2005.
Sudan's Dual Crises: Refocusing on IGAD, Africa Briefing N° 19, 5 October 2004.
Darfur Deadline: A New International Action Plan, Africa Report N°83, 23 August 2004.
Sudan: Now or Never in Darfur, Africa Report N°80, 23 May 2004.
Darfur Rising: Sudan's New Crisis, Africa Report N°76, 25 March 2004.
Sudan: Towards an Incomplete Peace, Africa Report N° 73, 11 December 2003.
Sudan's Other Wars, Africa Briefing N°14, 25 June 2003.
Helen Young, Abdul Monim Osman, Yacob Aklilu, Rebecca Dale and Babiker Badri, Darfur2005: Livelihoods Under Siege (Final Report), Tufts

University: the Feinstein International Famine Center, 17, February 2005

James Morton, A Darfur Compendium, HTSPE Limited, HemelHempstead, UK, 1985(Re-issued 2005).

Musa Adam Abdul-Jalil, The Dynamics of Customary Land Tenure and Natural Resource Management in Darfur (Report of FAO Project OSRO/SUD/507/CAN), 2004.

UN, Report of the International Commission of Inquiry on Darfur to the United Nations Secretary General, 25 January 2005.

UNDP. Share the land or part the nation. Roots of conflict over natural resources in Sudan. Khartoum, Sudan: United Nations Development Programme, September 2002.

二、中文部分

1. 著作

裴坚章：《中华人民共和国外交史》（第一卷），世界知识出版社1994年版。

王泰平：《中华人民共和国外交史》（第二卷），世界知识出版社1998年版。

王泰平：《中华人民共和国外交史》（第三卷），世界知识出版社1999年版。

王逸舟：《全球政治和中国外交》，世界知识出版社2003年版。

谢益显：《中国外交史——中华人民共和国时期》，河南人民出版社1988年版。

[德]艾米尔·路德维希：《尼罗河：生命之河》（上、下），国际文化出版公司2003年版。

艾周昌主编：《非洲黑人文明》，中国社会科学出版社1999年版。

[英]巴兹尔·戴维逊：《古老非洲的再发现》，屠佽译，三联书店1973年版。

蔡嘉禾：《当代伊斯兰原教旨主义运动》，宁夏人民出版社2003年版。

陈嘉厚主编：《现代伊斯兰主义》，经济日报出版社1998年版。

顾章义：《崛起的非洲》，中国青年出版社1999年版。

联合国教科文组织非洲通史编写组：《非洲通史》（八卷本），中国对外翻译出版公司1984—2003年版。

李安山：《非洲民族主义研究》，中国国际广播出版社2004年版。

刘鸿武、姜恒昆编：《苏丹》，社会科学文献出版社出版2008年版。

刘鸿武：《黑非洲文化研究》，华东师范大学出版社1997年版。

刘鸿武等：《从部族社会到民族国家——尼日利亚国家发展史纲》，云南大学出版社 2000 年版。

刘鸿武:《蔚蓝色的非洲——东非斯瓦希里文化研究》,云南大学出版社 2008 年版。

李新烽:《非凡洲游》,晨光出版社 2007 年版。

李新烽:《非洲踏寻郑和路》,晨光出版社 2007 年版。

金宜久、吴云贵:《伊斯兰与国际热点》,东方出版社 2001 年版。

(苏丹)迈基·希贝卡:《独立的苏丹》,上海人民出版社 1973 年版。

彭坤元:《苏丹马赫迪起义》,重庆出版社 1985 年版。

曲洪:《当代中东政治伊斯兰:观察与思考》,中国社会科学出版社 2001 年版。

吴云贵:《当代伊斯兰教法》,社会科学出版社 2003 年版。

肖宪:《当代国际伊斯兰潮》,世界知识出版社 1997 年版。

徐济明、谈世中主编:《当代非洲政治变革》,经济科学出版社 1998 年版。

杨灏城、朱克柔主编:《民族冲突和宗教争端》,人民出版社 1996 年版。

杨期锭、丁寒编著:《苏丹》,上海辞书出版社 1985 年版。

杨人梗:《非洲通史——从远古至一九一八》,人民出版社 1984 年版。

赵彦博、王启文:《埃及·苏丹》(世界各国知识丛书),军事谊文出版社 1996 年版。

郑家馨主编:《殖民主义史·非洲卷》,北京大学出版社 2000 年版。

宗实:《苏丹》,世界知识出版社 1965 年版。

2. 论文

王逸舟:《中国外交 30 年:对进步与不足的若干思考》,载《外交评论》2007 年第 5 期。

李安山:《论中国对非洲政策的调适与转变》,载《西亚非洲》2006 年第 8 期。

李安山:《论民族、国家与国际政治的互动》,载《世界经济与政治》2006 年第 12 期。

刘鸿武:《当代中非关系与亚非文明复兴浪潮》,载《世界经济与政治》2008 年第 9 期。

刘鸿武:《论中非关系 30 年的经验累积与理论回应》,载《西亚非洲》2008 年第 10 期。

刘鸿武:《中非关系 30 年:撬动中国与外部世界关系结构的一个支点》,载《世界经济与政治》2008 年第 11 期。

刘鸿武:《中非关系:非洲与世界的机会》,载《人民日报》2007年1月15日。

刘鸿武:《非洲和平与发展进程的助推者》,载《人民日报》2007年10月25日。

刘鸿武、肖玉华:《一块大陆的觉醒、抗争与自强——20世纪非洲国际关系理论之研究论纲》,载《世界经济与政治》2007年第1期。

刘鸿武:《中非交往:文明史的意义》,载《西亚非洲》2007年第1期。

刘鸿武:《跨越大洋的遥远呼应——中非两大文明的历史认知与现实合作》,载《国际政治研究》2006年第4期。

刘鸿武:《论中非建立新型战略伙伴关系的时代价值与世界意义》,载《外交评论》2007年第1期。

刘鸿武:《国际关系史学科的思想维度与学术旨趣》,载《世界经济与政治》2006年第7期。

姜恒昆:《苏丹内战中的宗教因素》,载《西亚非洲》2004年第4期。

姜恒昆、刘鸿武:《种族认同,还是资源争夺——苏丹达尔富尔地区冲突根源探析》,载《西亚非洲》2005年第5期。

姜恒昆、罗建波:《达尔富尔冲突的政治解决进程及对中国外交的启示》,载《西亚非洲》2008年第3期。

姜恒昆、罗建波:《达尔富尔危机与中国在非洲的国家形象塑造》,载《新远见》2008年第3期。

罗建波、姜恒昆:《达尔富尔危机的和解进程与中国国家形象塑造》,载《外交评论》2008年第3期。

姜恒昆:《达尔富尔问题的历史溯源——再论达尔富尔冲突的原因、阶段及性质》,载《西亚非洲》2008年第9期。

王猛:《达尔富尔危机:中国外交转型的挑战与契机》,载《世界经济与政治》2005年第6期。

杨宝荣:《中国与苏丹经济合作促进两国共同发展》,载《当代世界》2008年第5期。

程刚:《中国帮苏丹建起完整石油体系,为苏丹带来和平转机》,载《环球时报》2008年3月12日。

查道炯:《中国在非洲的石油利益:国际政治课题》,载《国际政治研究》2006年第4期。

吴磊:《关于中国—非洲能源关系发展问题的若干思考》,载《世界经济与政治》2008年第9期。

（ ）马丁·戴维斯:《中国对非洲的援助政策及评价》,载《世界经济与政治》2008年第9期。

（ ）西里尔·奥比:《加入的巨龙——中国石油公司与尼日尔三角洲石油政治》,载《世界经济与政治》2008年第9期。

翟隽:《中国积极推动解决达尔富尔问题》,载《求是》2007年第11期。

舒运国:《达尔富尔:继续向和平迈进》,载《人民日报》2008年1月3日。

贺文萍:《苏丹达尔富尔问题与中国》,载《西亚非洲》2007年第11期。

余文胜:《苏丹达尔富尔危机的由来》,载《国际资料信息》2004年第9期。

于颖:《能源角逐中的达尔富尔》,载《当代世界》2005年第3期。

涂龙德:《达尔富尔危机之透视》,载《阿拉伯世界》2005年第4期（总第99期）。

李广一、王立群:《冷战后美国与苏丹的关系及其前景分析》,载《湖南文理学院学报(社科版)》2005年第6期。

王亚东:《苏丹英国外交危机的背后》,载《瞭望》1994年第4期。

李鹏:《达尔富尔需要最基本的互信》,载《中国新闻周刊》2008年3月10日。

吴强:《苏丹危机挑战中国海外石油利益》,载《南风窗》2004年第9期。

李主张:《今日苏丹,今日达尔富尔》,载《金融经济》2007年第10期。

李鹏:《达尔富尔:一道伤口》,载《中国新闻周刊》2008年3月10日。

陶短房:《达尔富尔:苦难远未走到尽头》,载《新青年·权衡》2006年12月31日。

杨力军:《安理会向国际刑事法院移交达尔富尔情势的法律问题》,载《环球法律评论》2006年第4期。

王秀梅:《从苏丹情势分析国际刑事法院管辖权的补充性原则》,载《现代法学》2005年第6期。

刘宝莱:《记我援建苏丹项目竣工》,载《阿拉伯世界》2004年第5期。

许亮:《中国的苏丹问题研究综述(1949—2006年)》,载《西亚非洲》2007年第2期。

周吉平:《中国石油天然气集团公司"走出去"的实践与经验》,载《世界经济研究》2004年第3期。

戴新平:《苏丹——新的石油输出国》,载《阿拉伯世界》1999年第4期。

石华、谷棣:《达尔富尔重建之路有多远》,载《西亚非洲》2007年第12期。

余建华、王震:《中国在解决苏丹达尔富尔问题上的外交努力》,载《阿拉伯世界研究》2008 年第 2 期。

杜平:《奥运政治:两个世界的碰撞》,载[新加坡]《联合早报》2008 年 4 月 11 日。

孔源:《达尔富尔的"流民图"》,载《世界知识》2004 年第 16 期。

后 记

近年来,非洲大陆的政治经济局势逐渐好转,许多国家经济发展速度加快,国际社会也日益看好非洲发展前景。但非洲地域辽阔,国家众多,发展水平极不平衡,历史上遗留下来的一些问题不可能在短期内解决,有些矛盾在特定因素作用下还可能恶化成危机。近年在苏丹达尔富尔地区发生冲突就是其中的一个。这场冲突自 2003 年爆发以来,已经成为国际社会普遍关注的焦点,包括中国在内的国际社会为化解冲突做了许多努力,局势逐渐得到控制。但另一方面,自这场冲突爆发以来,某些西方国家和组织出于各种目的对其大加炒作,各种不实报道充斥于西方媒体。一些人还试图将这场冲突归罪于中国,甚至要与北京奥运会挂钩,使得达尔富尔冲突在某种程度上超出了它自身范畴而变成了一个国际性问题。

鉴于目前国内还没有较为全面系统地介绍和研究达尔富尔问题的专著,我们组织国内相关学者撰写了这本著作。

本项工作是在中国社会科学院西亚非洲研究所杨光所长的大力支持下完成的,他对全书的内容安排与写作方式提出了很好的建议。浙江师范大学校长梅新林教授、校长助理顾建新教授也对本书的写作和出版给予了有力支持。我们对上述两个单位的领导对本项工作的支持表示衷心的感谢。

感谢中国政府达尔富尔问题特别代表刘贵今大使。作为中国资深的对非工作外交官,多年来他代表中国政府和人民,奔走于非洲和世界各地,并深入达尔富尔地区访问考察,他的杰出工作受到各方高度赞赏,也向非洲人民和世界传递了中国是一个负责任国家的形象。刘大使是中国的"非洲通",对达尔富尔问题也有精深的认知,他为本书撰写的序文使本书增色不少,感谢他的热情鼓励。

本书是集体合作的结果,由刘鸿武教授、李新烽博士担任主编,各部分的作者分别为:

导论、结语:刘鸿武,浙江省特聘教授、浙江师范大学非洲研究院执行院长,云南大学非洲研究中心博士生导师。出版了大量的非洲研究著作与论文,主编有《浙江师范大学非洲研究文库》。

第一、第二章:姜恒昆,浙江师范大学非洲研究院副研究员,云南大学非洲文化史专业博士,发表有苏丹和达尔富尔研究论文多篇,著有博士学位论文《达尔富尔冲突研究》,合著有《列国志·苏丹》。

第三章：姚辉，辽宁大学英国语言文学本科毕业，并获研究生学历，在非洲工作十多年，现任南非金巢国际集团东非公司总经理，常驻苏丹南方自治政府首府朱巴。

第四章：曹大松，浙江师范大学非洲研究院副研究员，南非金山大学公共及发展管理硕士，曾在南非工作十余年，任南非翻译家协会会员、非洲华人翻译协会秘书长，中国《环球时报》特约记者，发表有非洲时政与经济报道多篇。

第五章：杨宝荣，中国社会科学院西亚非洲研究所助理研究员，中国社会科学院法学博士，研究成果有《中国与苏丹经济合作促进两国共同发展》等论文多篇。

第六、第八章：王猛，西北大学中东研究所讲师、西北大学中东史博士。主要研究方向是中东政治和国际关系。出版有合著《中东国家通史·海湾五国卷》，发表关于中国外交、中东政治、达尔富尔问题的论文多篇。

第七章：程刚，《环球时报》记者，曾两次赴达尔富尔地区采访，发表过关于达尔富尔问题的专题报道。

第九章：李新烽，中国社会科学院西亚非洲研究所副研究员，中国社会科学院管理学博士。曾作为《人民日报》首席记者和《环球时报》特派记者在南非工作八年。2006年6月随团采访报道温家宝总理访问非洲七国，出版有《非洲踏寻郑和路》、《非凡洲游》等著作。

附录部分的"达尔富尔冲突大事记"、"中国与苏丹关系大事记"、"联合国关于苏丹问题的重要决议"由西北大学中东研究所王猛博士整理而成。索引部分由云南大学非洲研究中心硕士研究生方伟整理而成。参考文献部分由浙江师范大学非洲研究院姜恒昆博士整理。英文提要与目录由浙江师范大学非洲研究院肖玉华博士翻译，阿拉伯文提要与目录由云南大学外语学院马利章副教授翻译。

本书写作完成后，我们与人民日报记者王南先生采访了苏丹驻华大使萨利赫先生。访谈录也置于附录部分供读者参考。在此对萨利赫大使和王南记者表示感谢。

浙江师范大学非洲研究院为本书的出版提供了资助。世界知识出版社的章少红先生、柏英编辑给予了积极配合，提供了优质的编辑服务，特此致谢。

全书由刘鸿武教授与李新烽博士负责统稿和修订，一些章节的内容做了适当的改写和加工。本书各章作者都是多年从事非洲研究的专家，有的长期跟踪研究苏丹和达尔富尔问题，有的在苏丹和其他非洲国家工作多年，也曾深入达尔富尔地区考察访问，这为本书的写作提供了有利的条件。但达尔富尔地处非洲内陆深处，情况复杂，要获得全面完整的资料并不容易。由于时间仓促，书中定有不妥之处，敬请读者批评指正。

主编　谨识

2008年8月15日

浙江师范大学非洲研究院《非洲研究文库》

非洲大陆地域广阔,国家众多,文化独特。近年来,中国与非洲国家的交往合作迅速扩大,中非关系的战略地位日益重要。目前,中非关系已超出双边关系的范畴而对世界产生多方面的影响,成为撬动中国与外部世界关系的一个支点。在此大背景下,中国社会产生了认知非洲的广泛需求,需要对非洲国家的各个方面、快速发展的中非关系等展开深入系统的研究。

浙江师范大学非洲研究院为国内高校首家综合性非洲研究院,创建的目标在于构建一个开放的学术平台,聚集国内外学者及有志于非洲研究的后起之秀,开展长期而系统的研究工作,以学术服务于国家与社会。

浙江师范大学的《非洲研究文库》为非洲研究院长期开展的一项基础性工作,由国内外知名学者、相关人士组成编纂委员会,按照"学科建设与社会需求并重"、"学术追求与现实应用兼顾"之原则,遴选非洲研究的重大重点课题,以国别和专题之形式,集六大系列丛书逐渐编纂出版,以形成既有学科覆盖面与系统性,同时又各具特色、重点突出的非洲研究基础成果。

非洲政治与国际关系系列

《全球视野下的达尔富尔问题研究》	(刘鸿武、李新烽)
《当代非洲与印度关系》	(亢 升)
《当代非洲与日本关系》	(连会新)
《当代非洲与德国关系》	(赵 恒)
《当代埃及与大国关系》	(陈天社)
《非盟与非洲一体化》	(罗建波)